Matthias Kopp

Franziskus im Heiligen Land

Matthias Kopp

Franziskus im Heiligen Land

Päpste als Botschafter des Friedens: Paul VI. – Johannes Paul II. – Benedikt XVI. – Franziskus

Butzon & Bercker

„Orientierung durch Diskurs"

Die Sachbuchsparte bei Butzon & Bercker, in der dieser Band erscheint, wird beratend begleitet von Michael Albus, Christine Hober, Bruno Kern, Tobias Licht, Cornelia Möres, Susanne Sandherr und Marc Witzenbacher.

Bibliografische Information der Deutschen Nationalbibliothek

Die Deutsche Nationalbibliothek verzeichnet diese Publikation in der Deutschen Nationalbibliografie; detaillierte bibliografische Daten sind im Internet über http://dnb.d-nb.de abrufbar.

verlags gruppe engagement

Das Gesamtprogramm
von Butzon & Bercker
finden Sie im Internet
unter www.bube.de

ISBN 978-3-7666-1880-1
E-Book (Mobi): ISBN 978-3-7666-4264-6
E-Book (PDF): ISBN 978-3-7666-4265-3
E-Pub: ISBN 978-3-7666-4266-0

Umschlaggestaltung: Christoph M. Kemkes, Geldern
Satz: Schröder Media GbR, Dernbach
Printed in the European Union

Inhalt

Vorwort – oder: Warum noch ein Papstbuch nötig ist

„Erbittet für Jerusalem Frieden! Wer dich liebt, sei in dir geborgen. Friede wohne in deinen Mauern, in deinen Häusern Geborgenheit." (Psalm 122,6–7) Wer die Landkarte des Nahen Ostens aufschlägt oder die erschütternden Bilder aus der Region sieht, denkt kaum an die Friedensvision für die heilige Stadt Jerusalem, die der Psalmist vor zweieinhalbtausend Jahren schrieb. In dem „Wallfahrtslied nach Jerusalem", wie der Psalm auch gerne genannt wird, verdichtet sich seit Jahrhunderten die Sehnsucht des Menschen, in die heilige Stadt Jerusalem zu pilgern – in der der ewige Friede zu finden ist. Von diesem Frieden sind Jerusalem und viele andere Städte des Nahen Ostens weit entfernt. Und doch ist die Hoffnung auf Frieden so groß wie selten zuvor – und ebenso oft wird genau diese Hoffnung auf Frieden erschüttert. Während Kriege und Terror, Flüchtlingsdramen und wirtschaftliche Not den Nahen Osten beherrschen, bleibt bei aller Verzweiflung oft nur als letzte Hoffnung das Gebet. So hat es Papst Franziskus eindrucksvoll gesagt, als er zur Überraschung von Israelis und Palästinensern die beiden Staatsoberhäupter während seiner historischen Reise in das Heilige Land im Mai 2014 zu einem Friedensgebet in den Vatikan einlud: „An diesem Ort, wo der Friedensfürst geboren wurde, möchte ich an Sie eine Einladung richten, gemeinsam mit mir ein intensives Gebet zu erheben und von Gott das Geschenk des Friedens zu erflehen." Papst Franziskus ist als Pilger in das Heilige Land gekommen, um für den Frieden zu beten und dabei nicht vor politischen Erwartungen Halt zu machen. Deshalb wirkt sein Wort bis heute, als er in Betlehem sagte: „Frieden zu schaffen ist schwierig, aber ohne Frieden zu leben ist eine Qual."

Das vorliegende Buch zeichnet den Weg von Papst Franziskus im Heiligen Land nach. Er war der historischen Begegnung von

Papst Paul VI. und dem Ökumenischen Patriarchen Athenagoras von Konstantinopel gewidmet, die sich vor fünfzig Jahren im Heiligen Land trafen, um über tausend Jahre der Trennung zu überwinden. Schon aus diesem Grund ist die Reise von Papst Franziskus keine Reise ohne Grund oder gar ohne Geschichte. Sie baut kontinuierlich auf die Vorgängerpäpste auf und setzt den Weg der Versöhnung, des Dialogs und der Ermutigung für die christliche Minderheit im Heiligen Land konsequent fort.

Um die Reise von Papst Franziskus zu verstehen und in den geschichtlichen Kontext einordnen zu können, vor allem aber auch, um zu begreifen, welche Anstrengungen und Wegstrecken in den Jahrzehnten zuvor notwendig waren, um das Programm genau dieser Reise zu ermöglichen, werden erstmals die Wege aller vier Papstreisen ins Heilige Land nachgezeichnet. Mit einer Analyse zur Nahostdiplomatie des Heiligen Stuhls und der Annäherung der römisch-katholischen Kirche an den Staat Israel sowie den Staat Palästina werden die Grundlagen aufgezeigt. Sie gehen zurück bis auf die Zeit Papst Pius' XII., der noch vor der Gründung des Staates Israel eine diplomatische Vertretung in Form der Apostolischen Delegatur von Jerusalem errichtete. Ohne Papst Johannes XXIII. und seinen Einsatz für das Konzilsdekret *Nostra aetate*, das in besonderer Weise auf das Judentum und den Islam eingeht, wäre die Idee einer ersten Auslandsreise eines Papstes im 20. Jahrhundert nicht denkbar gewesen. Papst Paul VI. hielt noch während des Konzils die Zeit für gekommen, diesen mutigen Schritt zu gehen. So widmet sich das Buch ausführlich jener Reise, bei der Paul VI. in Jordanien und Israel 1964 zu Gast war.

In der Folge hat der Heilige Stuhl seine Position zum Nahen Osten wiederholt dargelegt. Darauf geht das Buch ebenso ein wie auf die großen Schritte der Annäherung von Papst Johannes Paul II. zum Judentum und zum Staat Israel. Der Besuch des Papstes 1986 in der Synagoge von Rom, wo er die Juden als „unsere älteren Brüder" bezeichnete, gilt ohne Zweifel als ein zentraler Moment der kontinuierlichen, von Johannes Paul II. gewünschten Aussöhnung mit dem Judentum, die in der Vergebungsbitte im Heiligen Jahr 2000 ihren Höhepunkt fand. Unmittelbar nach diesem Ereignis reiste Papst Johannes Paul II. ins Heilige Land. Das Buch würdigt diese Reise, den unvergesslichen Besuch in der Holocaustgedenkstätte Yad Vashem und an der Klagemauer, vor dem Felsendom und in einem Flüchtlingslager in Betlehem. Was Papst Paul VI. grundgelegt hatte, konnte Papst Johannes Paul II. vollenden.

Gerade deshalb war es für Papst Benedikt XVI. eine besondere Herausforderung, 2009 in den Nahen Osten zu reisen. Was würde er als „deutscher" Papst Israelis und Palästinensern sagen können? Die dritte Heilig-Land-Reise eines Papstes wird in dem Buch ebenfalls analysiert und kommentiert. Benedikt XVI. setzte den Weg der Versöhnung mutig fort – bis heute sind seine mahnenden und nachdenklichen Worte in Yad Vashem ebenso unvergessen in Israel wie seine eindringlichen Appelle an die christliche Minderheit Palästinas, das Land nicht zu verlassen. Ohne Papst Benedikt XVI. wäre der Dialog der Religionen ärmer und die katholische Kirche im Heiligen Land beiderseits des Jordans entmutigter.

Auf diesen drei Reisen seiner Vorgänger also baute Papst Franziskus auf, als er das Heilige Land besuchte. Um das Engagement der Päpste für die Region und den Frieden zu verstehen, werden in diesem Buch auch die Grundlagen zum Leben der katholischen Kirche im Heiligen Land erläutert. Wichtige Redeauszüge der Reisen werden mit Blick auf den politischen und theologischen Kontext analysiert. Das Buch bietet so erstmals einen Gesamtüberblick über vier Papstreisen und das Engagement im gegenwärtigen Pontifikat Papst Franziskus' für den Nahen Osten.

Während das Buch fertiggestellt wurde, brach der Krieg zwischen Israel und der Hamas im Gazastreifen aus: am 8. Juli 2014, exakt einen Monat nach dem von Papst Franziskus initiierten Friedensgebet im Vatikan. Das letzte Kapitel des Buches widmet sich diesem Friedensgebet. Dabei bleibt realistisch festzuhalten, dass das Gebet um Frieden weitergehen muss, trotz Hass und Gewalt in Nahost. Auch dazu möchte diese Analyse beitragen und Anregungen geben. Deshalb bin ich dem Verlag Butzon & Bercker dankbar, dass er sich dieses drängenden Themas angenommen hat und so eine Geschichte von vier Päpsten mit in sein Programm aufnimmt. Mein Dank gilt allen, die mich auf diesem Weg zum Buch unterstützt haben. Es lebt aus den eigenen Erfahrungen, die Reisen von Papst Johannes Paul II., Papst Benedikt XVI. und Papst Franziskus selbst vor Ort in verschiedenen Aufgaben mit begleitet zu haben.

Das Buch endet – trotz des Wissens um neue Kriege in Nahost und Terrorregime von unvorstellbarer Gewalt in der Region – mit einem Wort des Papstes: „Für den Frieden braucht es Mut, eine große Seelenstärke!“ Diesen Mut wünsche ich den Menschen im Heiligen Land und allen Ländern des Nahen Ostens.

Köln im August 2014
Matthias Kopp

I. Christen und kirchliches Engagement im Heiligen Land – ein Überblick

Mit ihren knapp zwei Prozent Bevölkerungsanteil bilden die Christen in Israel und Palästina eine kleine Minderheit – mit großem Potenzial. Viele Möglichkeiten haben sich erst im Verlauf der Geschichte des 20. Jahrhunderts entwickelt, die im zweiten Kapitel genauer dargestellt wird. Im Folgenden wird die Grundlage dargestellt, auf der insbesondere die katholische Kirche heute im Heiligen Land aufgebaut ist. Diese Grundlage war und ist die Ausgangsbasis für die vier historischen Reisen der Päpste Paul VI., Johannes Paul II., Benedikt XVI. und Franziskus.

Katholische Bevölkerung im Heiligen Land in Zahlen

Es bleibt schwierig, statistisch zuverlässiges Material über den christlichen Bevölkerungsanteil im Heiligen Land zu erhalten. Insbesondere die Zahlen des Übergangs von der Mandatszeit zur Gründung des Staates Israel sind zum großen Teil widersprüchlich. Immerhin hatte die britische Regierung 1922 und 1931 Volkszählungen durchführen lassen. Diese zeigen einen Bevölkerungsanteil zwischen 9,5 Prozent Christen (1922) und 8,8 Prozent (1931) an (Muslime: 78,3 Prozent bzw. 73,3 Prozent; Juden 11,1 Prozent bzw. 16,9 Prozent). Zum Zeitpunkt der Staatsgründung werden 145.000 Christen (7,6 Prozent) angegeben, von denen 34.000 im neuen Staat Israel blieben, 60.000 zu Flüchtlingen wurden und rund 51.000 Bewohner der Westbank und des Gazastreifens wurden. Eine konfessionelle Differenzierung liegt nicht vor.[1]

Auch in der aktuellen Bevölkerungsstatistik widersprechen sich die Zahlen. Das Lateinische Patriarchat von Jerusalem hat 2001 in Absprache mit den anderen christlichen Konfessionen versucht, aktuelle Zahlen zu präsentieren. Diese korrelieren weitgehend mit den Forschungen von Michael Prior und William Taylor, die vor allem von Bernard Sabella aufgegriffen wurden.[2] Von den 7,1 Mio. Einwohnern Israels sind knapp 1,9 Prozent Christen, was ca. 119.000 Menschen ausmacht, die sich wie folgt aufteilen:

Griechisch-katholische:	60.000
Orthodoxe:	35.000
Lateiner:	12.000
Maroniten:	9.000
Protestanten:	3.000

Der christliche Bevölkerungsanteil in den palästinensischen Autonomiegebieten liegt bei 2 Prozent (= ca. 47.500 Christen; Sabella beziffert den Anteil auf 1,4 Prozent und geht von einer höheren Bevölkerungszahl aus):

Griechisch-orthodoxe:	24.000
Lateiner:	16.000
Griechisch-katholische:	3.000
Protestanten:	2.100
Syrer und Armenier:	1.400
Kopten, Äthiopier, Maroniten:	1.000

Ein besonderes Problem hinsichtlich der Statistiken bildet Jerusalem. Eine israelische Studie kommt zu dem Schluss, dass 1944 29.350 Christen in Jerusalem gelebt haben, heute sind es nach vorsichtigen Schätzungen 11.500 Christen, und bereits vor dem Sechstagekrieg waren es nur noch 14.000 Christen.[3] Die Konfessionen teilen sich heute in Jerusalem wie folgt auf:

Lateiner:	4.000
Griechisch-katholische und weitere katholische Konfessionen:	3.400
Griechisch-orthodoxe:	3.400
Protestanten:	700
Sonstige:	k. A.

Insgesamt leben also westlich des Jordans knapp 178.000 Christen, wobei die lokale Verteilung höchst unterschiedlich ist. Bleibt Betlehem mit 50.000 Einwohnern und 11.000 Christen eine Stadt, in der die christliche Präsenz spürbar ist, so sind die 1.000 Christen in Gaza mit über 1 Mio. Einwohnern eine verschwindend geringe Minderheit, die kaum das öffentliche Leben prägt. In dieser Statistik sind die enormen Migrationsströme von Christen aus Afrika bzw. christlichen Gastarbeitern aus Asien noch nicht eingerechnet, da konkrete Zahlen dieses seit 2010 besonders intensiven Phänomens bisher nicht erhoben wurden. Allein aus den Philippinen gibt es schätzungsweise rund 35.000 katholische Migranten in Israel. Von rund 53.000 Asylsuchenden aus Afrika sind vermutlich rund 40.000 Christen.

Während die Lateiner (seit 1847) und griechisch-katholischen Christen (bereits 1752 wurde zunächst eine Erzdiözese in Nazaret eingerichtet, zwanzig Jahre später wurden die Jerusalemer griechisch-katholischen Christen dem Patriarchen von Antiochia unterstellt) unter den katholischen Bekenntnissen führend sind – auf beide wird noch in einem späteren Kapitel eingegangen –, bilden die anderen eine nominell meistens kleine Minderheit. Die syrisch-katholische Kirche, seit 1663 mit Rom in voller Gemeinschaft, unterhält eine eigene Jurisdiktion in Jerusalem erst seit 1980. Die armenisch-katholische Kirche, die sich 1741 von ihrer Mutterkirche trennte, hat seit 1842 einen Patriarchalvikar in Jerusalem. Das maronitische Vikariat wurde 1895 eingesetzt. Das Gesamt der katholischen Konfessionen wird in der „Assemblée d'Ordinaires catholiques de Terre Sainte" („Konferenz der katholischen Ordinarien im Heiligen Land") koordiniert, deren Statuten 1991 verabschiedet wurden. Diese wiederum gehört zur „Conférence des éveques latins dans les regions arabes" (CELRA), die während des Zweiten Vatikanischen Konzils gegründet und 1967 von der Ostkirchenkongregation mit einem eigenen Statut ausgestattet wurde. Auf ökumenischer Ebene erfolgte Anfang der Siebzigerjahre die Gründung des „Middle East Council of Churches" (MECC), dem 1990 auch die katholischen Bekenntnisse beitraten.

Sonderstellung: Hebräische Katholiken im Heiligen Land

Seit der Staatsgründung leben in Israel neben den bereits beschriebenen christlichen Minderheiten die hebräischsprechenden Katholiken des Heiligen Landes. Diese „Hebrew Speaking Community“ ist zwar eine kleine Minderheit, hat aber Ende der Neunzigerjahre - nicht zuletzt durch die Auswanderung zahlreicher russischer Juden und entsprechende Konversionen – neue Bedeutung erlangt. Neben einigen Konvertiten aus dem Judentum gehören dazu auch extrem hohe Zahlen christlicher Einwanderer vor allem aus den Philippinen und Äthiopien sowie Eritrea, die sich sprachlich in die israelische Gesellschaft einfügen, jedoch ihren christlichen Glauben behalten. Konkrete Zahlen gibt es nicht; die Gesamtzahl dieser Migranten wird auf über 65.000 Menschen im Januar 2014 geschätzt.

Um die Seelsorge für diese katholische Gruppierung zu garantieren, wurde die hebräischsprechende Gemeinde in Israel bereits 1955 kirchenrechtlich approbiert und als „Jakobuswerk“ bezeichnet. Die Leitung übernahm 1990 der französische Benediktiner-Abt aus Abu Gosh, Pater Jean-Baptiste Gourion. Besonders aufgewertet wurde das Engagement, als Papst Johannes Paul II. im Herbst 2003 Abt Gourion zum ersten Weihbischof für die Gemeinde ernannte. Gourion starb überraschend am 23. Juni 2005. Während Franziskanerkustos P. Pierbattista Pizzaballa zunächst die Seelsorge übernahm, wurde am 15. März 2009 der Jesuit David Neuhaus zum neuen Patriarchalvikar für diese Gemeinschaft durch das Patriarchat ernannt. Ihm ist es ein Anliegen, dass die christlichen Einwanderer in einem hebräischsprachigen und jüdischen Umfeld leben und so eine Brückenfunktion zur angestammten lateinisch-arabischen Bevölkerung bilden können. Offiziell wurde die Migrantenseelsorge 2011 eingerichtet und ebenfalls Pater Neuhaus unterstellt. Ihm gelang es, angesichts der teilweise dramatischen Lebensumstände von Migranten am 27. April 2014 ein eigenes Gemeindezentrum und eine kleine Kirche im Süden von Tel Aviv zu eröffnen. Neben den Migrantengemeinden gibt es in Israel derzeit fünf hebräischsprachige Pfarreien bzw. Gemeinschaften, die einige hundert Mitglieder zählen.

Herausforderung: Lebensumstände der katholischen Kirche im Heiligen Land

Seit der Staatsgründung Israels entwickeln sich die Lebensbedingungen der christlichen Minderheit weiter. Mit Blick auf die katholische Bevölkerung ist festzustellen, dass der überwiegende Teil heute auf palästinensischem Gebiet lebt, vorzugsweise in urbanen, wenn auch kleinen Zentren wie Jerusalem, Betlehem, Ramallah, Birzeit und Taybeh, um einige Beispiele zu nennen. Ähnlich ist die Situation in Israel, wo die katholische Bevölkerung vor allem in Nazaret und Haifa zu finden ist. Der überwiegende Teil der Katholiken ist in den höheren Berufsschichten zu finden, ebenso in der Industrie oder im Eigengewerbe, was häufig auf das hohe Ausbildungsniveau zurückzuführen ist. Die christliche Bevölkerung in den palästinensischen Gebieten verfügt ebenfalls über ein deutlich besseres Bildungsniveau als die restliche Mehrheitsbevölkerung, weil ihr aufgrund eines breit gefächerten Schulwesens im Lateinischen Patriarchat ein früherer und besserer Zugang zu Bildungschancen ermöglicht wird. Die Gruppe der Christen und insbesondere der Katholiken lässt sich beschreiben als „eine hoch ausgebildete, an der Mittelschicht orientierte Gemeinschaft, die wirtschaftliche Angebote und Gelegenheiten zu nutzen weiß, insbesondere für ihre junge Generation“[4]. Katholiken zeichnen sich in der palästinensischen und israelischen Gesellschaft durch eine starke Identifikation mit dem Staat aus, an dessen Aufbau und Wohlergehen sie nach Kräften mitwirken wollen. Dabei sind Katholiken wie alle christlichen Minderheiten der kontinuierlichen Veränderung innerhalb der Bevölkerungsstruktur unterworfen: Der stetig abnehmende Anteil von Katholiken ist zunächst durch die Geburtenrate bedingt, vor allem gegenüber den geburtenstarken arabisch-islamischen Großfamilien. Hinzu kommen aber auch kontinuierliche, seit 1988 wesentlich verstärkte und mit Beginn der al-Aksa-Intifada 2000 dramatisch zunehmende Auswanderungsbewegungen der Christen.

Die Kirche sieht es als ein besonderes Ziel an, dieser Entwicklung eines schleichenden Christenexodus entgegenzutreten. Dabei bemüht sie sich um praktische Maßnahmen, zu denen unter anderem zählen:

- Untersuchung des ökonomischen Umfeldes und Festlegung von prioritär zu erfüllenden Eckpunkten, um eine Motivation für die junge Generation zum Verbleib im Land zu schaffen;
- Verstärkung der Ausbildungs- und Trainingsprogramme für junge Menschen, die insbesondere den technischen und globalen Herausforderungen entsprechen;
- Bereitstellung von Unterstützungsmaßnahmen, um junge Menschen zu unternehmerischer Selbstständigkeit zu motivieren;
- Betonung der Werte von Unabhängigkeit und Selbstverantwortung im Gemeinwohl gegenüber der jungen Generation als Mittel, dem Land, der Gemeinschaft und sich selbst zu dienen;
- Ermutigung der jungen Menschen zu Partnerschaftsprogrammen (twinning) mit ähnlichen oder parallelen Aus- und Fortbildungen in anderen Ländern bei gleichzeitiger Ermöglichung von Auslandsreisen und dem Austausch von Informationen und Erfahrungen.

Diese Maßnahmen sind mittlerweile konstitutiver Bestandteil des Ausbildungsprogramms zahlreicher katholischer Institutionen, insbesondere der katholischen Universität in Betlehem. Sie hängen von den innen- und außenpolitischen Gegebenheiten ab, aber sie scheinen die einzige realistische Chance zu sein, Motivation für einen Verbleib in der eigenen Heimat und damit den Sinn für die Übernahme von Verantwortung in einer Gesellschaft zu transportieren. Hinzu kommen notwendigerweise die Überwindung von politischen Ideologien und das jeweilige bessere Kennenlernen der anderen Religionen und Konfessionen. Gerade der religiöse Hintergrund als politisch-soziale Ausflucht auf der einen Seite und als Chance des gelungenen und bereichernden Dialogs auf der anderen Seite darf nicht außer Acht gelassen werden. Dabei wird vor allem von christlicher Seite der Versuch unternommen, sich selbst als „inklusiver Gesellschaftsanteil“ zu sehen. Es bedarf dessen, was Fachleute im Heiligen Land einen Dialog des Lebens nennen, auf den vor allem die Päpste immer wieder zu sprechen kommen.[5]

Einheit in Vielfalt: Katholisches Engagement im Heiligen Land

Die christlichen Konfessionen eint in ihren vielfältigen Herausforderungen des täglichen Lebens vor allem der Wille, Menschen in Not und Flüchtlingen zu helfen. So unterhalten die einzelnen Konfessionen zahlreiche Hilfseinrichtungen, von denen einige beispielhaft auf katholischer Seite hier benannt werden. Innerhalb des Lateinischen Patriarchats ist es vor allem die Caritas, hinzu kommt die Kirche als wichtiger Arbeitgeber in den Gemeinden, Krankeneinrichtungen und im Tourismus.

Die größte Koordinationsaufgabe kommt bei allen Aktivitäten der am 1. Juni 1949 gegründeten „Pontifical Mission for Palestine“ („Päpstliche Mission für Palästina“) zu, die als Beitrag der Kirche die Versorgung palästinensischer Flüchtlinge sichern und als Dachorganisation weitere Aktivitäten koordinieren sollte. Allein in den ersten zehn Jahren ihres Bestehens wendete sie 34 Mio. US-Dollar für Nahrung, Kleidung, Medizin und sonstige Hilfen auf. Nach dem Sechstagekrieg errichtete die Pontifical Mission zusammen mit anderen Hilfseinrichtungen ein weit verzweigtes Netzwerk, um Schulen, Dispensarien, Krankenhäuser und Ambulanzstationen, Kindergärten und Altenheime sowie kooperative Hausbauprojekte zu unterstützen. In ihrer langjährigen Entwicklung versteht sich die Pontifical Mission heute nicht als die zentrale Hilfsorganisation, sondern sie steht im „Konzert“ der anderen Einrichtungen, die selbstständige Projekte im Heiligen Land fördern. Ein wesentlicher Aspekt ist die Flüchtlingshilfe zusammen mit der „United Nations Works and Relief Agency“ (UNWRA), durch die allein zwischen 1994 und 1999 500 Häuser wieder aufgebaut werden konnten. Aufgrund der dramatischen Veränderungen nach 1967 konzentrierte sich die Pontifical Mission verstärkt auf die Verteidigung der Menschenrechte und damit auf die Aufrechterhaltung des sozialen Lebens.[6]

Zu den von der Pontifical Mission unterstützten Einrichtungen gehört auf dem Gesundheits- und Rehabilitationssektor die „Atfaluna Society for Deaf Children“, die 1992 im Gazastreifen gegründet wurde. Die „Bethlehem Arab Society for Rehabilitation“, 1960 ins Leben gerufen, verfolgt heute eine hochqualitative Arbeit für Menschen mit Behinderung. Das 1986 verabschiedete und international anerkannte Programm „Community Based Rehabilitation" bemüht sich um eine zugleich mit nicht behinderten Menschen gelebte Integration. Die Rehabilitierung von Behinderten unterstützt außerdem die „Lifegate Rehabilitation" mit Sitz in Beit Jala, die sich auf Langfristtherapien konzentriert und eine soziale Wiedereingliederung in das arabisch-palästinensische Umfeld, vor allem die eigenen Familien, versucht. Das 1971 auf den besonderen Wunsch von Paul VI. ins Leben gerufene „Epheta Institute" in Betlehem kümmert sich um die Rehabilitation und Integration von taubstummen Kindern. Es wird von den Dorotheen-Schwestern geleitet und bietet Früherkennungsuntersuchungen, Kindergartenplätze, Grundschulausbildung und umfangreiche Computerausbildungsplätze an.

Die wohl älteste katholische Hilfseinheit ist die „Crèche", 1886 in Betlehem von den Ordensschwestern des heiligen Vinzenz von Paul gegründet. Knapp hundert Kindern zwischen der Geburt und dem sechsten Lebensjahr wird hier Hilfe angeboten: Vollwaisen, Kleinstkinder, die auf Müllhalden gefunden wurden, und – in den vergangenen Jahren mit extrem zunehmender Tendenz – Kinder, die aus unehelichen Beziehungen stammen und deren Mütter oftmals der Hinrichtung durch einen „Ehrenmord" zum Opfer fielen. Hinzu kommen die beiden wichtigen Institutionen des „Bethany's Home" für Jungen und das „Home of Peace" für Mädchen, die als Waisen aufwachsen oder aus zerrütteten Familien stammen. Das Caritas Baby-Hospital in Betlehem (genannt auch „Kinderhilfe Betlehem") gehört zu den wichtigsten Einrichtungen der Region. Es entstand in Kontinuität zur Arbeit der Schweizer Caritas, die in der Region nach dem ersten israelisch-arabischen Krieg und dem daraus resultierenden Flüchtlingselend aktiv wurde. Das Achtzig-Betten-Haus enthält unter anderem eine komplette Entbindungsstation, Frühgeborenenbetreuung und jede Form der medizinischen Hilfe. Jährlich werden hier rund 3500 Kinder betreut. Hinzu kommt eine Schwesternschule, ein Trainingsprogramm für Mütter sowie eine eigene Sozialstation. Besonders wichtig ist in den vergangenen zwanzig Jahren das „Primary Health Program" geworden: In der ländlichen Umgebung von Betlehem unterweisen Mitarbeiterinnen des Krankenhauses die Mütter in Hygiene, Krankheitsbehandlung und oft auch in sozialen Fragen.

Ältere Menschen finden auf katholisches Engagement hin eine Heimat im 1957 gegründeten „Home Notre Dame des Douleurs“ im Jerusalemer Stadtteil Abu Dis, das die Kongregation der Schwestern „Notre Dame de Douleurs“ betreut, und in einem von der Caritas unterhaltenen Altenheim in Ramallah. Die Gesundheitsversorgung wird neben den hier benannten Einrichtungen vor allem vom 1979 gegründeten „Union of Palestinian Medical Relief Committee“ garantiert: In 25 ständigen Gesundheitszentren erhalten jährlich mehr als 200.000 Menschen medizinische Unterstützung und vor allem Gesundheitsaufklärung in Schulen sowie Erste-Hilfe-Ausbildungen.

Das von der griechisch-katholischen Kirche 1982 gegründete „House of Grace“ in Haifa hilft vor allem sozial schwachen Familien, insbesondere solchen, in denen die soziale Versorgung aufgrund von Gefangenschaft des Vaters zusammengebrochen ist. Das Zentrum Al-Sadiq al-Taieb in Jerusalem, seit 1986 in Betrieb, bemüht sich um sozial gefährdete oder gebrochene Menschen, insbesondere Drogen- und Alkoholabhängige in den heutigen Autonomiegebieten. Prävention und Integration werden mit im Vergleich zu anderen nahöstlichen Ländern vorbildlichen umfangreichen Rehabilitations- und Aufklärungsprogrammen gefördert.

Um die demokratische Verantwortung in einem entstehenden palästinensischen Staat zu fördern, wurde 1993 das „Democracy and Workers' Rights Center“ in Ramallah gegründet, das sich als unparteiische Institution versteht. Vor allem geht es um eine Stärkung der Rechte der Arbeiter auf gesetzlicher Grundlage. Dabei versucht die katholische Menschenrechtsgruppe, die Gewalt gegenüber palästinensischen Arbeitern – in Palästina genauso wie in Israel – ebenso zu bekämpfen wie Unterbezahlung und gerechte und sichere Arbeitsbedingungen bis hin zu Krankenversicherungen und Invalidenrente einzufordern. Um Rechtsfragen, vor allem Menschenrechte, kümmert sich die 1990 gegründete „Palestinian Society for the Protection of Human Rights and the Environment“. Sie zählt heute zu den führenden Menschenrechtsorganisationen in den palästinensischen Gebieten und versucht vor allem durch juristische Beratung und auch Unterstützung in Prozessen die oftmals kaum tragbaren Kosten für Betroffene zu übernehmen. Eine Sondereinheit beschäftigt sich mit Frauen- und Kinderrechten. Zur Unterstützung der

Landbevölkerung wurde 1983 das „Palestinian Agricultural Relief Committee" gegründet, das in Schulungseinheiten Farmer ebenso ausbildet wie auf eine ressourcenschonende Landwirtschaft bei gleichzeitiger Produktivitätssteigerung der in den palästinensischen Gebieten häufig ausgelaugten oder steinigen Böden achtet. Eine der jüngsten Entwicklungen ist die 1998 ins Leben gerufene arabische Frauenorganisation „Sidreh", die insbesondere auf israelischem Gebiet Frauen in den Wüstenregionen des Negev hilft: Gesundheitsprogramme, Arbeitsprojekte für ein Grundeinkommen der Frauen und Ausbildungsangebote für Mädchen werden hier – in Zusammenarbeit mit der katholischen Kirche für eine überwiegend muslimische Halbnomadenbevölkerung – bereitgestellt.

Die hier dargestellte Arbeit wäre nicht möglich ohne das vielfältige und kaum übersichtlich darstellbare Engagement zahlreicher Ordensinstitute, seien es zum Beispiel die Rosenkranzschwestern mit Alteneinrichtungen und Gästehospizen, die Brüder Don Boscos mit Jugendausbildungsstätten oder die Gesellschaft des heiligen Vinzenz, die neben Ausbildungsprojekten und einem Büro für Menschenrechtsfragen vor allem aus einem Sozialfonds notleidende Familien unterstützt oder Schulgeld bezahlt. Die karitative Arbeit der katholischen Kirche wird anhand der genannten Institutionen insbesondere in Zusammenarbeit mit der Pontifical Mission an den Schwerpunkten Gesundheit, Erziehung und Rehabilitation sowie Menschenrechten deutlich, und zwar flächendeckend für die Bevölkerung in der Westbank und dem Gazastreifen. Folgerichtig unterstützt die Pontifical Mission bei allem Engagement darüber hinaus auch den Aufbau von drei Mutter-und-Kind-Kliniken des „Middle East Council of Churches" und drei weitere Kliniken des „Palestinian Relief Committee".

Ein weiterer, wesentlicher Schwerpunkt des Handelns der katholischen Kirche und damit auch der Pontifical Mission ist die Förderung der Schulen des Lateinischen Patriarchats. Heute gibt es in den Palästinensischen Gebieten 13, in Israel drei Schulen des Patriarchats. Rund 8500 Schüler werden von 717 Lehrkräften unterrichtet.[7] Hinzu kommen fünf Kindergärten in Israel und 14 in Palästina. Als wesentliche Bildungsstätte in den palästinensischen Gebieten, die zu einer konstanten Perspektivvermittlung für junge Araber – Christen wie Muslime – bis heute beigetragen hat, ist die 1973 auf Wunsch von Paul VI. gegründete „Universität Betlehem". Bereits während der Heilig-Land-Reise 1964 hatte der Papst die Idee geäußert, eine Ausbildungsstätte universitären Charakters in der Westbank zu errichten. Der Apostolische Legat Pio Laghi forcierte in seiner Amtszeit diesen Wunsch: Am 1. Oktober 1973 begann der Studienbetrieb, der vor allem den lokalen Bedürfnissen angepasst war, sodass die Universität bis heute jene Motivation für die junge Generation zu vermitteln versucht, nicht auszuwandern und gleichzeitig das Ansehen der katholischen Kirche aufgrund ihrer Bildungseinrichtung wesentlich zu verbessern. Dabei geht es neben den einzelnen Studienfächern und Schwerpunktforschungen (z. B. der Entwicklung eines „Business Development Centers", dem Kooperationszentrum mit der UNESCO in Fragen der Biotechnologie, dem „Early Childhood Development Center" oder der „Water and Soil Environment Research Unit") auch um eine Form interkulturellen Lernens und des interreligiösen Dialogs. Geleitet wird die Universität von amerikanischen Schulbrüdern, Präsident ist der Lateinische Patriarch von Jerusalem, Kanzler der jeweilige Apostolische Delegat. Allein zwischen 2013 und 2014 waren 3282 Studenten an der Universität mit 194 Professoren eingeschrieben (1998/99: 2074 Studenten, 145 Professoren).[8] In politischen Krisenzeiten wie beispielsweise während der al-Aksa-Intifada blieb die Universität kurzfristig geschlossen. Heute weiß auch der palästinensische Staat, dass seine soziale Infrastruktur ohne den christlichen Einsatz kaum existieren könnte: Mehr als 30 Prozent der Schulen und rund 40 Prozent der Krankenhaus- und Sozialeinrichtungen in Palästina werden von Christen betrieben.

Neben dem christlichen Engagement im Heiligen Land durch die Ortskirche gibt es eine Vielzahl von aktiver Hilfe, die aus dem internationalen Bereich kommt. Dazu zählt zum einen die „Catholic Near East Welfare Association" (CNEWA), eine bereits 1926 gegründete amerikanische Hilfsorganisation, die die Arbeit der Kongregation für die Orientalischen Kirchen unterstützt.[9] Zum anderen kommt für eine Bestandsaufnahme der Hilfsleistungen die politische Einordnung, aber auch die Frage nach den spirituellen Bedürfnissen der Menschen der „Riunione Opere Aiuto Chiese Orientale" (ROACO, „Union der Hilfswerke für die Orientalischen Kirchen") eine besondere Bedeutung zu, die 1968 im Vatikan gegründet wurde und ein wichtiges Gremium des Austauschs ist, da hier die Vertreter der orientalischen Kirchen außerhalb des Heiligen Landes ebenso präsent sind wie ein Großteil der erwähnten Hilfsorganisationen. Die Mitglieder der ROACO baten im Sommer 1977 die Kongregation für die Orientalischen Kirchen, eine Dachorganisation im Heiligen Land zu errichten, die vor allem die Aktivitäten der zahlreichen katholischen Schulen koordinieren sollte. So wurde das „Secrétariat de Solidarité" etabliert, das unter der Leitung des Apostolischen Delegaten steht und in kürzester Zeit die Zusammenarbeit der Schulen - auch im ökumenischen Kontext - wesentlich verbessern konnte. Gerade die Schulen und zahlreiche weitere Einrichtungen des Heiligen Landes erhalten umfangreiche finanzielle Hilfe durch den Ritterorden vom Heiligen Grab zu Jerusalem, der 1847 neu ins Leben gerufen wurde und seit dem 14. September 1949 den Status einer juristischen Person kanonischen Rechts hat. Jährlich bringt der Orden weltweit rund 10 Mio. Euro Hilfsgelder auf (davon aus Deutschland ca. 1,47 Mio. Euro), die über das Großmeisteramt in Rom für Projekte der lateinischen Kirche zur Verfügung gestellt werden. Beim vielfältigen Engagement im Heiligen Land ist von deutscher Seite außerdem der traditionsreiche „Deutsche Verein vom Heiligen Lande" zu nennen, der nach seiner Gründung 1855 verschiedene Projekte im Heiligen Land unterhält: Paulus-Haus/Schmidt-Schule, Jerusalem; Pilgerhaus und Kloster Tabgha, See Genesaret; Dormitio-Abtei, Jerusalem; Altenpflegeheim „Beit Emmaus", Qubeibe.[10]

Insbesondere die katholischen Hilfswerke handeln nach der Maxime, sich im Lateinischen Patriarchat abzusichern, um in keiner Weise durch ihre Arbeit den Status quo an den Heiligen Stätten zu gefährden. Da dieser Status quo bereits in der Phase der Staatengründung für alle christlichen Konfessionen im Heiligen Land wesentlich war und auch die weiteren Überlegungen prägt, sei hier kurz an den Sachstand erinnert. Es wird zwischen dem Status quo im engeren (d. h. die 1852 von den Osmanen festgelegte Ordnung für die Heiligen Stätten) und weiteren Sinn (d. h. das staatskirchenrechtliche Gesamt der so genannten „Traditionellen Rechte", die im Laufe der Geschichte erworben wurden, wie z. B. Immunitäten und Privilegien) unterschieden.[11] Dabei ist bemerkenswert, in welch vielfältiger Weise sich vor allem Ende des 20. Jahrhunderts der Heilige Stuhl mit dieser Frage beschäftigte. Für die Kirchenführer aller Konfessionen war es in den vergangenen Jahrzehnten eine Herausforderung, den Status quo sowohl als ökumenische Gesamtchristenheit als auch durch die jeweils individuelle Konfession öffentlich einzufordern.

II. Der Heilige Stuhl und das Heilige Land – eine wechselvolle Geschichte

Nach dieser Grundlage, die gezeigt hat, wie sich die christliche Minderheit heute definiert, wo sie ihre Herausforderungen sieht und wo sie auf internationale Unterstützung angewiesen ist, fällt der Blick im folgenden Kapitel auf die Geschichte der Ortskirche und das Engagement sowie die politischen Interessen des Heiligen Stuhls. Beide Linien zeigen Parallelen auf und führten in einer 50-jährigen Geschichte zu den vier Apostolischen Reisen der Päpste von Paul VI. bis Franziskus ins Heilige Land.[12]

Anfänge: Zwischen 1847 und dem Ende des Zweiten Weltkriegs

Die jüngere Geschichte der katholischen Kirche im Heiligen Land beginnt 1847. Damals unterstrich der Heilige Stuhl seine Sorge um die katholischen Christen im Heiligen Land mit der Wiedererrichtung des Lateinischen Patriarchats von Jerusalem. Zuvor war es vor allem die Kustodie der Franziskaner für das Heilige Land gewesen, die die Verwaltung und Seelsorge an den heiligen Stätten aufrechterhalten hatte. Das Verhältnis des Heiligen Stuhls gegenüber den Juden blieb von Anfang an schwierig, vor allem seit Pius X. in einer Audienz für Theodor Herzl 1904 offiziell die zionistische Grundidee abgelehnt hatte. Trotz des Vorschlags von Herzl, den Heiligen Stätten ein exterritoriales Statut zuzuerkennen, blieb der Papst unbeugsam: „Wir können die Juden nicht daran hindern, nach Jerusalem zu gehen, aber wir könnten es niemals sanktionieren. Der Boden Jerusalems, wenn er nicht immer geheiligt war, ist durch das Leben Jesu Christi geheiligt worden."[13] Herzl versicherte nach der Audienz Kardinalstaatssekretär Rafael Merry del Val, dass seine Initiative ausschließlich jenen Boden Palästinas meine, der nicht mit Heiligen Stätten in Verbindung zu bringen sei. Umso bemerkenswerter ist es, dass Papst Franziskus als erster Papst bereit und das diplomatische Umfeld soweit gediehen war, auf dem Mount Herzl in Jerusalem das Grab Theodor Herzls zu besuchen.

Bei der Umsetzung der Balfour-Deklaration von 1917, die zur Schaffung einer Heimstatt für das jüdische Volk beitragen sollte, verhielt sich der Heilige Stuhl weitgehend neutral, ließ aber immer wieder sein Unbehagen über die Ausdehnung jüdischer Siedlungen zum Ausdruck kommen. Allerdings war es weniger eine antijüdische Haltung als vielmehr der Wunsch, die Rechte der katholischen Kirche zu sichern. So erklärte Benedikt XV. anlässlich einer Kardinalserhebung am 29. Juni 1921: „Wir wollen keineswegs, dass die Rechte der Juden geschmälert werden; wir verlangen jedoch, dass diese in keiner Weise über die heiligen Rechte der Christen gestellt werden."[14] In den folgenden Jahren verstärkte sich diese Haltung, sodass Kardinalstaatssekretär Pietro Gasparri im Juni 1922 während einer international umstrittenen Aktion beim Völkerbund in Genf gegen die Vorzugsbehandlung der Juden in Palästina protestierte. 1937 forderte der Heilige Stuhl in einer diplomatischen Note an die britischen Mandatsträger den Schutz der Heiligen Stätten. Erst aufgrund der Folgen des Zweiten Weltkriegs und der veränderten politischen Lage im Nahen Osten kam es beim Vatikan zu einem allmählichen Umdenken in Bezug auf die Bedeutung des Heiligen Landes für die Angehörigen der drei monotheistischen Religionen. Allerdings konnte der Palästina betreffende Absolutheitsanspruch, dass das Land ausschließlich durch Jesus Christus geheiligt worden sei und deshalb die Christen ein besonderes Vorrecht hätten, erst mit dem Zweiten Vatikanischen Konzil überwunden werden.

Aufbruch: Vom UN-Teilungsplan bis zur Gründung des Staates Israel

Bemerkenswert ist die Ansprache von Papst Pius XII. im August 1946 vor Vertretern des „Hohen Arabischen Rats für Palästina", in der er das Existenzrecht der Juden ebenso betonte wie die zu sichernden Lebensumstände der palästinensischen Araber. Das setze den Respekt vor den Rechten der anderen, „vor besonderen Positionen und Traditionen insbesondere auf religiösem Gebiet voraus. [...] Wir lehnen jeden Rückgriff auf Gewalt ab, gleich von welcher Seite er kommt, so wie Wir mehrfach in der Vergangenheit die Verfolgungen verurteilt haben, die ein fanatischer Antisemitismus gegen das jüdische Volk entfesselt hat. [...] Es ist eine Friedensordnung zu finden, die jeder am Konflikt beteiligten Partei die Sicherheit der Existenz und zugleich physische und moralische Lebensumstände ermöglicht, unter denen materieller und kultureller Wohlstand erreicht werden kann."[15] Als in der Folge des Zweiten Weltkriegs deutlich wurde, dass die Palästinafrage auf internationaler Ebene neu verhandelt werden würde, schaltete sich auch der Heilige Stuhl ein. Es waren vor allem Kardinal Francis Spellman in seiner Funktion als Präsident der schon weiter oben erwähnten CNEWA sowie dessen Generalsekretär Msgr. Thomas McMahon, die in Absprache mit Rom die Haltung des Heiligen Stuhls bei den Vereinten Nationen darlegten, nach der die Regierungsform nicht von Interesse sei, wohl aber müssten die Interessen der Christen Berücksichtigung finden.[16] Der UN-Teilungsplan vom 29. November 1947 mit der Resolution 181 stieß auf Zustimmung des Heiligen Stuhls, da er Jerusalem als „corpus separatum" und eine Internationalisierung unter der Verwaltung der Vereinten Nationen vorsah, womit die Garantie zum Schutz der heiligen Stätten automatisch verbunden war. Außerdem sah man die willkommene Chance, ein gesichertes Territorium für die arabischen Christen in den außerhalb Israels gelegenen Gebieten zu erhalten. Trotz dieses Plans und der Staatsgründung war es dem Heiligen Stuhl aber nicht möglich, Israel sofort formell und diplomatisch anzuerkennen. Das hing unter anderem mit dem negativen Ausgang der Volksabstimmung über den Teilungsplan, der kirchenpolitischen Status-quo-Frage Jerusalems, Rücksicht auf die Ortskirchen, ungeklärten Rechtsfragen und der illegalen Grenzziehung nach dem Unabhängigkeitskrieg 1948/49 zusammen. In dieser Situation hat der Heilige Stuhl deshalb in gewisser Weise dem Teilungsbeschluss zur Staatswerdung Israels zugestimmt, was einer – bis heute zu wenig beachteten – De-Facto-Anerkennung gleichkommt, wenn auch die volle diplomatische Anerkennung und damit entsprechende Aufnahme von gegenseitigen Beziehungen fehlte.

Mit dem Tod des Lateinischen Patriarchen Luigi Barlassina[17] im Herbst 1947, der über viele Jahre die katholische Diözese aufgebaut hatte, entschied sich Pius XII. für eine Umstrukturierung der diplomatischen Vertretungen im Nahen Osten: Im 19. Jahrhundert hatten Jerusalem und Palästina zur Apostolischen Delegatur Syrien gehört, seit 1929 zu Kairo. So wurde – nach dem Teilungsplanbeschluss und vor der Staatsgründung Israels – am 11. Februar 1948 die „Apostolische Delegatur in Jerusalem und Palästina“ eingerichtet, die für Gesamtpalästina als Interessenvertretung diente und so der Idee nach einem Land und der besonderen Stellung Jerusalems Rechnung trug. Es war der Wunsch Pius' XII., dass die Delegatur „in geeigneter Weise das ewige Heil der Seelen, auch fern vom Zentrum der katholischen Einheit“ fördern sollte. Sie wurde in der Folgezeit zu einem der wichtigsten Anlaufpunkte für die katholischen, nachher aber auch darüber hinaus ökumenischen Anliegen im Heiligen Land.[18]

In den folgenden zwölf Monaten unterstrich der Papst in drei Enzykliken mehrfach seine Sorge für den Schutz der heiligen Stätten und die Notwendigkeit der Internationalisierung Jerusalems. Am 1. Mai 1948, also zwei Wochen vor der Ausrufung des Staates Israel, veröffentlichte Pius XII. das Schreiben *Auspicia quaedam*[19], in dem er die nahezu tägliche Gewaltanwendung und den damit verbundenen Verderb für die heiligen Stätten thematisierte. Palästina müsse jedem am Herzen liegen, weshalb man dafür beten wolle, dass im Monat Mai die Situation in Palästina auf der Basis von Gleichheit gedeihen möge. Jerusalem selbst fand in der Enzyklika keine Erwähnung. Mit der Ausrufung des Staates Israel am 14. Mai 1948 und dem daraus resultierenden ersten israelisch-arabischen Krieg, der auch verschiedene christliche Stätten beschädigte, kam es zu einer für die Kirchen bedenklichen Situation aufgrund massiver Flüchtlingswellen in den arabischen Nachbarstaaten. Während die Unabhängigkeitserklärung die Religions- und Gewissensfreiheit und die Verpflichtung Israels zum Schutz aller heiligen Stätten betonte, beobachtete der *L'Osservatore Romano* die Lage eher zurückhaltend und kommentierte fortlaufend die Vorgänge im „jüdischen Staat". Auf die angespannte Situation ging Pius XII. in seiner Enzyklika *In multiplicibus curis*[20] vom 24. Oktober 1948 ein, in der er die Angriffe und die Beschädigung der heiligen Stätten beklagte und die freie Ausübung des religiösen Bekenntnisses forderte. An die Gläubigen in anderen Nahoststaaten und die diplomatischen Vertreter des Heiligen Stuhls in Palästina, dem Libanon und Ägypten appellierte er, sich an der Friedenssuche zu beteiligen. Er drückte sein Mitgefühl für die Flüchtlinge aus, „die von ihrem Land vertrieben umherziehen, Zuflucht und Brot suchend". Deutlich ging Pius XII. auf den Status von Jerusalem ein. Durch internationale Garantien müsse der freie Zugang zu den heiligen Orten, die Freiheit des Kultes und der Respekt der freien Religionsausübung gemäß den jeweiligen religiösen Traditionen gesichert sein. Denn jetzt sei die Gelegenheit, „Jerusalem und seiner Umgebung [...] eine stabile und solide internationale Regierung zu geben, die unter den aktuellen Umständen den Schutz der heiligen Stätten besser gewährleisten könne".

CNEWA-Generalsekretär McMahon reiste im Dezember 1948 nach Palästina und Israel sowie Jordanien, um sich ein differenziertes Bild von den Flüchtlingsdramen zu machen. Seinen Berichten ist es zu verdanken, dass der Heilige Stuhl detailliert über die aktuelle Lage informiert war. Während der internationalen Debatte, ob Israel einen Sitz in den Vereinten Nationen erhalten solle, veröffentlichte Pius XII. am 15. April 1949 die Enzyklika *Redemptoris nostri*, die sich ausführlich mit der Palästinafrage beschäftigte und auf diplomatischer Ebene die internationale Gemeinschaft bewegen sollte, die Aufnahme Israels in die UNO vom Bekenntnis zur Resolution 181 abhängig zu machen.[21] In seinem Schreiben unterstrich Pius XII. das Rückkehrrecht der Palästinaflüchtlinge und den – auch juristischen – Schutz aller heiligen Stätten in Palästina. Deutlicher als in den bisherigen Enzykliken hob der Papst seine Forderung nach der Internationalisierung Jerusalems gemäß dem UN-Teilungsplan hervor. Mit legalen Mitteln sei es notwendig, eine gerechte Situation und dauernde Stabilität in Jerusalem zu erreichen: „Jerusalem und seiner Umgebung soll ein juristisches Statut gegeben werden, dessen Stabilität unter den aktuellen Bedingungen nur durch ein Übereinkommen von Staaten gesichert werden kann, die den Frieden lieben und die Rechte anderer achten.“ Es steht heute außer Frage, dass McMahons Informationen Pius XII. zu entsprechenden Aussagen in der Enzyklika bewegt hatten. Ebenfalls wird es McMahons Details zu verdanken sein, dass der Papst in Konsequenz zu seiner Enzyklika einen sichtbaren Beitrag zur Minderung des Flüchtlingselends leisten wollte und damit den karitativen Auftrag der Kirche zur Geltung brachte. Am 1. Juni 1949 erfolgte daher die schon weiter oben erwähnte Gründung der „Pontifical Mission for Palestine“ („Päpstliche Mission für Palästina“); Präsident wurde Msgr. McMahon.

Existenz Israels: Zwischen Staatsgründung, Flüchtlingen und der Jerusalemfrage

Die Gründung der Pontifical Mission war Auslöser für zahlreiche, wenn auch teilweise erst wesentlich später, vor allem nach 1967 und dem Ausbruch der Intifada von 1988, gegründeten Einrichtungen, in denen sich insbesondere die katholische Kirche und andere Konfessionen für die Gesamtbevölkerung engagierten. Kompliziert bleibt die Bewertung des Flüchtlingsdramas in der frühen Zeit des Staates Israel. In Israel konzentrierte man sich darauf, der Welt zu zeigen, wie gut sich die Lage für die christliche Minderheit entwickelte, die arabische Seite neigte zur Dramatisierung. Tatsächlich – und das wirkt sich bis heute aus – sind weit weniger Christen damals geflüchtet, weil ihre wirtschaftliche Situation insgesamt besser war als die vieler muslimischer Mitbewohner: „Die christlichen Gemeinden Palästinas litten unter den Kriegsfolgen, insbesondere aufgrund der massiven Flucht und Vertreibung. Auf israelischem Gebiet war durch das unterschiedliche Fluchtverhalten christlicher und muslimischer Palästinenser der Anteil der Christen an der arabischen Bevölkerung zwar gestiegen; in einzelnen Gemeinden gab es jedoch große Mitgliederverluste. Fünf Pfarreien des Lateinischen Patriarchats in Israel mussten aufgegeben werden, weil der Großteil der Gemeindemitglieder geflohen war.“[22] Besonders schwierig war die Situation in Jerusalem, denn oft hatten die Christen, die im arabischen Teil der Stadt lebten, ihren Arbeitsplatz auf israelischem Gebiet verloren: „Christliche Institutionen und Klöster in Ostjerusalem waren von ihrem Grundeigentum im Westteil und damit von ihren Einkommensquellen abgeschnitten. Da die Emigrationsrate der Christen in Jerusalem besonders hoch war, verlor die Stadt ihre Stellung als Zentrum des christlichen Lebens in der Region."[23]

Sieben Jahre nach den drei Enzykliken, die die Sorge des Papstes für das Heilige Land beschrieben, veröffentlichte Pius XII. am 1. November 1956 ein weiteres Rundschreiben unter dem Titel *Laetemur admodum*, in dem er mit Blick auf die Unruhen in Ungarn und Polen sowie die Suezkrise auch zum Friedensgebet im Nahen Osten aufrief und erneut den Schutz der heiligen Stätten und eine Lösung der Flüchtlingsfrage einforderte.[24] In allen Dokumenten und der konkreten Arbeit vor Ort wiederholte der Vatikan auf diplomatischer Ebene die Auffassung trotz internationalen Drängens, dass zuerst rechtliche, eigentumsspezifische und juristische Fragen geklärt sein müssten, bevor Israel vom Heiligen Stuhl anerkannt werden könne.

Erwähnt werden soll hier auch das Interesse des Heiligen Stuhls und damit der katholischen Kirche an der Frage nach dem Status von Jerusalem. Während der Heilige Stuhl zunächst die in der Resolution 181 vom 29. November 1947 dargelegte Idee begrüßte, nach der Jerusalem als „corpus separatum" und eine Internationalisierung unter der Verwaltung der Vereinten Nationen vorgesehen war, die den Schutz der heiligen Stätten garantierte, vollzog sich ein allmählicher Paradigmenwechsel in dieser Frage.[25] Spätestens als Paul VI. nach der israelischen Eroberung Ostjerusalems im Sechstagekrieg am 7. Juni 1967 forderte, die Heilige Stadt möge eine „offene Stadt" sein, und zwar nicht nur für Christen, sondern auch für Juden und Muslime, war das ein neuer Akzent. Dieser wurde ergänzt mit der vatikanischen Erwartung, dass Jerusalem ein Begegnungsort der Religionen werden müsse. Das sei zu realisieren mit einer internationalen Regierung in Jerusalem, die eine eigene autonome Verwaltung aufbaue.[26] Diese Neupositionierung in der Jerusalemfrage, die – als Äußerung der katholischen Kirche – auch immer gleich für die Kirche im Land bestimmend war, sorgte für innerkirchliche Diskussionen. Ausdrücklich unterstrich Paul VI. noch am gleichen Tag, dass Jerusalem zur offenen Stadt zu erklären sei, und zwar nicht nur für die Christen, sondern auch für Juden und Muslime. Die vatikanische Position wurde ergänzt durch ein Schreiben des Papstes vom 8. Juni an die im Krieg beteiligten Staaten, demzufolge ein Waffenstillstand für das Wohlergehen der Region von außerordentlicher Priorität sei. Am 10. Juni schrieb der *L'Osservatore Romano* in einem nicht gezeichneten Kommentar, dass eine territoriale Internationalisierung der Stadt jetzt erst recht anstehe, um Jerusalem zu einem Begegnungsort zu machen: „Wenn auch niemand die Kraft der spirituellen und geschichtlichen Bande bestreitet, die Jerusalem mit dem Judentum und dem Islam verbinden, so kann man doch andererseits nicht vergessen, dass die christliche Welt auf Zion wie auf eine einzigartige, große heilige Stätte blickt."[27] Gemeint war, dass die Stadt mit ihrer Umgebung eine internationale Regierung brauche, also nicht nur eine Aufsicht und Kontrolle, sondern als separates Stadtgebiet eine eigene autonome Verwaltung. Die durch den Sechstagekrieg notwendig gewordene Präzisierung zeigt, dass der Heilige Stuhl noch immer – mehr stillschweigend – wie in der Resolution 181 vom „corpus separatum" ausging, dieses aber nicht mehr ausdrücklich forderte, sondern verstärkt den spirituellen Charakter der Stadt für alle drei monotheistischen Religionen hervorhob: „Die Stadt Gottes muss nach ihren eigenen, von allen Nationen anerkannten Gesetzen regiert werden."[28] Die UN-Resolution 2253 vom 4. Juli 1967 erklärte in der Folge alle israelischen Maßnahmen, die Jerusalem betrafen, für ungültig. Tatsächlich gab der Heilige Stuhl die Forderung nach einem „corpus separatum" in Form einer territorialen Internationalisierung mehr und mehr auf. Er konzentrierte sich auf einen Einsatz für die heiligen Stätten (auch über Jerusalem hinaus), die durch jene Garantien geschützt werden müssten, die das internationale Recht biete. In der Weihnachtsansprache für die Kurie am 22. Dezember 1967 präzisierte der Papst: „Notwendig ist die Wahrung der Kultfreiheit, der Respekt vor den heiligen Stätten [aller drei Religionen, Anm. d. Vf.], ihr Erhalt und der Zugang zu ihnen. Sie sollten durch spezielle Immunitäten aufgrund eines eigenen Statuts geschützt werden. Dessen Beachtung sollte eine Institution mit internationalem Charakter garantieren, unter besonderer Berücksichtigung der historischen und religiösen Physiognomie Jerusalems."[29] Es ging also nicht nur um die heiligen Stätten der Christen, sondern mehr noch um die Kultfreiheit. Außerdem forderte der Papst – ebenfalls ein Novum – „die freie Ausübung der religiösen und zivilen Rechte" der Bevölkerung unabhängig von der Religion. Nach dieser faktischen Überwindung der Idee des „corpus separatum" warnte Paul VI. in der Folge verstärkt vor einem christlichen Exodus aus der Region. Während der Weihnachtsansprache vom 23. Dezember 1971 bestätigte er die veränderte Haltung des Heiligen Stuhls. Man wolle nichts mehr zum bisher Dargelegten hinzufügen: „Es bedarf eines international garantierten Sonderstatuts, das dem pluralen Charakter und allen Besonderheiten der Heiligen Stadt gerecht wird und die Rechte der verschiedenen Einwohner der Stadt berücksichtigt, die in ihr wohnen und sie als ihr spirituelles Zentrum ansehen."[30]

Erster Aufbruch: Paul VI. im Heiligen Land und der Sechstagekrieg

Während die katholische Ortskirche im Heiligen Land den Aufbau der Gemeinden selbstbewusst voranbrachte, fiel der Blick auch häufig nach Rom, um zu schauen, wie auf diplomatischer Ebene eine Verbesserung für die Situation der Christen insgesamt versucht wurde. Dabei ist bemerkenswert, dass bereits am 27. März 1952 der israelische Außenminister Mosche Scharet von Pius XII. als Privatperson empfangen wurde. Einige Jahre zuvor hatte der Papst Scharet noch in der Eigenschaft als Vertreter der „Jewish Agency" getroffen. Immerhin war eine solche Begegnung, wenn auch ohne größere politische Konsequenz, möglich. Dennoch entwickelten sich die Beziehungen zwischen dem Heiligen Stuhl und dem Staat Israel langsam, vor allem musste Rom gleichzeitig die Palästinenserfrage berücksichtigen. Das führte in den Sechzigerjahren zu mehreren friedenspolitischen Interventionen des Heiligen Stuhls. Die Annäherung zeigte sich beispielsweise, als israelische Delegationen offiziell an den Begräbnisfeierlichkeiten für Pius XII. und Johannes XXIII. sowie an Eröffnung und Abschluss des Zweiten Vatikanischen Konzils teilnahmen.

Das Verhältnis der katholischen Kirche zum Judentum und damit später auch zum israelischen Staat konnte den entscheidenden Schritt nach vorne nur aufgrund des Konzils machen. Dies ist dem visionären Blick Papst Johannes' XXIII. zu verdanken, der schon früh plante, das Konzil auch über die nichtchristlichen Religionen und vor allem das Judentum diskutieren zu lassen. Hier kann nicht der lange Weg zum Entstehen des Konzilsdokumentes *Nostra aetate* nachgezeichnet werden, das von der Hochachtung gegenüber den Muslimen spricht und in besonderer Weise eine völlig neue und aufgeschlossene Verhältnisbestimmung gegenüber dem Judentum vollzieht.[31] Dieser Schritt war nicht nur ein Paradigmenwechsel, sondern eine umfassende neue Definition und Grundlage für jedes weitere interreligiöse Gespräch. *Nostra aetate* hat gerade in der israelischen Regierung einen Kurs des fortlaufenden Kontaktes und der guten gegenseitigen Beziehungen ergeben, wohingegen die einheimische palästinensische Bevölkerung, insbesondere auch Katholiken, gegen das Konzilsdokument protestierten, weil sie angeblich die palästinensische Frage aus der Wahrnehmung des Papstes verloren gehen sahen. Die positive Öffnung des Konzils zu den Weltreligionen sorgte auf der anderen Seite dafür, dass innerhalb weniger Monate 1966 mehrere islamisch dominierte Staaten volle diplomatische Beziehungen mit dem Heiligen Stuhl aufnahmen, unter anderem Ägypten, Syrien, Iran und Irak.

Papst Johannes XXIII. konnte die Vollendung seiner Annäherung an das Judentum nicht mehr erleben. Papst Paul VI. griff die Idee jedoch gleich nach Pontifikatsbeginn auf. Überraschend kündigte er zum Ende der zweiten Session des Konzils an, eine Reise ins Heilige Land unternehmen zu wollen. In nur wenigen Wochen musste das heikle Unterfangen für den Besuch in Jordanien und Israel vorbereitet werden. Wichtig ist dabei zu bedenken, dass Reiseankündigung und -durchführung noch weit vor der Verabschiedung des Konzilsdokumentes *Nostra aetate* lagen. Deshalb betonte Paul VI., dass er als Pilger ins Heilige Land fahre, um auf den Spuren Jesu für den Frieden zu werben und die Ortsgemeinden zu stärken. Während der Reise vom 4. bis 6. Januar 1964 gab es deshalb auch keine politische Annäherung, um den Staat Jordanien oder Israel anzuerkennen. Paul VI. spürte aber während des Aufenthaltes und der zahlreichen Begegnungen, dass es die Notwendigkeit gab, die Verhältnisbestimmung zum Judentum und zum Islam durch das Konzil zu definieren. So wird man zu Recht sagen können, dass die Heilig-Land-Reise des Papstes sich positiv auf das Zustandekommen von *Nostra aetate* ausgewirkt hat.

Nach Pilgerreise und Konzil entwickelte sich die vatikanische Nahostdiplomatie gegenüber Israel aufgeschlossener, gleichzeitig bemühte sich der Heilige Stuhl um einen intensiven Austausch mit islamischen Staaten. Die katholischen Konfessionen sind durch den Papstbesuch zu einer öffentlich wahrnehmbaren Größe im Heiligen Land geworden. War schon zuvor die umfangreiche karitative Arbeit ein im gesellschaftlichen Kontext geschätztes Element gewesen, hat die Präsenz des Papstes der Kirche zu einer dauerhaften weltweiten Beachtung in Israel und Jordanien verholfen. Vor allem war es die Pontifical Mission, die ihre Tätigkeit wesentlich ausdehnen konnte und so – neben den Vereinten Nationen – zur sichersten Größe im Kampf gegen das Flüchtlingselend wurde. Dieser Auftrag verschärfte sich nach dem Sechstagekrieg erheblich. Was für den Heiligen Stuhl seit der Staatsgründung die regelmäßige Anmahnung des Existenz- bzw. Bleiberechtes für das israelische Volk und palästinensische Flüchtlinge war, entwickelte sich zu deutlichen politischen Optionen seit 1967.

Unter Druck: Zwischen Sechstagekrieg und Camp David I

Der Sechstagekrieg (5. bis 10. Juni 1967) mit seinen Flüchtlingsströmen und neuen territorialen Grenzziehungen stellte die Kirche im Heiligen Land vor große Herausforderungen. Wie bereits im Krieg 1948/49 flüchteten auch zahlreiche Christen, wenngleich statistisches Material nur schwierig zu erhalten ist. Erneut war die Hilfe des Vatikans für die Christen und darüber hinaus für alle Menschen vor Ort gefordert. Während die strategische Koordination und Umsetzung der Pontifical Mission aufgrund personeller Veränderungen verspätet anlief, wandte sich Paul VI. zunächst an Caritas Internationalis. Bereits nach wenigen Tagen wurde vor Ort in Jerusalem die Gründung eines lokalen Caritas-Komitees besprochen, das fortan von Caritas Internationalis in Rom gesteuert und unterstützt wurde. In der Folge ging es vor allem um eine zielgerichtete Koordinierung der humanitären Hilfe zusammen mit der Pontifical Mission.[32]

Die Kriegsschäden machten auch vor den katholischen Einrichtungen nicht Halt, vor allem waren Ordenshäuser, Schulen und einige Kirchen in die Schusslinie geraten. Am härtesten hatte es die Dormitio-Abtei auf dem Zion getroffen. Politisch positionierte sich der Heilige Stuhl in der Situation des Sechstagekriegs vor allem in der Jerusalemfrage, wie bereits weiter oben dargestellt. Tatsächlich sah sich die katholische Kirche in Israel und den besetzten Gebieten in die Pflicht genommen, das Menschenrecht auf Heimat einzuklagen. Dabei war die Gratwanderung zu bewältigen, die vorsichtigen Annäherungen an den israelischen Staat ebenso aufrechtzuerhalten wie für die palästinensische Frage einzustehen. Vor allem ging es dem Heiligen Stuhl – abgestimmt in diplomatischen Noten mit der katholischen Kirche vor Ort – um eine Garantie des Rechts der freien Religionsausübung, um die in Bedrängnis geratenen Christen zu schützen. Der Heilige Stuhl blieb in der angespannten Situation also nicht neutral, sondern suchte Gelegenheiten, an den Teilungsplan der UNO und die damit verbundene Internationalisierung Jerusalems zu erinnern, stellte aber gleichzeitig universale Forderungen auf, die weit mehr als die 1947 politisch formulierten Erwartungen umfassten. Umso überraschender war für viele Beobachter die Reise des israelischen Außenministers Abba Eban 1969 in den Vatikan, der offiziell von Papst Paul VI. in Privataudienz empfangen wurde. Offensichtlich war es feinfühliger Diplomatie gelungen, diese Begegnung zu arrangieren, um politische Gespräche hinter den Kulissen zu führen. Gleichzeitig sah der Papst die Notwendigkeit, durch öffentliche Appelle und scharfe Verurteilungen auf die wachsende Gewalt palästinensischer Terroristen zu reagieren.[33] Für Paul VI. und die katholische Kirche im Heiligen Land war klar, dass trotz aller berechtigten Forderungen für die territoriale Integrität der Palästinenser Terror nicht als Mittel zum Zweck gerechtfertigt werden konnte und gleichzeitig der Schutz aller heiligen Stätten – nicht nur der Christen – garantiert sein musste. Vor allem forderte der Papst auf internationaler Ebene unermüdlich für die Christen im Heiligen Land eine dauerhafte Lösung des Flüchtlingsproblems. Die Pontifical Mission bemühte sich parallel, die christliche Minderheit zum Verbleib in der Region zu ermutigen, und stellte entsprechende Ausbildungsprojekte und Arbeitsmaßnahmen zur Verfügung. Dabei dehnte sie ihre Tätigkeit wesentlich auch zugunsten von Nichtchristen aus, was ihre ohnehin schon große Akzeptanz förderte. Dennoch ließ sich die schleichende Abwanderung nicht stoppen, was zur Folge hatte, dass 1971 aufgrund eines Impulses der Ortsbischöfe ein lokales Justitia-et-Pax-Sekretariat eingerichtet wurde, das durch religiöse und kulturelle Angebote den Gemeinschaftssinn der Christen untereinander stärken und gleichzeitig mit einer gezielten Kommunikation die weltweite Öffentlichkeit über die Lage im Nahen Osten sensibilisieren sollte. Die innerkirchlichen palästinensischen und damit lokalkirchlichen Gesprächskreise wurden zu einem wichtigen Element in der christlichen Selbstbestimmung vor Ort. In Verbindung mit theologischen Debatten dürfen in ihnen die Keimzellen für eine sich allmählich entwickelnde palästinensische Theologie gesehen werden.

Im historischen Kontext muss an eine für den Heiligen Stuhl und vor allem die katholische Ortskirche brisanten Vorfall erinnert werden, der zwischenzeitlich die Beziehungen zum israelischen Staat gefährlich belastete. 1970 verkauften die Assumptionisten das bereits 1885 gebaute Pilgerhospiz „Notre Dame de France“ an eine Tochtergesellschaft des Jüdischen Nationalfonds ohne – wie im Kirchenrecht festgeschrieben – den Heiligen Stuhl zu informieren, geschweige denn um Erlaubnis zu fragen. Auf diplomatisch heiklem Terrain und mit einer klaren Anweisung aus Rom ausgestattet, unternahm der Apostolische Delegat, Bischof Pio Laghi, den gewagten Rückkauf im Frühjahr 1972. In der Folge verwirklichte Laghi seine Idee, hier ein internationales Pilger- und Kulturzentrum zu errichten, das fortan den Namen „Notre Dame of Jerusalem Center“ trug und unter Papst Johannes Paul II. am 13. Dezember 1978 eine kanonische Errichtung wurde, deren Statuten am 2. Februar 1981 approbiert wurden.

Trotz mehrfacher scharfer Kritik des Papstes an den politischen und völkerrechtlichen, vor allem aber humanitären Zuständen in Nahost kam es nach der Episode um „Notre Dame“ zu einer immerhin kurzfristigen Annäherung, als Premierministerin Golda Meir am 15. Januar 1973 Paul VI. aufsuchte. Geschickt bettete die israelische Diplomatie die Romvisite zwischen die Stationen England und Elfenbeinküste, um sie nicht „zum Gang nach Canossa“ werden zu lassen, wie Meir ihren engsten Beratern anvertraute. Details der Gespräche sind zwar nicht veröffentlicht worden, der Vatikan erklärte aber, dass der Papst auf die Leiden des jüdischen Volkes und das tragische Schicksal der Flüchtlinge hingewiesen habe, vor allem aber auf „die heiligen Stätten und den heiligen und universalen Charakter Jerusalems“. Meir sicherte von ihrer Seite zu, die Friedensbemühungen voranzutreiben, gleichzeitig habe Israel aber das natürliche Recht, sich vor dem wachsenden Terror zu schützen.[34]

Der Oktoberkrieg 1973 (6. bis 26. Oktober) forderte den Papst zu weiteren Stellungnahmen heraus, die sich allerdings vornehmlich auf die kriegerischen Handlungen und das Flüchtlingselend bezogen. Erneut wurde durch den militärischen Konflikt ein weiteres Anwachsen des Exodus der christlichen Bevölkerung registriert, allerdings ohne Kenntnis über die genauen Flüchtlingszahlen. Anders als 1967 waren gerade Familien aus den relativ gut situierten katholischen Schichten bereit, im Land zu bleiben. Weil aber die Friedensbemühungen in der Folge stockend verliefen, der palästinensische Terror zunahm und auch die kirchlichen Hilfswerke vor immer neue Herausforderungen gestellt wurden, sah sich Paul VI. veranlasst, am 25. März 1974 das Apostolische Schreiben *Nobis in animo* über die Notlage der Kirche im Heiligen Land zu veröffentlichen. Die Kirche von Jerusalem, so der Papst, nehme einen „privilegierten Platz“ in der Liebe des Heiligen Stuhls ein: „Ohne darauf einzugehen, dass das ständige Andauern einer Situation, die eines klaren juristischen, international anerkannten und garantierten Fundamentes entbehrt, [...] denken Wir hier im Besonderen an Jerusalem, die Heilige Stadt und Hauptstadt des Monotheismus.“ Eine für alle Seiten gerechte Lösung war die Forderung Pauls VI. Sein Brief wollte den christlichen Gemeinschaften im Heiligen Land Mut machen. Das war umso schwieriger, als er die israelische Politik ebenso berücksichtigen musste wie den Terror der PLO und die restriktive Haltung von Jordaniens König Hussein gegenüber den palästinensischen Flüchtlingen. Bei den gegenwärtigen Schwierigkeiten handle es sich um die „verwickelten und delikaten Probleme der Koexistenz der Völker jenes Landes, ihres Zusammenlebens in Frieden wie auch um die Fragen religiösen, bürgerlichen und menschlichen Charakters, die das Leben der verschiedenen Gemeinschaften betreffen", so der Papst. Kritik wird an fehlenden internationalen Garantien und der Gefahr eines weiteren Christenexodus geübt, der „die heiligen christlichen Stätten von Jerusalem und Palästina fast zu Museen" degradieren würde, und das angesichts einer Kirche im Heiligen Land, die gleichsam „die Nachfolgerin der Urkirche" sei. In einem Prozess des „Sich-Zusammenfindens kann die Anwesenheit der christlichen Gemeinschaft zusammen mit der hebräischen und islamischen ein Faktor der Eintracht und des Friedens sein". Neben diesen für Paul VI. teilweise überraschenden politischen Formulierungen ging es ihm auch um eine Stütze für die Arbeit der katholischen Kirche im Heiligen Land. Die Karfreitagskollekte solle nicht nur für den Erhalt von Gebäuden und die heiligen Stätten genutzt werden, „sondern zuallererst für die pastorale, karitative, erzieherische und soziale Arbeit, welche die katholische Kirche im Heiligen Land zum Wohl der christlichen Brüder und der lokalen Bevölkerung leistet". Ihm gehe es dabei vor allem um einen effizienten und gut koordinierten Einsatz der Spenden. Im politischen Tenor des Apostolischen Schreibens bleibt bemerkenswert, dass der Terminus „Palästina" hervorgehoben und damit das Existenzrecht der Palästinenser indirekt unterstrichen wird. Ähnlich drückte es der Papst in einem einige Monate später an die Pontifical Mission gerichteten Brief aus.[35] Darin erinnerte er an die Schwierigkeiten des palästinensischen Volkes: „Die Palästinenser liegen uns besonders am Herzen, weil sie das Volk des Heiligen Landes sind ...", betonte Paul VI. Mit Blick auf die umfassende, grenzüberschreitende Hilfe der Pontifical Mission schrieb er: „Die Mission soll nicht nur weiterhin ohne Rücksicht auf Nationalität oder Religion denen helfen, die in der Folge der wiederholten Konflikte, die diese Region verwüstet haben, gelitten haben oder immer noch leiden, sondern sie soll auch in der sich entwickelnden Situation einen Beitrag zu Ausbildungs-, Wiedereingliederungs- und Entwicklungsprojekten für die palästinensische Bevölkerung leisten." Was die Pontifical Mission bis dahin – spätestens seit der Situation um 1967 – geleistet hatte, nämlich die Maxime „need not creed" („Bedürftigkeit, nicht Glaubensbekenntnis") zu verwirklichen, war nun ausdrücklich auch vom Papst bestätigt worden. Mit beiden Dokumenten und den vielfachen anderen öffentlichen Äußerungen zur Lage im Heiligen Land zeigt sich, wie sehr die persönliche Erfahrung des Papstes vor Ort zur eigenen Sensibilisierung für die Region beigetragen hat.

Während am 14. April 1975 der tragische Bürgerkrieg im Libanon ausbrach und sich das Engagement des Heiligen Stuhls erkennbar in die Region des Zedernstaates verlagerte, waren die katholischen Gemeinden im Heiligen Land um Konsolidierung bemüht, vor allem mit dem Auf- und Ausbau der neuen, unter Paul VI. ins Leben gerufenen Bildungseinrichtungen wie dem Effata-Zentrum oder der Universität von Betlehem. Gerade in den letzten Pontifikatsjahren konnte noch einmal ein verstärktes diplomatisches Wirken des Papstes festgestellt werden, als er 1977 und auch noch 1978 zahlreiche hochrangige Vertreter des Nahen Ostens und Nordafrikas zu Privataudienzen empfing, um mit ihnen über Lösungsansätze für einen Frieden in der Mittelmeerregion zu sprechen. Das Ergebnis der geheimen Verhandlungen zwischen Israel, Ägypten und den USA in Camp David am 17. September 1978, die zu einem Frieden zwischen Israel und Ägypten führten, erlebte Paul VI. nicht mehr: Er starb wenige Wochen zuvor am 6. August. Insgesamt wird man ihm sein hohes persönliches Engagement für das Heilige Land anrechnen müssen, das mit seiner Reise 1964 begründet, mit dem Paradigmenwechsel in der Jerusalemfrage 1967 umgesetzt und mit der religionsübergreifenden Hilfskoordinierung durch die Pontifical Mission in der Folge besiegelt wurde. Wenn auch manche den Papst als zu zurückhaltend werten, war er doch der Papst des Heiligen Landes, wie es in einigen Nachrufen hieß.

Pastorales Leben: Lateinisches Patriarchat und Franziskanerkustodie

Obwohl die lateinische Kirche zahlenmäßig klein ist, hat sie sich bis heute entscheidend in der karitativen und schulischen Arbeit im Heiligen Land engagiert und profiliert. Das Jurisdiktionsgebiet des Patriarchats umfasst seit 1949 die Länder Israel, Jordanien, Ägypten (Gazastreifen) und Zypern. Insgesamt lassen sich die Beziehungen des Patriarchats zur staatlichen Hierarchie vor allem in Jordanien und Israel als gut bezeichnen. Der Kirchenleitung ging es um das Wohlergehen der Gemeinden, die vor allem den karitativen Herausforderungen der Bewältigung des Flüchtlingselends begegnen mussten. Durch geschicktes Taktieren gelang es dem Lateinischen Patriarchen Alberto Gori (1949–1970), der als Ausländer kaum arabische Sprachkenntnisse besaß, sich mit entsprechendem Personal vor Ort tatkräftig um die Gemeinden zu kümmern: Einheimische Priester, eine solide Priesterausbildung und die Delegation der Arbeit an zwei Generalvikare – einen für den jordanischen, den anderen für den israelischen Teil der Jurisdiktion – ermöglichten ein Aufblühen des Lateinischen Patriarchats.[36] Um die finanziellen Herausforderungen bewältigen zu können, war und ist das Patriarchat auf Spenden angewiesen. Vor allem forcierte Johannes XXIII. die bereits unter Leo XIII. und Benedikt XV. eingeführte Karfreitagskollekte für die katholischen Christen im Heiligen Land. Insgesamt wird man für die Zeit der Fünfziger- bis Siebzigerjahre für das Lateinische Patriarchat festhalten können, dass wesentliche theologische Akzente oder politische Äußerungen kaum auszumachen sind – im Gegensatz zur Kustodie der Franziskaner, die aufgrund ihrer Sonderstellung insbesondere bei Grundstücksfragen an den heiligen Stätten zu politischem Handeln gezwungen war.

Die Franziskanerkustodie, die bis auf Franziskus von Assisi zurückgeht, macht sich bis heute zur Aufgabe, die pastorale Grundversorgung im Heiligen Land und den Nachbarstaaten zu garantieren. Am 21. November 1342 erhielt sie ein offizielles päpstliches Mandat von Clemens VI., demzufolge sich die Kustodie um die heiligen Stätten ebenso wie um die Versorgung der Pilger kümmert. Bis zur Wiedererrichtung des Lateinischen Patriarchats 1847 oblag den Franziskanern die jurisdiktionelle Hoheit über den Diözesanklerus und die katholische Bevölkerung, die zum Patriarchatsbezirk gehörte. Heute nimmt die Kustodie nach wie vor die Verantwortung – auch in jurisdiktioneller Hinsicht – an den heiligen Stätten wahr, womit der Franziskanerkustos faktisch an diesen Orten einflussreicher ist als der Lateinische Patriarch.

Die katholische Kirche umfasst heute achtzig Pfarreien mit 408 Priestern (inkl. Ordenspriestern) und elf ständigen Diakonen. Fast 1100 Ordensleute sind für die katholische Kirche tätig, die 53 karitative und soziale Zentren in Israel und Palästina anbietet.[37]

Das Lateinische Patriarchat entwickelte sich zu einer auch im politischen Kontext sichtbareren Größe, als Koadjutor-Bischof Giacomo Beltritti Ende 1970 die Nachfolge des verstorbenen Patriarchen Gori antrat. Beltritti verfügte über hervorragende arabische Sprachkenntnisse. Bereits mit 16 Jahren war er in das Priesterseminar von Beit Jala eingetreten und im palästinensischen Umfeld groß geworden, sodass die Bevölkerung - über die katholische Konfession hinweg - in ihm einen der Ihren sah, der kaum eine Gelegenheit ausließ, um auf die Lage des palästinensischen Volkes öffentlich aufmerksam zu machen. Die Karfreitagskollekte wurde nicht zuletzt aufgrund seiner genauen Informationen an Paul VI. von diesem 1974 als regelmäßige Maßnahme angeordnet. Sie sicherte den Erhalt zahlreicher Gemeindeeinrichtungen im Heiligen Land, wobei Beltritti gerade in der Anfangsphase seines Patriarchats die humanitäre Hilfe für Flüchtlinge im Auge hatte.

Innerer Konflikt: Die Krise um die griechisch-katholische Kirche

Problematisch war in den Sechzigerjahren die Entwicklung des Verhältnisses zwischen dem Lateinischen Patriarchat in Jerusalem und dem melkitischen (griechisch-katholischen) Patriarchat in Damaskus. Dabei ging es um die Frage der rechtmäßigen Vertretung von Ansprüchen der katholischen Kirche im Heiligen Land. Die teilweise scharfe Auseinandersetzung gipfelte in gegenseitigen Vorwürfen des Proselytismus, in der Verurteilung von Priesterausbildungskonzepten und darin, dass man sich gegenseitig die intellektuelle Grundlegung von Glaubenswahrheiten absprach. Die Teilnahme der griechisch-katholischen Vertreter am Zweiten Vatikanischen Konzil unter Führung von Patriarch Maximos IV., der in Damaskus residierte, führte zu einer Intervention der Melkiten, um das Lateinische Patriarchat in Jerusalem abzuschaffen. Auf dem Konzil kam hierfür, nicht zuletzt aufgrund des Einflusses der Ostkirchenkongregation, keine Mehrheit zustande. Dem Patriarchen folgte 1967 der bisherige melkitische Erzbischof von Akko, George

Hakim, der den Titel Maximos V. Hakim annahm, aufgrund seiner Vergangenheit in Israel sehr gute Beziehungen zum Staat hatte und den Gemeinden Galiläas zu neuer Blüte verhalf.

Schwierig gestaltete sich das innerkirchliche Leben der griechisch-katholischen Kirche in Jerusalem, was mit der Person des melkitischen Erzbischofs Hilarion Capucci zusammenhing. Die rasante Entwicklung forderte den Heiligen Stuhl immer mehr heraus. Seit 1965 war Capucci melkitischer Patriarchalvikar in Jerusalem. Am 18. August 1974 nahm ihn das israelische Militär unter der Anschuldigung fest, am Waffenschmuggel für palästinensische Widerstandskämpfer aus dem Libanon nach Israel beteiligt gewesen zu sein; bereits zuvor war er durch häufige anti-israelische Predigten aufgefallen. Seine Inhaftierung sorgte für Protestmärsche innerhalb der palästinensischen Bevölkerung in den besetzten Gebieten, aber auch auf den Straßen von Amman, Damaskus und Beirut. Der Heilige Stuhl wartete zunächst vorsichtig ab, denn er durfte die allmähliche Annäherung an Israel durch dieses Problem nicht gefährden. PLO-Chef Yassir Arafat bezeichnete Capucci als Symbol des palästinensischen Widerstands und sandte ihm während einer Rede vor den Vereinten Nationen einen Gruß. Patriarch Maximos V. erklärte während einer Bischofssynode in Rom: „Wenn dieser Bischof es als seine Pflicht empfunden haben sollte, Waffen zu transportieren oder den palästinensischen Widerstandskämpfern zu helfen [...] wäre das verwerflich? In der Geschichte hat es schon andere Bischöfe gegeben, die Waffen geschmuggelt haben [...], um Juden vor der Nazi-Besatzung zu retten.“[38] Am 9. Dezember 1974 erfolgte die Verurteilung zu zwölf Jahren Haft, der Heilige Stuhl nahm das Urteil in einem Pressekommuniqué mit „tiefem Schmerz“ auf, wollte sich aber nicht weiter vorwagen, was scharfe palästinensische Proteste auch der einheimischen katholischen Bevölkerung im Heiligen Land gegen den Vatikan und den Papst zur Folge hatte.

Auf diplomatischem Weg gingen die Palästinenser auf den Papst zu, der Anfang November 1977 ein Gnadengesuch an den israelischen Staatspräsidenten Efraim Katzir schickte. Dieser hatte im Sinne einer schnelleren Anerkennung durch den Heiligen Stuhl selbst ein Interesse daran, das Kapitel Capucci abzuschließen. Bereits am 6. November traf Capucci in Rom ein, Mitte Dezember empfing ihn Paul VI. in Privataudienz, um mitzuteilen, dass er fortan für die Visitation der melkitischen Gemeinden in Südamerika zuständig sei. Damit hatte Capucci nicht gerechnet, ordnete sich aber dem Willen des Papstes unter und führte eigenwillig den Titel des Patriarchalvikars für Jerusalem weiter. Die PLO unterstützte ihn fortwährend als einen der engsten Mitstreiter, die Teilnahme an politischen Veranstaltungen der PLO wurde von ihr großzügig finanziell gefördert. So war Capucci unter anderem im Januar 1979 als Ehrenmitglied bei einer Sitzung des Palästinensischen Nationalrats in Damaskus zugegen. Erneut kam es zu diplomatischen Verwicklungen zwischen Israel und dem Heiligen Stuhl, denn die vorzeitige Haftentlassung Capuccis war unter der Maßgabe ermöglicht worden, dass jede weitere politische Aktivität des Erzbischofs durch den Vatikan ausgeschlossen würde. Im Mai 1979 empfing Johannes Paul II. Capucci und Patriarch Maximos V. Die Visitation in Lateinamerika war bereits abgeschlossen, und so hoffte Capucci auf eine Rehabilitierung durch den neuen Papst. Doch Johannes Paul II. beauftragte Capucci mit der Visitation der melkitischen Gemeinden Westeuropas. Tief getroffen, beugte sich der Erzbischof erneut dem Willen des Papstes, wirkte aber im Hintergrund weiter, um hochrangige Vertreter der PLO mit dem vatikanischen Staatsekretariat zusammenzubringen. Die Folge war, dass der Vatikan Capucci mehrfach zu Gesprächen in den Iran schickte. Negativ muss man konstatieren, dass durch Capucci die melkitische Gemeinde Jerusalems über mehrere Jahre im Heiligen Land vernachlässigt worden war. Zwar kümmerten sich die Priester und auch Generalvikare der melkitischen Kirche um die Pfarreien, aber die Gemeinschaft war weitgehend führungslos, zumal Capucci nicht bereit war, den Titel des Patriarchalvikars abzugeben. Die griechisch-katholische Synode hatte bereits Ende der Siebzigerjahre Pater Lutfi Laham zusätzlich zum Patriarchalvikar für Jerusalem bestimmt. Der Papst ernannte ihn darüber hinaus einige Jahre später, am 9. September 1981, zum Titularbischof. Die Weihe wurde aufgrund massiver palästinensischer Proteste in Jerusalem und Umgebung um einige Wochen verschoben, da man mit der Bestellung eines Patriarchalvikars im Bischofsamt die endgültige Entmachtung Capuccis durch den Vatikan vermutete. Als Yassir Arafat am 15. September 1982 erstmals von Johannes Paul II. in Privataudienz empfangen wurde, war es Capucci, der Arafat am Flughafen abholte. Während der Intifada von 1987 forderte Capucci mit anderen palästinensischen Demonstranten auf dem Petersplatz die Freiheit seines Volkes. Nach einer längeren Phase der Ruhe trat Capucci in den letzten Jahren immer wieder als Friedensaktivist auf. Zuletzt begleitete er im Mai 2010 einen Schiffskonvoi der Free-Gaza-Bewegung, der jedoch von israelischem Militär aufgehalten wurde.

Während sich die Episode Capucci vornehmlich auf das melkitische Vikariat von Jerusalem auswirkte, blieb die pastorale und organisatorische Lage der weitaus größeren griechisch-katholischen Gemeinde in Galiläa problemlos. Hier war von 1975 bis 1997 Maximos Salloum griechisch-katholischer Erzbischof von Akko und damit kirchenrechtlich und protokollarisch – insbesondere gegenüber dem Staat Israel – über den Patriarchalvikar von Jerusalem gestellt. Daher kann der melkitische Erzbischof von Akko als Oberhirte der gesamten melkitischen Gemeinschaft in Israel und Palästina bezeichnet werden. Ihm folgte Pierre Mouallem, der das Amt bis zur Erreichung der Altersgrenze im Jahr 2002 innehatte. Seitdem blieb der Bischofsstuhl vier Jahre vakant, bis die Synode am 7. Februar 2006 den in Nordisrael geborenen Elias Chacour zum Nachfolger wählte. Er gehörte bis zu seinem überraschenden Rücktritt am 27. Januar 2014 zu den profiliertesten Kirchenvertretern im Heiligen Land. Als Jugendpfarrer und aufgrund vielfältiger pastoraler Tätigkeit, vor allem in dörflichen Gemeinden Galiläas, kannte er die Nöte der Menschen. Um der jungen Generation Perspektiven zu vermitteln, gründete er 1982 in Ibbilin ein Gymnasium, das 2003 zur ersten israelisch-arabischen christlichen Mar-Elias-Universität ausgebaut wurde.

Die Übernahme der Amtsgeschäfte der griechisch-katholischen Kirche in Jerusalem durch Lutfi Laham war nicht nur ein Lichtblick für die Gemeinde, sondern leitete eine entscheidende und wesentliche Wende im innerkirchlich zerrütteten Leben der melkitischen Kirche ein. Durch sein persönliches Engagement und ein Netzwerk von internationalen Kontakten – ideell wie materiell – gelang es Laham, die eigene innere Krise im Heiligen Land zu überwinden. Dabei verhielt sich der Syrer und Palästinenserfreund äußerst geschickt. Er unterstützte die griechisch-katholischen Christen in den besetzten Gebieten, aber er bemühte sich auch, keine allzu einseitigen politischen Äußerungen zu tätigen. Das brachte ihm internationale Sympathien, auch bei den Israelis, ein. Auf Katholikentagen in Deutschland warb er in den Achtziger- und Neunzigerjahren unermüdlich für einen Frieden der Völker, ohne dabei die Besatzungspolitik Israels allzu scharf zu verurteilen. Der greise Patriarch Hakim in Damaskus nahm die Aktivitäten zur Kenntnis, ohne in die Richtungskompetenz einzugreifen; die hatte Laham längst in Jerusalem für seine Kirche erfolgreich übernommen. Folgerichtig wurde er von der griechisch-katholischen Synode am 29. November 2000 zum Patriarchen seiner Kirche und Nachfolger Hakims gewählt. Er nahm den Namen Gregoir III. Laham an und besetzte seine alte Stelle in Jerusalem zunächst mit einem Erzpriester, Mtanios Haddad, der im ökumenischen und internationalen Geschehen so gut wie nicht auffiel. Am 9. Februar 2006 hatte die Synode Georges Bakar zum neuen Patriarchalvikar von Jerusalem gewählt. Nach nur zwei Jahren versetzte Patriarch Gregoir III. Bakar nach Ägypten, in Jerusalem folgte Joseph Jules Zereyh. Seitdem Gregoir III. Oberhaupt der Melkiten geworden ist und damit eine weltweite Autorität genießt, macht er aus seiner politischen Auffassung einer ungerechten Besatzungsmacht Israels keinen Hehl. Er ist politischer geworden, oft auch mutiger, wenn er jetzt die Verantwortung für die universale Kirche wahrnimmt.[39]

Weiterer Aufbruch: Pontifikats- und nahöstlicher Paradigmenwechsel

Die katholischen Gemeinden bemühten sich Mitte der Siebzigerjahre weiter um einen Konsolidierungskurs. Nicht zuletzt der Friede zwischen Israel und Ägypten hatte bei vielen Christen die Hoffnung auf eine Stabilisierung in der Region gestärkt. Gleichzeitig erlebte die katholische Kirche im Nahen Osten mit Papst Johannes Paul II. ein neues Kirchenoberhaupt, das sich vom ersten Moment an aktiv in die Nahostpolitik einschaltete. In Kontinuität zu seinen Vorgängern verurteilte er neben zahlreichen Interventionen im Libanonkrieg auch die jüdische Siedlungspolitik und den Terror palästinensischer Einheiten. Bei seiner Rede am 2. Oktober 1979 vor den Vereinten Nationen forderte Johannes Paul II. erneut einen besonderen Status für die Stadt, eine „gerechte Lösung des Problems der Palästinenser [...] und die territoriale Integrität des Libanon". Gleichzeitig wurde seitdem häufiger als noch in den Sechzigerjahren das Existenzrecht Israels betont bzw. die Formulierung „Staat Israel" verwendet. Johannes Paul II. fügte hinzu: „Ich wünschte mir auch ein besonderes Statut, das unter internationalen Garantien [...] den Respekt vor der einzigartigen Natur Jerusalems sichern soll", eines Erbes der drei monotheistischen Religionen der Region.[40]

Insbesondere die Lösung der Jerusalemfrage hat Johannes Paul II. zeit seines Pontifikats bewegt. Bereits zwei Monate nach der Rede in New York übergab der Vertreter des Heiligen Stuhls bei den Vereinten Nationen, Erzbischof Giovanni Cheli, den dortigen Delegationen eine Erklärung zur Jerusalemfrage, die die religiöse Vielfalt und Parität der Gemeinschaften ebenso hervorhebt wie die Definition Jerusalems als deren religiöses Zentrum. Die internationalen Garantien bedürften einer eigenen Definition, gleichzeitig sei der territoriale Geltungsbereich eines solchen Statuts noch nicht festgelegt. Deutlicher als unter Paul VI. erlebten nun die katholischen Gemeinden im Heiligen Land, wie sich auf der diplomatischen Ebene der Heilige Stuhl in den auch letztlich sie selbst betreffenden Fragen profilierte. Vor allem ging es darum, den von Paul VI. eingeleiteten Paradigmenwechsel fortzusetzen. Aber auch Übergriffe blieben nicht aus, als es im Januar 1980 zu einer Serie von Anschlägen durch jüdische Extremisten gegen christliche, darunter zahlreiche katholische, Institutionen kam. In dieser schwierigen Situation legte der Heilige Stuhl – unmittelbar vor dem Beschluss des israelischen Parlaments zum Jerusalemer Hauptstadtgesetz am 30. Juli 1980 – seine Position zur Jerusalemfrage erneut dar. Erzbischof Cheli ergänzte die Position vor den Vereinten Nationen in einem Beitrag für den *L'Osservatore Romano*.[41] Demnach müssten die drei Religionen an der Zukunft Jerusalems beteiligt werden. „Der Universalismus der [...] Religionen [...] fordert eine Verantwortung, die weit über die Grenzen der Staaten dieser Region hinausgeht." Mit diesem Hinweis auf internationale Handlungsnotwendigkeit betonte der Heilige Stuhl gleichzeitig den längst vollzogenen Abschied vom „corpus separatum": „Die ‚territoriale Internationalisierung' Jerusalems wurde bekanntlich nicht verwirklicht", deshalb müsse der universale Charakter Jerusalems „gleich welche Macht die Souveränität über die Heilige Stadt ausübt", gewahrt bleiben. Die heiligen Stätten und die Gemeinschaften der Stadt seien zu schützen „auf der Basis eines angemessenen Rechtssystems, das von einer höheren internationalen Instanz gewährleistet wird". Dem Heiligen Stuhl war die Frage der politischen Souveränität zu diesem Zeitpunkt also nebensächlich; vielmehr sah er in dem international garantierten Statut ein sicheres Mittel für den religiös motivierten Zweck zum Schutz der heiligen (nicht nur christlichen) Stätten. Konsequenterweise wurde die Annexion Ostjerusalems vom Heiligen Stuhl abgelehnt.

Noch war es aber für den Papst zu früh, sich in der Hauptstadtfrage endgültig zu positionieren. Deshalb ist es von palästinensischer Seite kurzsichtig gewesen, hier bereits eine Kapitulation des Heiligen Stuhls vor den israelischen Hauptstadtfakten zu sehen. Umso intensiver bemühten sich die Palästinenser um einen Zugang zum Papst, der im Sommer 1980 erstmals mit einem offiziellen Vertreter der PLO, dem römisch-katholischen Afif Safieh, zusammentraf. Es blieb in der Folge ein gegenseitiges Austarieren, was sowohl durch die Audienz für den israelischen Außenminister Yitzak Shamir am 7. Januar 1982 als auch durch die gleichzeitige Verurteilung des israelischen Einmarschs in den Libanon am 6. Juni im Zuge der Operation „Frieden für Galiläa" deutlich wurde. Andererseits wurde diese Pendeldiplomatie in der ersten von dann zahlreichen Privataudienzen für PLO-Chef Yassir Arafat am 15. September des gleichen Jahres deutlich, bei der Johannes Paul II. ein eigenes Vaterland für die Palästinenser forderte. Während der Besuch den Palästinensern als Volk und damit auch den katholischen Gemeinden ein bemerkenswertes Selbstbewusstsein vermittelte, verurteilte der israelische Staat dieses Entgegenkommen des Heiligen Stuhls auf das Schärfste.

Für die Christen vor Ort war neben diesen diplomatischen Entwicklungen allerdings auch der Alltag von Bedeutung. Der wurde durch den Paradigmenwechsel in der islamischen und damit auch nahöstlichen Welt 1978/79 spürbar, als der Schah von Persien gestürzt und durch die islamische Revolution in Teheran ein muslimisches Mullah-Regime eingesetzt wurde. In muslimischen Ländern verstand man mit einem Mal, dass eine

Revolution durch Religion möglich ist. Die Konsequenz war ein Erstarken der zahlreichen Muslimbruderschaften, vor allem in Ägypten, in Syrien, aber auch unter den Palästinensern. Gleichzeitig bemühten sich die katholischen Bildungseinrichtungen in Israel und den besetzten Gebieten, eine „Gegentheologie“ von Verständigung und Toleranz zu entwickeln. Die palästinensische Theologie lag zwar noch in ihren Anfängen, hat aber durch diese Entwicklung wesentlichen Aufschwung erfahren. Dabei ging der Blick der katholischen Gemeinschaften – dann oft auch im ökumenischen Sinne geeint – nach Rom, denn mit Interesse verfolgte man, wie sich der Heilige Stuhl und vor allem der Papst zu den aktuellen politischen Fragen positionieren würde. Wichtig erschien es der Ortskirche, als Vermittler aufzutreten und mehr praktische Lösungen für den Alltag vorzuschlagen, als die vatikanische Diplomatie von der Natur der Sache her in der Lage gewesen wäre.

In dieser Zeit entwickelte Johannes Paul II. seine eigene Jerusalem-Theologie, die er mit dem Apostolischen Schreiben *Redemptionis anno* vom 20. April 1984 der Öffentlichkeit vorstellte und in der er politische und religiös begründete Forderungen zum Schutz der heiligen Stätten artikulierte.[42] Jerusalem sei das geistige Erbe der ganzen Menschheit, allerdings stelle man auch fest, dass die Stadt „Anlass zu fortdauernder Rivalität, zu Gewalt und Ausschließlichkeitsansprüchen ist“. Deshalb müsse eine baldige Lösung für das Problem gefunden werden, um den „heiligen, einzigartigen und unvergleichlichen Charakter der Stadt zu bewahren“. Die religiöse Identität Jerusalems und die gemeinsame monotheistische Glaubensüberlieferung könnten einen Weg zum Frieden bahnen. Hier wird von vatikanischer Seite die religiös-theologische Dimension betont und die politische Option in der Jerusalemfrage angefügt. In dem Schreiben wird zusätzlich das Existenzrecht zweier Völker betont: „Für das jüdische Volk, das im Staat Israel lebt [...], müssen wir um die gewünschte Sicherheit und die gerechte Ruhe bitten, die das Vorrecht jedes Volkes und die Voraussetzung für Leben und Fortschritt jeder Gesellschaft sind. Das palästinensische Volk [...] hat aus gerechtem Grund das natürliche Recht, wieder eine Heimat zu finden ...“ Einige Äußerungen sorgten auf israelischer Seite für Irritationen, sodass die weiteren Kontakte zunächst schleppend verliefen, wie Diplomatenkreise berichten.

Daran konnte auch der Besuch von Premierminister Shimon Peres 1985 im Vatikan nichts ändern.

Der Heilige Stuhl setzte insgesamt in den Achtzigerjahren sein Bemühen fort, die Rechte der Palästinenser anzumahnen, vor allem auch, um die eigenen katholischen Gemeinschaften zu schützen. Allerdings kann die Behauptung, der Vatikan sei grundsätzlich palästinenserfreundlicher gewesen, kaum stimmen, da es der Diplomatie der Apostolischen Delegatur und des Staatssekretariats ein Anliegen war, Ausgleich nach internationaler Rechtswahrnehmung und nicht einseitiger religiöser Beanspruchung zu schaffen. Die Mitte der Achtzigerjahre war vor allem vom Engagement Johannes' Pauls II. für den interreligiösen Dialog geprägt, das sich entsprechend – mit verschiedensten Initiativen in den katholischen Gemeinden des Heiligen Landes – auch auf den Nahen Osten und meist auf der theologischen Ebene mit neuen Gesprächsangeboten auswirkte. Hier sei an den historischen Besuch des Papstes in der römischen Synagoge am 13. April 1986 und das wenige Monate später, am 27. Oktober 1986, erstmals in Assisi stattfindende interreligiöse Gebetstreffen erinnert.[43]

Politische Kirche: Palästinensischer Patriarch und Intifada

Für die katholischen Gemeinden in Israel und den besetzten Gebieten führten – trotz aller zügigen Entwicklungen in der vatikanischen Diplomatie – die Achtzigerjahre nicht zur erhofften Wende zum Frieden. Stattdessen wurde nicht zuletzt aufgrund der dramatischen Entwicklung im libanesischen Bürgerkrieg die Situation im Heiligen Land immer bedrückender. Zwar blieben zunächst das Pilgeraufkommen und damit der Tourismus als wichtige Einnahmequelle bestehen, gleichzeitig wurde aber der Wunsch lauter, entweder einen dauerhaften Frieden zu erreichen oder auszuwandern. Tatsächlich sah sich die Kirche mit ihren Pfarrern und Katecheten Mitte der Achtzigerjahre einer Situation ausgesetzt wie zuletzt 1973 nach dem Yom-Kippur-Krieg. Damals erlebte das Heilige Land eine Auswanderungswelle aufgrund eines Krieges. Jetzt sah die Lage aussichtslos aus, weil jede Hoffnung auf einen Fortschritt im Friedensprozess geschwunden war. Diese Grundstimmung entlud sich in der folgenschweren Intifada, die am 9. Dezember 1987 ausbrach und die Palästinenser als Volk in besonderer Weise einte. Im Kampf gegen die israelische Besatzung konzentrierte man sich weniger auf die religiöse Frage als vielmehr auf die Nation als Einheit. In der Folge wurden auch viele katholische Palästinenser mit in diesen Kampf hineingezogen, verloren ihren Arbeitsplatz aufgrund der Grenzabsperrungen und des innerhalb weniger Wochen zusammenbrechenden Tourismus. Der Aufstand der Palästinenser gegen die israelische Besatzung bestimmte das Bild im Heiligen Land für die folgenden Jahre. Davon waren auch die katholischen Gemeinden und viele Einrichtungen der Kirche betroffen. So wurde die Universität Betlehem bereits erstmals Ende Oktober 1987 geschlossen, ebenso im Februar des darauf folgenden Jahres; die Wiedereröffnung erfolgte erst am 2. Oktober 1990. Was bis dahin eher als unmöglich galt, gelang: Die Oberhäupter aller Kirchen verfassten ökumenisch geeint einen gemeinsamen Hirtenbrief an ihre Gläubigen, in dem sie um Solidarität für die Verfolgten und Unterdrückten ebenso warben wie für die Umsetzung einer zügigen friedlichen Lösung.[44]

Wieder richteten sich die Blicke nach Rom, denn in diese Situation schaltete sich auch der Papst erneut mit dramatischen Friedensappellen ein. Er war es, der einen personellen Paradigmenwechsel für die palästinensischen und israelischen Katholiken einleitete und seit der Wiedererrichtung des Patriarchats 1847 zum ersten Mal einen Palästinenser als Lateinischen Patriarchen von Jerusalem ernannte: Seine Wahl am 11. Dezember 1987 - wenige Tage nach Ausbruch der Intifada - fiel auf den 1933 in Nazaret geborenen Michel Sabbah, den Johannes Paul II. persönlich wenige Wochen später am 6. Januar 1988 im Petersdom zum Bischof weihte. Ein einheimischer Christ war in die wichtigste Funktion der lateinischen Ortskirche berufen worden und löste Patriarch Giacomo Beltritti ab, der sich über die vielen Jahre seines Wirkens auch ein entsprechendes Renommee im katholischen Ortsumfeld erworben hatte. Sabbah galt als kühler Denker, der äußerlich eher zurückhaltend wirkte, in seinen Forderungen aber über fast zwei Jahrzehnte unmissverständlich aufgetreten ist. In seinen Äußerungen, besonders in den zahlreichen Hirtenbriefen und bei öffentlichen Anlässen, verteidigte er nicht immer diplomatisch, aber doch beide

Seiten berücksichtigend, die Position seines Volkes. Vor allem forderte er von den katholischen Gemeinden selbst ein umfassendes gesellschaftliches Engagement, um dem christlichen Exodus entgegenzutreten: „Die Christen wandern aus wegen der schwierigen Lage. Sie suchen anderswo ein friedlicheres Leben. Pflicht der Kirche von Jerusalem ist es daher, das Gewissen der Gläubigen zu schärfen, damit sie sich als integrierenden Bestandteil ihres Landes und ihrer Gesellschaft wie der ganzen Kirche erkennen, dass sie daher eine besondere Mission haben in ihrer Gesellschaft und in der Gesamtkirche, nämlich den Glauben zu bekennen, die im Glauben enthaltenen menschlichen Werte einzubringen, um am Bau und an der Entwicklung der Gesellschaft teilzunehmen. Eine besondere Mission ist es auch, im Umkreis der heiligen Stätten einen lebendigen Glauben und gläubige Menschen zu erhalten und die Botschaft Christi zu bewahren, von Jerusalem aus für die ganze Welt."[45] Der Vatikan hatte mit dieser Personalentscheidung einen bedeutenden Meilenstein gesetzt, das Patriarchat durch eine Person der lokalen Kirche zu führen. Das schien für das diplomatische Handeln umso notwendiger, weil zuvor die Positionen Patriarchat, Apostolische Delegatur und Kustodie fast immer von Italienern verwaltet waren. Sabbah gelang es jedenfalls zügig, die palästinensischen Christen durch gezielte Publizität stärker ins Bewusstsein der abendländischen Christen zu rücken, als es jemals seine Vorgänger geschafft hatten. Sein erster Hirtenbrief erschien mitten in der Intifada im August 1988, in dem er zur Solidarität mit den Schwachen aufrief: „Die Kirche kann nicht schweigen, der Gläubige hat nicht das Recht, sich hinter seine Riten zurückzuziehen", hieß die politische Formel, der der Auftrag zu gesellschaftspolitischem Engagement als moralische Verpflichtung eines jeden Christen folgte. Ein weiterer wichtiger Hirtenbrief, der 1990 weit über die Grenzen des Heiligen Landes hinaus bekannt wurde, trägt den programmatischen Titel „Erbittet für Jerusalem Frieden". Darin legte Sabbah seine Forderungen nach der Einhaltung der Menschenrechte, sozialer und politischer Gerechtigkeit für sein Volk und den freien Zugang aller Gläubigen zu den heiligen Stätten der Religionen in Jerusalem dar.[46]

Mit Michel Sabbah, vor allem aber aufgrund der Intifada selbst, entwickelte sich in der christlichen und insbesondere katholischen Ortskirche des Heiligen Landes ein neues Selbstbewusstsein, das letztlich – nach den bereits weiter oben benannten Vorläufern – zur Ausprägung einer eigenen palästinensischen Theologie führte. Am Vorabend der Intifada standen sich zwei völlig verschiedene Dialogverhältnisse gegenüber: „Der binnenreligiöse, kulturüberschreitende Dialog und der binnenkulturelle, religionsüberschreitende Dialog. Bindeglied waren in der Praxis die palästinensischen Christen. [...] Unter der Formel ‚Präsenz und Zeugnis' wurden drei verschiedene Problemkreise zusammengefasst: das interreligiöse Miteinander, das binnenchristliche Miteinander in Palästina und der Dialog zwischen nordatlantischen und nahöstlichen Christen. [...] Theologisch wurde auch ein neuer hermeneutischer Weg begangen, der nicht mehr von der Schrift zur Situation, sondern von der Situation zur Schrift verlief."[47] Wegweisend für das palästinensisch-theologische Denken war die Grundsatzschrift des al-Liqa'-Zentrums „Theologie und Ortskirche im Heiligen Land", in der vor allem das bereits erwähnte Selbstbewusstsein durch zwei Aspekte begründet wurde: „Die konkrete gegenwärtige Situation der Menschen unter der israelischen Besetzung sei zu berücksichtigen und für die Theologie relevant zu machen, und außerdem wird das Ziel einer einheitlichen palästinensischen Kirche vorgegeben, zu der die verschiedenen Konfessionskirchen zusammenwachsen sollen. [...] Die drei Hauptteile sind eine Verhältnisbestimmung zwischen Universal- und Ortskirche, eine Bestimmung des Verhältnisses von universaler und lokaler Theologie und der Versuch einer Standortbestimmung der Kirche des Heiligen Landes."[48]

Während die Ausrufung des unabhängigen Staates Palästina durch den Palästinensischen Nationalkongress am 15. November 1988 in Algier ohne größere Reaktion blieb, sahen sich die Kirchenführer des Heiligen Landes am 5. April 1989 noch einmal herausgefordert, die tragische Entwicklung der anhaltenden Intifada in einem zweiten gemeinsamen Hirtenbrief scharf zu kritisieren. Besonders gefährlich wurde die Lage für die überwiegend katholischen Christen in Bet Sahur, als das israelische Militär den kleinen Ort im September 1989 über sechs Wochen abriegelte und die Lebensmittelversorgung zusammenbrach. Ein Hilfskonvoi der Jerusalemer Patriarchen wurde vom Militär gestoppt, der Ständige Beobachter des Heiligen Stuhls bei den

Vereinten Nationen, Erzbischof Renato Martino, übte wenige Wochen später heftige Kritik an der Besatzungspolitik und dem Leid, das über die palästinensischen Familien gekommen sei. Die aufgeheizte Situation führte im Frühjahr 1990 zu einer mahnenden eintägigen Schließung aller heiligen Stätten der christlichen Kirchen in Israel und den besetzten Gebieten. Der bereits weiter oben erwähnte Hirtenbrief von Patriarch Sabbah zu Pfingsten desselben Jahres war die konsequente Antwort auf die schwierige Lage. Papst Johannes Paul II. ermutigte die katholischen Christen im Nahen Osten, sich auch weiterhin als Akteure im gesellschaftlichen Leben zu engagieren.

Verständigung: Auf dem Weg zum Grundlagenvertrag

In dieser Situation sorgte ein anderer Personalwechsel für eine Veränderung der Lage, diesmal des diplomatischen Handelns des Heiligen Stuhls: Am 28. April 1990 hatte Erzbischof Andrea Cordero Lanza di Montezemolo seinen Dienst als neuer Delegat im Heiligen Land angetreten und machte - von der Öffentlichkeit kaum wahrgenommen - am 16. Oktober 1990 seinen Antrittsbesuch bei Israels Staatspräsident Chaim Herzog. An diesem Tag und den darauf folgenden Wochen fanden mehrere vertrauliche Gespräche statt, die die grundsätzlichen Verhandlungen zur Aufnahme diplomatischer Beziehungen einleiteten. Tatsächlich schien für den Heiligen Stuhl nach dem Golfkrieg 1990/91 und dem Beginn der Madrider Friedensgespräche 1991 die Zeit gekommen, eine neue Ära vatikanischer Nahostpolitik einzuleiten. Beim Empfang für das am Heiligen Stuhl akkreditierte Diplomatische Korps verlangte Johannes Paul II. am 12. Januar 1991 mit Blick auf die Kuweit-Krise gerechte Sicherheitsverhältnisse für den Staat Israel; außerdem mache das palästinensische Volk schwere Prüfungen durch und werde ungerecht behandelt, manche Methode der Palästinenser sei aber zu verurteilen. Wenige Tage später übte der Papst bei der Generalaudienz vom 23. Januar scharfe Kritik an den Bombardements und drückte seine Solidarität mit jenen aus, die unter den gegenwärtigen Belastungen im Staat Israel leiden müssten. Auf der anderen Seite erlebten die katholischen Gemeinden im Heiligen Land die Friedensgespräche als ein Hoffnungszeichen, auch wenn der von König Hussein bereits am 31. Juli 1988 verkündete Verzicht auf den Alleinvertretungsanspruch der Westbank für viele zunächst wie Verrat aussah, sich aber in der Folge als berechtigte Chance für die Schaffung eines eigenen palästinensischen Staates entpuppte.

In der aufgrund der klaren Äußerungen des Papstes diplomatisch angespannten Situation gab Vatikansprecher Joaquin Navarro-Valls am 25. Januar sowie am 9. Februar 1991 eine Erklärung ab, derzufolge das Verhältnis zwischen dem Vatikan und Israel gut sei.[49] Die Tatsache, dass es noch keine diplomatischen Beziehungen gebe, hänge nicht mit theologischen, sondern mit juristischen Fragen zusammen. Dazu zähle die Problematik um die Präsenz Israels in den „besetzten Gebieten und die Beziehungen zu den Palästinensern, die Annexion der Heiligen Stadt Jerusalem sowie die Situation der katholischen Kirche in Israel und den von Israel verwalteten Gebieten". Navarro-Valls hob hervor, dass es unklare Vorstellungen zur religiösen und politischen Dimension beider Souveräne gebe. Auch ohne diplomatische Beziehungen sei Israel als Staat vom Vatikan anerkannt; die Existenz Israels sei nicht infrage gestellt, doch dürfe diese nicht vom religiösen Standpunkt, sondern vom politischen Grundsatz her gesehen werden. Der Vatikansprecher bestätigte mit dieser Erklärung indirekt, dass es Gesprächsbestrebungen im Hintergrund gab. So setzten – nach außen kaum merkbar – seit dem Spätsommer auf allen diplomatischen Ebenen, nicht zuletzt durch den Einsatz des Lateinischen Patriarchen und des Apostolischen Delegaten, die Vorbereitungen für offizielle Gespräche ein.

Mitten in diese Situation aufkeimender Hoffnung für die Aufnahme diplomatischer Beziehungen zwischen dem Heiligen Stuhl und Israel rückte Johannes Paul II. erneut den Nahen Osten in den Mittelpunkt des internationalen Interesses: Für den 4. und 5. März 1991 lud er die Kirchenoberhäupter der Golfregion und des Nahen Ostens zu einer Bischofsversammlung in den Vatikan ein. Zunächst war sie als Treffen während des Golfkriegs gedacht, aber nachdem die Kampfhandlungen am 1. März eingestellt wurden, konzentrierte sich der Papst auf die nun beginnende Nachkriegszeit für den Nahen Osten. Es gehe ihm um einen „Informationsaustausch", so Johannes Paul II.: „Wir haben vom Heiligen Land gesprochen, wo zwischen zwei Völkern, dem palästinensischen und dem des Staates Israel, seit Jahrzehnten Feindschaft herrscht, die die Spannungen und Ängste vermehrt und bis jetzt unheilbar erscheint. [...] Was können die katholischen Gemeinschaften des Ostens und Westens tun? Die Christen des Ostens sind aufgerufen, ihren Glauben in Gesellschaften zu bezeugen, wo sie in der Minderheit sind: Ihr Bestreben ist, dies mit Mut zu tun, indem sie sich vollgültig als Bauleute und Teilhaber der Gesellschaft fühlen, der sie angehören. Dies führt vor allem zu einem aufrichtigen und ständigen Dialog mit den jüdischen und islamischen Brüdern und zu einer authentischen Religionsfreiheit auf der Grundlage gegenseitiger Achtung und Wechselbeziehung." Mit Blick auf den Frieden erklärte der Papst: „Wenn der Krieg Spaltungen, Leiden und Tod hervorruft, ist es wesentlich, dass die katholische Kirche in den Augen der Welt als eine Gemeinschaft der Liebe sichtbar wird. [...] Wenn die Probleme von gestern ungelöst sind oder wenn ihre Lösung noch nicht in Aussicht gestellt ist, sind die Armen des Nahen Ostens – ich denke da insbesondere an die Palästinenser und die Libanesen – noch größeren Bedrohungen ausgesetzt. Es gibt derzeit keinen Religionskrieg, und es kann keinen ‚heiligen Krieg' geben, weil die Werte der Anbetung, der Geschwisterlichkeit und des Friedens, die dem Glauben an Gott entspringen, zu Begegnung und Dialog aufrufen ..." – so die Hoffnung des Papstes.[50] Insgesamt wird man das Treffen der katholischen Kirchenführer als einen wichtigen Impuls für das Gemeindeleben im Heiligen Land bewerten dürfen, da parallel sichtbare Friedensverhandlungen allmählich für eine Entspannung im Nahen Osten sorgten. Innerkirchlich folgte im Heiligen Land im August 1991 die Verabschiedung der Statuten der „Assemblée d'Ordinaires catholiques de Terre Sainte", die – ritenübergreifend – eine wichtige Einrichtung wurde und nach kirchenrechtlichen Vorschriften handeln konnte.

Das vielfältige vatikanische Engagement für die Kirche im Heiligen Land Anfang der Neunzigerjahre ging einher mit dem Osloer Friedensprozess zwischen Israelis und Palästinensern. Am 13. September 1993 wurde die sogenannte „Washingtoner Prinzipienerklärung" (auch Oslo I genannt) unterzeichnet: Israelis und die PLO anerkannten sich gegenseitig, vor allem akzeptierte Israel die PLO als offiziellen Verhandlungsführer für die

Palästinenser. Im Gegenzug verpflichtete sich die palästinensische Seite, Forderungen nach der Vernichtung Israels aus der politischen Agenda zu streichen. Mit dem am 4. Mai 1994 in Kairo unterzeichneten „Gaza-Jericho-Abkommen" wurde der palästinensischen Seite erstmals nach dem Sechstagekrieg selbstverwaltetes Gebiet zuerkannt. Das sogenannte „Oslo II-Abkommen" (Interimsabkommen über das Westjordanland und Gaza) wurde am 24. September 1995 in der ägyptischen Hafenstadt Taba unterzeichnet. Es sah eine Teilautonomie für bestimmte Gebiete im Westjordanland und dem Gazastreifen vor.

Jenseits der weltpolitischen Bühne verdichteten sich die Hoffnungen auf einen baldigen Durchbruch zur Aufnahme diplomatischer Beziehungen zwischen dem Heiligen Stuhl und Israel: Beobachter innerhalb des Vatikan sahen in der – durchaus üblichen – Audienz für Israels Botschafter in Italien beim Papst am 3. April 1992 mehr als einen Höflichkeitsbesuch. In einer unauffälligen Pendeldiplomatie konnten die Voraussetzungen für eine bilaterale Verhandlungskommission geschaffen werden, die am 29. Juli desselben Jahres offiziell konstituiert wurde und die „Normalisierung der Beziehungen" realisieren sollte. Die komplexe Verhandlungssituation hatte für den Heiligen Stuhl zwei Problembereiche: Zum einen waren die Interessen der Lateinischen Kirche zu beachten, zum anderen musste Rücksicht auf die mit Rom unierten Kirchen genommen werden, die in der Kommission durch den Sekretär der „Assemblée d'Ordinaires catholiques de Terre Sainte" vertreten waren. Weder durfte der Eindruck katholischer Machtpositionierung entstehen, noch das Mitspracherecht der katholischen Konfessionen eingeschränkt werden. Außerdem galt es, die Befindlichkeiten gegenüber den nichtkatholischen Konfessionen zu berücksichtigen und den bestehenden Status quo nicht zu unterlaufen.

Auf dem Verhandlungsparkett nahöstlicher Kirchendiplomatie legte die Kommission nach fast zweijähriger Arbeit ihre Ergebnisse vor: Am 30. Dezember konnte das „Fundamental agreement", der Grundlagenvertrag, im Jerusalemer Außenministerium von Erzbischof Claudio Celli und Vizeaußenminister Yossi Beilin unterzeichnet werden.[51]

Schulterschluss: Der Grundlagenvertrag von 1993

In 15 Artikeln und einem technischen Zusatzprotokoll schließen der Heilige Stuhl und Israel ein internationales Abkommen, das als wegweisende Grundlage für die spätere Aufnahme diplomatischer Beziehungen gilt. Die Vertragspartner betonen in der Präambel das „Bewusstsein der einzigartigen Natur der Beziehungen zwischen der katholischen Kirche und dem jüdischen Volk und des historischen Prozesses der Versöhnung sowie des wachsenden gegenseitigen Verständnisses und der Freundschaft zwischen Katholiken und Juden". Gemäß Art. 1 verpflichtet sich Israel zur Wahrung der Religions- und Gewissensfreiheit, der Heilige Stuhl erinnert an seine Verpflichtung zur Einhaltung dieser Freiheiten, die in den Konzilstexten von *Dignitatis humanae* und *Nostra aetate* grundgelegt sind. Neben der Tatsache, dass zum ersten Mal in einem internationalen (säkularen) Vertragswerk ein religiöses Dokument integriert wird, bleibt zu beachten, dass *Nostra aetate* zwar den Durchbruch im jüdisch-christlichen Verhältnis geschaffen hat, „für Israel und die Mehrheit des jüdischen Volkes dieser Durchbruch aber erst in der durch den jetzigen Vertrag ermöglichten diplomatischen Anerkennung greifbar geworden ist", wie ein an den Verhandlungen beteiligter Vatikandiplomat erklärte. Besondere Bedeutung hat Art. 2, demzufolge sich beide Seiten zu „geeigneter Zusammenarbeit im Kampf gegen alle Formen des Antisemitismus und jede Art von Rassismus und religiöser Intoleranz" verpflichten. Hier hat der Heilige Stuhl die vertraglich geregelte Möglichkeit, Israel bei der Bedrängung arabischer Christen an seine Zusagen zu erinnern. Der Meilenstein auf dem Weg gegenseitiger Aussöhnung wird vom Heiligen Stuhl in Art. 2 § 2 ergänzt, der eine Verurteilung „von Hass, Verfolgung und jeder anderen Erscheinungsform des Antisemitismus, gerichtet gegen das jüdische Volk oder einzelne Juden überall, zu jeder Zeit und durch jede Person" festhält.

Nach diesen beiden religionspolitisch grundsätzlichen Artikeln klärt Art. 3 fundamentale Rechtsfragen: Die Freiheit beider Seiten bei der Ausübung ihrer jeweiligen Rechte wird festgeschrieben, die Trennung von Kirche und Staat folgerichtig vereinbart, wobei jede Seite dem anderen Partner entsprechende Rechte zuerkennt (vor allem wird die freie Entfaltung der kirchlichen Arbeit mit ihren religiösen, moralischen und erzieherischen Funktionen bestätigt; dem Staat kommt die Sorge zur Förderung des Wohlergehens und der Sicherheit des Volkes zu). Außerdem stellt Art. 3 § 3 der Kirche den Status einer juristischen Person in Aussicht. Um das zu vollziehen, bedürfe es aber einer Kommission, die ein Ergänzungsabkommen verfassen soll. Auffallend ist in diesem Zusammenhang, dass der Grundlagenvertrag häufiger von „katholischer Kirche" spricht, ohne sie in nähere Konfessionen zu unterteilen, was nochmals das Bestreben des Vertrags unterstreicht, ein Werk zwischen zwei Souveränen abzuschließen (eine Differenzierung des Begriffs „katholische Kirche" erfolgt ansatzweise in Art. 13). Vor diesem Hintergrund betonte Israel später, dass mit dem Vertrag keine Kirche schlechter gestellt sei. Deshalb kann Art. 3 eine reale Chance für Gespräche bzw. Anrufungen anderer, nichtkatholischer Konfessionen sein. Mit Art. 4 wird die Kultfreiheit ebenso garantiert wie die Respektierung und die Übernahme des Schutzes katholischer heiliger Stätten durch den Staat. Außerdem hebt § 1 hervor: „Der Staat Israel bekräftigt seine fortdauernde Verpflichtung zur Aufrechterhaltung und Respektierung des ‚Status quo' in den christlichen heiligen Stätten. [...] Der Heilige Stuhl bekräftigt die fortdauernde Verpflichtung der katholischen Kirche, den zuvor genannten ‚Status quo' und die besagten Rechte zu respektieren." Damit sind weitere Verhandlungen nicht ausgeschlossen, wohl aber haben sich beide Seiten zu Recht darauf geeinigt, den Katholiken keine Vorrechte im schwierigen Beziehungsgeflecht christlicher Konfessionen (insbesondere in Jerusalem) und damit des Status quo im engeren Sinn einzuräumen. Die weiteren Artikel 5–9 betreffen Fragen von Pilgerfahrten, das Recht der Kirche auf eigene Schulen und Studieneinrichtungen sowie die Förderung des kulturellen Austauschs bis hin zur vereinfachten Zugangsberechtigung historischer Dokumente, der freien Meinungsäußerung und der karitativen Funktion der Kirche. Für die weitere Entwicklung ist von Bedeutung, dass nach Art. 10 § 1 und 2 die katholische Kirche das Recht auf Eigentum habe, unklare, ungeregelte und strittige Fragen bei Eigentums-, Wirtschafts- und Steuerangelegenheiten aber noch in einem weiteren Zusatzabkommen geregelt werden müssen, das dann den Status quo im weiteren Sinn tangiert. Art. 10 führt deshalb in Zukunft zu einem neuen, möglicherweise provisorischen Status quo für die katholische Kirche. Hier wird sich der ökumenische Abstimmungswille des Heiligen Stuhls mit den anderen Konfessionen zeigen. Dennoch wird der Vertrag auch in diesem Punkt von führenden Diplomaten und der Mehrheit nicht beteiligter Kirchenvertreter (vor allem Orthodoxe) als stabilisierendes Element für die Kirchen im Heiligen Land gesehen. Von Interesse für die weitere Mitsprache im Nahostfriedensprozess ist Art. 11, wonach die Kirche in politischen Fragen einerseits mitzureden vermag, andererseits sich in einer selbst auferlegten Zurückhaltung üben muss. Art. 11 § 1 betont, dass beide Seiten ihre Verpflichtung erklären, „sich für eine friedliche Lösung von Konflikten zwischen Staaten und Nationen einzusetzen und Gewalt und Terror aus dem internationalen Leben auszuschließen“. Etwas weiter unten heißt es dann in § 2, dass sich der Heilige Stuhl trotz seines Rechts, die Moral- und Religionslehre der Kirche anzuwenden, wiederholt verpflichtet weiß, „sich von allen weltlichen Konflikten fernzuhalten, die sich insbesondere auf umstrittene Gebiete und nicht festgelegte Grenzen beziehen“. Genau hier beginnt die Gratwanderung für den Heiligen Stuhl hinsichtlich der Frage, inwieweit er das Recht der Kirche in den besetzten Territorien einzufordern vermag. Eine Überbetonung des § 2 könnte deshalb die bisher unbegründete Gefahr eines Rückzugs Roms aus der Palästinenserfrage zur Folge haben. Die weiteren Artikel sorgen für die Umsetzung des Vertrags und die Vorbereitungen zur Aufnahme voller diplomatischer Beziehungen.

Das Grundlagenabkommen war – neben allen politischen und aussöhnenden Implikationen zwischen katholischer Kirche und Judentum – eine wesentliche Stärkung für die katholische Kirche im Heiligen Land. Ihr Schutz und Handeln, demnächst auch ihr Eigentum, vor allem ihre angestammten Rechte (insbesondere im Erziehungs- und Caritasbereich) wurden mit dem Vertrag bestätigt. Schnell kamen die Stimmen anderer Konfessionen auf, ein ähnliches Abkommen mit dem Staat Israel schließen zu wollen, um die rechtliche Existenz der jeweiligen christlichen Gemeinschaft zu sichern.

Fortgesetzte Annäherung: Vom Grundlagenvertrag zum Folgeabkommen 1997

Wenige Tage nach der Unterzeichnung des Abkommens, am 19. Januar 1994, ernannte der Papst den bisherigen Delegaten Montezemolo zum „Besonderen Repräsentanten des Heiligen Stuhls in Israel"; gleichzeitig berief die Jerusalemer Regierung Shmuel Hadas zum Sonderbeauftragten beim Heiligen Stuhl. Weitere bilaterale Verhandlungen folgten direkt durch die Sonderbeauftragten. Einen wichtigen Beitrag leistete dazu der Besuch von Premierminister Yitzhak Rabin am 17. März im Vatikan. Drei Monate später, am 15. Juni, kam es zur historischen Aufnahme voller diplomatischer Beziehungen zwischen dem Vatikan und Israel und damit der gegenseitig vollzogenen, seit nahezu fünfzig Jahren praktizierten De-facto-Anerkennung. Die beiden Sonderbeauftragten wurden in den Rang eines Nuntius bzw. Botschafters erhoben.

Mit dem Grundlagenabkommen hat die katholische Kirche nicht nur ihr Verhältnis gegenüber Israel, sondern auch Fragen des praktischen Lebensvollzugs in Vertragsform gegossen. So groß der Erfolg des Abkommens auch war, so kann dieser nicht darüber hinwegtäuschen, dass die Gespräche mit der palästinensischen Seite zwar auch liefen, aber mit weit geringerer Intensität, da das Grundlagenabkommen eine vom Heiligen Stuhl beschlossene Priorität darstellte. Deshalb blicken die katholischen Gemeinden mit gemischten Gefühlen auf das Papier, denn während es sie auf israelischem Territorium ausreichend schützt und gleichsam in die Zivilgesellschaft integriert, blieb die Zukunft in den besetzten Gebieten nach wie vor offen. Längst war die Intifada abgeflaut, eben weil der Friedensprozess möglich geworden war, der mit einer gewissen Euphorie auch in den Gemeinden begleitet wurde. Patriarch Sabbah musste den schwierigen Spagat gehen, das Grundlagenabkommen für den israelischen Teil seiner Jurisdiktion ebenso umzusetzen, wie eine rechtliche Sicherung der katholischen Lage in den besetzten und bald darauf auch teilautonomen Gebieten auf der Seite der palästinensischen Regierung zu erwirken. Ein wichtiges Beispiel dafür, wie – trotz aller Friedensbegeisterung – dünn der Faden des beginnenden Miteinanders war, ist ein weiteres Papier, das die Patriarchen der Kirchen im Heiligen Land gemeinsam veröffentlichten. Am 14. November 1994 beschrieben die Vertreter von zwölf Konfessionen die künftige Bedeutung Jerusalems in einem Memorandum. Dabei wird vor einem Rückzug christlicher Präsenz ebenso gewarnt wie das Recht auf Religions- und Gewissensfreiheit sowie ein internationales Statut eingefordert.[52]

Während der Heilige Stuhl und Jordanien am 6. April 1994 volle diplomatische Beziehungen aufnahmen und in Amman eine Nuntiatur eingerichtet wurde, unterhielt der Vatikan mit den Palästinensern seit 1991 eine in der Öffentlichkeit kaum wahrgenommene Pendeldiplomatie. Rom sah die Zeit für gekommen, nicht nur wie bisher das Existenzrecht dieses Volkes zu betonen, sondern genauso den Austausch von Gesandten zu fördern. Am 25. Oktober 1994 erklärten der Verantwortliche für die Außenbeziehungen des Vatikan, Erzbischof Jean-Louis Tauran, und der PLO-Vertreter Abdul Lateef Abu Hijleh ständige Kontakte aufzunehmen, die nach den bisherigen Beziehungen damit „permanenten und offiziellen Charakter" erhielten.[53] Beide Seiten vereinbarten, die Suche nach Frieden und Gerechtigkeit im Nahen Osten zu fördern, vor allem um das palästinensische Volk in seinem Bemühen nach Freiheit und Unabhängigkeit als unveräußerlichen Rechten zu ermutigen. Die katholische Kirche verpflichtete sich, ihre Arbeit insbesondere für die katholischen Palästinenser auf dem spirituellen, erzieherischen und sozialen Sektor voranzutreiben. Die Vereinbarung ähnelt in ihrer Grundaussage den 1992 in die Wege geleiteten Gesprächen zwischen Israel und dem Heiligen Stuhl. Rund ein Jahr später, am 6. November 1995, überreichte Afif Safieh sein Beglaubigungsschreiben als offizieller Repräsentant (aber nicht Botschafter) der PLO beim Heiligen Stuhl.

Die folgenden Jahre waren auch für den Vatikan vom gefährdeten Friedensprozess geprägt. Mit tiefer Erschütterung verurteilte Johannes Paul II. die Ermordung Rabins am 4. November 1995. Am 3. Februar 1997 erinnerte er Premierminister Benjamin Netanjahu in einer Audienz an die Einhaltung des Madrider Abkommens und forderte zwei Monate später vom neuen Botschafter Israels beim Heiligen Stuhl, Aharon Lopez, für den einzigartigen Charakter Jerusalems als Erbe der ganzen Menschheit einzutreten. Überraschend deutlich verurteilte der Papst die häufigen israelischen Luftangriffe auf die libanesischen Städte

Sidon und Tyrus während seiner Libanonvisite am 10./11. Mai desselben Jahres. Mit zwei persönlichen Briefen wandte sich Johannes Paul II. außerdem am 16. Juni 1997 direkt an Netanjahu und Arafat.[54] Viele Hoffnungen seien zerstört und Israelis wie Palästinenser frustriert. Deshalb sei ein neues Vertrauen notwendig, denn wenn „große Hoffnungen lange Zeit unerfüllt bleiben, dann können sie zu weiteren, unvorhersehbaren Provokationen und unkontrollierbaren Situationen der Gewalt führen". In den Briefen wurde die Jerusalemfrage nicht gestellt, sondern lediglich der Weitblick der Verantwortungsträger gefordert. Mitte 1997 wollte der Vatikan nicht mehr als Mut machen - eine Bescheidenheit, die von den Christen im Heiligen Land besonders geschätzt wurde, denn sie sahen, dass der Friedensprozess mehr denn je gefährdet war.

Existenzsicherung: Der Folgevertrag von 1997

Das Jahr 1997 blieb in der Nahostpolitik des Heiligen Stuhls entscheidend. Einer der Höhepunkte war die Reise von Papst Johannes Paul II. vom 10. bis 11. Mai in den Libanon. In Israel gelang es der Vatikandiplomatie trotz des politischen Wechsels, in enger Abstimmung mit dem israelischen Religionsministerium am 10. November 1997 einen weiteren Vertrag abzuschließen, an dem vor allem der Lateinische Patriarch beteiligt war.[55] Dabei handelt es sich um ein Ergänzungsabkommen zum Grundlagenvertrag (gemäß Art. 3 § 3), der die Rechtsgrundlage der katholischen Kirche definiert und ihr quasi den Status einer Körperschaft Öffentlichen Rechts gemäß israelischem Gesetz zuerkennt. Eine bilaterale Arbeitskommission hatte sich seit 1994 um die Ausführung des Art. 3 § 3 bemüht, die am 19. März 1996 zu einem ersten Zwischenbericht kam. Rund anderthalb Jahre später konnte das Vertragswerk „Agreement on the Legal Personality of the Church" im israelischen Außenministerium unter Anwesenheit von Außenminister David Levy und Nuntius Montezemolo unterzeichnet werden. Mit diesem 13 Artikel umfassenden Vertragswerk hat der Vatikan sein Bestreben hervorgehoben, politisch aktiv die Rechte der Kirche auf weitgehend israelischem Gebiet zu verteidigen. Die Kirche wird im Vertrag als juristische Person mit voller Geschäftsfähigkeit vom Staat anerkannt, ihre eigenen Angelegenheiten sind aber nach dem Kirchenrecht zu regeln (Art. 6, § 2 und 3), so z. B. die Errichtung neuer Diözesen. Der Kirche kommt damit ein besonderer, durch den Staat garantierter Schutz zu, eine juristische Person muss sich dann aber auch der juristischen Administration des Staates stellen (Art. 6 § 4).

Auffallend ist, für wen der Vertrag ungeachtet der hierarchischen Eigenständigkeiten gilt. Art. 3 § 1 nennt die Katholischen Patriarchate des Ostens und das Lateinische Patriarchat von Jerusalem zuzüglich der weiteren juristischen Territorialeinheiten (Diözesen etc.), die Kustodie vom Heiligen Land sowie die Ordensgemeinschaften (Art. 4 und 5). Der Vertrag bezieht sich also auch auf die Diözese Jerusalem und damit den Osten der Stadt, der Staat Israel akzeptiert hier die kirchliche Eigenständigkeit. Mit dem Vertrag ist der Heilige Stuhl deshalb den von nichtkatholischen Kirchen und palästinensischen Politikern kritisierten Spagat eingegangen, kirchenrechtlich die Diözese Jerusalem zu stärken, gleichzeitig aber dem Staat Israel Raum für die Interpretation zu geben, Rom erkenne Ostjerusalem als Gebiet an, in dem israelisches Recht gelte, wie der israelische Vatikanbotschafter Aharon Lopez bemerkte. In den internen Verhandlungen des Vatikans zusammen mit dem Patriarchat von Jerusalem ist der Aspekt der Patriarchatsstärkung wiederholt hervorgehoben worden. Gleichzeitig hat der Heilige Stuhl betont, dass mit diesem Vertrag in keiner Weise die Annexion Ostjerusalems anerkannt werde. Hätte man den Vertrag nur auf Westjerusalem bezogen, wäre die Diözese einer kirchenjurisdiktionellen Spaltung bei der Vertragsinterpretation unterworfen gewesen. Außerdem ist im Vertrag nicht zu lesen, dass der Heilige Stuhl die von Israel besetzten Gebiete anerkennt, da es sich um einen Vertrag handelt, der die israelische Rechtsprechung und nicht das Besatzungsrecht meint; ebenso wenig ist die völkerrechtliche Stellung der palästinensisch verwalteten Gebiete angesprochen. Um Schwierigkeiten zunächst vorzubeugen, regelt Art. 3 § 4, dass die Anerkennung einer neuen, grenzüberschreitenden Diözese durch israelisches Recht offen gelassen wird. Der Heilige Stuhl muss diesen Aspekt bei der Schaffung eines ähnlichen Vertrags mit den Palästinensern berücksichtigen. Mit Art. 8 anerkennen beide Seiten, dass es bereits vor dem Vertrag die Existenz legaler Kirchen und eines Staates gab. Ein Annex nennt über 100 katholische Institutionen, die als juristische Personen im Sinne dieses Folgevertrags anerkannt werden. Bemerkenswert ist dabei, dass einige der Einrichtungen im Ostteil Jerusalems liegen und scharfen Protest der Palästinenser hervorriefen.

Der zweite wichtige Vertrag zwischen dem Heiligen Stuhl und der israelischen Regierung wurde von den einen als „Meilenstein“ gewürdigt, von anderen kritisiert, weil er nichtkatholische Kirchen ausschließt. Israelische Politiker und Verhandlungsteilnehmer sind aber der Überzeugung, dass ein solcher Vertrag Modellcharakter für andere Kirchen haben könne. Dennoch wurde das Abkommen bisher nicht von der israelischen Legislative ratifiziert. Der Heilige Stuhl unternahm wiederholt den Anlauf, weitere offizielle Gespräche zur Ausgestaltung der Verträge zu führen. Dabei geht es um drei weitere Unterabkommen, die Eigentumsfragen, den wirtschaftlichen und steuerrechtlichen Bereich betreffen (gemäß einer Forderung aus Art. 10 § 2a des Grundlagenvertrags). Die Verhandlungen 1999 führten zu keinem Ergebnis. Rom bat Israel dann erneut ab 2005, über die Verträge zu sprechen. Zwar hat es bis 2014 immer wieder Folgetreffen gegeben, aber so gut wie ohne ein nennenswertes Ergebnis. Der frühere Nuntius in Israel, Erzbischof Pietro Sambi, übte in einem Interview am 16. November 2007 scharfe Kritik an Israel, das sich nicht an die Abkommen gehalten habe. Nach der Sitzung der gemeinsamen Arbeitsgruppe am 13. Dezember 2007 stellte das vatikanische Delegationsmitglied Erzbischof Antonio Maria Veglio fest, dass das Statement der Verhandlungspartner alles sage, „was man sagen kann, nämlich nichts. Das Nichts, das es ausdrückt, ist die Realität. Das gemeinsame Dokument sagt: Solange noch nicht alles beschlossen worden ist, ist noch nichts beschlossen.“[56] Der Ausgang weiterer Gespräche ist nach wie vor offen. Selbst die Reise von Papst Benedikt XVI. brachte keine Lösung, und auch der Besuch von Papst Franziskus konnte bisher keine Ratifizierung durch das israelische Parlament ermöglichen.

Politischer Wille: Das Jahr 1998 und die Jerusalemfrage

Nach der Einleitung offizieller Arbeitsbeziehungen zwischen dem Heiligen Stuhl und den Palästinensern 1994 bemühten sich beide Seiten, einen Rechtsvertrag abzuschließen. Dazu diene eine Kommission, die bereits vor vier Jahren vereinbart worden sei, hieß es am 15. Januar 1998 aus dem Vatikan. Da es auch hier konkret um den rechtlichen Status der kirchlichen Einrichtungen auf palästinensischem Gebiet gehe, seien keine Ausführungen zu politischen Fragen geplant; deshalb – so der Vatikan – könne es nicht um Verhandlungen über den Status Jerusalems gehen.

Der Heilige Stuhl nutzte 1998 zwei Gelegenheiten, um die Auffassung zur Situation in Nahost und Jerusalem zu unterstreichen. Aus Anlass des 50. Jahrestags der Errichtung der Apostolischen Delegatur in Jerusalem und Palästina schrieb Kardinalstaatssekretär Angelo Sodano am 19. Februar einen Brief an den Delegaten. Die Ereignisse der vergangenen Jahrzehnte hätten „einen großen Teil der Katholiken, gemeinsam mit ihren Mitbürgern, zu Opfern des Krieges, zu Opfern von ethnischen Wanderungen und häufig außerordentlich gefährlichen Umständen, obdachlos, ohne eigenes Land und zu Flüchtlingen" gemacht. Jerusalem sei die Stadt, die von zwei Völkern als Hauptstadt beansprucht werde, sie „ist leider immer noch Anlass andauernder Rivalität, wenn nicht von Gewalt, und Gegenstand ausschließlicher Beanspruchung", was der Berufung Jerusalems als Stadt des Friedens entgegenstehe.[57]

Während Montezemolo im Frühjahr zum neuen Nuntius in Italien bestellt wurde und der Heilige Stuhl am 6. Juni Pietro Sambi als Botschafter nach Israel schickte, konzentrierte er sich erneut auf die Jerusalemfrage. Für den 26./27. Oktober 1998 hatte Patriarch Sabbah Präsidenten und Delegierte verschiedener Bischofskonferenzen nach Jerusalem geladen, um über die Zukunft der Stadt zu sprechen. Hinter verschlossenen Türen sorgte besonders die Intervention des Heiligen Stuhls für klare Worte.[58] Erzbischof Tauran kritisierte dabei unmissverständlich die Politik Israels und bezeichnete die Stellung Jerusalems als einzigartig, dementsprechend seien auch ihre Konflikte von einzigartiger Natur. Weil es sich aber um ein politisch komplexes Problem handle, sei „die übliche Differenzierung zwischen der Frage der heiligen Stätten und der Jerusalemfrage für den Heiligen Stuhl nicht annehmbar", da die religiöse und die politisch-territoriale Frage zusammengehören. Tauran bezeichnete Ostjerusalem als illegal annektiert, die politische Dimension der Heiligen Stadt sei dem Vatikan in seiner Sorge stets gegenwärtig, vor allem, um „in erster Linie zu vermeiden, dass die Heilige Stadt zum Schlachtfeld wird, und zweitens, um zu gewährleisten, das sie nicht – wie in der heutigen Situation – ein klarer Fall internationaler Ungerechtigkeit wird. Die derzeitige Lage ist gewaltsam entstanden und wird mit Gewalt aufrechterhalten." Deutlicher als jede politische Äußerung Roms gegenüber dem Heiligen Land zuvor, betonte Tauran, dass niemand behaupten könne, der Heilige Stuhl interessiere sich lediglich für den religiösen Aspekt der Stadt und ignoriere das politische Problem. Jede exklusive Forderung – sei sie religiös oder politisch motiviert – steht „im Gegensatz zur eigentlichen Logik der Stadt. [...] Ausschließlichkeitsansprüche können nicht von zahlenmäßig oder historisch begründeten Kriterien unterstützt werden." Mit dieser Aussage wurde Israel erneut in seine territorial-politischen Grenzen verwiesen. Jerusalem könne das Symbol und nationale Zentrum der beiden Völker werden, die es als ihre Hauptstadt ansehen. Die alte Forderung des Heiligen Stuhls nach friedlicher Koexistenz wird damit deutlich, gleichzeitig ist die Idee einer doppelten Hauptstadt der exakt entgegengesetzte Kurs zur Auffassung Israels. Auch künftig fordere der Heilige Stuhl „den Schutz Jerusalems durch ein besonderes international gewährleistetes Statut" und den Anspruch aller drei Religionsgemeinschaften auf die gleichen Rechte und den freien Zugang zu den heiligen Stätten. Anders als diplomatische Kreise zu Beginn der Neunzigerjahre vertrat Tauran die Auffassung, dass es mit der einfachen Deklaration der heiligen Stätten als „exterritoriale Gebiete" nicht getan sei: „Die Identität der Stadt ist von einem heiligen Charakter gekennzeichnet, der nicht nur mit den einzelnen Stätten oder Denkmälern verbunden ist, so als ob sie voneinander oder von der jeweiligen Gemeinde getrennt werden könnten. Der heilige Charakter prägt Jerusalem als Ganzes ..." Mit dieser Rede Taurans zeigt sich erneut die von Rom wahrgenommene politische Dimension in Nahost, die nicht ausschließlich auf eine Religion bezogen wird. Kaum zuvor ist von islamischer oder jüdischer Seite die Bedeutung Jerusalems so umfassend zu definieren versucht worden, wie es Tauran gewagt hat.

Gefahr und Hoffnung für den Frieden: Nazaret und die Pastoralsynode

Während die Jerusalemfrage nach wie vor der Dreh- und Angelpunkt für einen künftigen Frieden in Nahost ist, drohte Ende der Neunzigerjahre eine weitere Auseinandersetzung die Verständigung zwischen den Religionen zu gefährden. 1998 begann der latente Streit in Nazaret: Eine provisorische Moschee wurde dort bereits gegen den Protest der Christen errichtet, in einem weiteren Fall ein Grundstein gelegt, aber bis heute noch kein Bau vollendet. Die so genannte „Nazaret-Krise" hat das friedliche Miteinander zwischen der christlichen (35 Prozent) und muslimischen Bevölkerung stark in Mitleidenschaft gezogen. In den schwelenden Streit hatte im Herbst 1999 die israelische Regierung eingegriffen und einen Kompromissvorschlag vorgelegt, der die Grundsteinlegung am 22. November rechtlich absicherte. In dem vom Parlament verabschiedeten Plan dürfen die Muslime auf einem rund 2000 Quadratmeter großen Platz eine auf maximal 700 Quadratmeter begrenzte Fläche für den Bau der Moschee nutzen. Mit diesem Kompromiss war die christliche Seite nicht einverstanden. Da die Verkündigungsbasilika der römisch-katholischen Kirche gehört und unter der Verwaltung des Franziskanerordens steht, setzte sich sehr bald der seit 1994 amtierende Patriarchalvikar und Weihbischof des Lateinischen Patriarchats von Jerusalem, Giacinto Boulos Marcuzzo, für die Sache ein. Dabei betonte er versöhnlich, dass man nicht gegen den Bau von Moscheen sei: „Es ist sehr eigenartig. Nazaret war seit Jahrhunderten eine Stadt von Frieden und Koexistenz zwischen allen Gemeinschaften. Als ich vor einigen Jahren hierher als Bischof kam, war ich fast erstaunt über die guten und engen Beziehungen zwischen Christen und Muslimen. Was jetzt geschieht, gehört nicht zum Erbe der Stadt." Als Motor der Eskalation sieht Marcuzzo allerdings nicht islamische Fundamentalisten, wie vornehmlich in der westlichen Presse festgehalten wurde, sondern politische Interessen, zumal

Christen und Muslime in der Vergangenheit Kirchen und Moscheen gemeinsam gebaut hätten. Nach seiner Auffassung haben „Politiker im Wahlkampf um die Stadtregierung von Nazaret die islamische Bevölkerung angefeuert, auf dem Platz eine Moschee zu bauen. So ist der Fanatismus eskaliert. Das ist die eine Seite. Andererseits ist es ein Skandal, dass Behörden und Polizei nichts dagegen unternommen haben.“[59] Die Spannungen begannen bereits 1996, traten aber erst drei Jahre später offen zu Tage. Die katholische Kirche versuchte der Situation zu begegnen und verfasste Ende Oktober 1999 (in der zentralen Phase der Planungen für die Heilig-Land-Reise von Papst Johannes Paul II.) ein bisher nicht veröffentlichtes internes Dokument unter dem Titel „Background information – the crisis in Nazareth“. Darin werden die Haltung islamischer Kräfte gegenüber der Kirche sowie das Taktieren der israelischen Regierung analysiert. Deutlich wird festgehalten, dass es vonseiten der palästinensischen Autonomieregierung keine Ermutigung radikaler islamischer Kreise für die Situation in Nazaret gebe. Tatsächlich hatte Yassir Arafat mehrfach in diesem kritischen Stadium seine Glaubensgenossen zum Einhalt ermahnt. Als Folge des Konflikts konstatiert das Dokument einen künftig neu und stetig anwachsenden Christenexodus. Aus Protest gegen diese Lage reagierten alle christlichen Kirchen im Heiligen Land mit der Schließung heiliger Stätten am 22. und 23. November 1999. Patriarch Sabbah ging sogar so weit, den anvisierten Papstbesuch infrage zu stellen.[60] In Rom beobachtete man die Lage mit Sorge; mehrfach verurteilte Johannes Paul II. die zeitweilig gewaltsame Eskalation ebenso wie Mängel in der israelischen Rechtsprechung, die den Grundstückbesitz betrafen. Erst eine höchstrichterliche Verfügung sorgte im Frühjahr 2003 für eine Räumung des von Muslimen besetzten Geländes.

Aufgrund der zahlreichen Schwierigkeiten und des schleppenden Friedensprozesses, vor allem aber zur eigenen Ermutigung, setzte sich die katholische Kirche der Region das Ziel einer inneren Erneuerung: Die Führer der lateinischen Kirche und der mit Rom unierten Ostkirchen riefen zu einer Pastoralsynode auf, die an Pfingsten 1996 begann und in verschiedenen Arbeitsphasen vier Jahre lang dauerte. An ihr nahmen die Vertreter von sechs verschiedenen Riten teil (Lateiner, Melkiten,

Maroniten, syrische Katholiken, armenische Katholiken, Chaldäer) sowie zeitweise auch orthodoxe Beobachter. Der Abschluss dieser Synode kann mit der Sitzungsperiode vom 8. bis 13. Februar 2000 zu Recht als Höhepunkt des innerkirchlichen Lebens bezeichnet werden. Das Schlussdokument sollte der Papst während der Heilig-Land-Reise an ausgewählten Stationen kirchlichen Repräsentanten offiziell übergeben. Grundlage des Synodenprozesses war ein bereits 1992 vorgelegter Pastoralplan. Die Synode beschäftigte sich zunächst mit innerkirchlichen Fragen, die die katholische Erziehung, Erwachsenenbildung und Sakramentenlehre behandelten. Ein zweiter Teil befasste sich mit der „Mitverantwortung in der Kirche". Hier kamen Fragen nach der Ordenspräsenz in den Diözesen, deren pastoraler Alltag und vor allem die vielfältigen Hilfseinrichtungen zur Sprache. Ausführlich diskutierten einzelne Synodenperioden das Miteinander der verschiedenen katholischen Gemeinschaften und die ökumenische Bewegung. Nach dem zunächst innerkirchlichen Prozess und dem sich dann auf die anderen Konfessionen ausdehnenden Reflexionsgegenstand galt es als Notwendigkeit, den Blick für die Gesellschaft zu schärfen. So ging es um eine offene und dem Dialog verpflichtete Verhältnisbestimmung zu den anderen monotheistischen Religionen, der christlichen Präsenz im öffentlichen Leben und im Bereich des menschlichen Leidens sowie um eine Diskussion der Rolle von sozialen Kommunikationsmitteln in der Sendung der Kirche. Die Vielfalt der Themen erklärt, warum die Synode so lange gedauert hat. Umso wichtiger war es, die Ergebnisse in einem Schlussdokument zusammenzufassen, das die pastorale Wirklichkeit und Herausforderung der Kirchen von Nahost widerspiegelt. Die Synode war daher mit den einzelnen Diskussionsbeiträgen eine bedeutende Voraussetzung für die vatikanischen Reiseplaner, um die Visite von Johannes Paul II. auf der Folie der konkreten Situation der Menschen vor Ort zu realisieren, was sich dann später in den Reden des Papstes niederschlagen sollte.

Angemerkt sei hier für den Kontext der israelischen Politik die wichtige Wende mit dem Wahlsieg von Premierminister Ehud Barak am 17. Mai 1999, der auch im Vatikan mit Erleichterung aufgenommen wurde.

Vollendung einer Vision: Die Idee der Heilig-Land-Reise des Papstes

Papst Johannes Paul II. entwickelte bereits vor Beginn des Heiligen Jahres 2000 den Plan einer groß angelegten geistigen Pilgerfahrt an jene Stätten, die mit der Heilsgeschichte verbunden sind. Dieser Plan wurde am 29. Juni 1999 veröffentlicht.[61] Der 2000. Geburtstag Jesu Christi sei Anlass genug, über die Ursprünge von Religion und Glauben nachzudenken, so der Papst: „Sowohl ihrem Wesen nach als auch im Hinblick auf ihre Zielsetzung handelt es sich um eine ausschließlich religiöse Pilgerfahrt. Es würde mir leid tun, wenn jemand dieses Vorhaben anders deuten sollte." In dieser Forderung lag das Grunddilemma jeder weiteren Planung: Einerseits unterstrich sie den persönlichen Pilgerwunsch des Papstes, andererseits war zu fragen: Wie viel Spiritualität kann auch politisch motiviert sein? Johannes Paul II. war klar, dass er nicht alle Stationen einer solchen Reise auf einmal besuchen konnte. Die Reihenfolge der Orte beginnt mit dem irakischen Ur, gefolgt vom Sinai und dem Heiligen Land, wo alles „von Norden nach Süden an Christus erinnert" und der besondere Aspekt Jerusalems betont wird, bevor der Weg über Damaskus und Athen bis nach Rom führt: „Ich werde mich auf die Orte beschränken müssen, die am symbolträchtigsten sind, und Jerusalem fasst in gewisser Weise alle zusammen." Es sollte also auch darum gehen, Zeichen zu setzen, sodass die vatikanischen Reiseplaner mit Blick auf die anderen monotheistischen Religionen und christlichen Konfessionen genügend Handlungsspielraum hatten, religionspolitische Optionen im Programm zu berücksichtigen. In dem Brief wird besonders die Aussöhnung mit dem Judentum hervorgehoben. Das Jubiläumsjahr müsse einen Beitrag leisten „zur endgültigen Behebung von Miss- und Unverständnis, das leider im Laufe der Jahrhunderte das Verhältnis zwischen Christen und Juden sehr bitter getrübt hat". Dem Islam gelte es mit Hochachtung zu begegnen, um noch mehr voneinander zu lernen. Gleichzeitig unterstrich der Papst für die ökumenische Dimension des Reiseprojektes seinen Wunsch, „mich als Pilger und Bruder nicht nur bei den katholischen Gemeinschaften [...] willkommen fühlen zu dürfen, sondern auch bei den anderen Kirchen, die ununterbrochen an den heiligen Städten gelebt und diese in Treue und Liebe zum Herrn gehütet haben [...] Ich wäre glücklich, wenn wir uns an den Stätten unseres gemeinsamen Ursprungs versammeln könnten, um Christus zu bezeugen, der unsere Einheit ist, und um unseren gegenseitigen Einsatz zu unterstreichen, die volle Gemeinschaft wiederherzustellen." Im Gesamtplan der Pilgerreise in den Nahen Osten sind also auch die prägenden Säulen dieses Pontifikats, der interreligiöse Dialog und die Suche nach der Einheit der Christen, integriert. Dass politische Implikationen bei der Umsetzung nicht außer Acht gelassen werden konnten wie zum Beispiel die kirchliche Option für die Armen, war von Anfang an offensichtlich.

Erschütternd für den Papst, begann die Verwirklichung der Vision mit einer Niederlage: Die für den 4. bis 7. Dezember 1999 geplante Reise in den Irak wurde von irakischer Seite abgesagt. Hingegen wurde die Reise nach Ägypten vom 24. bis 26. Februar 2000 ein voller Erfolg und leitete die erste Station der Verwirklichung einer im Herzen lange gereiften Vision ein.[62]

Perspektivischer Schritt: Grundlagenvertrag mit der PLO und Schuldbekenntnis im Vatikan

Unmittelbar vor der Reise nach Ägypten und rund einen Monat vor dem Besuch des Heiligen Landes konnte der Heilige Stuhl einen weiteren Erfolg seines diplomatischen Bemühens verzeichnen: Nach langwierigen Verhandlungen zwischen dem Vatikan und der PLO wurde am 15. Februar 2000 in Rom durch das Mitglied des Exekutivkomitees der PLO, Emil Jarjuna, und Kurienerzbischof Jean-Louis Tauran ein Grundlagenvertrag abgeschlossen, der als einmalig in der arabisch-islamischen Welt gilt.[63] Bereits am 25. Oktober 1994 hatten der Heilige Stuhl und die PLO in einer Vereinbarung die Einrichtung ständiger Kontakte mit offiziellem und permanentem Charakter sowie den Austausch von Repräsentanten beschlossen. Verhandlungen für den Grundlagenvertrag liefen schleppend, sodass 1998 eine Arbeitsgruppe eingesetzt wurde, die vor allem Rechtsfragen behandeln sollte und erst Ende 1999 zum Durchbruch kam.

Das Abkommen regelt und bezieht sich auf Präsenz und Aktivitäten der katholischen Kirche in den Autonomiegebieten. Einer ausführlichen Präambel folgen zwölf Artikel. Von Interesse ist, wer die Vertragspartner sind: Neben dem Heiligen Stuhl wird die PLO genannt „als Vertretung des Palästinensischen Volkes, die zugunsten und im Namen der Palästinenser-Autorität handelt“. Der Vatikan hat eine gerechte Lösung der Palästinenserfrage immer unterstrichen und Johannes Paul II. wagte den Durchbruch, von einem eigenen Territorium für das palästinensische Volk zu sprechen. Mit diesem Vertrag wird die PLO von vatikanischer Seite als souveräner Verhandlungspartner angesehen, was nahezu einer De-facto-Anerkennung des noch nicht ausgerufenen palästinensischen Staates gleichkommt. Dennoch steht für den Heiligen Stuhl - entgegen eiliger Überzeugungen Yassir Arafats oder des Bürgermeisters von Betlehem, Hanna Nasser - fest, dass er den palästinensischen Staat nicht als erstes Land anerkennen wird, sondern wie üblich zunächst den wichtigsten Partnern des „neuen“ Staates den Vortritt lässt.

Im weiteren Text der Präambel erwarten die Vertragspartner eine friedliche Lösung des palästinensisch-israelischen Konflikts, „worin die unveräußerlichen, legitimen nationalen Rechte und Erwartungen des Palästinensischen Volkes anerkannt werden; diese Lösung ist durch Verhandlungen und Übereinkommen zu erzielen, damit - auf der Grundlage des internationalen Rechts, der entsprechenden Beschlüsse der Vereinten Nationen und ihres Sicherheitsrates - Gerechtigkeit und Billigkeit, Frieden und Sicherheit für alle Völker der Region gewährleistet werden.“ Der Vatikan geht mit den Forderungen nicht hinter seine bisherige Position zurück, da er seit dem UN-Teilungsplan von 1947 dieses internationale Recht eingefordert hat. Für Irritationen und eine scharfe diplomatische Auseinandersetzung zwischen dem Apostolischen Nuntius, Erzbischof Pietro Sambi, und dem israelischen Außenministerium sorgte jedoch weniger die Forderung nach einer Heimstadt für die Palästinenser als die heikle Formulierung zu Jerusalem, die in den Verträgen mit Israel ausgeklammert worden war. Der Vatikan vertritt im PLO-Abkommen keine Neuheit, auch wurden keine territorialen Fragen oder Hoheitsprobleme behandelt. Beide Partner erklären, „dass eine gerechte Lösung zur Jerusalemfrage auf der Grundlage internationaler Beschlüsse für einen gerechten und dauerhaften Frieden im Nahen Osten wesentlich ist; einseitige Entscheidungen und Aktionen, die den besonderen Charakter und Status von Jerusalem ändern, sind moralisch und rechtlich inakzeptabel." Der Heilige Stuhl unterstreicht damit erneut, dass er die Annexion Ostjerusalems vom 30. Juli 1980 nicht akzeptiert und mit der PLO im Vertrag ein international gesichertes Sonderstatut fordert, das die Religions- und Gewissensfreiheit sowie die Gleichheit vor dem Gesetz der drei monotheistischen Religionen, ihrer Einrichtungen und Gläubigen garantieren müsse. Johannes Paul II. hat während seines Pontifikats immer wieder den besonderen Charakter Jerusalems hervorgehoben. Deshalb sei in dem Statut „die besondere Identität und der heilige Charakter der Stadt mit ihrem universalen religiösen und kulturellen Erbe" zu berücksichtigen. Außerdem gelte es, den freien Zugang zu den heiligen Stätten ebenso aufrechtzuerhalten wie den „Status quo" an jenen heiligen Stätten, wo er anzuwenden sei.

Nach der Präambel werden einzelne Ziele genannt. Die Art. 1 und 2 bestätigen den Einsatz für die Menschenrechte, wobei die PLO ihre Verpflichtung zur Wahrung des Menschenrechts auf Religions- und Gewissensfreiheit bestätigt und beide Parteien auch in Zukunft zum interreligiösen Dialog ermutigen. Die Gleichheit der bürgerlichen und Menschenrechte, die Freiheit von jeder Diskriminierung aufgrund von Religionszugehörigkeit, Glauben oder Religionsausübung werden in Art. 3 festgeschrieben. Art. 4 wiederholt die Anwendung des „Status quo" auf die heiligen Stätten. Dieser Passus ist für die Kirche wichtig, weil der Status quo damit auch z. B. für das in den Autonomiegebieten gelegene Betlehem gilt. Hier muss sich der palästinensische Staat künftig für die Freiheit des Ortes und das legitime Recht, den Glauben öffentlich auszuüben, einsetzen. Ebenfalls von Bedeutung ist Art. 5, in dem die PLO die Freiheit der katholischen Kirche anerkennt, ihre Rechte auszuüben und in ihren Bereichen wie Caritas, Erziehung und Kultur wahrzunehmen. Art. 6 betont, dass die PLO die Rechte der katholischen Kirche „in wirtschaftlichen, rechtlichen und steuerlichen Angelegenheiten" anerkennt. Das heißt, dass der katholischen Kirche – ähnlich wie im Vertrag aus dem Jahr 1997 mit Israel – in den palästinensischen Autonomiegebieten der Status einer Körperschaft öffentlichen Rechts zugesprochen wird. Das unterstreicht zusätzlich Art. 7, demzufolge im palästinensischen Recht die Rechtspersönlichkeit der katholischen Kirche Anwendung findet. Dies wäre z. B. der Fall bei Bischofsernennungen, wo die Kirche durch jenen Artikel staatlich ungebunden ist und auch einen der Regierung missliebigen Bischof einsetzen kann. Der folgende Art. 8 legt fest, dass das Abkommen keine Auswirkungen auf andere Verträge zwischen den Parteien oder Dritten hat.

Die weiteren Artikel klären formale Elemente und beauftragen die ständige bilaterale Arbeitskommission, weitere Fragen des Abkommens zu behandeln. Indirekt liegt hier die Chance zu einem Folgevertrag, besonders dann, wenn es um die Aufnahme voller diplomatischer Beziehungen geht, für die das Abkommen mit seiner innen- und außenpolitischen Bedeutung die entscheidende Grundlage ist. Der Handlungsspielraum in der Annäherung zwischen beiden Partnern ist jetzt so lange ausgeschöpft, bis ein eigenständiger und souveräner palästinensischer Staat ausgerufen wird. Tatsächlich stellt die Vereinbarung – nach den Verträgen von 1993 und 1997 mit dem israelischen Staat – eine wesentliche Anerkennung und künftige Sicherung der Rechte der katholischen Kirche dar, aus dem die katholischen Gemeinden und das Lateinische Patriarchat gestärkt hervorgehen, auch gegenüber der palästinensischen Regierung.

Nach der Ägyptenreise und der Vertragsunterzeichnung mit der PLO konnte Papst Johannes Paul II. sein Bemühen um eine Versöhnung mit dem jüdischen Volk gleichsam krönen. Anlässlich des Heiligen Jahres 2000 lud er am 12. März zu einem Bußgottesdienst in den Petersdom. In einer ergreifenden Feier bat er um Vergebung und sprach durch die Person von Kardinal Edward Idris Cassidy, dem Präsidenten des Päpstlichen Rates zur Förderung der Einheit der Christen, das weltweit positiv aufgenommene „Mea culpa“: „Lass die Christen der Leiden gedenken, die dem Volk Israel in der Geschichte auferlegt wurden. Lass sie ihre Sünden anerkennen, die nicht wenige von ihnen gegen das Volk des Bundes begangen haben, und so ihr Herz reinigen.“ Dann betete Johannes Paul II. selbst: „Gott unserer Väter, du hast Abraham und seine Nachkommen auserwählt, deinen Namen zu den Völkern zu tragen: Wir sind zutiefst betrübt über das Verhalten aller, die im Laufe der Geschichte deine Söhne und Töchter leiden ließen. Wir bitten um Verzeihung und wollen uns dafür einsetzen, dass echte Brüderlichkeit herrsche mit dem Volk des Bundes.“[64]

Zwischen Euphorie und Ernüchterung: Johannes Paul II. im Heiligen Land und Camp David II

Nach *Nostra aetate* war das Schuldbekenntnis die unüberbietbare Aussöhnung gegenüber dem Judentum. Diese wurde ergänzt und erweitert durch den wenige Tage später stattfindenden Besuch von Papst Johannes Paul II. im Heiligen Land und hier vor allem in der Holocaust-Gedenkstätte Yad Vashem. Vom 20. bis 26. März 2000 hielt sich der Papst in Jordanien, den Palästinensischen Autonomiegebieten und Israel auf. Er wurde – wie es König Hussein von Jordanien ausdrückte – Grenzgänger an der „Straßenkreuzung von Geschichte und Geografie, wo Religion begann und Zivilisation sich erstmals entwickelte". Manche päpstliche Äußerung und Versprechung von Gastgeberseite musste auch künftig in Erinnerung gerufen werden, wenn es im Heiligen Land um religiöse Toleranz, Ökumene oder die Menschenrechtslage wieder schlecht stand. Johannes Paul II. war Pilger und Politiker im Nahen Osten. Spätestens seine Friedensbotschaft für Jerusalem und die Forderung nach einem dauerhaften Frieden in Toleranz und Koexistenz haben gezeigt, dass Politik von Pastoral kaum zu trennen ist. Die Reisen nach Ägypten und ins Heilige Land zeigten die beherzte Rolle, die Johannes Paul II. als Vorkämpfer des interreligiösen Dialogs zwischen den drei Religionen übernahm und der sich kaum jemand entziehen kann.

Hinter diese Reisen kann keine Religionsgeschichte und politische Debatte zurück. Johannes Paul II. hat den Durchbruch der Pilgerfahrt Pauls VI. in mühevoller Arbeit fortgeführt; jetzt folgte die Frage des „danach": Werden die gereichten Hände nun auch nicht mehr losgelassen und findet damit der schleichende Christenexodus in Nahost ein Ende? Johannes Paul II. jedenfalls hatte ernst gemacht mit dem in seinem Pilgerbrief dargelegten Wunsch hinsichtlich des Ziels solcher Anstrengungen: „Die Kirche kann ihre Wurzeln nicht vergessen. Mehr noch: An diese Wurzeln muss sie ständig zurückkehren, um sich in vollkommener Treue an Gottes Plan zu halten."

In den ersten Monaten nach der Heilig-Land-Reise folgte der Euphorie ein innerer pastoraler Aufbruch in vielen Gemeinden, auch über die katholische Kirche hinaus. Vor allem erinnerten die Kirchenführer ihre Gläubigen an den Appell des Papstes, das Land nicht zu verlassen und am Aufbau der Gesellschaft mitzuwirken. Patriarch Sabbah stellte rund zwei Monate nach der Reise bei einem Deutschlandbesuch in Aachen am 21. Mai 2000 fest: „Wir haben neuen Mut bekommen. Trotz vieler Schwierigkeiten schauen wir gestärkt in die Zukunft. Dem Islam und den Juden ist deutlich geworden: Im Papst haben sie einen Mann des Vertrauens entdeckt. Auch Wochen nach der Reise ist er in der israelischen und palästinensischen Bevölkerung unvergessen. Mit dem großartigen Medienecho hat die Welt unsere Situation in Nahost verstanden. Es war ein wahrhaftig historischer Besuch." Sabbah unterstrich zugleich die politische Bedeutung der Reise, die klargemacht habe, „dass wir als Religionen gemeinsam den politischen Schwierigkeiten begegnen müssen. Wenn es um den Frieden geht, dann sind Politik und Religion nicht zu trennen." Für den Patriarchen war es neben dem spirituellen Neuaufbruch der Christen in Nahost die globale Dimension der Bedeutung des Heiligen Landes: „Das Heilige Land ist für alle Menschen da, es bedarf der Erlösung. [...] Wir sind ein Land mit zwei Völkern, die beide Frieden wollen. Deshalb darf das eine Volk nicht das andere ausspielen. Hilfe benötigen beide Völker. Wir sind Menschen, die nicht mehr wollen, als in friedlicher Koexistenz Haus an Haus zu leben. Diese Hoffnung gebe ich nicht auf."[65]

Die Ernte der ersten Früchte dieser Reise wurde jedoch schon bald durch den politischen Alltag zurückgedrängt. Premierminister Ehud Barak schien zunächst noch auf einem guten Weg, als sich die israelischen Truppen am 24. Mai 2000 früher aus dem Südlibanon zurückzogen als erwartet. Die Niederlage Baraks folgte allerdings nur wenige Wochen später, als die Verhandlungen von Camp David am 25. Juli scheiterten und damit das Abkommen Oslo-II letztlich Makulatur geworden war. Auslöser dafür waren unter anderem die Fragen nach dem künftigen Status von Jerusalem und die Zukunft jüdischer Siedlungen in den autonomen palästinensischen Gebieten. Hoffnungen hatte es gegeben, vor allem weil der damalige israelische Außenminister Yossi Beilin eingeladen hatte, über den „Mythos der Unteilbarkeit Jerusalems" nachzudenken – in israelischem Verständnis fast eine unerhörte Äußerung. Yassir Arafat war jedoch von radikalen palästinensischen Kräften so sehr unter Druck gesetzt worden, dass er ein Angebot der Israelis, die eine Teilüberlassung Ostjerusalems für die Palästinenser vorsahen, ablehnte und kein Gegenangebot unterbreitete. Auch die Intervention der christlichen Kirchenführer Jerusalems, die sich am 17. Juli in einem Brief an die Konferenzteilnehmer von Camp David wandten, brachte nichts: Die Zukunft Jerusalems müsse das primäre Ziel der Gespräche sein; gleichzeitig warnten die Bischöfe vor einer Teilung der Altstadt Jerusalems, weil insbesondere das armenische Viertel im Glauben vereint mit den anderen Christen sei und deshalb die Altstadt eine historisch gewachsene Einheit darstelle. Für Überraschung sorgte dann aber wenige Tage später die Äußerung der Patriarchen, die Verwaltung der Altstadt unter die von ihnen historisch begründete Oberhoheit der Palästinenser zu stellen.[66]

Der Papst nutzte die verfahrene Situation für deutliche Worte an den neuen israelischen Botschafter Yosef Neville Lamdan bei der Übergabe des Beglaubigungsschreibens am 18. September 2000. Seine Pilgerreise sei eine Einladung „zum Aufbau einer neuen Epoche in den Beziehungen zwischen Christen und Juden" gewesen, so Johannes Paul II. „Ein steter Grund zur Traurigkeit ist der vergängliche Charakter eines endgültigen Friedens im Nahen Osten." Mit Blick auf die Jerusalemfrage sei daher der Dialog ebenso wie gegenseitiges Verständnis gefordert. Die Papstrede reflektierte dabei die gängige Haltung des Heiligen Stuhls für das international garantierte Sonderstatut, das jene Optionen erfüllen muss, auf die Johannes Paul II. seit Jahren unermüdlich hingewiesen hat. Deshalb war die Ansprache nichts Neues, wohl aber nach der Heilig-Land-Reise und in der gefährdeten Lage des Nahost-Friedensprozesses eine unmissverständliche Erinnerung an das kirchliche Engagement zum Wohl der Völker in der Region.[67]

Zehn Tage später explodierte die Situation im Heiligen Land: Am 28. September 2000 besuchte Ariel Sharon als Oppositionsführer in Israel den Tempelberg Jerusalems – das politische Kalkül Sharons war eine gezielte Provokation und gilt als Auslöser der al-Aksa-Intifada (zweite Intifada nach 1987) und als Erfolg seines späteren Wahlsiegs. In dieser angespannten Lage meldete sich auch der Heilige Stuhl zu Wort. Im November 2000 drängte Rom auf eine dritte Kraft von außen, um die Kontroverse zu lösen. Wenige Wochen später mischte sich in den nahezu ausweglosen Konflikt die Trauer des Papstes und zahlreicher Christen. Grund war der Tod des griechisch-orthodoxen Patriarchen Diodoros I. am 20. Dezember, der Schlüsselfigur für das ökumenische Gespräch während der Reise von Johannes Paul II. Noch zwei Tage zuvor hatte er mit allen anderen christlichen Oberhäuptern des Heiligen Landes eine Weihnachtsbotschaft unterzeichnet, in der die Patriarchen die internationale Gemeinschaft aufforderten, ihren Beitrag zu leisten, um den Konflikt zu beenden. Außerdem nutzte der Papst die Chance, bei seiner Syrienreise vom 5. bis 8. Mai 2001 noch einmal die Komplexität des Konflikts der ganzen Region vor Augen zu führen, als er vom Golan einen umfassenden Frieden für die Region forderte.[68] Vor Ort versuchte Patriarch Michel Sabbah unermüdlich auf die Leiden der palästinensischen Bevölkerung aufmerksam zu machen. „Sabbah soll mehr Pastor als Politiker sein", hieß es dazu aus dem früheren Religionsministerium. Tatsächlich traf die al-Aksa-Intifada auch die katholischen Gemeinden in den Autonomiegebieten mit voller Wucht. Einmal mehr standen die Gläubigen vor dem Dilemma, erst die Nation und dann die Religion zu sehen oder umgekehrt.

Angst: Weltfriede in Gefahr?

Auch der 11. September 2001 trägt Schuld an der Dramatisierung in Nahost. Erneut war es der Heilige Stuhl, der einerseits zu einem besonnenen, aber offenen Umgang mit dem Islam aufforderte und gleichzeitig die internationale Gemeinschaft an die Leiden der Bevölkerung im Nahen Osten erinnerte. Um ein deutliches Zeichen zu setzen, rief Johannes Paul II. einen Fasttag für den Frieden zum Ende des Ramadan und mitten in der Adventszeit aus. Einen Tag vor diesem Fasttag, am 13. Dezember 2001, kamen die Führer der katholischen Kirchen des Nahen Ostens zu einem Krisengipfel in den Vatikan. Im Schlusskommuniqué von vatikanischer Seite wurden die Kriterien für einen dauerhaften und gerechten Frieden genannt: „Sicherheit des Staates Israel, Gründung eines Staates für das palästinensische Volk, Räumung der besetzten Gebiete, ein international garantiertes Sonderstatut für die heiligsten Teile Jerusalems, eine gerechte Lösung für die Palästina-Flüchtlinge." Die Punkte sind zwar keine Neuigkeit, aber die teilweise Präzisierung ist doch ein wesentliches Ergebnis des vatikanischen Gipfels. Zwar wird im Nachhinein nicht klar, was der Pressesprecher des Papstes mit den „heiligsten Teilen Jerusalems" in der Erklärung meinte, weil die Diktion Roms bisher von den „heiligen Stätten" Jerusalems sprach, zu denen auch Orte auf dem Ölberg, der Zionsberg und andere Stellen zählen konnten. Die „heiligsten Stätten" reduzieren dieselben jetzt möglicherweise auf den Tempelberg, die Westmauer und die Grabeskirche. Dafür wird aber erstmals von der konkreten Realisierung eines palästinensischen Staates gesprochen. Bisher war die Wortwahl Roms so, dass man eine gerechte Lösung der Palästinenserfrage, das Recht auf eine angestammte Heimat und die „legitimen nationalen Rechte und Erwartungen des palästinensischen Volkes" vertrat, wobei die Begrifflichkeit eines Staatsgebildes nur indirekt fiel. Die Forderung nach der „Gründung eines Staates" ist in der Diktion nahöstlicher Vatikandiplomatie ein Novum gewesen.[69]

Darüber hinaus wollten die Religionsvertreter des Nahen Ostens kurz vor einem Friedenstreffen der Religionen in Assisi, zu dem Papst Johannes Paul II. in Folge des 11. September eingeladen hatte, ein Zeichen setzen. In der so genannten „Erklärung von Alexandria" vom 21. Januar 2002 forderten sie ein Ende von Terror und Gewalt und die Schaffung einer gerechten Lösung für beide Völker: „Die Gewalt im Heiligen Land ist eine Sünde, die den völligen Widerstand aller Gläubigen herausfordert. Wir streben ein Leben nebeneinander als Nachbarn an, mit gegenseitigem Respekt zum historischen Bezug und dem religiösen Erbe jedes Einzelnen. [...] Das Heilige Land ist allen drei Religionen heilig. Deshalb sollten die Gläubigen dieser drei Religionen die Heiligkeit ehren und sie nicht durch Blutvergießen verseuchen." Die Begegnung ist umso bedeutsamer gewesen, als unter anderem jener Großmufti Tayseer al-Tamimi aus den palästinensischen Autonomiegebieten anwesend war, der beim interreligiösen Treffen mit dem Papst in Jerusalem zwei Jahre zuvor den Saal unter heftigen Protesten verlassen hatte. Einer der Jerusalemer Oberrabbiner und weitere Vertreter der jüdischen Welt waren jetzt in Alexandria mit dabei und setzten – zusammen mit al-Tamimi und anderen Großmuftis – ihren Namen ebenso unter die Erklärung wie Patriarch Sabbah. Parallel hatten sich darüber hinaus verschiedene nationale Bischofskonferenzen der Welt im Heiligen Land versammelt, um über Hilfe für die Christen zu beraten.

Beim historischen Treffen von Assisi am 24. Januar 2002 gelang es, mit zwölf Weltreligionen und 31 christlichen Kirchen eine gemeinsame Erklärung für den Frieden zu verabschieden, in der das Wort des Papstes aufgenommen wurde, „dass Gewalt und Terrorismus im Kontrast zu einem echten religiösen Geist stehen. Wir verurteilen jeden Rückgriff auf Gewalt und Krieg im Namen Gottes oder der Religion."[70]

Konfliktherd: Krise der Geburtskirche und Mauerbau

In der al-Aksa-Intifada blieb die Lage auch für die christliche Minderheit angespannt. Am 31. März 2002 versuchten die Kirchenführer Yassir Arafat, der in seinem Hauptquartier in Ramallah festgesetzt war, den traditionellen Osterbesuch abzustatten. Die israelische Polizei verhinderte ihr Durchkommen. Zwei Tage später, am 2. April, erreichte der Konflikt mit der Besetzung der Geburtskirche durch Palästinenser einen bis dahin nicht erlebten Höhepunkt. Zahlreiche andere Kirchen hätten den Kämpfern ebenfalls als Zuflucht dienen können. Um die Weltöffentlichkeit auf sich zu lenken, besetzten sie diese heilige Stätte und die Kirche gewährte – der mittelalterlichen Tradition folgend – Kirchenasyl. Die Palästinenser haben damit gegen den Vertrag zwischen der PLO und dem Heiligen Stuhl vom 15. Februar 2000 verstoßen, in dem sich beide Parteien verpflichteten, den Status quo der heiligen Stätten nicht anzutasten. Juristisch war die Besetzung der Geburtskirche eine Verletzung des Status quo. Allerdings hat auch Israel diesen Status quo trotz der Verträge mit dem Heiligen Stuhl von 1993 und 1997 verletzt. Die militärischen Angriffe auf die Geburtskirche, das heißt die Anwendung von Gewalt zur Beendigung der Besatzung, können nicht als legitime Mittel bezeichnet werden. Im Konflikt um die Geburtskirche zeigt sich, dass beide Seiten eine schuldhafte Verantwortung tragen. Dabei wurde auch der Tonfall Roms schärfer. Der *L'Osservatore Romano* verwendete von einigen Seiten als antiisraelische Äußerungen interpretierte Formulierungen, die das Verhältnis mit dem jüdischen Staat zeitweise belasteten. Von der „Erniedrigung des palästinensischen Volkes" und „Aggression gegen die Palästinenser" war ebenso die Rede wie von einer Spirale der Gewalt gegen das palästinensische Volk, die jetzt zur „Vernichtung" werde. Auch die „Einbestellung" des israelischen Botschafters beim Heiligen Stuhl kurz nach Ostern 2002 war ein in der diplomatischen Wortwahl eher ungewohnter Vorgang, während der Vertreter der Arabischen Liga im Vatikan „empfangen" wurde. In einem Brief an den Papst vom 9. April sicherte Israels Staatspräsident Moshe Katzav zu, dass die israelische Regierung „mit aller Kraft dafür sorgen wird, dass die Kirche nicht zum Ziel bewaffneter Auseinandersetzungen wird. [...] Sie haben mein Versprechen, dass die Regierung Israels weiterhin die Rechte und Privilegien der christlichen Kirchen in Israel schützen wird. [...] Da aber die Palästinenser bislang nur wenig Achtung für die Sicherheit der kirchlichen Einrichtungen auf ihrem Gebiet gezeigt haben, ist es die Pflicht der internationalen Gemeinschaft, darauf zu bestehen, dass die Praxis der Entweihung der ‚terra sancta' nicht weiter hingenommen wird. Terror im Namen Gottes kann nicht toleriert werden." Johannes Paul II. antwortete Katzav und räumte Verständnis für das Sicherheitsbedürfnis Israels ein. Gleichzeitig müsse aber jede der heiligen Stätten im Heiligen Land auch von israelischer Seite respektiert werden.[71]

In der nahezu ausweglosen Situation überlegte Betlehems christlicher Bürgermeister Hanna Nasser, den Papst zu einem zweiten Besuch in die Geburtsstadt Jesu einzuladen, „damit er sich ein authentisches Bild unserer Lage machen kann". Johannes Paul II. schickte seinen Manager für Krisensituationen, Kurienkardinal Roger Etchegaray, ins Heilige Land. Am 1. Mai traf er in Jerusalem ein und sprach unter anderem mit Katzav und Arafat. Ein Treffen mit Sharon kam nicht zustande. „Ich bleibe so lange im Heiligen Land wie nötig, bis ich eine Messe in der Geburtskirche feiern kann", sagte Etchegaray. Nach einer Woche, als die Verhandlungen für eine Lösung der Krise um die Geburtskirche vorankamen, reiste er nach Rom zurück. Der Gottesdienst in Betlehem blieb ihm von den israelischen Behörden und aus „Sicherheitsgründen" verwehrt. Am 10. Mai wurde die Geburtskirche nach 39 Tagen Besatzung durch einen Kompromiss geräumt. Die zahlreichen von den palästinensischen Kämpfern montierten Sprengsätze im Inneren der Kirche zeigen, wie knapp die Geburtskirche einer Katastrophe entkommen ist. Zu wenig wurde bisher beachtet, dass am Zustandekommen der Lösung nicht nur die Europäische Union und die zypriotische Regierung beteiligt waren, sondern insbesondere das Verhandlungsgeschick Etchegarays den eigentlichen Durchbruch ermöglicht hatte. Der Kurienkardinal ist so zu einer Schlüsselfigur des vatikanischen Einsatzes für Nahost geworden. Unmittelbar nach dem Belagerungsende schickte der Papst Etchegaray am 11. Mai erneut nach Betlehem, wo er am Tag darauf doch noch den ersten Gottesdienst seit Ende des Nervenkriegs feiern konnte. Der Papst kommentierte in Rom: „Die universale Botschaft von Betlehem heißt: Liebe, Gerechtigkeit, Versöhnung und Friede. Auf dieser Basis kann eine Zukunft erbaut werden, die die Rechte des israelischen und palästinensischen Volkes durch gegenseitiges Vertrauen respektiert."

In diesen heiklen Verflechtungen setzte der Heilige Stuhl zugunsten der Christen auf diplomatische Kontinuität. Mitten im Konflikt um die Geburtskirche äußerte sich in einem bemerkenswerten Interview mit der französischen Tageszeitung „Le Figaro" Kurienerzbischof Jean-Louis Tauran über die notwendige dritte Kraft in der nahöstlichen Friedensvermittlung. Diese sei natürlich nicht der Vatikan, aber er könne sie motivieren: „Es ist nicht Aufgabe des Heiligen Stuhls, eine technische Lösung vorzuschlagen. Er kann jedoch bestimmte Ideen anregen. [...] Wenn beide Seiten darum ersuchen, kann der Heilige Stuhl den Gang der Dinge günstig beeinflussen, und dies aufgrund der Tatsache, dass er wegen seiner Neutralität Glaubwürdigkeit genießt."[72] Genau die schätzen auch die anderen christlichen Konfessionen, weil sie durch den Vatikan diesen als ihr Sprachrohr benutzen könnten, eben weil ihnen selbst ein solches autonomes Staatsgebilde fehlt. Tauran lehnte allerdings besondere Schutzmechanismen für die heiligen Stätten ab; ihr besonderer Status quo habe sich bewährt: „Wäre es notwendig, einen neuen Schutzmechanismus zu schaffen, würde dies bedeuten, dass die internationale Gemeinschaft völlig gescheitert ist." Es wird noch einmal deutlich: Die Kirche – von Rom bis Jerusalem – spricht für das Konfliktpotenzial Nahost nicht mehr im Dialog zwischen zwei, sondern drei Partnern, weil in jeder politischen Lösung für einen strittigen Punkt meistens die anderen Religionen mit bedacht sein müssen. Das macht es so kompliziert, fast unmöglich, eine Sicht der Dinge nur unter religiöser Perspektive zu behandeln. Erzbischof Tauran weiß um die Problematik und er weiß, was er will: „Es ist unser vorrangiges Ziel, dass die den drei monotheistischen Religionen heiligen Stätten respektiert werden. Dies gilt im Besonderen für heilige Gebäude, da die beiden Konfliktparteien, die Israelis und Palästinenser, aufgrund von bilateralen Verträgen, die sie mit dem Heiligen Stuhl unterzeichnet haben, verpflichtet sind, diese Orte zu respektieren."

Erinnert werden muss in dieser Phase auch an den Bau der Mauer, mit der der israelische Staat seine Bewohner vor terroristischen Übergriffen radikaler Palästinenser schützen will. Das Bauprojekt begann in der zweiten Amtszeit von Ministerpräsident Ariel Sharon im Jahr 2003. Mit dem Bau der Sperranlage, die Israel als Maßnahme zur Sicherheit und Selbstverteidigung definiert, wurden oft Grundstücke palästinensischer Familien durchschnitten. In der Konsequenz hindert die Mauer die Bevölkerung in den autonomen Gebieten daran, ihre Arbeitsplätze auf israelischem Gebiet problemlos zu erreichen. Versorgungsengpässe in Krankenhäusern sind die praktische Auswirkung der Mauer, eine Lähmung des Gemeindelebens die spirituelle Komponente. Selbst der diplomatisch sonst so zurückhaltende Kurienkardinal Etchegaray kritisierte die Mauer in der Folge als „Geografie der Apartheid, die zu neuer Gewalt provoziert anstatt sie einzudämmen"[73]. Von den geplanten rund 780 Kilometern Mauer sind bisher 65 Prozent fertiggestellt. Tatsächlich hat der Bau zu größerer Sicherheit in Israel beigetragen, wenngleich der Internationale Gerichtshof in Den Haag in einem Rechtsgutachten zu dem Schluss kommt, dass der Bau gegen geltendes Völkerrecht verstoße.

Konflikt ohne Ende: Auf dem Weg zur Hamas

Während der Golfkrieg im Frühjahr 2003 von den Problemen der Kirchen im Nahen Osten ablenkte, blieb die Situation im Heiligen Land hoffnungslos. Selbst Patriarch Sabbah musste einsehen, was das Drama um die Geburtskirche von Betlehem wirklich war: Bei allem arabischen Nationaldenken über die Religionsgrenzen hinweg wollten die muslimischen Kämpfer in der Geburtskirche letztlich nicht nur die israelische Besatzungsmacht schwächen, sondern auch die christliche Präsenz. Tatsächlich geriet Yassir Arafat in die Schlagzeilen, als im Januar 2003 bekannt wurde, dass die Autonomiebehörde mit Hochdruck an einer eigenen Verfassung für den künftigen Staat Palästina arbeite. In ihr soll Jerusalem als Hauptstadt Palästinas ebenso verkündet werden wie – so ist zumindest dem ersten Entwurf zu entnehmen – der Islam als Staatsreligion. Zwar ist eine Toleranzklausel gegenüber anderen Religionen vorgesehen, aber die christliche Minderheit in den palästinensischen Gebieten könnte einem verstärkten Druck ausgesetzt werden.[74] Im Hintergrund versuchten die Patriarchen auf die palästinensische Führung einzuwirken; auch der Heilige Stuhl schaltete sich diskret auf der diplomatischen Ebene ein. Mit Erfolg, denn dieser Verfassungsentwurf wurde ohne jede weitere Erklärung bis zur Gegenwart nicht weiter verfolgt. Die kaum in der Öffentlichkeit geführte Diskussion um die Verfassung zeigt aber, wie dringend notwendig sie für das palästinensische Volk wäre, um möglichst ein laizistisches Staatssystem zu etablieren und den Status von Jerusalem so zu umschreiben, dass eine friedliche Koexistenz möglich gemacht wird. Eine Erinnerung an das Abkommen zwischen dem Heiligen Stuhl und der Palästinensischen Autonomiebehörde scheint mehr als notwendig, insbesondere, um die christlichen und damit auch die bei einer solchen Verfassungsidee zutiefst gefährdeten katholischen Gemeinden zu schützen.

Der Tod Yassir Arafats am 11. November 2004 hat auch in der katholischen Kirche des Heiligen Landes große Bestürzung ausgelöst. Die zentrale Frage lautete, wer jetzt die Macht übernehme. Mit Mahmoud Abbas, der sehr gute Kontakte zur christlichen Minderheit hat, folgte ein treuer Weggefährte Yassir Arafats. Für die katholischen Christen im Heiligen Land, aber auch für die gesamte israelische und palästinensische Bevölkerung bedeutete der Tod Papst Johannes' Pauls II. am 2. April 2005 einen tiefen Einschnitt. Vom „Papst des Heiligen Landes“ sprachen die örtlichen Medien, „Einer von uns“, erklärten politische Führer in Israel und Palästina. Tatsächlich hat Johannes Paul II. Wesentliches geleistet, damit die katholische Kirche im Heiligen Land – und darüber hinaus die christliche Bevölkerung – überlebensfähig und als akzeptierte Größe im Staat wahrnehmbar blieb, die bereit ist, am Aufbau einer Zivilgesellschaft mitzuwirken.

Wie schnell sich die Situation ändern konnte, zeigt der Wahlsieg der radikal-islamischen Hamas vom 25. Januar 2006 im Gazastreifen. Sorge breitete sich auch unter den katholischen Gemeinden aus, wobei man zunächst darauf hoffte, dass der palästinensische Staat unter einer Hamas-Führung die religiösen Minderheiten achten werde. Während im Programm der Hamas davon zwar etwas zu lesen ist, der islamische Gottesstaat aber kompromisslos propagiert wird, hielten sich die Kirchenführer im Heiligen Land zunächst auffallend zurück. Patriarch Sabbah sah die Gefahr eines islamisch dominierenden Staates, äußerte sich aber kaum, weil er davon ausging, dass der Handlungsspielraum der christlich-katholischen Minderheit so gesichert sei. Tatsächlich war von kritischen Tönen gegenüber der Hamas kaum etwas von Kirchenseite zu hören, selbst in der gemeinsamen Erklärung aller christlichen Oberhäupter des Heiligen Landes herrschte Zurückhaltung. Man gratulierte dem palästinensischen Volk für „seine demokratische Leistung in den jüngsten Parlamentswahlen. […] Wir rufen das palästinensische Volk dazu auf, weiterhin seinen Beitrag zu leisten, um die eigene Geschichte zu schreiben, was auch immer die inneren oder äußeren Schwierigkeiten oder Hindernisse sein mögen. Wir beten für alle, die in dieser schwierigen Zeit regieren werden, und wir bieten ihnen unsere Mitarbeit für das öffentliche Wohl und die nationalen, in Einklang mit der Sache der Gerechtigkeit und des Friedens stehenden Bestrebungen der Palästinenser auf einem gewaltlosen Weg an, sei es hinsichtlich der Auslandsbeziehungen oder der Rechtsstaatlichkeit unter Wahrung der vollen Religionsfreiheit, vor allem im Sozialbereich sowie im Bildungswesen." Nach Aussage von Franziskanerkustos P. Pierbattista Pizzaballa wolle die Hamas die Christen respektieren. Man habe ihm versichert, dass das islamische Gesetz nicht eingeführt werde.[75] Allerdings lassen entsprechende Äußerungen von führenden Hamas-Mitgliedern eine andere, für die christliche Minderheit wesentlich kritischere Interpretation zu.

Dass die Hamas-Führung unter Regierungschef Ismail Haniyya als einzigen Christen Tanas Aita mit einem Ministeramt betraute, stimmte hoffnungsvoll, denn Aita sollte Tourismusminister werden. Wenige Tage nach seiner Nominierung verzichtete Aita am 26. März 2006 auf das Amt. Die Tragik: Geschäftspartner aus Europa hätten ihn gewarnt, die Aufgabe anzunehmen, und damit gedroht, keine Reisegruppen mehr in sein Betlehemer Souvenirgeschäft zu führen.[76] Papst Benedikt XVI. nutzte seine erste Osterbotschaft, am 16. April 2006, zu einem Ende des Blutvergießens im Nahen Osten aufzurufen: „Frieden wünsche ich von

Herzen denen, die in den Konflikt im Heiligen Land verwickelt sind, und ermutige alle zu einem geduldigen und beharrlichen Dialog, der die alten und neuen Hindernisse aus dem Wege räumt. Die internationale Gemeinschaft, die das Recht Israels auf eine Existenz in Frieden erneut bekräftigt, möge dem palästinensischen Volk helfen, die prekären Umstände, unter denen es lebt, zu überwinden und seine Zukunft aufzubauen, in dem es der Bildung eines wirklichen Staates entgegengeht."

Steiniger Weg: Vom Libanonkonflikt bis Annapolis

Die Stimme des Papstes blieb ungehört, denn im Juni begann Israel den bewaffneten Kampf gegen die Hamas. Die Entführung israelischer Soldaten durch die Hizbollah im Südlibanon führte am 12. Juli zu einer militärischen Eskalation, die in einen offenen Krieg zwischen Israel und der Hizbollah mündete. Die Folge war ein Erlahmen des Gemeindelebens, da zahlreiche Raketen der Hizbollah vor allem den Norden Israels und damit viele Pfarreien trafen. Erst die UN-Resolution 1701 vom 11. August 2006 sorgte für einen Waffenstillstand.

Für das Heilige Land wurde der innerpalästinensische Konflikt zu einer immer gefährlicheren Größe. Da ist zunächst die internationale Isolationspolitik zu nennen, unter der letztlich auch die christlichen Minderheiten litten. Das Nahostquartett von USA, EU, UNO und Russland hatte die drei Grundforderungen aufgestellt, die die Hamas bis heute ablehnt, wodurch jede mögliche Verhandlung mit den Palästinensern infrage gestellt wird: Vollkommener Gewaltverzicht, Anerkennung des Existenzrechts Israels und Anerkennung aller zwischen der PLO und Israel geschlossenen Verträge und Abkommen. Bewegung innerhalb der palästinensischen Konfliktlinien war erst spürbar, als der saudische König Abdallah eine Verhandlungsrolle übernahm und am 8. Februar 2007 Fatah und Hamas zum sogenannten Mekka-Abkommen drängen konnte. Seitdem sollten Dialog und Partnerschaft anstelle von Gewalt die zentralen Mittel der Auseinandersetzung sein. Auf dieser Grundlage wurde am 17. März erneut unter Haniyya die Regierung der nationalen Einheit gebildet, wobei die Hamas mit zehn von 24 Stimmen nicht mehr die Mehrheit im Kabinett besaß. Die Kirchenführer in Nahost und der Vatikan reagierten mit Erleichterung. Vor allem das Oberhaupt der griechisch-orthodoxen Kirche, Theophilos III., und Patriarch Sabbah appellierten an die internationale Staatengemeinschaft, die Isolation der Palästinenser und der Hamas aufgrund der sich positiv entwickelnden politischen Lage und humanitären Situation aufzuheben. Papst Benedikt XVI. ermutigte Palästinenserpräsident Abbas während eines Gesprächs am 24. April, den eingeschlagenen Weg zu einem möglichen Frieden einzuhalten.

Aber es sollte anders kommen, denn schon im Mai begannen gewaltsame Auseinandersetzungen zwischen Fatah und Hamas. Gleichzeitig griff Israel verstärkt den Gazastreifen an. „Ich appelliere an den Verantwortungssinn aller palästinensischen Autoritäten, damit der mühselige Weg zur Verständigung im Dialog und in der festen Absicht, die Gewalttätigen zu isolieren, fortgesetzt werde", so Benedikt XVI. am 20. Mai. Vor allem die Caritas, letzter Garant für eine grundlegende Krankenversorgung aller Bevölkerungsteile im Gazastreifen, musste ihre Arbeit aufgrund der eskalierenden Sicherheitslage im Juni einstellen. Während die Hamas gewaltsam Macht und Regierungsgeschäfte im Gazastreifen übernahm, ernannte Abbas am 17. Juni eine Notstandsregierung ohne Hamas-Mitglieder, der auch zwei Christen angehören und die von Ministerpräsident Salam Fayyad geleitet wird. Seitdem hat sich insbesondere für die wenigen Christen im Gazastreifen die Situation dramatisch verschlechtert. Es sind nicht so sehr islamistische Übergriffe auf die wenigen Kirchen, als vielmehr kriminell begründete Überfälle und Raubzüge. Tatsächlich lehnt auch eine große Mehrheit der palästinensischen Bevölkerung die gewaltsame Machtübernahme der Hamas im Gazastreifen ab. Eine Anfang September 2007 im Auftrag der Konrad-Adenauer-Stiftung in Ramallah veröffentlichte Meinungsumfrage zeigt deutliche Werte: 73 Prozent der Palästinenser sind gegen die Machtübernahme, nur 22 Prozent begrüßen sie - davon 31 Prozent im Gazastreifen und nur 17 Prozent in der Westbank. Nur noch 30 Prozent der Palästinenser halten die Regierung von Ismail Haniyya in Gaza für rechtmäßig, allerdings auch nur 38 Prozent die Übergangsregierung unter Salam Fayyad.[77]

Von christlicher Seite wurde in diesem Zusammenhang die Konferenz von Annapolis am 27. November 2007 mit Spannung erwartet. Die internationale Staatengemeinschaft wollte Abbas Rückendeckung geben, um dem von ihm beschrittenen Weg eines moderaten palästinensischen Staates in der Westbank Vertrauen zu schenken. Man hoffte in Annapolis und bis heute, dass durch dieses Vertrauen Abbas auch bei Zeiten den Gazastreifen zurückgewinnen könne. Tatsächlich hat sich durch diese sogenannte „Westbank First"-Strategie die Lage der Bevölkerung und damit auch der christlichen Minderheit spürbar verbessert. Über die Ergebnisse von Annapolis mag man streiten; wichtig war, dass es zu einer knappen Grundsatzerklärung zwischen Mahmoud Abbas und Premierminister Ehud Olmert kam. Beide Politiker konnten bei ihrer jeweiligen Bevölkerung das Gesicht wahren.

Umbruch: Christenexodus und Abschied eines Patriarchen

In seinem letzten Hirtenbrief richtete Patriarch Sabbah am 1. März 2008 einen weiteren dramatischen Appell an die eigenen Christen, das Land nicht zu verlassen. „Menschen emigrieren, um Ruhe zu finden und ihre und die Zukunft ihrer Kinder zu sichern. Unsererseits laden wir unsere Gläubigen ein, ihre Berufung als Christen hier im Heiligen Land anzunehmen, und nicht wegzugehen. Wir machen ihnen dabei keine Illusionen. Wir versprechen ihnen kein leichtes, sondern ein schwieriges Leben, und das für heute und für morgen. Manche, wenn auch nur eine kleine Anzahl, werden sich dieser Tatsache bewusst. Sie nehmen ihre Berufung an und akzeptieren es, hier zu bleiben und die Vorteile aufzuopfern, die sie durch das Auswandern erlangen könnten", so Sabbah. Gleichzeitig ging er gewohnt kritisch auf die Konfliktparteien in Nahost ein, wobei er auch die internationale Staatengemeinschaft in die Pflicht nahm. Weil die Christen so wenige seien, werde ihnen häufig Mitleid ausgedrückt. „Die wahre Unterdrückung aber, deren Opfer wir sind, nämlich die politischen Machenschaften in unserer Region, wird nicht erwähnt. Für uns aber wäre das Ende des israelisch-palästinensischen Konflikts das Einzige, was uns erlauben würde, in Frieden zu leben und im Land zu bleiben, und das ist nichts Unmögliches, wie man es uns glauben machen möchte." Lieben müsse aber auch Vergebung bedeuten. „Vergeben heißt, sein Herz von der Bitterkeit, dem Hass und dem Feuer der Rache zu reinigen. Es bedeutet nicht unbedingt, auf seine Rechte zu verzichten, insbesondere, wenn es um die Rechte der Gemeinschaft wie Freiheit, Land oder Unabhängigkeit geht. Dies sind Fragen, in denen der Einzelne kein Entscheidungsrecht hat, denn es sind erstens Rechte, die eine Gabe Gottes sind und die wir demnach bewahren müssen, und zweitens sind das gemeinsame Rechte, und der Christ kann nicht seine Gemeinschaft verraten, wenn sie ihre legitimen Rechte einfordert. Im Gegenteil! Er unterstützt sie in der Verteidigung ihrer Rechte und den notwendigen Bemühungen, um diese wiederzuerlangen", schreibt Sabbah. Als Christ habe man die Verpflichtung, sich so anzunehmen, wie man sei, „das heißt als gläubige Christen, nicht nur als eine von den anderen unterschiedliche Gemeinde, oder als eine aufgrund ihrer Religion abgesonderte Gruppe der Gesellschaft. Es versteht sich von selbst, dass die Berufung des Christen nicht darin liegt, in einen Kampf mit der Gesellschaft einzutreten oder angesichts der Ungerechtigkeiten oder der verschiedenen Formen der Unterdrückung zu resignieren. Andererseits ist es dem Christen auch nicht erlaubt, sich an den Rand der Gesellschaft zu stellen. [...] Wie alle Bewohner dieses Landes, Palästinenser und Israelis, sind die palästinensischen und israelischen Christen Teil dieses Konflikts. Unter keinerlei Vorwand können sie sich auf eine Zuschauerrolle beschränken, während andere den Preis für die Freiheit zahlen und die damit verbundenen Opfer auf sich nehmen. Zuschauer bleiben bedeutet am Rande stehen, den Männern und Frauen ihres Volkes fremd bleiben, was nicht der Berufung des Christen entspricht."[78]

Zeit seines Lebens hat sich Patriarch Sabbah dafür eingesetzt, der christlichen Minderheit im Nahen Osten eine Stimme zu geben. Am 19. März 2008 wurde er 75 Jahre alt und hat nach zwanzigjähriger Dienstzeit seinen Rücktritt in Rom eingereicht. Bereits am 8. September 2005 hatte Papst Benedikt XVI. den bisherigen Erzbischof von Tunis, Fouad Twal, zum Koadjutor mit dem Recht der Nachfolge ernannt. Mit Sabbah trat ein streitbarer, aber ehrlicher Brückenbauer ab. Noch seine Weihnachtsbotschaft 2007 hatte eine heftige innerisraelische Kontroverse ausgelöst, weil er vor dem Entstehen ausschließlich religiös begründeter Staaten in der Region gewarnt hatte. Seine zahlreichen Hirtenbriefe verfehlten ihre Wirkung nicht, dem

Mann des unauffälligen Auftritts, aber der klaren Worte ging es vor allem um die Menschen. Sein Lebensmotto und seine Lebenserfahrung lassen sich auf den Punkt bringen: Hoffen wider alle Hoffnungslosigkeit.

Diesem Motto sieht sich auch Twal verpflichtet. 1940 im jordanischen Madaba geboren, machte er sich zunächst als Mitarbeiter der Nuntiatur in Bonn einen Namen. Von 1992 bis 2005 war er Erzbischof von Tunis. Er gilt ebenfalls als Mann der klaren Worte, der die Erfahrungen im diplomatischen Dienst mit pastoralem Wirken zu verbinden gelernt hat. Vor allem setzt er auf Verhandlungen mit der Hamas, die nicht - so sagte er im Sommer 2007 - marginalisiert werden dürfe. Stattdessen müsse man ihr helfen, „ein gemäßigtes Ufer zu erreichen". Man müsse auch die Erfolge der Hamas zur Kenntnis nehmen: „Dank der Hamas kann man sehen, dass die Zeit des Chaos vorbei ist. Die Bewegung geht mit eiserner Disziplin gegen Kriminalität vor." In den Palästinensergebieten gebe es keine Fundamentalismen oder eine gegen Christen gerichtete Politik, so Twal.[79] Grundsätzlich appellierte er an die Konfliktparteien in Nahost, Friede ohne Hass zu realisieren; die Situation im Heiligen Land sei eine politische. „Die Politik ist es, die das Leben hier diktiert und die Zukunft des ganzen Volkes und Landes, ja, wenn nicht gar der gesamten Region bestimmt. Wie soll die Kirche da ihre Stimme nicht erheben und angesichts dessen, was passiert, teilnahmslos bleiben? [...] Nur durch Stabilisierung der palästinensischen Gesellschaft kann man auch der Entwicklung der islamisch-christlichen Beziehungen Hilfe zu kommen."[80]

Stärkung: Papst Benedikt XVI. im Heiligen Land und die Nahostsynode

Mit der Amtsübernahme von Patriarch Twal fragte die Ortskirche oft, ob Papst Benedikt XVI. zu einer Pilgerreise komme. Die Audienz für Israels Staatspräsident Shimon Peres am 6. September 2007 gab zunächst berechtigte Hoffnung. Aber bereits an Weihnachten desselben Jahres bestätigte der Vatikan, dass die Reisepläne des Papstes für 2008 nicht den Nahen Osten vorsähen. Vor allem war es der dramatische Gaza-Krieg unmittelbar nach Weihnachten 2008, der alle Hoffnungen zunächst zunichte machte. Zum Jahresende hin war der Waffenstillstand zwischen Israel und Gaza bereits brüchig geworden. Am 27. Dezember begann die Operation „Gegossenes Blei", die bis zu ihrem Ende am 18. Januar 2009 mehr als 1300 Tote unter der Zivilbevölkerung im Gazastreifen forderte.[81] Mehrfach griff Benedikt XVI. in die internationale Debatte um den Krieg ein, forderte ein Ende des Blutvergießens und eine Rückkehr von Palästinensern und Israelis an den Verhandlungstisch. Noch während der Kampfhandlungen hielten sich die vatikanischen Reiseplaner mehrfach im Heiligen Land auf, um einen Papstbesuch zu konkretisieren. In dieser angespannten Lage ging Benjamin Netanjahu am 31. März 2009 als neuer israelischer Ministerpräsident aus den Wahlen hervor. Nur wenige Wochen später, vom 8. bis 15. Mai 2009, reiste Benedikt XVI. auf den Spuren seines Vorgängers nach Jordanien, in die Palästinensischen Autonomiegebiete und nach Israel. Nach der konfliktreichen „Regensburger Rede" 2006 über den Islam stand diese Reise unter besonderer Beobachtung der islamischen Welt. Aber auch das Judentum war gespannt, welche Worte der deutsche Papst in Yad Vashem finden würde. Überzeugend stärkte Benedikt XVI. die Ortskirche in ihrem zivilgesellschaftlichen Engagement. Der Besuch der großen Moschee von Amman gipfelte in der Forderung des Papstes, dass „Religion nicht Anlass für Hass und Gewalt" sein dürfe – Benedikt XVI. stellte sich auch in diesem Punkt in volle Kontinuität zu Papst Johannes Paul II., was er zusätzlich mit der Einforderung der Zweistaatenlösung und des ungehinderten Zugangs zu allen heiligen Stätten in Jerusalem zum Ausdruck brachte.

Die Reise ins Heilige Land und die nach wie vor schwierige Lage für die Ortskirche hatte Benedikt XVI. gezeigt, dass eine umfassende Beratung der Weltkirche über den Nahen Osten notwendig ist. Während am 2. September 2010 die Friedensgespräche zwischen Israel und den Palästinensern in Washington wiederaufgenommen wurden, lud der Papst vom 10. bis 24. Oktober zu einer Sonderversammlung der Bischofssynode für den Nahen Osten ein. Die Synode stellte er unter das Thema „Die katholische Kirche im Nahen Osten: Gemeinschaft und Zeugnis". Hier können nicht die zahlreichen – teils äußerst politischen – Wortbeiträge und der Verlauf des Bischofstreffens wiedergegeben werden, vielmehr soll lediglich das Ergebnis vorgestellt werden. Papst Benedikt XVI. veröffentlichte am 14. September 2012 während seiner Reise in den Libanon das Apostolische Nachsynodale Schreiben *Ecclesia in medio oriente*[82]. Darin nimmt er eine gesellschaftspolitische Analyse der Region und des aktiven kirchlichen Lebens vor. Insbesondere vertieft Benedikt die theologische Frage, was es bedeute, die christliche Minderheit im Nahen Osten lebendig zu halten. Wichtige Hinweise bietet das nachsynodale Schreiben zur Ökumene, zum Judentum und zum Islam: Alle teilten gemeinsam den gleichen Alltag im Nahen Osten. Auftrag der Katholiken und politisch Verantwortlichen sei es, dass die Christen die Pflicht und das Recht haben, „am nationalen Leben voll teilzunehmen, indem sie für den Aufbau ihrer Heimat arbeiten. Sie müssen eine volle Staatsbürgerschaft besitzen und dürfen nicht als Bürger oder Gläubige zweiter Klasse behandelt werden. Wie in der Vergangenheit, wo sie als Pioniere der arabischen Renaissance ein wesentlicher Bestandteil des kulturellen, wirtschaftlichen und wissenschaftlichen Lebens der verschiedenen Zivilisationen der Region waren ..." Der Papst fügt in dem Dokument hinzu, was gleichsam den roten Faden seines Pontifikats ausmacht: „Die Religionsfreiheit ist der Gipfel aller Freiheiten. Sie ist ein heiliges und unveräußerliches Recht. [...] Es muss möglich sein, den eigenen Glauben und dessen Symbole frei zu bekennen und zum Ausdruck zu bringen. [...] Die religiöse Toleranz existiert in vielen Ländern, doch sie ist wenig verpflichtend, denn sie bleibt auf ihren Aktionsradius beschränkt. Es ist notwendig, von der religiösen Toleranz zur Religionsfreiheit zu gelangen." Das Synodenpapier ist ein engagierter Appell gegen jede Form der Christenverfolgung, ein Werben für den Dialog der Religionen im Alltag und die Verpflichtung zum Frieden. Es ermutigt vor allem jene, die die Region verlassen haben und in der Diaspora leben: „Diese Entscheidung hinterlässt tiefe Risse. Sie hat schwere Auswirkungen für die Einzelnen, die Familien und die Kirchen. Sie verstümmelt die Nationen und trägt zur menschlichen, kulturellen und religiösen Verarmung des Nahen Ostens bei. Ein Naher Osten ohne oder mit wenig Christen ist nicht mehr der Nahe Osten, denn die Christen haben mit den anderen Gläubigen Anteil an der so besonderen Identität der Region."

Veränderungen: Arabischer Frühling und Pontifikatswechsel

Noch bevor der Papst in *Ecclesia in medio oriente* seine Sicht der Dinge darlegen konnte, kam es durch den Arabischen Frühling zu massiven Umwälzungen in der nahöstlichen, arabischen und nordafrikanischen Welt. Der Arabische Frühling war – wenige Monate nach der Synode in Rom – eine im Dezember 2010 zunächst in Tunesien entstehende Massenbewegung, die zu Demonstrationen gegen die etablierten Machtstrukturen führte. Während über den Arabischen Frühling Regierungen stürzten und sich in der Bevölkerung ein neues Selbstbewusstsein bildete, ging diese Entwicklung auf mehrere arabische Staaten, insbesondere Ägypten, über. Andererseits muss man feststellen, dass – während der Arabische Frühling längst wieder abflaute – das Phänomen und die politische Entwicklung und Veränderung in einigen Staaten keine Rolle gespielt haben. Hier sind vor allem Jordanien und Palästina zu nennen.

Eine besondere und noch immer andauernde Erschütterung erlebte der Nahe Osten mit Ausbruch des syrischen Bürgerkriegs im März 2011. Davon war die Papstreise Benedikts XVI. in den Libanon ebenso betroffen wie die spätere Reise von Papst Franziskus ins Heilige Land. Bis zur Gegenwart ist keinerlei Ende der gewalttätigen Auseinandersetzungen absehbar. Tatsächlich entwickelte sich der Bürgerkrieg aufgrund immer neu hinzukommender Konfliktparteien von Monat zu Monat dramatischer. Insbesondere die radikalislamischen Dschihadisten, die von Syrien bis zum Irak einen islamistischen Gottesstaat (ISIS – Islamischer Staat im Irak und Syrien) errichten wollen und Ende Juni 2014 das Kalifat ausriefen, sorgen für eine wachsende Instabilität in Syrien, aber auch dem westlichen Irak. Aufgrund des Bürgerkriegs in Syrien und des skrupellosen Terrors der ISIS droht der syrische Staat zu kollabieren: Bis zum Frühjahr 2014 sind von den rund 20,5 Mio. Einwohnern Syriens innerhalb des Landes mehr als 5 Mio. Menschen auf der Flucht. Außerhalb Syriens sollen es nach Schätzungen des UNHCR rund 2,6 Mio. Flüchtlinge sein – über eine Million im Libanon und rund 800.000 Flüchtlinge in Jordanien.

Es bleibt bis heute bemerkenswert, dass sich Benedikt XVI. von der Libanonreise nicht abbringen ließ. Vom 14. bis 16. September 2012 besuchte er den Zedernstaat, und möglicherweise wusste nur er selbst, dass es seine letzte Auslandsreise sein sollte. Weil das Morden und Blutvergießen in Syrien grausamste Züge annahm, sahen die ersten Diplomaten bereits die Sicherheit des Papstes in Gefahr. Andere äußerten sich skeptisch, ob Benedikt XVI. bei einer Luftlinienentfernung von gerade 86 Kilometern zwischen Beirut und Damaskus wirklich in die Krisenregion reisen sollte. Einigen war noch die kurzfristige Absage der 1999 geplanten Reise von Papst Johannes Paul II. in den Irak in Erinnerung, die im letzten Moment vom Regime Saddam Husseins gekippt wurde. Wenige Monate vor der Reise spitzte sich die Situation gefährlich zu: Der syrische Bürgerkrieg griff auf den Libanon über. Assad-treue Kämpfer lieferten sich Gefechte im libanesischen Tripolis. Rund 80.000 Flüchtlinge strömten damals über die Grenze Syriens in die libanesische Bekaa-Ebene. Hinzu kam – nur wenige Tage vor Ankunft des Papstes – die Unruhe in der islamisch-arabischen Welt aufgrund eines aufgetauchten Schmähvideos, das den Propheten Mohammed verunglimpft. Aufgebrachte Menschenmassen demonstrierten gegen den Westen, Botschaftsgebäude gingen in Flammen auf und Religionsvertreter im ganzen Nahen und Mittleren Osten sahen sich genötigt, erneut an die Toleranz zu appellieren und für den Frieden zu werben.[83] Was Benedikt über den Frieden im Libanon predigte, war nur wenige Wochen nach der Reise im Nachbarland wieder vergessen: Am 14. November 2012 begann ein schwerer bewaffneter Konflikt zwischen der Hamas und Israel. Mit der „Operation Wolkensäule" griff Israel eine Woche lang Einrichtungen der Hamas im Gazastreifen an. Wieder war es die Caritas vor Ort, die dafür sorgte, die notdürftige Krankenversorgung in Gaza aufrechtzuerhalten.

Während der Arabische Frühling in vielen Staaten verblasste und der syrische Bürgerkrieg mit unerbittlicher Härte weitergeführt wurde, würdigten Israel und alle Staaten des Nahen Ostens das Engagement Papst Benedikts XVI. für den Frieden, als dieser überraschend am 11. Februar 2013 seinen Rücktritt ankündigte. Während man in Israel den deutschen Papst und dessen Reden in Auschwitz (2006) und Yad Vashem positiv in Erinnerung rief, waren es die arabischen Länder, die Benedikt für dessen Einsatz mit Blick auf die Frage eines Staates Palästina dankten.

Mit der Wahl von Papst Franziskus am 13. März 2013 übernahm erstmals ein Lateinamerikaner den Stuhl Petri in Rom. Schon bald nach Pontifikatsbeginn äußerte Franziskus in seinem Umfeld den Wunsch, eine Pilgerreise ins Heilige Land zu unternehmen. In Gesprächen mit verschiedenen Botschaftern islamischer Länder bat der Papst die Muslime, auch für ihn zu beten. Bereits hier zeigt sich ein Schwerpunkt des noch jungen Pontifikats, dem es daran gelegen ist, in Kontinuität zu den Vorgängern den interreligiösen Dialog fortzusetzen. Unter Hochdruck kamen die politischen Führer des Nahen Ostens in den Vatikan: Am 30. April 2013 trafen Shimon Peres und Franziskus zusammen, am 29. August empfing der Papst König Hussein von Jordanien, am 17. Oktober war Mahmoud Abbas zu Gast und am 2. Dezember Benjamin Netanjahu.

Ein besonderes Augenmerk verdient die Audienz für Mahmoud Abbas. Erstmals ist im Pressekommuniqué des Heiligen Stuhls von einer Audienz für den Präsidenten des „Staates Palästina" zu lesen. Mit einem Mal war die jahrzehntelange Annäherung, in der der Vatikan zunächst nur von den palästinensischen Territorien, dann von einer Heimstatt für das palästinensische Volk, dann vom Volk Palästinas und später von den Palästinensischen Autonomiegebieten sprach, der völkerrechtlichen Anerkennung des „Staates Palästina" gewichen. Offensichtlich hatte der Heilige Stuhl nach dem 29. November 2012 – Palästina wurde an dem Tag von der Generalversammlung der Vereinten Nationen als Beobachterstaat anerkannt – den Schritt gewagt, Palästina ebenfalls als Staat anzuerkennen. Neben dem genannten Pressekommuniqué wurde das besonders offensichtlich, als das Päpstliche Jahrbuch 2014 („Annuario Pontificio") erstmals vom „Staat Palästina" und dem „Botschafter und Repräsentanten des Staates Palästina beim Heiligen Stuhl" spricht.

Nachdem Papst Franziskus am 5. Januar 2014 während des Angelusgebets auf dem Petersplatz die Heilig-Land-Reise für den kommenden Mai angekündigt hatte, mussten die vatikanischen Reiseplaner unter Hochdruck das Programm zusammenstellen, denn Franziskus wollte nur drei Tage in den Nahen Osten reisen. Als am 27. März das offizielle Reiseprogramm vorgestellt wurde, war auch hier zu lesen, dass der Papst den „Staat Palästina" besuchen werde.

An dieser Stelle soll ein zusammenfassender Blick auf das Heilige Land und den Nahen Osten, gleichsam am Vorabend der Reise von Franziskus, versucht werden. Anders als seine Vorgänger Johannes Paul II. und Benedikt XVI. würde Franziskus einen veränderten, genauer mehrfach geteilten Nahen Osten vorfinden: Während der Staat Israel in den vergangenen Jahren immer stärker von einem tiefen gesellschaftlichen Riss durchtrennt ist, der sich zwischen einem säkularen Israel und einem streng jüdisch-religiösen Israel manifestiert, zeigte sich Palästina bis kurz vor der Papstreise ebenfalls gespalten: Regierte in der Westbank die Fatah mit Mahmoud Abbas als Präsident, war es im Gazastreifen seit 2006 die radikalislamische Hamas unter Führung von Ismail Haniyya. Während die Reiseplanungen bereits abgeschlossen waren, verkündeten Hamas und Fatah überraschend am 23. April 2014 ihre Aussöhnung – kurz nach dem Papstbesuch, am 2. Juni 2014, wurde die erste Regierung der nationalen Einheit von Abbas ins Leben gerufen und damit die Hamas für den Westen ein Gesprächspartner.

Ein weiterer Aspekt des „anderen" Nahen Ostens als bei seinen Vorgängern fand Franziskus mit Blick auf die Nachbarstaaten vor. Vom einstigen Arabischen Frühling ist nur noch wenig zu spüren. Umso größer wurde jedoch der Druck auf christliche Minderheiten in Ägypten, Syrien und dem Irak. Erlebte Benedikt XVI. noch die Spätfolgen des Sturzes von Saddam Hussein und einige der irakischen Flüchtlinge, die nach 2003 das Land Richtung Jordanien verlassen hatten, war Franziskus mit einer weit dramatischeren Flüchtlingssituation aufgrund des syrischen Bürgerkriegs konfrontiert. In dieser Situation fand vom 24. bis 26. Mai 2014 die Heilig-Land-Reise von Papst Franziskus statt. Ihr folgte ein weltweit beachtetes Friedensgebet vom Papst, Mahmoud Abbas und Shimon Peres sowie dem Ökumenischen Patriarchen von Konstantinopel, Bartholomaios I., am 8. Juni 2014 im Vatikan.[84]

III. Auftakt: Papst Paul VI. 1964 im Heiligen Land

Als Papst Paul VI. am 21. Juni 1963 auf den Stuhl Petri gewählt wurde, kündigte er schon bald an, das durch den Tod Papst Johannes' XXIII. unterbrochene Zweite Vatikanische Konzil fortzuführen. Am Ende der zweiten Sitzungsperiode am 4. Dezember 1963 sorgte er für einen Paukenschlag: Nachdem der Papst den bereits an die Konzilsteilnehmer ausgeteilten Redetext fast vollständig vorgetragen hatte, holte er ein weiteres Blatt hervor, das an niemanden zuvor übermittelt worden war: „Die Überzeugung, Uns in Gebet und Arbeit noch stärker einsetzen zu müssen, um das Konzil erfolgreich beenden zu können, bewegt Uns so stark, dass Wir nach reiflicher Überlegung und intensivem Gebet den Entschluss gefasst haben, Uns selbst als Pilger in das Land Christi, unseres Herrn, zu begeben. Ja, mit Gottes Hilfe wollen Wir Uns im kommenden Monat Januar nach Palästina begeben.“[85] Die Nachricht verfehlte ihre Wirkung nicht – weder bei den Konzilsteilnehmern, die sich bald schon fragten, was der Papst genau mit diesem Vorhaben verfolge, noch bei den internationalen Medien. Während das genaue Datum der Reise erst einige Zeit später für den 4. bis 6. Januar 1964 bekannt gegeben wurde, sind in der Ankündigung des Papstes zwei Aussagen bemerkenswert: Zum einen wollte er – ausschließlich – als Pilger ins Heilige Land reisen, zum anderen sprach er vom historischen Kernland Palästina, wozu auch Galiläa zählte; den Namen Israel verwendete er jedoch nicht, was dem Papst bereits im Vorfeld der Reise heftige Kritik in den israelischen Medien einbrachte.[86] Bis heute mutet es fast unmöglich an, dass zwischen der Ankündigung der Reise und dem Beginn des Besuchs im Heiligen Land knapp vier Wochen blieben.

Rasche Entscheidung: Von der Idee einer Pilgerreise

Es lohnt ein Blick auf die Frage, wie es zu diesem Wunsch nach der Reise kam und wer noch vor der Ankündigung eingeweiht gewesen sein muss. Die Schlüsselfigur ist Pater Paul Gauthier, ein großer Anhänger des später seliggesprochenen Charles de Foucauld, der zunächst als Arbeiterpriester in Frankreich und dann als Priester unter den Armen in Nazaret wirkte. Gauthier hatte die Vereinigung „Freunde des Zimmermanns Jesu" gegründet und wollte für die Ärmsten der Armen in Nazaret und Umgebung da sein. Er schickte Paul VI. einen detaillierten Bericht über die religiöse, soziale und wirtschaftliche Lage der Christen im Heiligen Land. Der Papst erhielt außerdem das Buch Gauthiers, „Jesus, die Kirche und die Armen", in dem der Priester sein Leben im Nahen Osten darstellte. Am 15. August 1963 schrieb Gauthier im Namen der Vereinigung einen Brief an den Papst und bat ihn, sich in das Heilige Land aufzumachen, um auf den Spuren Jesu den Christen vor Ort eine Stütze zu sein. Diese Voraussetzungen ließen im Papst den inneren Entschluss reifen, das Unvorstellbare, eine Auslandsreise, zu realisieren. Nach der Papstreise wurde ein interner Vermerk Pauls VI. bekannt, den er am 21. September 1963 notierte und in dem er schreibt: „Nach langer Überlegung und nachdem Wir um die göttliche Erleuchtung [...] gebeten haben, soll man daran denken, die positiven Momente zu prüfen, ob und wie es möglich ist, einen Besuch des Papstes zu den heiligen Stätten in Palästina zu ermöglichen. Einziger Zweck dieses Besuches sollte sein, Jesus Christus, unserem Herrn, die Ehre zu erweisen ..." Unmissverständlich fügte Paul VI. in der Notiz hinzu: „Jedes andere Motiv, auch wenn es gut und gerechtfertigt erschiene, ist bei dieser päpstlichen Pilgerfahrt auszuschließen, welche rein religiös erscheinen soll." Die Pilgerfahrt solle „schnellstens vonstatten gehen" und den Charakter „der Einfachheit, der Frömmigkeit, der Sühne und der Barmherzigkeit" haben. Besonders bemerkenswert in der Aufzeichnung ist der Hinweis: „Sie soll in Verschwiegenheit vorbereitet, aber auch in jeder Einzelheit geplant werden. Nur wenige und bestimmte Personen werden daran teilnehmen."[87]

Bis heute ist nicht ganz klar, wer die „Eingeweihten" bei der Vorbereitung der Reise waren. In den Audienzlisten stellt man für den 1. November 1963 ein Gespräch von Paul VI. mit dem israelischen Botschafter bei der Republik Italien, Maurice Fischer, fest. Wenige Tage später wurde der jordanische Botschafter, Edmond Bey Roch, empfangen. Es ist davon auszugehen, dass der Papst mit beiden die Reisepläne unter der Auflage einer strikten Geheimhaltung erörterte. Der persönliche Sekretär und Vertraute des Papstes, Don Pasquale Macchi, und der Nahostkenner Msgr. Jacques Martin, der im vatikanischen Staatssekretariat arbeitete, reisten noch im November nach Jordanien und Israel, um die Vorbereitungen mit der Lokalkirche zu koordinieren. Dabei konzentrierten sie sich in der Planung auf den Leiter der Apostolischen Delegatur. Erst nach Bekanntgabe des Reisevorhabens wurde auch der Lateinische Patriarch von Jerusalem, Erzbischof Alberto Gori, stärker in die Vorbereitungen einbezogen. In einem Hirtenbrief nach der Ankündigung der Reise machte er die Bevölkerung mit dem bevorstehenden Ereignis vertraut. Insbesondere innerkatholische Spannungen der einzelnen Konfessionen musste Gori in der Vorbereitungsphase auszugleichen versuchen.[88] Tatsächlich gelang eine diskrete Planung, die nicht an die Öffentlichkeit drang, was auch für damalige Verhältnisse schon einem Wunder glich. Nach ihrer Rückkehr aus dem Heiligen Land konnten Don Macchi und Msgr. Martin dem Papst einen Programmentwurf vorlegen, den Paul VI. korrigierte und ergänzte. Beide Priester waren in Jordanien auf offene Ohren im Königshaus gestoßen: Der noch nicht lange regierende Hussein erhoffte sich von einem Besuch des Papstes internationale Reputation und eine Stärkung in der eigenen Bevölkerung, denn durch die Palästinaflüchtlinge ins Stammland Jordaniens nach 1948/49 hatten sich die Bevölkerungsanteile von Beduinen und Palästinensern erstmals merklich verschoben. Auch für den israelischen Staat kam der Besuch des Papstes nicht ungelegen, denn mit großer Genugtuung hatte man die Debatten auf dem Konzil um die Entstehung des Konzilsdokumentes *Nostra aetate* und vor allem die Überlegungen zur Streichung des Passus in der Liturgie und Theologie verfolgt, denen zufolge es keine Kollektivschuld des jüdischen Volkes am Kreuzestod Jesu gibt. Während für die katholische Kirche vor Ort Patriarch Gori eine immer wichtigere Funktion bei der Vorbereitung zukam, überwachte König Hussein von Jordanien die Planungen selbst. Premierminister Sherif Hussein ben Nasser erhob die Angelegenheit zur Chefsache, in Israel lag die Koordination beim Amt des Premierministers unter Staatssekretär Teddy Kollek.

Zu den weiteren „Eingeweihten" in der Vorbereitungsphase gehörten außerdem Kardinalstaatssekretär Amleto Cicognani, der von 1959 bis 1961 Sekretär der Ostkirchenkongregation des Vatikans war. Ebenso galt als Mitglied im inneren Kreis Kardinal Gustavo Testa, der Cicognani als Sekretär der Kongregation folgte und vorher der erste Apostolische Delegat der am 11. Februar 1948 eingerichteten Apostolischen Delegatur in Palästina und Jerusalem war. Das Amt hatte er bis zu seiner Ernennung als Nuntius in der Schweiz 1953 inne. Außerdem ist hier Kardinal Augustin Bea zu nennen, der bereits 1960 mit der Leitung eines neu eingerichteten Sekretariats für die Förderung der Einheit der Christen betraut war und als wesentliche Schaltstelle – theologisch, taktisch und politisch – in Fragen der Ökumene galt. Gerade für die Papstreise Pauls VI. war er von ganz besonderer Bedeutung. Das gilt auch für den Dekan des Kardinalskollegiums, Kardinal Eugène Tisserant, der ein Kenner der orientalischen, vor allem der mit Rom unierten Ostkirchen war und von 1936 bis 1959 das Amt des Sekretärs der bereits erwähnten Ostkirchenkongregation innehatte.

Paul VI. war nach dem Besuch von Don Macchi in Nahost überzeugt, dass es kein Hindernis mehr auf dem Weg für eine Reise ins Heilige Land gebe. So kündigte er das Reisevorhaben auf dem Konzil an. Die verbleibenden Wochen nutzte der Papst, um immer wieder in Ansprachen auf die Reise einzugehen und Präzisierungen vorzunehmen. Bei der traditionellen Audienz für das Kardinalskollegium am Heiligen Abend 1963 stellte der Papst Fragen, die die Motivation der Reise betrafen: „Was ist die Reise? Ein touristischer Ausflug? Ein politischer Moment? Eine Flucht vor Pflichten, die Unsere Anwesenheit hier erforderten? Nein, sie ist nur eine Reise, von der ich hoffe, Christus auf dessen Spuren zu begegnen", so der Papst. Wenige Tage später, am 28. Dezember, beim Empfang für das beim Heiligen Stuhl akkreditierte Diplomatische Korps, betonte Paul VI.: „Einige wollen der Reise politische Gedanken unterstellen. Ich bitte Sie, Unsere Perspektiven darzulegen und fehlerhafte Auslegungen zu vermeiden." Für den Papst war klar: Er wollte sich jeder Vereinnahmung entziehen und sah sich – vor und während der Reise – als von den Staaten des Nahen Ostens unabhängige Persönlichkeit, die als betender Pilger kam.

Samstag, 4. Januar 1964

Alles war neu – für den Papst, den Vatikan und die Welt. Noch nie hatte ein Papst der Neuzeit nach seiner Wahl den Vatikan beziehungsweise Italien verlassen. Mit seinem Entschluss zur Pilgerreise ins Heilige Land setzte Papst Paul VI. Maßstäbe und eröffnete so eine völlig neue, bisher nicht da gewesene Möglichkeit der Pastoral in der Weltkirche. Anders als heute nahm schon bei der Fahrt vom Vatikan zum römischen Flughafen die Bevölkerung der italienischen Hauptstadt regen Anteil an der Reise. Tausende Menschen säumten die Straßen Roms, als Paul VI. um 7.23 Uhr den Vatikan im offenen Wagen verließ. Während heute Regierungsvertreter formal den Papst am Flughafen bei einer Reise verabschieden, begaben sich am 5. Januar 1964 Staatspräsident Antonio Segni und Ministerpräsident Aldo Moro zum Flughafen. In seiner kurzen Ansprache betonte der Papst, dass er mit der Reise in die „Wiege des Christentums zurückkehre, wo die Saat ihre ersten Wurzeln geschlagen und sich wie ein Baum ausgebreitet hat, der heute die ganze Welt überschattet“. Die italienische Fluggesellschaft Alitalia hatte eine DC 8 in den vatikanischen Farben gelb und weiß lackiert – ein Unikum, das heute undenkbar wäre.

Landung in der Steppe: Der Papst in Amman

König Hussein begrüßte den Papst an der Gangway und begleitete ihn zu einem Podest, an dessen Seiten die jordanische und die vatikanische Flagge wehten. Mit allen militärischen und protokollarischen Ehren wurde der Gast aus Rom willkommen geheißen – ein Zeremoniell, das in dieser Weise unter König Hussein noch nie einem Staatsgast zuteil geworden war. Noch während die Ehrenformationen salutierten, zogen Kampfflugzeuge, die dem Papst von der Grenze im Luftraum Geleit gegeben hatten, ihre Kreise über der Steppe vor den Toren Ammans. Was heute eine protokollarische Menschenansammlung kombiniert mit Sicherheitskräften aller Art ist, war damals in Amman eine Gruppe von knapp zwanzig Personen, die in unmittelbarer Nähe des Podiums standen. Dabei hatte es noch bis kurz vor der Landung ganz anders ausgesehen: Während des Fluges wurden Pilot und Papst dichter Nebel und Wüstensand in der Luft gemeldet, die die Landung in Amman gefährdeten. Aus diesem Grund wurde ein Zwischenstopp im libanesischen Beirut überlegt. Paul VI. bat jedoch darum, diese Entscheidung bis kurz vor der Ankunft offen zu lassen. Tatsächlich legte sich der Nebel, sodass der Landung in Amman nichts mehr im Wege stand.

Nach den Ehrenformationen ging es in den Königlichen Pavillon des Flughafens, wo König Hussein dem Gast in beduinischer Tradition einen Mokka servierte. In seiner frei gehaltenen Rede sagte der König: „Im Namen des arabischen Volkes und im Namen all derer, die an Gott glauben, danke ich Ihnen für Ihren Besuch auf unserem Boden. [...] Wir hoffen, dass wir Ihnen ein wenig von unserer großen Dankbarkeit zeigen können, die wir Ihnen als großem geistlichen Führer im Dienste des Menschheitsgeschlechts und des Friedens entgegenbringen." Hussein dankte Paul VI. für dessen Besuch an den heiligen Stätten und wies – auch um jede politische Interpretation zu vermeiden – noch einmal auf den Papst als Pilger hin. Dabei wiederholte er auffallend die Bezeichnung Jordaniens als „Heiliges Land" und seine Verantwortung als Hüter der heiligen Stätten, auch des Christentums. Der Papst betonte, dass sein Besuch rein spiritueller Natur sei, „eine bescheidene Wallfahrt zu den heiligen Stätten: An diesen ehrwürdigen Heiligtümern werden Wir für den Frieden, den Jesus seinen Jüngern hinterlassen hat, beten, ein Frieden, den die Welt nicht geben kann." Mit Blick auf Jordanien und den König fügte der Papst hinzu: „Majestät, Wir wissen, wie sehnlichst Sie Frieden und Wohlstand für Ihr Volk und die ganze Welt wünschen."

Nach der Vorstellung der Delegationen und dem Austausch von Gastgeschenken setzte sich die Autokolonne Richtung Jordantal in Bewegung. Auf Weisung des Königs wurde sie von dessen persönlichen Leibgarden flankiert bis Jerusalem. Unter Hochdruck hatte man in den wenigen Wochen der Vorbereitung die Schnellstraße von Amman Richtung Totes Meer ausgebaut. Am Jordan machten die Wagen Halt, und der Papst ging an das Ufer des Flusses, der damals weit mehr Wasser hatte und nahezu reißend aussah im Vergleich zur Gegenwart. König Hussein landete seinen Hubschrauber neben der Wagenkolonne und begleitete die kleine Pilgergruppe, um mit Paul VI. am Jordan über die Bedeutung des Wassers für den Nahen Osten zu sprechen. Bald darauf setzte sich der Konvoi über die Jordanbrücke Richtung judäisches Bergland in Bewegung.

Trommeln und Tumult: Ankunft in Jerusalem

Jerusalem erreichte Papst Paul VI. vom Osten her über Betanien, wo er sich zunächst umkleidete. So war mit der Fahrtrichtung jede diplomatische Verwicklung mit israelischen Ansprüchen auf die Stadt vermieden worden. Entlang der Altstadtmauern Jerusalems über die Jerichostraße und vorbei an der vom Deutschen Verein vom Heiligen Lande getragenen Schmidt-Schule erreichte der Papst das Damaskustor. Jordanische und vatikanische Flaggen zierten das historische Monument, auf Spruchbändern wurde der Papst willkommen geheißen und König Hussein als treuer Hüter der heiligen Stätten gewürdigt. Noch gut hundert Meter vom Tor entfernt fand der Jubel der Menschenmassen keine Grenzen mehr, und die völlig überforderten jordanischen Sicherheitskräfte sahen sich mit einem Mal umringt von Menschen, die den Wagen des Papstes einkeilten. Den vatikanischen Verantwortlichen war schnell klar, dass Paul VI. nicht an der Stelle aussteigen konnte, wo es vorgesehen war. Noch einmal versuchte man, den Wagen bis an den Torbogen zu fahren – dort dauerte es fast zwanzig Minuten, bis der Papst den Wagen verlassen konnte, während König Hussein im Hubschrauber über der Szenerie kreiste und mit Funksprüchen Weisungen an das Militär gab. Die vorgesehene Ansprache an die Jerusalemer Bevölkerung am Damaskustor entfiel, weil die tumultähnlichen Zustände einer begeisterten Menge das nicht zuließen; sie wurde später an anderer Stelle nachgeholt. Man muss sich vergegenwärtigen, dass in unmittelbarer Nachbarschaft zum Damaskustor die Trennmauer stand, die den jordanischen Teil Ostjerusalems vom israelischen Westjerusalem mit einem Streifen Niemandsland trennte. Wer es schaffte, suchte auch auf der Mauer Platz, um einen Blick auf den Papst werfen zu können.

Der Gang durch das Damaskustor und über die Via Dolorosa wurde für den Papst zum persönlichen Kreuzweg. Hatten die jordanischen Behörden die Zugänge in die Jerusalemer Altstadt für die Bevölkerung und Medienvertreter beschränkt, fehlten Kontrollen ebenso wie Personal. Zwar gab es an jeder Straßenecke prächtig gekleidete und gut bewaffnete Beduinensoldaten, sie wurden der Menschenmasse aber nicht mehr Herr, sodass sich mit dem Papst ein Strom von Menschen in die Altstadt Jerusalems ergoss. Ein Vorwärtskommen für Paul VI. war zeitweise nicht möglich; seine Delegation wurde abgehängt beziehungsweise von Stockschlägen getroffen, als die Soldaten versuchten, rücksichtslos, weil nicht anders möglich, für den Papst eine Gasse zu bilden. Ein Zeitzeuge schrieb in seinen Erinnerungen: „Beduinensoldaten, Polizisten und des Königs Leibgardisten versuchten vergeblich, Platz für den Papst zu schaffen. Es wurde geschlagen, gestoßen und drohend mit Maschinenpistolen gefuchtelt. Sogar meterlange Palmwedel dienten als Waffen. Doch nur Zentimeter um Zentimeter kam der Papst inmitten der brodelnden, drängenden und jubelnden Menge voran. Er allein behielt die Ruhe, nie verlor er seine Würde. Im Gebet versunken, durchschritt er die Via Dolorosa, die der Herr unter dem Kreuze gegangen war [...] enge Straßenschluchten, gefüllt mit einer tobenden Menschenmenge.“[89] In dem Chaos fand Paul VI. einen Moment Ruhe, als er an der VI. Station des Kreuzwegs den Konvent der völlig überraschten „Kleinen Schwestern des Charles de Foucauld“ besuchte und sich dort zum Gebet zurückzog. Der Papst saß allein in der kleinen Kapelle, seine Delegation war quer durch die Jerusalemer Altstadt verstreut oder bereits am Damaskustor abgehängt worden.

Kurzschluss, Brand und Gebet: In der Grabeskirche

Die Altstadt von Jerusalem war außer Rand und Band, so auch die Grabeskirche, in der hektisches Gedränge und ein Chaos von unabgestimmten Sicherheitskräften herrschte. In der Reiseplanung hatte man den Besuch der Grabeskirche und die Feier der Eucharistie unmittelbar vor der eigentlichen Grabkapelle bewusst an den Anfang des Aufenthaltes gelegt, um dadurch den Pilgercharakter der Heilig-Land-Reise zu unterstreichen. Trotz Lärm und Unruhe ließ sich Paul VI. bei der Feier der stillen Messe nicht aus der Ruhe bringen. Selbst ein Kabelbrand mit Kurzschluss und Dunkelheit in der Grabeskirche bei Kerzenschein unmittelbar nach der Konsekration von Brot und Wein erschütterten den Papst nicht. Er war völlig bei Gott und sich selbst, versenkt ins Mysterium der Eucharistie. Umringt von Priestern und Bischöfen und der immer präsenten Beduinenleibgarde König Husseins ergriff der Papst am Ende der Messe das Wort. In einer eindrucksvollen Meditation rief er Christus, den Erlöser, an und betete: „Seien wir uns jetzt in aufrichtigem Schmerz all unserer Sünden bewusst. Nehmen wir auf unser Gewissen die Sünden unserer Väter, die Sünden der vergangenen Geschichte. Nehmen wir auf unser Gewissen die Sünden unserer Epoche, die Sünden der Welt, in der wir leben. Und dass unser Schmerz nicht feig sei noch vermessen, sondern demütig, dass er nicht verzweifelt sei, sondern vertrauend. [...] Lasst uns sein Erbarmen erflehen, das uns rettet." Während der weitere Text eine Meditation des Kreuzestodes Christi und der Bußfertigkeit des Menschen war, ist in diesen wenigen Zeilen deutlich, worum es Paul VI. zum Auftakt der Reise ging: um Buße und Umkehr. Zu wenig ist bisher beachtet worden, dass der Papst mit dieser Art des Gebetes, das ein Schuldbekenntnis war, auch auf die Geschichte der jüngeren Vergangenheit einging. Jahrzehnte später würden seine Nachfolger konkretere Worte wählen; Paul VI. hat die Bitte um Vergebung und Verzeihung – letztlich für alle Momente der Geschichte, die er universal beschrieb – in der Grabeskirche grundgelegt, „weil wir wissen, dass du uns verzeihen kannst und verzeihen willst, denn du hast für uns gesühnt". Die Stille, so berichten es Zeitzeugen, war auf einmal in der Grabeskirche spürbar, bevor sich der Papst zum Gebet in die enge Kammer des Heiligen Grabes zurückzog und dort einen goldenen Ölzweig als Geschenk auf dem Grab Christi niederlegte.

Erste Hürde: Ökumenisches Protokoll

Nach dem Besuch der Grabeskirche ging es für den Papst und die Teile der Delegation, die mittlerweile wieder zu ihm gefunden hatten, zu Fuß über die verwinkelten Altstadtgassen bis zum Jaffator. Von hier brachte ihn die Wagenkolonne zum sogenannten „Misttor" in der Nähe der sogenannten jüdischen Klagemauer, von wo die Fahrt außerhalb der Stadtbefestigung durch das Kidrontal zur am Ölberg gelegenen Apostolischen Delegatur fortgesetzt wurde. Ohne sich eine Pause zu gönnen, empfing der Papst hier den griechisch-orthodoxen Patriarchen von Jerusalem, Benediktos. Im Vorfeld der Reiseplanungen war das ein besonders heikler Punkt, denn Benediktos galt als großer Skeptiker der Begegnung zwischen Paul VI. und Athenagoras. So hatte das vatikanische Protokoll mit Benediktos ausgehandelt, dass vor dem Treffen mit dem Ökumenischen Patriarchen von Konstantinopel die Begegnung zwischen Paul und Benediktos stattfinden würde. Der Papst dankte dem Patriarchen für die Zusammenkunft und fügte hinzu: „Mit Freude haben Wir auch bemerkt, dass jetzt eine Atmosphäre freier Zusammenarbeit zwischen Ihrer Kommunität, der katholischen Kommunität und der armenischen Kommunität zur Förderung der Wiederherstellungsarbeiten an der Heiligen Grabeskirche besteht. [...] Es ist in hohem Maße sinnbildlich, dass die unglücklicherweise getrennten Christen, trotz der Last der Geschichte und zahlreicher Schwierigkeiten, zusammenarbeiten bei der Wiederherstellung dieses Tempels, den sie in Einheit wieder aufgebaut hatten und den ihre Spaltungen baufällig werden ließen." Diese starken Sätze, die Paul VI. gegenüber dem reserviert kühl wirkenden Benediktos aussprach, waren gewissermaßen die Andeutung jener ökumenischen Offenheit, mit der Paul VI. später Athenagoras begegnen wollte. Insbesondere das Bild der Grabeskirche und das damals in starke Mitleidenschaft gezogene Gebäude waren sinnstiftend für den Willen des Papstes: Das Haus Christi muss gemeinsam von den Kirchen wieder aufgebaut werden.

Diesen Gedanken äußerte der Papst auch bei der sich direkt anschließenden Begegnung mit dem armenisch-apostolischen Patriarchen von Jerusalem, Yeghishe Derderian. Vor allem dankte Paul VI. für die Entsendung mehrerer Beobachter der armenischen Kirche zum Zweiten Vatikanischen Konzil. Der herzliche Gedankenaustausch zwischen Papst und Patriarch Derderian war erst kurz vorbei, als Paul VI. die Delegatur wieder verließ. Er folgte dem ausgehandelten Protokoll und begab sich – hierarchisch und protokollarisch beim damaligen Stand der Ökumene fast unvorstellbar – in die ebenfalls am Ölberg gelegene Residenz des rangniedrigeren Patriarchen Benediktos zum Gegenbesuch, bei dem es ein kurzes Gespräch gab und die Delegationen vorgestellt wurden. Ein Gegenbesuch bei den Armeniern sollte erst am Montag stattfinden.

Vielfalt in der Einheit: In St. Anna und Getsemani

Im Terminmarathon des Papstes folgte dann eine Audienz in der Delegatur für das Konsularische Korps in Jerusalem. Danach machte sich Paul VI. auf den Weg in die Altstadt, wo er die St.-Anna-Kirche bei den Betesda-Teichen besuchte. Hier traf er mit den Patriarchen der mit Rom unierten Ostkirchen zum Gebet zusammen. In seiner Ansprache betonte der Papst die Eigenständigkeit der lokalen beziehungsweise unierten Kirchen, die das Ganze mit der Kirche von Rom ausmachten: „Jede lokale Kirche wuchs mit ihrer eigenen Persönlichkeit, ihren eigenen Gewohnheiten und ihrer eigenen Art, die heiligen Geheimnisse zu feiern, auf, ohne dass es schädlich für die Einheit des Glaubens und die Gemeinschaft in der von Christus hergebrachten Ordnung war. [...] Dies ist der Ursprung unserer Vielfalt in der Einheit – die Katholizität als Eigenschaft, die immer wesentlich für die Kirche Christi und den Heiligen Geistes ist und uns eine neue Erfahrung und neuen Rat in unserer Zeit schenkt." Es gehe um das rechte Verständnis der Einheit und die im Katholischen verwurzelte Vielfalt des kirchlichen Lebens in all seinen Ausdrucksformen: „Zuallererst müssen wir die Einheit unter uns Katholiken herstellen, die uns eine Zusammenarbeit ohne Rivalitäten im Dienste für die Gläubigen ermöglicht", so der Papst. Damit spielte er auf zahlreiche Konflikte zwischen den verschiedenen katholischen Bekenntnissen in Jerusalem an, die teilweise auch auf dem Konzil diskutiert wurden.

Paul VI. kannte keine Pausen; als Pilger wollte er die heiligen Orte in Jerusalem besuchen und an ihnen beten. So begab er sich noch um 23.00 Uhr zu einer nächtlichen Anbetung in die Todesangst-Christi-Kirche am Garten Getsemani, die auch als „Church of the Nations" bekannt ist. In den Mittelpunkt seiner Meditation stellte er das zweite Leitmotiv des Tages nach dem Bußmotiv in der Grabeskirche: das Leiden Christi für die Erlösung der Welt und zum Heil der Kirche. Mit Priestern und Ordensleuten der Ortskirche wachte der Papst betend bei Getsemani, wo er bei der Ankunft an jenem Felsen niederkniete, auf dem Jesus im Leiden den Vater anflehte: „Wenn es möglich ist, gehe dieser Kelch an mir vorüber." (Matthäus 26,39) Um kurz vor Mitternacht kehrte ein völlig erschöpfter, aber durch das geistliche Geschehen tief berührter Papst in die Apostolische Delegatur zurück.

Sonntag, 5. Januar 1964

Historischer Moment: Ein Papst in Israel

In aller Frühe des zweiten Tages der Reise brach die Wagenkolonne des Papstes auf und fuhr von Ostjerusalem 160 Kilometer über Nablus und Jenin bis an die israelische Staatsgrenze bei Meggido. Eigens war hier ein provisorischer Grenzübergang eingerichtet - ein Novum, das es seit der Staatsgründung Israels nicht gegeben hatte. Unter Vermittlung des vatikanischen Protokolls hatten sich Israel und Jordanien darauf eingelassen, dass die jordanischen Autos und deren Fahrer für die Zeit des Papstaufenthaltes in Israel ebenfalls die Grenze überqueren durften. Im Hof des archäologischen Museums von Meggido wurde Paul VI. überraschend herzlich vom Staatspräsidenten Israels, Salman Shazar, und Ministerpräsident Levi Eshkol begrüßt.[90] Selten zuvor war die internationale Medienwelt so beeindruckt von Bildern eines Staatsgastes im erst 16 Jahre alten Staat Israel. Ehrenformationen mit israelischen und einigen wenigen vatikanischen Fahnen hießen den Papst willkommen. Es ist dem Verhandlungserfolg der vatikanischen Reiseplaner zu verdanken, dass sie das historische Ereignis in den Norden des Heiligen Landes verlegten und so eine letztlich auch politische Begegnung zum Auftakt in Jerusalem vermieden.

Shazar begrüßte den Papst „mit größter Ehrerbietung und im vollen Bewusstsein der historischen Bedeutung dieses Geschehens“, wobei er auf eine konkrete Anrede des Papstes verzichtete und stattdessen an den Papst gerichtet nur vom „höchsten Bischof, den geistlichen Vater der katholischen Kirche auf dem Globus“ sprach. Jerusalem bezeichnete er als Hauptstadt Israels und würdigte gleichzeitig die Absicht des Papstes, „dass diese Pilgerfahrt eine Reise des Gebetes ist, um für die ganze Menschheit Barmherzigkeit zu erbitten, die unter Schmerzen, Hunger und Konflikten leidet und nach Frieden, Wohlfahrt, Freiheit und Gerechtigkeit dürstet“. Der Staatspräsident nutzte die Gelegenheit - und das war von vielen Beobachtern in Israel, aber auch im Vatikan erwartet worden -, um auf die Geschichte des jüdischen Volkes einzugehen: „Sicherlich sind die Leiden meines Volkes in der letzten Generation eine bittere Warnung, in welchen Abgrund Unmenschlichkeit und Verlust des göttlichen

Ebenbildes, alte Vorurteile und Rassenhass die Menschheit ziehen können, wenn ein reinigender Geist nicht rechtzeitig ersteht, solange es noch Zeit ist, um diese Gefahren für immer einzudämmen." Fortschritt und Wissenschaft hätten dem Menschen auch die Macht zur Vernichtung gegeben, „einer Vernichtung, wie sie allen uns vorangegangenen Generationen unvorstellbar war. Im Herzen der ganzen Menschheit besteht heute die Hoffnung und Erwartung auf eine große moralische Erneuerung ...", sagte Shazar. Gleichberechtigung und Gerechtigkeit gingen von Israel aus: „Jedes neue Dorf und jede Stadt, die in unserem Land entstehen, zeugen von der Erfüllung der Verheißung eines neuen Lebens. [...] Unser Land ist der lebendige Beweis für die Erfüllung der Voraussagen der Propheten." Damit machte Shazar klar, welchen religiösen Anspruch er gegenüber dem Papst vertreten wollte: Der Staat Israel ist ein religiöser Staat, mit dem die biblische Verheißungsgeschichte real wurde.

Paul VI. ließ sich durch die Andeutungen auf die jüngere Geschichte des jüdischen Volkes nicht zur Konfrontation verleiten. Die israelischen Medien kommentierten enttäuscht, dass der Holocaust keine Rolle in seiner Ansprache gespielt habe – was sich bis zum Abend jedoch noch ändern sollte. Der Papst antwortete Shazar auf Französisch und machte bereits in der Anrede klar, dass er sich nicht politisch vereinnahmen lassen wollte. Shazar sprach er mit „Exzellenz", nicht aber mit „Herr Präsident" an, womit der Papst deutliche Differenzierungen vornahm – hatte er doch König Hussein noch mit „Majestät" angeredet. Er unterstrich, dass er ausschließlich als Pilger gekommen sei, der nun im Land wandle, wo die Propheten, „die im Namen des Gottes Abrahams, Isaaks und Jakobs sprachen, dieses Land endlich und besonders, welches durch die Gegenwart Jesu Christi gesegnet ist. [...] Eure Exzellenz wissen und Gott ist Unser Zeuge, dass Wir bei diesem Besuch durch keine anderen Motive geleitet werden als durch rein spirituelle. Wir kommen als Pilger, um die heiligen Stätten zu verehren, Wir kommen, um zu beten." Ausdrücklich betonte der Papst, dass er in den Anruf an Gott auch „die Söhne des ‚Volkes des Bundes'" mit einschließe, dessen Anteil an der religiösen Geschichte der Menschheit nie vergessen werden könne. Zweimal sagte der Papst am Ende seiner Rede „Shalom", was besonderen Eindruck auf die israelischen Gastgeber und die Medien machte. In dieser

Ansprache ist ohne Frage die bereits auf dem Konzil erstmals erörterte und jetzt sichtbar werdende Annäherung an das jüdische Volk zu spüren, denn Paul VI. ging in seinen Worten offen und wohlwollend auf das Volk des Bundes zu.

An dieser Stelle sei auf einen Umstand während der Reise aufmerksam gemacht, den es bei späteren Papstreisen nicht mehr gab: Der Pilger Paul kam nicht als Staatsgast nach Jordanien und Israel, sondern als geistliches Oberhaupt der katholischen Kirche. Aus praktischen und ökumenischen Erwägungen hatte er daher die Tiara nicht mitgenommen. Vier-Augen-Gespräche mit den Staatsoberhäuptern gab es – im Gegensatz zu den ökumenischen Gesprächspartnern – nicht. Das heißt: Zwar wurde der Papst mit offiziellem Protokoll empfangen, aber wenn er sprach, wandte er sich an die Staatsführung. Es gab jedoch keinen im Programm als offiziellen Gesprächstermin ausgewiesenen Punkt.

In Galiläa: Heilige Stätten und Heiliger Vater

Die israelische Regierung hatte für den Schutz des Papstes und die Organisation der Menschenmassen 5000 Polizisten aus dem ganzen Land aufgeboten. Von Meggido setzte sich die Wagenkolonne in Bewegung. Auf den Anhöhen vor Nazaret wurde der Papst bei Temperaturen um den Gefrierpunkt von Tausenden Menschen begeistert empfangen. Ziel war die noch im Rohbau befindliche neue Verkündigungskirche der Lateiner, die direkt über der Verkündigungsgrotte entstand. Paul VI. wurde vom stellvertretenden israelischen Ministerpräsidenten Abba Eban sowie katholischen Würdenträgern begrüßt. Ebenfalls anwesend waren der Rabbiner der Stadt und der muslimische Bürgermeister. Spruchbänder an der Fassade würdigten den „obersten Pontifex, den Pilger zu den Heiligen Stätten des Erlösers“. In der Verkündigungsgrotte feierte der Papst die Eucharistie. Am Ort der Verkündigung an Maria und dem Leben der Heiligen Familie meditierte der Papst zentrale Inhalte der Glaubenslehre der Kirche. Dabei gehe es um den Schutz des Lebens und den Erhalt der Familie, so Paul VI. Die Menschen im 20. Jahrhundert dürften nicht materiellen Schätzen trauen, die sie befreiten, sondern es gehe um das Evangelium, das Freiheit ermögliche. Nazaret lade ein zu einer Stunde der Stille, zu einer Stunde des Lebens der Familie. Paul VI. war in diesem Moment neben dem Pilger ganz der Theologe, der das biblische Wort von der Verkündigung und der Heiligen Familie in die Gegenwart hinein deutete.

Von Nazaret ging es nach Kana und weiter über die mit Menschen gesäumten Straßen nach Tiberias am See Genesaret. Bei bester Sicht auf den See erreichte die Wagenkolonne das Nordufer, wo Paul VI. zunächst Halt in Tabgha machte. Der junge Benediktiner P. Hieronymus Brizic, der am 13. Juni 2014 verstarb, begleitete Paul VI. über einen Teppich in die provisorische Kirche über den berühmten Mosaiken der Brotvermehrung und erklärte die archäologischen Grabungen der Gegend. Von Tabgha aus ging es zu Fuß weiter in die nahe gelegene Primatskapelle, wo der Papst betete – hier hat Petrus der Überlieferung nach den Auftrag Jesu zur Hirtengewalt erhalten: „Weide meine Lämmer!" (Johannes 21,15) Nach der kurzen Meditation begab sich der Papst an das Ufer des Sees und segnete das Wasser. Wieder folgten ihm dicht gedrängt Reporter und Kameraleute, die für diese Szene auch ins Wasser stiegen, um den Papst am Ufer zu filmen. Mit dem Wagen fuhr Paul VI. weiter nach Kapernaum. Die Franziskaner, die das Gelände verwalten, erläuterten dem römischen Gast die Ausgrabungen. Auffallend viele israelische Regierungsbeamte waren bei diesen Besuchsmomenten am See zugegen, um kein Missverständnis über die staatliche Präsenz und Verantwortung aufkommen zu lassen. Mit besonderem Interesse verfolgte der Papst die Erläuterungen zu den gut erschlossenen Überresten der Synagoge von Kapernaum, deren Fundament bis auf die Zeit Jesu zurückgeht.

Autofahrt in Israel: Vom Tabor bis Jerusalem

Schon bald setzte sich die Wagenkolonne des Papstes zum Berg der Seligpreisungen in Bewegung. Von der kuppelförmigen Kirche aus hatte Paul VI. einen unvergesslichen Blick über den glasklaren See an einem sonnigen Winternachmittag in Nordisrael. Nach dem Gebet nahm er ein Mittagessen im Kloster der italienischen Franziskanerinnen ein und ruhte sich anschließend ein wenig aus. Danach fuhr der Papst zurück über Tiberias auf den Berg Tabor, den Ort der „Verklärung des Herrn". Fasst man die Vielzahl der besuchten Pilgerstätten zusammen, wird deutlich, dass Paul VI. tatsächlich als Pilger der Christenheit unterwegs war.

Bei der untergehenden Sonne, die die nordgaliläische Hügellandschaft und die langgezogene Jesrelebene in ein unvergessliches Licht tauchte, machte sich der Papst auf den Rückweg Richtung Süden. Über drei Stunden fuhr die Kolonne vom Berg Tabor bis Westjerusalem. Die Wegstrecke war in den Wochen zuvor exakt vom israelischen und vatikanischen Protokoll ausgearbeitet worden. Über Chedera (dem heutigen Hadera am Mittelmeer bei Caesarea maritima) und Lydda (dem heutigen Lod bei Tel Aviv) erreichte der Papst über das judäische Bergland Westjerusalem. Bürgermeister Mordechai Shalom begrüßte Paul VI. traditionell mit Brot und Salz auf einem silbernen Tablett: „Gesegnet sei, der da kommt im Namen des Herrn. Große Freude und Begeisterung erfüllen unsere Herzen bei Eurer Ankunft am Tor von Jerusalem, der Stadt des Friedens, in der Sie um Frieden und Bruderschaft beten wollen", sagte der Bürgermeister. Mit ihm hießen den Papst der Oberrabbiner von Jerusalem und der Präsident der Hebräischen Universität willkommen. Gerade die Anwesenheit jüdischer Repräsentanten gab der Reise immer wieder kleinere interreligiöse Impulse, die nach dem Konzil besonders wichtig werden sollten.

Das nächste Ziel war der christliche Zion, der in unmittelbarer Nähe zum schmalen Streifen Niemandsland liegt, bevor jordanisches Staatsgebiet beginnt. Hier zog sich der Papst zunächst in den Abendmahlssaal zurück, wo er – von nur wenigen aus seiner Delegation begleitet – lange auf den mittelalterlichen Fußbodenplatten kniete und betete. Vom Abendmahlssaal ging der Papst zu Fuß zur in unmittelbarer Nachbarschaft gelegenen Dormitio-Abtei der deutschen Benediktiner, wo er von Abt Leo Rudloff begrüßt wurde. In der Unterkirche, am Ort der Entschlafung Mariens, betete Paul VI., bevor er sich in der Oberkirche zu einer Andacht niederließ. Spontan wandte er sich an die Mönche der Kommunität und die zahlreichen anderen katholischen Ordensleute Jerusalems. Vor allem waren die Worte eine Ermutigung der Ortskirche: „Die Gläubigen hier sollen wissen, dass die ganze Kirche auf Euch schaut, dass sie für Euch betet und wünscht, dass es hier [...] ein wahrhaft aufrichtiges Gebet geben möge in Treue zum Evangelium ...", so der Papst.

Dem Holocaust nahe: Kardinal Tisserant im Trauerkeller

Während der Papst den Abendmahlssaal und die Dormitio-Abtei besuchte, sorgte Kardinal Tisserant für ein besonderes Interesse in der israelischen Öffentlichkeit. Er besuchte in Absprache mit dem Papst den Ort „Martef Hashoah", den Trauerkeller für die Opfer der Shoah auf dem Zionsberg. Bereits im Vorfeld der Reise hatte der Direktor der Holocaust-Gedenkstätte Yad Vashem Kontakt mit dem Außenministerium Israels aufgenommen und nachgefragt, ob man Paul VI. einen Besuch in Yad Vashem vorschlagen könne. Davon nahm man bald Abstand, und so war es Pinchas Lapide - damals im Amt des Ministerpräsidenten für Tourismusfragen zuständig -, der zusammen mit den Mönchen der Dormitio überlegte, ob der Papst trotz des engen Programms wenigstens auf dem Zionsberg einen kurzen Abstecher in den Trauerkeller machen könnte. Möglicherweise gab es solche Überlegungen parallel auch im Vatikan.[91]

Letztlich - und weil die Zeit für einen solchen Schritt durch den Papst noch nicht reif war - schickte er den ranghöchsten Kardinal seiner Delegation an den Ort. Bis zum Moment des Besuchs waren die Medien darüber nicht informiert. Tisserant kam in Begleitung des israelischen Religionsministers Zerach Wahrhaftig. Im Trauerkeller sind Wandtafeln mit den Namen der großen nationalsozialistischen Vernichtungslager angebracht. Tief erschüttert entzündete Kardinal Tisserant Kerzen zum Gedenken an die Opfer der Shoah und sagte: „Im Namen des Papstes bringen wir unser Mitgefühl und unsere Teilnahme am Schmerz und dem Leid zum Ausdruck ob der schrecklichen Vernichtung, die Euch heimgesucht hat." Lange stand Tisserant schweigend und betend an diesem Ort der Erinnerung. Damit war ihm etwas gelungen, worauf man in Israel nicht unbedingt gewartet hatte, aber was immer wieder als Hoffnung durch die Medien transportiert worden war: Die katholische Kirche stellte sich in Person des Kardinaldekans nach der Ansprache Pauls VI. zur Geschichte und Schuld der Kirche auch diesem Kapitel der Shoah. Damit legte Kardinal Tisserant am Rande der Papstreise eine wichtige Grundlage für die spätere innerkirchliche Auseinandersetzung mit dem Thema, die im Jahr 2000 in der Vergebungsbitte von Papst Johannes Paul II. ihren Höhepunkt finden sollte.

Vom Zion aus fuhr die päpstliche Wagenkolonne zum „Mandelbaumtor“ zwischen West- und Ostjerusalem, einem Grenzübergang, der sonst hermetisch abgeriegelt ist. Immerhin war der Heilige Stuhl bereit, die Verabschiedung des Papstes von Israel dort und damit in der nominellen israelischen Hauptstadt erfolgen zu lassen. Eine Ehrenkompanie zog mit Fanfarenklang auf, für den Papst hatte man den Roten Teppich ausgerollt. Staatspräsident Shazar wandte sich in einer kurzen Rede an Paul VI., wieder nannte er den Titel „Papst“ nicht: „Heute Morgen hatte ich die Ehre und Freude, unseren erlauchten Gast beim Betreten unseres Staates zu begrüßen.“ In Israel lebten die Menschen für Gerechtigkeit und Fortschritt. Unmissverständlich waren seine Worte zum Frieden in der Region: „Wer den Frieden erstrebt, will nicht nur Feindseligkeiten zwischen Völkern und sozialen Klassen zu einem unsicheren Stillstand bringen, sondern er will erreichen, dass endlich eine Zusammenarbeit zwischen Menschen und Nationen in einer Atmosphäre gegenseitigen Verstehens möglich wird. Was uns angeht, so ist unsere Hand in einer Geste des Friedens ausgestreckt zu den Nachbarstaaten. Unsere Augen suchen den wahren Frieden in der Welt, einen Frieden, der fest auf dem Vertrauen und der Achtung unter den Völkern begründet ist.“ Dass Shazar dabei auch den Propheten Micha bemühte, wonach der Mensch eines Tages Schwerter zu Pflugscharen umwandelt (vgl. Micha 4,3), zeigt einmal mehr, wie sehr der Staatspräsident darauf bedacht war, im noch jungen israelischen Staat auch biblisch und theologisch zu argumentieren. „Von Jerusalem, der Stadt Davids, der Stadt des Friedens, möge er unseren von Herzen kommenden Friedenswunsch mitnehmen“, endete der Staatspräsident. Noch konnte niemand ahnen, dass Israel diesen Anspruch vier Jahre später im Sechstagekrieg für ganz Jerusalem erheben würde.

Mit Überraschung wurde die auf Französisch vorgetragene Dankadresse des Papstes in der Weltöffentlichkeit, vor allem aber in Israel selbst, registriert. Paul VI. sah sich aufgrund der besonders in Europa (und in Deutschland aufgrund des ein Jahr vor der Reise erschienenen Theaterstücks „Der Stellvertreter“ von Rolf Hochhuth) seit einigen Jahren geführten Diskussion über die Rolle des Vatikans im Zweiten Weltkrieg herausgefordert, einige Bemerkungen zu seinem Vorgänger zu machen. Die Kirche begegne allen Menschen und Völkern mit Wohlwollen, so der Papst. Danach habe auch Pius XII. gehandelt, besonders im letzten Krieg „zur Verteidigung und zur Hilfe für alle Geprüften ohne irgendeinen Unterschied". Unmissverständlich fügte Paul VI. hinzu: „Gleichwohl hat man [...] das Andenken dieses großen Papstes mit Verdächtigungen und sogar mit Anschuldigungen beflecken wollen. Wir sind froh, dass Wir Gelegenheit haben, an diesem Tage und an dieser Stelle versichern zu können: Nichts ist ungerechter als dieser Angriff auf ein so ehrwürdiges Andenken." Diese Formulierung kam für die israelische Diplomatie völlig unerwartet und wurde, als der Papst längst nach Rom zurückgekehrt war, in internen Noten des Religionsministeriums diskutiert. Paul VI. sagte weiter: „Wer, wie Wir, diese bewunderungswürdige Persönlichkeit aus der Nähe gekannt hat, weiß, wie tief sein Mitgefühl, sein Mitleiden mit menschlicher Not, sein Mut, die Zartheit seines Herzens gehen konnten. Das wussten ebenso gut jene, die nach dem Krieg mit Tränen in den Augen gekommen sind, um ihm für die Rettung ihres Lebens zu danken." Der pilgernde Papst war hier also doch noch einmal in aller Klarheit politisch geworden, auch als er mit Blick auf die Verantwortlichen in Politik und Gesellschaft daran erinnerte, „dass unsere katholischen Söhne hier im Lande sich weiterhin der Rechte und Freiheiten erfreuen werden, die man heute gemeinhin allen zuerkennt".

Trotz dieser beiden überraschenden Reden schüttelten Papst und Staatspräsident lange die Hände, bevor sie sich endgültig verabschiedeten und der Papst noch einmal Israel segnete. Dann machte sich die Wagenkolonne auf den Weg nach Ostjerusalem.

Der Durchbruch: Paul VI. und Athenagoras von Konstantinopel

Ein historischer Tag in Israel ging so zu Ende, für den Papst stand jedoch ein weiterer Höhepunkt auf dem Programm. Er gönnte sich nur eine kurze Pause nach der Rückkehr in die Apostolische Delegatur. Um 21.00 Uhr kam es zum historischen Treffen zwischen ihm und dem Ökumenischen Patriarchen von Konstantinopel, Athenagoras. Was die Kirchenspaltung 1054 mit sich brachte, war die Auflösung aller Kontakte. Zwar gab es noch einmal ein Treffen beider Kirchenführer vor über fünfhundert Jahren auf dem Konzil von Florenz 1439, als dort Papst Eugen IV. und Patriarch Joseph XI. zugegen waren. Das Sensationelle jetzt in Jerusalem aber war, dass eben nach Jahrhunderten erstmals ein solches Treffen stattfand. Die Begegnung war möglich geworden, weil Paul VI. unmittelbar nach seiner Wahl zum Papst einen Brief an Athenagoras geschrieben hatte. Darauf übermittelte Athenagoras Glückwünsche an den neuen Papst, der wiederum die Gunst der Stunde erkannte, um am 20. September 1963 erneut an Athenagoras zu schreiben: „Indem wir die Vergangenheit Gottes Barmherzigkeit anvertrauen, lasst uns der Mahnung des Apostels folgen: ‚Ich vergesse, was hinter mir liegt, und strebe nach dem, was vor mir liegt. Aber ich strebe danach und möchte es ergreifen, weil ich auch von Jesus Christus ergriffen worden bin.‘ Wir sind von ihm ergriffen worden durch das Geschenk derselben Taufe, desselben Priesteramtes, die Feier derselben heiligen Eucharistie …“ Paul VI. betonte in seinem Brief, dass die Feier der Eucharistie dazu führen möge, wie Jesus selbst gesagt habe: „Lass sie alle eins sein.“ Und der Papst fügte in seinem Brief hinzu: „Möge der Herr unsere Herzen öffnen für die Eingebungen des Heiligen Geistes und uns zur Verwirklichung seines Willens führen.“ Offensichtlich verfehlte dieses Schreiben, das eine fast tausendjährige Spaltung zu überwinden versuchte, seine Wirkung in Konstantinopel nicht. Dieser Austausch war die Voraussetzung für das vorsichtige Herantasten der vatikanischen Vertreter beim Sitz des Patriarchen in Konstantinopel, womit in den folgenden Monaten die Begegnung in Jerusalem minutiös vorbereitet wurde. Auf beiden Seiten gab es Widerstände, sodass bis kurz vor dem Treffen nicht völlig sicher feststand, ob es wirklich stattfinden würde.

Nun also trafen Paul VI. und Athenagoras in der Delegatur zusammen. Im Vorfeld war ein detailliertes Protokoll ausgehandelt worden, das sich beim Gegenbesuch in der Residenz von Athenagoras zwei Tage später fast identisch wiederholen sollte. Nach der herzlichen Begrüßung zwischen den beiden Kirchenoberhäuptern zogen sich Paul VI. und Athenagoras zu einem Vier-Augen-Gespräch zurück, anschließend wurden die Delegationen vorgestellt, und Athenagoras hielt seine wegweisende

Ansprache. Auf diese reagierte der Papst erst mit der eigenen Rede bei seinem Gegenbesuch.

Auf die Widerstände im eigenen Lager ging Athenagoras nicht ein. Nahezu warmherzig sagte er an Paul VI. gewandt: „Dies ist in der Tat Grund zu übergroßer Freude. Mit übergroßer Freude im Herzen und beseelt von brüderlichen Gefühlen schreiten wir zu dieser Begegnung mit Eurer so sehr geliebten Heiligkeit." Dank erfülle ihn vor Gott, dass dieser Moment gekommen sei. „Aus ganzem Herzen wünschen wir, dass die guten Absichten, die auf beiden Seiten in dieser letzten Zeit so offen zutage getreten sind und nun bestätigt werden, dass diese gesegnete Begegnung von Personen und diese brüderliche Umarmung der Herzen Vorspiel werden mögen zu einer gegenseitigen Einheit sowie einer vollkommenen Unterwerfung unter den heiligen Willen Gottes ..." Seit Jahrhunderten lebe die christliche Welt in der Nacht der Trennung, so Athenagoras: „Ihre Augen sind müde, ins Dunkel zu schauen. Möge diese Begegnung die Morgenröte eines lichtvollen und gesegneten Tages sein. [...] Schreiten wir deshalb auf dem heiligen Weg fort, der sich vor uns auftut. Möge er uns auf unserem Weg einen, wie er es bereits tat mit den zwei Jüngern auf dem Weg nach Emmaus." Sichtlich bewegt überreichte der Papst dem Oberhaupt der Weltorthodoxie einen goldenen Kelch sowie eine Hostienschale. Dann beteten beide das Vaterunser, Athenagoras auf Griechisch, Paul VI. auf Lateinisch.

Herzlich verabschiedeten sich beide Kirchenoberhäupter am Eingang der Apostolischen Delegatur. Athenagoras war gerade abgefahren, da wurde um 22.00 Uhr noch ein weiterer überraschender Programmpunkt eröffnet: eine kurze Begegnung Pauls VI. mit dem Schwager des im Jahr zuvor ermordeten John F. Kennedy, Robert Sargent Shriver. Er war Präsident der 1961 gegründeten Aktion „Peace-Corps", mit der sich US-Amerikaner um eine Normalisierung der Beziehungen zu nichtamerikanischen Staaten bemühen, was damals im Kalten Krieg von besonderer Bedeutung war. Shriver überreichte dem Papst – und später auch König Hussein und Ministerpräsident Eshkol – einen Brief von US-Präsident Lyndon Johnson, der den Papst um das Gebet für die verschiedenen Friedensbemühungen der USA bittet. Die Audienz war kurz und knapp, denn auch hier wollte sich Paul VI. als Pilger im Heiligen Land nicht politisch vereinnahmen lassen.

Montag, 6. Januar 1964

Im Morgengrauen um kurz nach 6.00 Uhr fuhr der Papst von der Apostolischen Delegatur nach Betlehem. Umjubelt von einheimischen Christen wie Muslimen, traf Paul VI. in der Geburtsstadt Jesu ein. Die jordanischen Behörden hatten aus dem Chaos am Damaskustor in Jerusalem zwei Tage zuvor gelernt und die Sicherheitsmaßnahmen deutlich verbessert. Zumindest auf dem Krippenplatz vor der Geburtskirche schien alles normal zu verlaufen. Tumulte gab es dennoch, als der Papst am niedrigen Eingang der Geburtskirche fast von der dahinter herandrängenden Menschenmasse erdrückt wurde. Wieder einmal verlor er seine Delegation zwischen Gläubigen, Sicherheitskräften, Fotografen und Vertretern anderer Konfessionen. In der Geburtskirche feierte Paul VI. die Eucharistie. Insbesondere die dort gehaltene Ansprache gehört zu den am besten dokumentierten Texten der Reise, weil sie sich in einem flammenden Appell an die ganze Welt richtete: „In Betlehem haben Wir drei schlichte Worte zu sagen: eines zu Christus, ein anderes zur Kirche und ein drittes zur Welt." Damit war die Struktur der überraschend langen Rede vorgegeben, die von vielen Beobachtern als theologisch-politisches Programm für das Pontifikat gewertet wurde. Tatsächlich war es ja so, dass Paul VI. seine Antrittsenzyklika erst knapp ein Jahr nach der Papstwahl veröffentlichte: Am 6. August 1964 erschien das Lehrschreiben *Ecclesiam suam* über den Dialog der Kirche mit der Welt.

Ein Wort an die Welt: Friedensbotschaft aus Betlehem

Im ersten Teil der Rede von Betlehem, die sich an Christus wendete, sprach Paul VI. diesen Christus direkt an und ermutigte das gläubige Gottesvolk, treu in den Sakramenten diesem einen Herrn zu dienen. Der Teil an die Kirche begann mit einer programmatischen Aussage zum Konzil: „Wir müssen unser Ökumenisches Konzil zu Ende führen; wir müssen dem kirchlichen Leben Erneuerung des Empfindens, der Vorhaben und der Sitten verleihen. [...] Dazu bedarf es einmütiger Zusammenarbeit, zu der jeder Stand seine Beihilfe leisten soll." Dem Papst ging es darum, von Betlehem aus einen Auftrag an die katholische Kirche zu senden: Jeder ist berufen, in dieser Kirche mitzuwirken, ja er ist verpflichtet, seine Talente mit in das Heilsgeschehen einzubringen. Deshalb – und aufgrund der positiven Erfahrungen bei der ersten Begegnung mit Athenagoras – fühlte sich Paul VI. gestärkt, an die getrennten Christen gerichtet zu sagen: „Es ist inzwischen allen klar geworden, dass man das Problem der Einheit nicht umgehen kann: Heute liegt dieser Wille Christi drängend über uns. [...] Auch bei dieser einmaligen Gelegenheit müssen Wir betonen, dass dieses Ereignis nicht auf Kosten der Glaubenswahrheit erreicht werden darf. Wir dürfen diesem Erbe Christi nicht untreu werden. [...] Doch wiederholen Wir, dass Wir bereit sind, jede vernünftige Möglichkeit zu erwägen, um der Verständigung, der Achtung und der Liebe für eine künftige – und Gott gebe baldige – Begegnung mit den christlichen Brüdern, die noch von uns getrennt sind, die Wege zu ebnen. Die Tür der Hürde steht offen. Die Erwartung ist aufrichtig und herzlich. Die Einladung ist ehrfurchtsvoll und geduldig. Der verfügbare Platz ist bequem und weit." Mit diesen nahezu poetischen Worten legte Paul VI. die Grundlagen für das künftige ökumenische Gespräch. Bewusst hat er es als Einladung formuliert, um niemanden zu verunsichern und gleichzeitig die eigenen Reihen – gerade auch die theologischen Skeptiker eines solchen Dialogs – mitzunehmen. Wohl deshalb fügte Paul VI. hinzu: „Wir werden uns davon enthalten, etwas zu fordern, was nicht aus Freiheit und Überzeugung geschähe, das heißt nicht vom Geist des Herrn eingegeben ist, der weht, wann und wo er will."

Im dritten Teil seiner Ansprache ging Paul VI. programmatisch über das bisherige Erscheinungsbild der katholischen Kirche hinaus. Offensichtlich hatten Johannes XXIII. und der bisherige Verlauf des Konzils auf ihn gewirkt, sodass die Erkenntnis gewachsen war, stärker auf die Welt zuzugehen. Mit dieser Rede wolle man sich „der Welt vorstellen" und für den Glauben und das Bekenntnis Jesu Christi eintreten: „Wir haben keinen anderen Wunsch, als diesen Unseren Glauben zu verkünden. Wir fordern nichts außer der Freiheit, diese Religion zu bekennen und denjenigen anzubieten, die sie freiwillig annehmen." Fast hat man das Gefühl, hier bereits etwas von der noch längst nicht fertig formulierten Konzilskonstitution über die „Kirche in der Welt von heute" herauszuhören. Wichtig ist vor allem, dass Paul VI. auf eine uneingeschränkte Religionsfreiheit pochte, zu der sich später auch das Konzil in Rom verpflichten sollte und die ab dann immer von den Päpsten – gerade während der Auslandsreisen – eingefordert werden würde. Paul VI. versicherte der Welt, dass die Kirche mitwirken wolle: „Wir wünschen für das Wohl der Welt zu arbeiten, für ihre Belange, für ihre Rettung.“ In der Ansprache wurden allerdings noch keine anderen Religionen vom Papst angesprochen, wohl aber wandte sich der Papst an die Religionen, indem er jenen, „die sich zum Eingottglauben bekennen und die mit uns ihren Gottesdienst dem einen, wahren, höchsten und lebendigen Gott darbringen, dem Gott Abrahams“ einen herzlichen Gruß entgegenbrachte. In Betlehem ging es Paul VI. darum, für die Kirche Christi zu werben und sie verständlich nach außen zu transportieren. „Die Sendung des Christentums ist eine Sendung der Freundschaft unter den Menschen; eine Sendung der Verständigung, der Ermutigung, der Förderung und Erbauung; und Wir fügen noch hinzu: des Heiles.“ Der Mensch, der in der Finsternis sitze, könne zur Erlösung gelangen. Die Kirche biete sich dazu den Menschen an, weil die Antwort auf die Fragen der Menschheit Christus heiße: „Er ist der Gute Hirt der Menschheit.“

In einfühlsamen und aufrüttelnden Worten wandte sich der Papst auch an die katholischen Missionen in aller Welt: „Unser Gruß darf heute keine Grenzen haben: Er übersteigt alle Schranken und will zu allen Menschen guten Willens gelangen; ja, in gleicher Weise auch zu denjenigen, die der Religion Christi noch nicht wohlwollend gegenüberstehen und versuchen, ihre Ausübung aufzuhalten und die Gläubigen zu bedrängen. Auch an die Verfolger des katholischen Lebens und die Gottes- und Christusleugner richten Wir Unsere schmerzliche Erinnerung und Unsere aufrichtige Frage: Warum, warum?“ Noch nie gab es derart klare Worte gegen die Christenverfolgung beziehungsweise die Einschränkung oder gar das Verbot der Religionsfreiheit wie in diesem Moment in Betlehem. Paul VI. legte hier eine Grundlage für das künftige Handeln der Kirche, die er bereit war, auch bei den späteren Debatten im Konzil wieder aufzugreifen. Ohne Frage ist der Teil der Rede an die Welt am stärksten von aktuellen Herausforderungen geprägt, die auch der Papst kannte. Der Pilger Paul wurde hier sogar politisch: „In der Stunde [...] fühlen Wir die dringende

Pflicht, vor den Staatsoberhäuptern und all jenen, die die Verantwortung der Völker tragen, Unseren Appell für den Frieden in der Welt zu erneuern. Mögen die Regierenden diesen Ruf Unseres Herzens vernehmen und großmütig ihre Anstrengungen fortsetzen, um der Menschheit den Frieden zu sichern, nach dem sie sich so glühend sehnt. [...] Möchten sie vom Allmächtigen [...] einen erneuerten Geist der Einheit und Großherzigkeit erhalten, um so unter allen Umständen die Ängste und Schrecken eines Weltkrieges zu meiden, dessen Folgen unabsehbar wären." Es bleibt bis heute beeindruckend, dass der Papst den Ort der Geburt Christi, des Friedensfürsten, für diesen dramatischen Aufruf zur Verhinderung eines Dritten Weltkriegs nutzte. Paul VI. ließ sich auch im Heiligen Land regelmäßig über die weltpolitische Lage informieren und kannte nur zu gut die Abgründe zwischen den Weltmächten, die durch den Kalten Krieg entstanden waren. Von der Krippe in Betlehem aus wollte der Papst ein Zeichen setzen. Durch das Telegrafenamt und über den Vatikan ließ er mehr als zweihundert Telegramme an die Staatsoberhäupter der Welt schicken, in denen er eindringlich aus dem Geist des Kindes an der Krippe darum bat, den Frieden für die Menschheit zu sichern.

Der zweite Schritt: Erneute Begegnung von Papst und Patriarch

Nach einem kurzen Besuch der lateinischen Katharinenkirche setzte sich die Wagenkolonne des Papstes von Betlehem aus wieder zurück nach Jerusalem in Bewegung. Nach der ersten Begegnung mit Patriarch Athenagoras folgte jetzt der Gegenbesuch des Papstes in der Residenz von Athenagoras. Nach einem weiteren Vier-Augen-Gespräch folgte die Ansprache Pauls VI., mit der er den künftigen ökumenischen Weg vorzeichnete. Der Papst begann seine Worte mit: „Groß ist Unsere Bewegung und tief Unsere Freude in dieser wahrhaft historischen Stunde, in der nach Jahrhunderten des Schweigens und der Erwartung die katholische Kirche und das Patriarchat von Konstantinopel in den Personen ihrer höchsten Repräsentanten einander wiederbegegnen." Paul VI. dankte Athenagoras für dessen Kommen, vor allem ging sein Dank an Gott, der diese Begegnung ermöglicht habe. „Es war deswegen passend – und die Vorsehung hat es gestattet –, dass es dieser Platz ist, an dem wir, als Pilger von Rom und von Konstantinopel, in der Lage sein sollten, uns zu treffen und uns zum gemeinsamen Gebet zu vereinigen.“ Der Papst würdigte das Anliegen Athenagoras', der sich ein solches Treffen schon zu Lebzeiten Papst Johannes' XXIII. gewünscht habe, was jedoch aufgrund des Todes des Papstes nicht möglich war. Paul VI. betonte, dass es sein Vorgänger gewesen ist, dem das Wort Jesu „Dass alle eins sein mögen“ ein Herzensanliegen gewesen war, das er gerne übernommen habe. „Zweifellos werden auf der einen wie auf der anderen Seite die Wege, die zur Einheit führen, mit Schwierigkeiten übersät sein. Aber diese beiden Pfade konvergieren miteinander und erreichen schließlich die Quellen des Evangeliums.“ Es gehe darum, sich entschlossen dem Pfad zu verschreiben, der zur Versöhnung führe. Paul VI. war realistisch genug, um auch die Probleme auf dem Weg der Einheit zu nennen. Dennoch spürt man in seiner Rede, mit welcher Freude er diese Begegnung mit Athenagoras und damit die historische Überwindung der Spaltung erlebte: „Die Unterschiedlichkeiten doktrinärer, liturgischer und disziplinärer Natur werden geprüft werden müssen, zur geeigneten Zeit und an geeigneter Stelle, in einem Geist der Wahrheitstreue und des Verstehens in brüderlicher Nächstenliebe. Was sich nun zu entwickeln beginnen kann und entwickeln muss, ist die brüderliche Nächstenliebe, die erfinderisch beim Finden neuer Wege ist und die, indem sie die Lehre aus der Vergangenheit zieht, bereit ist, zu vergeben ...“ Paul VI. machte mit diesen Worte deutlich, dass die Kirche zur Vergebung bereit sei. Daher zeigte er sich dankbar dafür, dass man in Kürze den Friedenskuss austauschen und in den jeweilig eigenen Sprachen das Vaterunser beten werde. Perspektivisch betonte der Papst: „Mit diesen Gefühlen ist es nicht ein ‚Lebewohl‘, das Wir Ihnen sagen, sondern, wenn Sie Uns erlauben, ein ‚Auf Wiedersehen‘, das auf der Hoffnung auf andere fruchtbare Treffen im Namen des Herrn fußt.“

Als Geschenk überreichte Athenagoras dem Papst ein Encolpion, die Halskette der bischöflichen Würde in der orthodoxen Kirche. Vor dem Vaterunser erfolgte eine gemeinsame Schriftlesung aus dem Johannesevangelium mit dem zentralen Satz: „Heiliger Vater, bewahre sie in deinem Namen, den du mir gegeben hast, damit sie eins sind wie wir.“ (Johannes 17,11) Das gesamte Kapitel trugen Papst und Patriarch Vers für Vers abwechselnd in lateinischer und griechischer Sprache vor. Von vielen Beobachtern wurde dieser weitere Schritt als einer der dichtesten geistlichen Momente der Pilgerreise gewertet.

Dem eindrucksvollen Treffen folgte eine von beiden Seiten abgestimmte Presseerklärung, in der noch einmal der Dank für diese Möglichkeit der Begegnung ausgedrückt wurde. „Dieses Treffen kann nicht anders betrachtet werden denn als brüderliche Geste, inspiriert von der Liebe Christi, der seinen Schülern als höchstes Gebot, das der Nächstenliebe, hinterlassen hat, Beleidigungen siebenmal siebenmal zu vergeben und unter sich einig zu sein", hieß es in dem Text. Man bitte Gott, „dass dieses Treffen das Zeichen und der Auftakt zu weiteren Schritten sein wird …"[92] So könnten die Jahrhunderte des Schweigens überwunden werden. Das Kommuniqué fasste letztlich die ganze Begegnung zusammen, von der die späteren Beratungen des Zweiten Vatikanischen Konzils maßgeblich inspiriert wurden. Man wird Paul VI. aufgrund dieses Treffens und seines späteren ökumenischen Einsatzes auf dem Konzil viel stärker als Papst des ökumenischen Durchbruchs würdigen müssen, als das vielerorts geschehen ist. Der Auftakt war jedenfalls erfolgreich gelungen. Gerade deshalb richtete Papst Franziskus seine Pilgerreise 2014 in Erinnerung genau an diese ökumenischen Momente der historischen Begegnung Pauls VI. mit Athenagoras in Jerusalem aus.

Meilenstein: Das Ende einer historischen Reise

Vom Ölberg ging es erneut in die Altstadt Jerusalems: Dem dichten Programm folgte der Gegenbesuch beim armenischen Patriarchen, Yeghishe Derderian, der den Papst ehrerbietend und ganz anders als Patriarch Benediktos mit den Worten „Fürst aller Fürsten der großen christlichen Welt des Westens" willkommen hieß. Von hier begab sich der Papst einige Straßenzüge weiter zum kurzen Besuch im Lateinischen Patriarchat von Jerusalem. Um 12.00 Uhr wurde Paul VI. in der Delegatur zurückerwartet. Dort traf er mit dem Bürgermeister Jerusalems und weiteren Verantwortlichen der Stadtverwaltung zusammen. Außerdem waren zahlreiche Vertreter der anderen christlichen Konfessionen in die Delegatur eingeladen. Paul VI. holte jetzt die Ansprache nach, die aufgrund der chaotischen Zustände am Damaskustor hatte entfallen müssen. Er rief den Einwohnern Jerusalems zu: „Wir drücken euch Unsere Hochachtung für euren religiösen Geist und eure edle Gastfreundschaft für alle Pilger aus, die die heiligen Stätten besuchen. Wir fordern euch auf, eure Hände mit Uns zum Himmel zu erheben, um den Segen des allmächtigen Gottes auf diese heilige Stadt zu erflehen." Ausdrücklich lud der Papst die katholische Bevölkerung der Stadt ein, ihm auf dem Pilgerweg zu folgen: „Tretet ein mit Uns in diese Wallfahrt. Kommt mit Uns auf die Spuren Christi. [...] Allen aber rufe ich zu: Lasst uns um den Frieden beten, der von diesem von Gott gesegneten Land ausging. Fragen wir von hier aus nach einer wahren und echten Brüderlichkeit zugunsten aller Menschen und aller Völker." Was für den Anfang der Reise geplant war, wurde jetzt an ihren Schluss gestellt – und hatte an Bedeutung und Wirkkraft nichts verloren.

Mit dem Segen vom Balkon der Delegatur und einer kurzen Mittagspause brach der Papst bald danach auf und die Wagenkolonne setzte sich von Ostjerusalem über Betanien und den Jordangraben nach Amman in Bewegung. Auf dem Flughafen wurde er von König Hussein empfangen, der sich jetzt in die traditionelle Beduinentracht und Militäruniform gekleidet hatte. Der König dankte dem Papst für dessen Kommen und für das Gebet um den Frieden. Vor allem hoffe er, dass der Pilgerfahrt alle erwünschten Erfolge beschieden gewesen seien: „Ich bin bereit, wie Sie gemeinsam mit allen Völkern für den Frieden zu arbeiten. Aber der Friede kann nicht verwirklicht werden, solange nicht in unserem Land Gerechtigkeit herrscht. Eure Heiligkeit, unsere erhabene Aufgabe, die heiligen Orte der Christenheit zu verteidigen und immerdar als Wallfahrtsorte der Christen der ganzen Welt zu schützen, werden wir weiterhin wahrnehmen." Damit hatte der König seinen Verteidigungsanspruch und seine Verantwortung für die Christen unmissverständlich unterstrichen.

Paul VI. dankte für die jordanische Gastfreundschaft. Sein Umfeld soll ihn noch in der Nacht bewegt haben, die Anredeformel in der Ansprache an den König zu ändern, nachdem es auf arabischer Seite Irritationen über die hebräisch gesprochenen Grußformeln des Papstes in Israel gegeben hatte, die er jedoch bei den Begegnungen mit den arabischen Einheimischen nicht nutzte. So ist wohl zu erklären, dass der Papst jetzt den arabischen Gruß „Salam aleikum“ vor die kurze Ansprache setzte und mit einem arabischen „Auf Wiedersehen“ endete. An den König und ganz Jordanien gerichtet, sagte er: „Nun ist die Stunde da, in der Wir nach Unserer unvergesslichen Pilgerfahrt dieses gesegnete Land verlassen müssen. [...] Wir nehmen in Unserem Herzen eine Erinnerung voll Trost mit an diesen demütigen Besuch des Heiligen Landes [...] Gott vergelte es Ihnen. Er trockne Ihre Tränen und schenke Ihnen Frieden, Wohlfahrt und wahres Glück.“ Der Papst fügte sichtlich berührt hinzu: „Friede diesem Land und allen, die darin wohnen.“ Um 15.58 Uhr startete die Maschine von Amman Richtung Rom – die erste Auslandsreise eines Papstes der Neuzeit ging ihrem Ende entgegen.

Als der Papst um 19.00 Uhr in der italienischen Hauptstadt eintraf, war das Programm für ihn noch nicht vorbei: Mehr als eine Million Römer begrüßten „ihren“ Papst auf einer triumphalen Fahrt durch die Innenstadt. Noch auf dem Flughafen wurde er von Staatspräsident Segni willkommen geheißen. In einer kurzen Grußadresse sagte Paul VI.: „Wir wünschen, dass Unsere Fahrt nach Palästina die Bedeutung einer besonders innigen und glühenden Begegnung mit Christus annähme, um vor der Welt die Wirklichkeit und Universalität der Erlösung zu verkünden.“ Sein Ziel sei es gewesen, die „blühenden katholischen Gemeinden“ zu ermutigen und den Frieden für die Welt zu erflehen. Nach der Rückkehr in den Apostolischen Palast traf der Papst zu später Stunde mit den in Rom befindlichen Kardinälen zusammen. Tief ergriffen berichtete er von seinen Begegnungen im Heiligen Land. Vor allem erwähnte er die beiden Treffen mit Patriarch Athenagoras: „Er hat mich umarmt, wie man einen Bruder umarmt [...], um zu sagen: Wir müssen uns zuhören, wir müssen Frieden schließen, der Welt zeigen, dass wir Brüder geworden sind.“ Noch am Morgen der Abreise habe der Patriarch ihn gefragt: „Sagen Sie mir, was wir tun sollen!“ Von der augenblicklichen Begeisterung dürfe man sich nicht blenden lassen, betonte der Papst: „Aber es ist die Frage, die wahrhaftig zum Leitstern werden kann für die universale Kirche der Zukunft.“

Der Beginn eines langen Weges – Der große Durchbruch Pauls VI.

Papst Paul VI. kam als Pilger ins Heilige Land und ging als Pilger nach Rom zurück. Die erste Auslandsreise eines Papstes war mehr als ein Erfolg, sie war ein international anerkannter Triumph für einen Papst, der in einem noch äußerst jungen Pontifikat den Mut hatte, die Mauern des Vatikans auf ungewohnte Weise zu verlassen. Paul VI. hat mit der ersten Auslandsreise eines Papstes der Neuzeit Maßstäbe gesetzt. Trotz der extrem geringen Vorbereitungszeit ist ihm der Spagat gelungen: dem Wesen der Reise als Pilger treu zu bleiben und gleichzeitig die Autonomie gegenüber den besuchten Staaten zu bewahren. Der Papst hat gespürt, dass man ohne Politik im Heiligen Land nicht auskommen kann. Geschickt aber wusste er jede einseitig zu interpretierende politische Äußerung zu vermeiden. So tastete er sich vorsichtig und doch selbstbewusst an seine Gesprächspartner heran, ohne sich instrumentalisieren zu lassen und doch – wie im Falle bei der Verabschiedung durch Staatspräsident Shazar – klar Position zu beziehen mit Blick auf Papst Pius XII.

Herangetastet hat sich Paul VI. auch an die anderen Religionen, besonders das Judentum. Was heute als Selbstverständlichkeit mit der Nennung des Volkes des Alten Bundes erscheinen mag, war damals eine Sensation: Ein Papst geht – noch während das Konzil die Erklärung zu den nichtchristlichen Religionen heftig diskutierte – auf die Juden zu und bringt ihrer Bedeutung in der Heilsgeschichte des Alten Testamentes Wertschätzung entgegen. Dabei wusste Paul VI., welche Grundlagen sein Vorgänger Papst Johannes XXIII. gelegt hatte. Der Besuch von Kardinal Tisserant im Jerusalemer Trauerkeller war ein ganz wesentlicher Schritt für die spätere Annäherung zwischen der katholischen Kirche und dem Judentum. Der Papst hat mit seinem Besuch gezeigt, dass sich die Kirche – so wie es das Konzil wünschte – der Welt öffnet und dabei die Heilsbotschaft Christi der Welt anbietet. Hier wird deutlich, in welcher Phase sich die Kirche befand, weil der Begriff des interreligiösen Dialogs damals noch nicht existierte. Vor allem hat der Papst die Ökumene nicht nur gestärkt, sondern mit seinen starken Begegnungen mit Athenagoras ganz wesentlich nach vorne gebracht. Der Patriarch aus Konstantinopel, der zum Abschied den Papst fragte, was nun zu tun sei, zeigte etwas, was kurz zuvor noch als unvorstellbar galt: Man war bereit, miteinander zu sprechen. Diesen Faden musste der Papst mit dem Konzil aufnehmen: Es sollte ihm gelingen.

Vor allem hat der Pilger Paul VI. die katholischen Gemeinden im Heiligen Land gestärkt und ermutigt. Die Feier der Eucharistie, die Gebete und Meditationen, die Würdigung der Arbeit der Kirche vor Ort waren Elemente, die die Tage im Nahen Osten prägten. Politische Themen, strittige Besitzrechte oder der Status quo der Grabeskirche waren kein Thema, ebenso ist die Annäherung auf mehr theologischer als auf politischer Ebene zwischen Vatikan und Israel eher beiläufig gewesen. Stattdessen war der Papst – wie er angekündigt hatte – als Pilger gekommen, der für den Frieden im Heiligen Land warb und gleichzeitig zur Umkehr eben für diesen Frieden und die friedliche Koexistenz sowie zu einem neuen Engagement im ökumenischen Miteinander aufrief. So hat Paul VI. Maßstäbe gesetzt, die er mit weiteren Reisen um den Globus offensiv vertrat. Es sollte 36 weitere Jahre dauern, bis die Zeit für einen zweiten Papstbesuch reif war. Papst Johannes Paul II. konnte auf der Grundlage Pauls VI. und der langjährigen und vielfältigen Nahostdiplomatie des Heiligen Stuhls aufbauen und so im Heiligen Land zu Freunden fahren.

IV. Freundschaft: Papst Johannes Paul II. 2000 im Heiligen Land

Papst Johannes Paul II. hatte seinen Wunsch für eine Pilgerreise zu den mit der Heilsgeschichte der Kirche verbundenen Stätten in einem Brief am 29. Juni 1999 veröffentlicht. Schon früh war klar, dass eine solche Pilgerreise in verschiedenen Etappen stattfinden würde. Nachdem eine Reise in den Irak im Dezember 1999 kurzfristig abgesagt werden musste, begann die große Reise im Jubiläumsjahr der katholischen Kirche mit dem Besuch Ägyptens und des Sinai im Februar 2000. Vom 20. bis 26. März 2000 machte sich Johannes Paul II. auf den Weg ins Heilige Land, um hier Jordanien, die Palästinensischen Autonomiegebiete und Israel zu besuchen. Dieser historischen Reise war eine solide und langfristige Vorbereitung vorausgegangen. Während der Planungen setzte der Papst eigene wichtige Zeichen in der Nahostdiplomatie des Heiligen Stuhls, so beispielsweise, als am 15. Februar 2000 mit der PLO ein Grundlagenabkommen unterzeichnet wurde.[93]

Auftakt der Reise ins Heilige Land war Jordanien, wo rund 4 Prozent Christen unter 92 Prozent sunnitischen und 4 Prozent schiitischen Muslimen leben. Mit dem absoluten Herrschaftsanspruch des Islam wurde in Jordanien religiöse Toleranz über lange Zeit zunächst nur in Maßen geübt. Seit dem Ende der Achtzigerjahre hat sich die Situation jedoch spürbar verbessert. In der wirtschaftlich stark angespannten Lage des Königreiches verlassen nach wie vor Christen das Land. Die rund 186.000 Christen verteilen sich auf einige Dörfer im Norden Jordaniens und konzentrieren sich auf die Städte Amman, Madaba, Kerak, Salt und Adschlun. Größter Anteil der christlichen Konfession sind die Griechisch-orthodoxen (knapp 100.000), gefolgt von den Melkiten (35.000). Minderheiten bilden protestantische Kirchen und andere orientalische Gemeinschaften. Zu den Lateinern (römisch-katholisch) gehören 25.000 Gläubige, die dem Patriarchat von Jerusalem unterstehen.[94]

Montag, 20. März 2000

Jordanien – Ankunft in Amman

Mit der Landung in der jordanischen Hauptstadt Amman begann die zweite Nahostreise von Johannes Paul II. im Heiligen Jahr. Vom Alter stark gezeichnet, wurde er auf dem Flughafen durch König Abdallah und dessen Frau Rania begrüßt. Erst wenige Monate zuvor hatte das Königspaar den Papst am 18. September 1999 in Castelgandolfo aufgesucht. Abdallah würdigte den Papst als Mann des Friedens; seine Botschaft der Versöhnung halle um die Erde und sei Hoffnung für viele. Der Monarch ging zwar nicht auf konkrete Probleme der Nachbarländer ein, aber er war einer der wenigen Staatsmänner während der gesamten Reise, die gegenüber dem Papst Palästinenser, Israelis, den Libanon, Syrien und den Irak in einer Rede erwähnten. „Jetzt ist es Ihre Gestalt, die uns an Dinge erinnert, die fast vergessen sind: Die Wirksamkeit des Glaubens und die absolute Notwendigkeit zur Vergebung gegenüber ehemaligen Feinden“ - so nannte der König den aktuellen Auftrag. Die Anwesenheit des Papstes verdeutliche, was Toleranz und Koexistenz bedeute: „Es ist der Moment, der die Pilgerfahrt eines heiligen Mannes zu den Straßenkreuzungen von Geschichte und Geografie bezeugt, wo Religion begann und Zivilisation erstmals auftauchte.“

In der Redenkonzeption bei Johannes Paul II. verdienten gerade die Ansprachen bei Ankunft und Abreise in den besuchten Ländern besondere Aufmerksamkeit, denn der Papst nutzte die Gelegenheit, um politische Optionen zu formulieren und vor allem den Beitrag der Christen für das Wohlergehen des Staates darzustellen. So würdigte Johannes Paul II. zunächst die „Gastlichkeit und Aufgeschlossenheit“ Jordaniens, den verstorbenen König Hussein und König Abdallah selbst: „Ich weiß, wie sehr

Sie sich um den Frieden in Ihrem eigenen Land und in der ganzen Region bemühen und wie wichtig es für Sie ist, dass alle Jordanier – Muslime und Christen – sich als ein Volk und eine Familie betrachten." Mit einem eindringlichen Friedensappell forderte der Papst Gerechtigkeit für die ganze Region des Nahen Ostens: „In dieser Gegend der Welt stellen sich schwere und dringende Probleme der Gerechtigkeit und der Rechte der Völker und Nationen, die zum Wohl aller Beteiligten und als Voraussetzung für einen dauerhaften Frieden gelöst werden müssen. [...] Ohne Frieden kann es keine echte Entwicklung dieser Region geben, kein besseres Leben für die hier ansässigen Völker und keine hellere Zukunft für ihre Kinder." Dabei sei es der Wunsch der katholischen Kirche, „immer mit einzelnen Nationen und Menschen guten Willens zusammen[zu]arbeiten, um die Würde des Menschen zu fördern und geltend zu machen". In diesem Zusammenhang erinnerte er an die Einhaltung der Religionsfreiheit, die in Jordanien vorbildlich umgesetzt werde: „Eure edle Tradition der Achtung aller Religionen gewährleistet die Religionsfreiheit, die dies ermöglicht und die in der Tat ein grundlegendes Menschenrecht ist."

Ausblick: Auf dem Berg Nebo

Gleich nach dem Begrüßungszeremoniell setzte sich der Konvoi des Papstes in Richtung Madaba in Bewegung, wo der Papst – wie sein Umfeld wissen ließ – auf eigenen Wunsch den biblisch erwähnten Berg Nebo besuchte. Von dort schaute Mose gemäß der Überlieferung nach der Wüstenwanderung in das Gelobte Land, ohne es betreten zu können, und starb dort (vgl. Deuteronomium 34). Das Heiligtum auf dem Nebo wird von den Franziskanern verwaltet, die den Papst begrüßten und ihm die aktuellen Ausgrabungen und Mosaikfunde vorstellten. Entgegen dem üblichen Drängen von Protokollverantwortlichen ließ man Johannes Paul II. hier Zeit, um zu beten. Das Bild des einsamen Papstes auf der Mauer mit dem Blick ins Gelobte Land ging um die Welt: „Er ist am Ziel angekommen", bemerkte ein Kurienkardinal aus dem engsten Umfeld. Tatsächlich hatte man in diesem Moment der Reise mehr als an allen anderen Tagen den Eindruck, dass Johannes Paul II. als Pilger gekommen war und das Ziel – mit dem Blick über den Jordan wie einst Mose – erreicht hatte. Der Abend in Amman war geprägt vom Höflichkeitsbesuch beim König – einer Begegnung unter Ausschluss der Öffentlichkeit und ohne Ansprachen. Bei dieser Gelegenheit würdigte Johannes Paul II. erneut in einem privaten Gespräch mit König Abdallah II. die Rolle seines Vaters als Versöhner in einem schwierigen Friedensprozess.

Dienstag, 21. März 2000

Versammlung: Eucharistie im Stadion

Der Höhepunkt des Aufenthaltes von Johannes Paul II. in Jordanien war die Messfeier im Sportstadion von Amman zu Ehren Johannes' des Täufers, der als Nationalpatron des Landes gilt. Von christlicher Seite hatte es eine solche Massenveranstaltung mit mehr als 40.000 Teilnehmern bisher noch nicht im modernen Jordanien gegeben. Unter Anwesenheit von hochrangigen Vertretern anderer Kirchen, der Regierung und dem Königshaus feierten 2000 Kinder ihren Tag der Erstkommunion. In seiner Begrüßung würdigte Patriarch Michel Sabbah das Kommen des Papstes. Durch Gottes Gnade sei es gelungen, lebendige Gemeinden und eine fruchtbare religiöse, soziale und erzieherische Arbeit zu leisten, so Sabbah. In seiner Ansprache konzentrierte sich der Papst auf die Schriftauslegung und damit auf die geistliche Dimension seiner Reise und schlug einen Bogen zur jüngst zurückliegenden Fahrt auf den Sinai: „Die Zehn Gebote, die am Sinai in Stein gemeißelt wurden, die aber seit Beginn der Schöpfung ins Menschenherz eingeschrieben waren, sind die göttliche Pädagogik der Liebe. Sie zeigen den einzig sicheren Weg zur Erfüllung unseres tiefsten Sehnens: die ununterdrückbare Suche des Menschen nach Güte, Wahrheit und Eintracht." Während des Gottesdienstes überreichte Johannes Paul II. Vertretern einzelner Gemeinden die im Februar 2000 verabschiedeten Ergebnisse der fünfjährigen Synodenarbeit der katholischen Kirchen des Heiligen Landes: „Durch die Synode wurde deutlich, dass eure Zukunft in der Einheit und Solidarität liegt", so der Papst. „Heute bete ich dafür [...], dass die Arbeit der Synode zu einer Festigung der gemeinsamen Bande und der Zusammenarbeit zwischen den örtlichen katholischen

Gemeinden in all ihrer reichen Vielfalt führen möge, wie auch zwischen allen christlichen Kirchen und Kirchengemeinschaften sowie zwischen den Christen und den anderen großen Religionen, die sich hier entfalten." Symbolisch sollte der Papst später auch in Betlehem und Nazaret die Synodenergebnisse an Laien und Priester übergeben. Zum Ende der Liturgie segnete der Papst fünf Grundsteine, die für kirchliche Bauten der nächsten Jahre genutzt wurden: Ein Stein war für das Fundament einer maronitischen Kirche und ein weiterer für eine syrisch-katholische Gemeinde bestimmt. Der dritte Grundstein wurde für das vom Lateinischen Patriarchat in Jerusalem geplante und in Amman realisierte Behinderten- und Begegnungszentrum „Regina Pacis" verwendet. Die beiden anderen Steine waren für Schulprojekte in der Hafenstadt Aqaba bestimmt.

Einkehr: Gebet am Jordan

Die letzte Station der Reise nach Jordanien war der Besuch der Taufstelle Jesu am ostjordanischen Ufer im Wadi al-Kharrar. Erst kurzfristig war dieser Programmpunkt auf Wunsch der jordanischen Regierung aufgenommen worden. Lange Zeit war das Gelände vermint, sodass erst nach dem Friedensschluss zwischen Jordanien und Israel mit einer archäologischen Sondierung begonnen werden konnte. Die Forscher förderten eine Vielzahl frühchristlicher Baptisterien und Kirchenruinen sowie Zisternenanlagen und Mosaiken zu Tage. Ob es sich bei diesem Ort tatsächlich, wie auf der historischen Mosaikkarte von Madaba aus der Mitte des 6. Jahrhunderts verzeichnet, um das Betanien am Ostufer des Jordan handelt, ist allerdings nach wie vor umstritten (vgl. Johannes 1,28 sowie Johannes 10,40). Johannes Paul II. kam mit dem Hubschrauber zu den rund 3000 wartenden Menschen, unter ihnen der Bruder des Königs, Prinz Mohammed. In den Mittelpunkt seiner Meditation stellte der Papst die Person Johannes' des Täufers und dankte den Jordaniern für die Gastfreundschaft: „Möge der heilige Johannes der Täufer den Islam und alle Menschen Jordaniens beschützen ..." Selten zuvor hatte der Papst den Islam, der den Täufer in ihrer Tradition ebenfalls kennt und dessen Grab in der Omaijadenmoschee in Damaskus verehrt wird, in einer solchen Form gewürdigt.

Vom Jordantal ging es mit dem Hubschrauber direkt zum Flughafen von Amman. In einer einfachen Zeremonie ohne Ansprachen verabschiedete König Abdallah den Gast aus Rom, bevor sich der Airbus der „Royal Jordanian Airlines" auf den Weg nach Tel Aviv machte.

Lange war im Vorfeld diskutiert worden, ob ein Grenzübertritt des Papstes nicht auf der Allenby-Bridge - der auch in Krisenzeiten zwischen Jordanien und Israel fast immer offenen Grenzverbindung - möglich gewesen wäre. Der Vatikan hatte aber schon frühzeitig eine solche Idee zurückgewiesen, da der Übergang von Jordanien direkt in die von Israel noch immer besetzte Westbank führt. Rom ging es darum, die politischen Grenzobliegenheiten deutlich zu unterscheiden und den Besuch tatsächlich in Israel und nicht im palästinensischen Kernland beginnen zu lassen. Ursprünglich hatte Israel gehofft, Johannes Paul II. werde als Auftakt Jerusalem wählen. Allerdings machte die vatikanische Diplomatie bereits in der frühen Planungsphase deutlich, dass ein solcher Schritt unmöglich sei, da er faktisch einer Anerkennung Jerusalems als alleiniger Hauptstadt Israels gleichkomme.

König Abdallah ging durch den Besuch des Papstes im Land gestärkt hervor. Gleichzeitig fühlte sich die christliche Minderheit über Konfessionsgrenzen hinweg ermutigt. Johannes Paul II. hat in Jordanien mit seiner Friedens- und Versöhnungsrede, aber auch mit den spirituellen Momenten der Pilgerreise beharrlich und doch zurückhaltend Geschichte geschrieben. Der Besuch war eine problemlose Visite ohne diplomatische Rangeleien oder die Sorge, wie viel die Kirche in einem islamischen Staat zu sagen vermag. An diesem harmonischen Programmauftakt hat nicht zuletzt der von König Hussein entmachtete einstige Thronfolger, sein Bruder Hassan, wesentlichen Anteil gehabt. Kurz nach der Machtübernahme Abdallahs hatte dieser Hassan gebeten, auch weiterhin den Bereich der Regierungs- und Königshauskontakte zu christlichen Institutionen unterhalten zu dürfen. Bereits seit Mitte der Neunzigerjahre hielt Hassan Gastvorlesungen an der Päpstlichen Universität Gregoriana in Rom. Die Realisierung des Papstbesuches in Jordanien wäre nicht ohne seinen kenntnisreichen Einsatz auf der diplomatischen Ebene im Hintergrund möglich gewesen.

Es war bereits dunkel, als Papst Johannes Paul II. bei Sturm und Dauerregen israelischen Boden erreichte – 36 Jahre nach Papst Paul VI. Die vom Geheimdienst als Operation „Alter Freund" titulierte Hochsicherheitsreise konnte beginnen. In unermüdlicher Kleinarbeit hatte der für schwierige organisatorische Missionen bewährte Chef der israelischen Elektrizitätswerke, Rafi Pelel, die leitende Koordination des Unternehmens von Premierminister Ehud Barak übertragen bekommen. Ein Polizeiaufgebot mit bis zu 10.000 Einsatzkräften im ganzen Land sollte für die Sicherheit des Papstes sorgen. Auf dem Flughafen in Tel Aviv wurde Johannes Paul II. von Staatspräsident Ezer Weizmann begrüßt. Private und staatliche Fernsehprogramme unterbrachen ihre Sendungen. Nach amtlichen Angaben sollen 85 Prozent der israelischen und palästinensischen Bevölkerung die Ankunft des Papstes live an den Fernsehgeräten erlebt haben. Historisch war der Moment, als Johannes Paul II. mit Ehrensalut begrüßt wurde. Es schien, als sei ein jahrzehntelanger steiniger Weg zwischen der katholischen Kirche und dem israelischen Staat an einem Ziel angekommen. Die Hymnen waren der Auftakt zu harmonischen Tönen eines hochpolitischen Besuchs.

Diese Brisanz wurde bei den Begrüßungsansprachen deutlich. Staatspräsident Weizmann erinnerte an die leidvolle Geschichte Israels, an religiöse Verfolgung und Antisemitismus. Heute sei man nicht länger Juden, die im Exil von Land zu Land gingen. Weizmann würdigte das Eintreten des Papstes gegen jede Form von Antisemitismus, auch in der katholischen Kirche. Es war ein Thema, das noch die folgenden Tage der Reise prägen sollte und zum beherrschenden Moment vor allem in den israelischen Medien wurde: „Wir begrüßen den Beitrag Eurer Heiligkeit zur Verdammung des Antisemitismus durch seine Brandmarkung als ein Verbrechen gegen Gott und die Menschheit und durch die Bitte um Vergebung für die Untaten, welche von Repräsentanten der katholischen Kirche gegen das jüdische Volk begangen wurden", so Weizmann, der sich bemühte, Israel als das beste Beispiel praktizierter Religionsfreiheit im Nahen Osten darzustellen. Dies sei dadurch verwirklicht, dass Israel den freien Zugang zu den heiligen Stätten allen Menschen im Heiligen Land ermögliche. Ähnlich wie König Abdallah war er sich dessen bewusst, dass Versöhnung nur mit einem grundlegenden Frieden gelingen könne. Israel sei das spirituelle Zentrum des jüdischen Volkes, „wo Juden, Muslime, Christen und Menschen anderer Glaubensrichtungen in Frieden und Harmonie zusammenleben", erklärte Weizmann, der die politischen Erwartungen an den Besuch des Papstes von israelischer Seite unmissverständlich formulierte: „Sie werden heute Abend in Jerusalem ankommen, der Stadt des Friedens, der Hauptstadt des Staates Israel und dem Herzen der jüdischen Welt, welche genauso eine heilige Stadt für das Christentum und den Islam ist."

Diplomatisch geschickt, ging Johannes Paul II. auf diesen heiklen Punkt nicht ein. Vielmehr nutzte er seine Rede, um – dem Pontifikat entsprechend – vom „Staat Israel" und den „lieben israelischen Freunden" zu sprechen – eine Formulierung, die Paul VI. bei seiner Reise noch nicht anwenden konnte. Staatspräsident Weizmann würdigte er als „Friedensstifter". Ein Friede, so der Papst, sei dringend notwendig, „nicht allein für Israel, sondern für die ganze Region". Er war sich dessen bewusst, dass ein solcher Wunsch nur im Dialog realisiert werden kann. Deshalb bezeichnete der Papst seine Reise nach Israel als „Tribut an die drei Religionstraditionen, die in diesem Land koexistieren". Besonders hob er die seit der Aufnahme voller diplomatischer Beziehungen zwischen dem Heiligen Stuhl und Israel eingeleitete neue Ära des Dialogs hervor. Es sei notwendig, dass Christen und Juden mit neu gefundener Offenheit füreinander „mutige Anstrengungen unternehmen, um alle Formen von Vorurteil zu beseitigen. Wir müssen immer und überall danach trachten, das wahre Antlitz der Juden und des Judaismus wie auch der Christen und des Christentums zu zeigen, und das auf allen Ebenen der Mentalität, der Lehre und der Kommunikation." Der Appell für ein tieferes Verständnis des Judentums wurde von vielen Beobachtern als ein Vorzeichen dafür interpretiert, dass in Yad Vashem zwei Tage später entscheidende Worte fallen sollten.

Nach diesem politisch bedeutsamen Auftakt des Papstbesuches in Israel ging es per Hubschrauber nach Jerusalem, wo Johannes Paul II. sein Quartier in den Räumen der Apostolischen Delegatur am Ölberg bezog. Mit Nervosität hatten die Behörden der Ankunft in Jerusalem entgegengesehen. Am Abend vorher war der Hubschrauberlandeplatz von jüdischen Extremisten mit antipäpstlichen Parolen beschmiert worden.

Mittwoch, 22. März 2000

Palästinensische Autonomiegebiete: Von Jericho nach Betlehem

Am frühen Morgen flog Johannes Paul II. im Hubschrauber von Jerusalem Richtung Jericho. Dort betete er am Westufer des Jordans in al-Maghtas, wo ebenfalls die Taufstelle Jesu verehrt wird. Der Programmpunkt war kurzfristig in den Reiseplan aufgenommen worden. Später betonte der Vatikan, dass al-Maghtas auf einem ausschließlich von Israel kontrollierten Gebiet liege und es sich um keinen offiziellen Besuch des Papstes in Jericho gehandelt habe. Die Visite war innerkirchlich nicht unumstritten, da die PLO hier am 15. Januar 2000 ein Kloster der weißrussischen Kirche enteignet und der rotrussischen Kirche übergeben hatte. Der Akt geschah auf ausdrücklichen Wunsch des Moskauer Patriarchen Alexij II., der Betlehem zum orthodoxen Weihnachtsfest besucht hatte. Während der Enteignung hatten die palästinensischen Behörden zwei Nonnen übersehen, die sich seitdem über Monate im Kloster verschanzt hielten und nicht bereit waren, sich dem Moskauer Patriarchat zu unterstellen.[95] Vonseiten der russischen Orthodoxie wurde deshalb bedauert, dass Johannes Paul II. diesen Ort besucht habe, ohne deutliche Kritik an der Kompromisslosigkeit jener Nonnen zu üben, die das Kloster widerrechtlich besetzt hielten. Der stille Protest der weißrussischen Kirche zeigte sich während der Reise auch am Jerusalemer Ölberg. Dort hatten die Nonnen des weißrussisch-orthodoxen Klosters der heiligen Maria Magdalena große Spruchbänder mit Protesten gegen das Verhalten der Regierung Arafat an Mauern und im Garten befestigt.

Vom Jordangraben ging es mit dem Hubschrauber direkt nach Betlehem. PLO-Chef Yassir Arafat wusste um die außenpolitische Bedeutung und die innere Stärkung dieses Besuchs. Zum zweiten Mal in der Geschichte besuchte ein Papst die Geburtsstadt Jesu, erstmals aber unter der alleinigen Verwaltung der Palästinenser. So kam es gleich nach der Landung zu vielfältigen Interpretationen darüber, ob die dem Papst zum Kuss entgegengehaltene Erde des Landes eine faktische Anerkennung des teilautonomen Palästinenserstaates gewesen sei. Der vatikanische Pressesprecher verneinte, Betlehems Bürgermeister Hanna Nasser bejahte und war dankbar für dieses Zeichen eines als notwendig erachteten Respekts. Dem Papst wurde ein überwältigender Empfang bereitet. Die Behörden hatten in der gesamten Autonomiezone schulfrei erteilt, sodass sich Betlehem vor allem als junge Stadt präsentierte. Emotional ergriffen, stand Arafat, begleitet von seiner Frau Souha auf dem Podest, als die Nationalhymnen gespielt wurden. In seiner Rede hob der Palästinenserpräsident die lang gehegte Hoffnung des palästinensischen Volkes hervor, dass dieser Besuch endlich Realität werden möge. Die Chance einer in der gesamten Welt wahrgenommenen Ansprache nutzte Arafat, um die vom Papst während des gesamten Aufenthalts geschickt nicht tangierte Jerusalemfrage dennoch zu stellen, indem er den vorgesehenen Redetext änderte und von „unserem Gast in Palästina und Jerusalem, unserer ewigen Hauptstadt“ sprach. „Das palästinensische Volk schätzt Ihre gerechte Haltung in der Unterstützung seiner Angelegenheiten und der rechtmäßigen Präsenz in seiner Heimat als souveränes und unabhängiges Volk“, fasste Arafat die Situation zusammen. Er würdigte den Papst als „Mann von Wort und Tat, der immer zu Brüderlichkeit unter den Völkern und gegenseitigem Respekt der Anhänger der drei monotheistischen Religionen aufruft“. Arafat unternahm einen vorsichtigen Spagat: Er erwähnte zwar häufiger das palästinensische Volk, sprach aber genauso von „den Völkern“, womit er auch Israel meinte, ohne explizit den Namen zu nennen. Der jüngste Grundlagenvertrag mit dem Vatikan vom Februar 2000 hatte ihm den Rücken gestärkt, sodass auch palästinensische Kirchenführer kaum mit ihrer zuvor geäußerten Kritik – besonders hinsichtlich der Menschenrechte und der Diskriminierung einzelner Christen – zu hören waren. Alle stimmten darin überein, dass es bei der Reise um den Frieden gehe, den auch Arafat anmahnte: „Das ist das Heilige Land, das noch immer seiner Erlösung von den Desastern des Kriegs, der Konflikte, von Besatzung und Aggression harrt.“

Der Schlüssel der Erlösung lag für Johannes Paul in Betlehem, wo sich die Heilsbotschaft erfüllt habe. „Überall wenden die Menschen sich diesem einzigartigen Flecken der Erde mit einer Hoffnung zu, die alle Konflikte und Schwierigkeiten übersteigt. [...] Die Botschaft von Betlehem ist die Gute Nachricht von der Versöhnung unter den Menschen, vom Frieden auf jeder Ebene der Beziehungen unter Individuen und Nationen. Betlehem ist eine Welt-Wegkreuzung, wo alle Völker einander begegnen können, um miteinander eine unserer Menschenwürde und Bestimmung würdige Welt aufzubauen“, so der Papst in seiner Begrüßungsrede. „Friede für das palästinensische Volk! Friede für alle Völker der Region! Niemand kann unbeachtet lassen, wie sehr das palästinensische Volk in den letzten Jahrzehnten zu leiden hatte. Euer Leiden steht vor den Augen der Welt. Und es hat allzu lange angedauert“, so Johannes Paul II. Allein mit dieser Botschaft zeigte er sich einmal mehr auf der Reise als taktischer Politiker, denn die Forderung nach Frieden kann kaum unabhängig von der Politik geschehen. Der Papst unterstrich so die Nahostpolitik der vergangenen Jahrzehnte: „Der Heilige Stuhl hat immer anerkannt, dass das palästinensische Volk ein natürliches Recht auf ein Heimatland besitzt und das Recht, in Frieden und Ruhe mit den anderen Völkern dieses Gebiets leben zu können.“ Dabei hatte Johannes Paul II. beide Seiten im Blick, weshalb es „kein Ende für den traurigen Konflikt im Heiligen Land geben kann, ohne sichere Garantien für die Rechte aller betroffenen Völker auf der Grundlage des internationalen Rechts und der maßgeblichen Resolutionen und Erklärungen der Vereinten Nationen“. Angesichts eines immer wieder gestörten Friedensprozesses sprach Johannes Paul II. den Menschen des Nahen Ostens, Israelis und Arabern, vor allem aber auch den Palästinensern, die fern der Heimat leben, aus dem Herzen: „Nur mit einem gerechten und dauerhaften Frieden – nicht aufgedrängt, sondern durch Verhandlungen abgesichert – werden die berechtigten Wünsche der Palästinenser in Erfüllung gehen können. Nur dann wird das Heilige Land die Möglichkeit einer hellen, neuen Zukunft sehen.“

Friedensbotschaft: Messe vor der Geburtskirche

Das Papamobil brachte Johannes Paul II. vom Helioport in die Innenstadt. Die Stadtverwaltung hatte den Bauboom für das Heilige Jahr der Christen genutzt, um eine umfassende Stadtsanierung durchzuführen. Viel Restauriertes in Betlehem war damals allerdings kaum mehr als Fassade. Nachdem die Stadt 1995 in die Unabhängigkeit entlassen worden war, starteten rund hundert Bauprojekte. Die Kosten dafür beliefen sich auf mehr als 150 Mio. US-Dollar. Allein 25 Mio. wurden von der

Weltbank bereitgestellt, der Rest war überwiegend EU-Geld. Insgesamt beteiligten sich zehn Nationen an den Bauvorhaben. Von deutscher Seite wurde das Projekt einer neuen Abwasserentsorgung mit Umsetzungskosten von rund 12 Mio. Dollar unterstützt. Vor allem ging es darum, die Tagestouristen in Betlehem enger an die Stadt zu binden, weshalb der Ausbau der Infrastruktur und Hotelbettenkapazität forciert wurde. 1998 gab es rund 1000 Fremdenzimmer mit 30.000 Übernachtungen, was einer Auslastungsquote von 20 Prozent entspricht. Die Wunschquote von einer halben Million Übernachtungen im Heiligen Jahr blieb jedoch ein unerfüllter Traum. Dabei lag die Stadtverwaltung von Betlehem in besten Händen. Am 14. Juni 1997 wurde der damals 51-jährige Hanna Nasser von Yassir Arafat zum Bürgermeister der Stadt berufen und folgte Elias Freij, der 25 Jahre lang Erster Mann Betlehems war und im März 1998 starb. 1972 und erneut bei den Wahlen von 1976 wurde Nasser stellvertretender Bürgermeister. Damals stoppte Israel den Urnengang, das gewählte Stadtparlament wurde aber als legaler Mandatsträger respektiert.

Johannes Paul II. hatte als Thema der Eucharistiefeier auf dem Krippenplatz mit rund 20.000 Gläubigen die Friedensbotschaft der Hirtenfelder gewählt. Mit biblischem Bezug ging er auf die aktuelle Situation der Palästinenser ein, um Politik und Spiritualität zu verbinden. So wie er während seiner ersten Polenreise der Solidarnosz-Bewegung das Wort des Evangelisten Lukas, „Fürchtet euch nicht!“ (Lukas 2,10), zugerufen hatte, wiederholte der Papst diese Forderung auch für die palästinensische Bevölkerung: „Das ist ein Ort, der das Joch und den Stock der Unterdrückung gekannt hat. Wie oft war der Schrei von Unschuldigen in diesen Straßen zu hören?“ Außerdem würdigte der Papst das durchweg gute Verhältnis zwischen Muslimen und Christen: „Ich grüße die muslimische Gemeinschaft von Betlehem und bete für eine neue Ära des Verständnisses und der Zusammenarbeit unter allen Völkern im Heiligen Land.“ Dieses positive Miteinander wurde während des Gottesdienstes offensichtlich. Johannes Paul II. hatte die Messfeier verspätet begonnen, sodass der Muezzin von der naheliegenden Moschee mit seinem mittäglichen Gebetsruf wartete, bis der Papst die Predigt beendet hatte. Der Papst wartete mit dem Anstimmen des Credo, bis der Ruf des Muezzin verhallt war. Nach einer kurzen Stille kommentierte Patriarch Sabbah den denkwürdigen Moment: „Der Heilige Vater hat uns gewünscht: Der Friede sei mit euch. Wir haben geantwortet: Amen. Der Muezzin sagte: Gott ist groß. Das ist ein Zeichen der Brüderlichkeit zwischen Christen und Muslimen."

Bei den Ausgegrenzten: Besuch im Flüchtlingslager Dheisheh

Der Mittagspause bei den Franziskanern folgte ein kurzer privater Besuch in der Geburtsgrotte der Geburtskirche. Von dort ging es durch die Straßen von Betlehem ins rund vier Kilometer entfernt gelegene Flüchtlingscamp Dheisheh. Auf einem Schulhof, der dem notdürftigen Zustand des Lagers entsprach, fand die Begegnung statt. Bereits die Ankunft von Yassir Arafat in Dheisheh war eine jubelnde Hommage an den Präsidenten. Johannes Paul II. wurde über religiöse Grenzen hinweg begeistert von der palästinensischen Bevölkerung empfangen. Auf dem Schulhof begrüßte ihn PLO-Exekutivkomitee-Mitglied Assad Abdul-Rahman, der für Flüchtlingsfragen bei der PLO verantwortlich ist, mit einer politisch provokativen Rede. Er würdigte den Papst als Persönlichkeit, die um das andauernde Leid der palästinensischen Bevölkerung wisse. Unversöhnlich waren die Töne zum Status von Jerusalem. Johannes Paul II. sei als Gast von Yassir Arafat „und dem palästinensischen Volk in diesem gesegneten Land Palästina mit der Heiligen Stadt Jerusalem als unserer ewigen Hauptstadt willkommen. Unser Volk sieht auf diesen historischen Besuch und diese Pilgerfahrt mit Anerkennung und hofft, dass sie uns Nutzen und Segen bringen und uns bei unserem Kampf um Freiheit zu einer gerechten und friedvollen Lösung führen möge", so Rahman. Dabei hob er das Recht auf eine eigene, unabhängige Existenz hervor und verurteilte in scharfen Worten die Vertreibung früherer Generationen: „Das palästinensische Volk kann nicht und will nicht in Länder und Kulturen anderer assimiliert werden", so Rahman. Besonders sei es notwendig, die Flüchtlinge in ihre Heimat Palästina zurückzuführen: „Ihr tägliches Leiden in ihrem Exil verstärkt nur ihre Entschlossenheit, in ihre Häuser und ihr Land zurückzukehren und das Recht zu erlangen, nach Palästina zurückzukehren, um in Würde auf jener Erde zu leben, die sie in ihrer langen Geschichte voller Mühen und Errungenschaften geerbt haben."

Israels Plan sei auch künftig, die gewaltsame Besatzung und die Beschlagnahme von Eigentum beizubehalten. Der jüdische Staat zeige sich deshalb als ein Staat voller Widersprüche.

In seiner Rede schlug der Papst mit Blick auf die Situation der Flüchtlinge unmissverständliche Töne an, indem er vor allem die kirchliche Solidarität mit den Armen unterstrich und seine bereits am Vormittag ausgedrückte enge Beziehung zu den Palästinensern wiederholte: „Während meines ganzen Pontifikats habe ich mich dem palästinensischen Volk in seinem Leid nahe gefühlt. Ich hoffe und bete, dass mein Besuch euch in eurer schwierigen Situation etwas Trost bringen kann. So Gott will, wird er auch dazu dienen, die Aufmerksamkeit auf euer andauerndes Elend zu lenken. Euch werden viele Dinge vorenthalten, die eigentlich grundlegende Bedürfnisse des Menschen sind. [...] Vor allem aber lebt ihr in der traurigen Erinnerung an das, was ihr gezwungenermaßen zurückgelassen habt, nicht nur materiellen Besitz, sondern eure Freiheit ..." Es bedürfe durchsetzungsfähiger Anstrengungen der Spitzenpolitiker im Nahen Osten und der internationalen Gemeinschaft, um die erniedrigenden Bedingungen zu bewältigen. Die Flüchtlinge forderte Johannes Paul II. auf: „Denkt nicht, dass ihr wegen eurer gegenwärtigen Situation in den Augen Gottes an Bedeutung verliert! Ihr dürft eure Würde als seine Kinder nicht vergessen." Kinder durften dem Papst nachher die Hand schütteln. Ihre Väter seien seit Jahren in Israel inhaftiert, erklärte man Johannes Paul II.

Der Besuch in Dheisheh könnte für andere die Palästinensischen Autonomiegebiete besuchende Staatsoberhäupter Vorbild sein. Noch lange wehten die Transparente mit ihren Angriffen auf das UN-Embargo gegen den Irak, als Johannes Paul II. das Lager im Papamobil bereits verlassen hatte. Der Zeitplan war eng geworden. Deshalb wurde die Begegnung mit Präsident Yassir Arafat in dessen Residenz gekürzt. Der PLO-Chef zeichnete den Papst mit einem palästinensischen Orden aus. Johannes Paul II. bedankte sich in einem überraschenden und von den vatikanischen Planern nicht vorgesehenen Grußwort: „Dies ist ein wichtiger Augenblick auf der Suche nach Frieden in dieser Region. Zwar wurde schon vieles erreicht, aber es bleibt noch viel zu tun, wenn alle Völker dieser Gegend in einer Eintracht leben sollen, die auf der Achtung der Rechte und der Würde aller gründet." Die katholische Kirche, so der Papst, wolle dazu beitragen. Deshalb sei der aufrichtige Dialog der einzige Weg, den Traum vom Frieden zu realisieren.

Abschied: Historisches in den Autonomiegebieten

Mit einem kurzen Protokoll wurde Johannes Paul II. auf dem Helioport von Betlehem verabschiedet. Noch einmal umarmte er Yassir Arafat: Der eine war von seiner Friedensvision überzeugt, der andere musste lernen, sie ohne Waffen zu realisieren. Beim letzten Winken, als der Hubschrauber bereits Richtung Jerusalem flog, wusste Arafat, wie schwer die Verwirklichung dieses Friedens mit Israel in den eigenen Reihen werden würde. Zu viele der radikalen Kräfte innerhalb der Palästinenser waren gegen ihn gerichtet; das soll er auch dem Papst noch einmal gesagt haben. Ein historischer Tag in den Palästinensischen Autonomiegebieten ging zu Ende – allerdings nicht ohne Gewalt, denn am Abend kam es zwischen Einwohnern des Flüchtlingslagers und der Palästinenserpolizei zu Straßenschlachten. Die Flüchtlinge sahen die Gunst der Stunde gekommen, ihre Forderung nach mehr Hilfe durch Arafats Behörden zu unterstreichen.

Bei seinem eintägigen Besuch Palästinas ging Papst Johannes Paul II. bewusst nicht über den bisherigen Weg vatikanischer Nahostpolitik hinaus, sondern bekräftigte die aktuellen Positionen des Heiligen Stuhls. Wohl wiederholte er in seinen Ansprachen eine klare Option für die berechtigte Existenz des palästinensischen Volkes und damit für einen eigenen Staat. Geschickt verstand er es, die historische Tragik der Palästinenser, ihre Unterdrückung, aber auch die aktuellen Herausforderungen zusammenzufassen und den Menschen – erneut über Religionsgrenzen hinweg – Mut zu machen. Der offensive und von ihm persönlich gewünschte Besuch des Flüchtlingslagers gab den Palästinensern ein völlig neues Selbstbewusstsein in der Weltöffentlichkeit. Gleichzeitig stellte dieser Schritt den gegenwärtigen Höhepunkt in den diplomatischen Beziehungen zwischen dem Heiligen Stuhl und der PLO dar. Eine kleine Nuance zeigte, dass der palästinensische Staat diplomatisch noch nicht voll anerkannt ist: Johannes Paul II. redete PLO-Chef Arafat nur mit „Mr. Chairman“ bzw. „Dear Mr. Arafat“ an und benutzte nicht den Titel „Präsident“. Mit seinem eindringlichen Appell für die friedliche Koexistenz zwischen Christen und Muslimen konnte der Papst die Bewegungsfreiheit der christlichen palästinensischen Minderheit sichern - ein Faktum, an das später, als es für Arafat selbst enger werden sollte und radikale islamische Hamas-Kämpfer das Kommando übernehmen wollten, erinnert werden musste. Immerhin haben die Papstworte ihre Wirkung im israelischen Religionsministerium nicht verfehlt. Mit Genugtuung wurde dort registriert, dass sich Johannes Paul II. aus der Jerusalemfrage herausgehalten hatte.

Donnerstag, 23. März 2000

Israel: Besuch auf dem christlichen Zion

Lange war spekuliert worden, ob Johannes Paul II. auch - wie am 5. Januar 1964 sein Vorgänger Paul VI. - die Dormitio-Abtei besuchen würde. Dort war man auf alle kurzfristig sich ergebenden Ereignisse vorbereitet. Selbst ein Notbett und ein eigenes Zimmer standen für den Fall der Fälle bereit, sollte Johannes Paul II. eine Pause einlegen müssen. Im Zentrum des Vormittags stand der Besuch des in unmittelbarer Nachbarschaft zur Abtei gelegenen Abendmahlssaals. Das Gebäude stand lange Zeit unter der Verwaltung von Christen, die im Untergeschoss wahrscheinlich seit dem 12. Jahrhundert das vermeintliche Grab Davids verehrten. Im 16. Jahrhundert stellten die Muslime jenen Kenotaph auf, den der Besucher noch heute vorfindet, und verehrten dort ebenfalls das Grab Davids. Seit 1948 findet sich die Verehrungstradition dann auch im Judentum, das aus dem Raum ein eigenes Heiligtum machte. Bereits mit der Staatsgründung ordnete die israelische Regierung an, dass das Obergemach ein „Raum des Gebets für alle Religionen" sein müsse. Zweimal im Jahr ist es gestattet, einen christlichen Gottesdienst zu feiern. So zeigt sich am Abendmahlssaal und dessen Unterbau die Religionen verbindende Tradition eines heiligen Ortes. Die Tatsache, dass der israelische Staat nach der Proklamation Interesse für das Gebäude zeigte, hing einerseits mit der raschen Übernahme anderer religiöser Verehrungstraditionen zusammen - auch wenn diese nicht historisch belegt waren -, andererseits wollte man der islamischen Bevölkerung ein wichtiges identitätsstiftendes Merkmal nehmen. Hinzu kam ein strategisches Kalkül: Der Abendmahlssaal und die benachbarte Dormitio-Abtei lagen immer auf israelischem Gebiet, wenn auch in unmittelbarer Nähe zum Niemandsland von 1948, das bis zum Sechstagekrieg 1967 heftigen Kämpfen und Guerillaübergriffen ausgesetzt war. Insbesondere beim späteren Besuch von Papst Franziskus sollte es im unmittelbaren Vorfeld der Reise heftige Auseinandersetzungen um diesen Ort geben.

Im Markusevangelium wird der Ort konkret genannt: „Wo ist der Raum, in dem ich mit meinen Jüngern das Paschalamm essen kann? Und der Hausherr wird euch einen großen Raum im Obergeschoss zeigen." (Markus 14,14f.) Vielleicht gibt es für die christlichen Kirchen keinen anderen Ort als den Abendmahlssaal, an dem die Entstehung dieser Religion und die Einsetzung ihres Herzstücks, die Eucharistie, besser zu verstehen ist. Der Papst hatte deshalb die mit Rom in voller Gemeinschaft stehenden Konfessionen eingeladen, an diesem Gottesdienst mitzuwirken. Die Predigt war eine Meditation über die Einsetzung der Eucharistie und zugleich ein Spiegelbild für das priesterliche Selbstverständnis Johannes' Pauls II. Seit Pontifikatsbeginn war es ihm ein Anliegen, einmal im Jahr einen Brief an die Priester der Welt zu schreiben, um sie in ihrem Dienst zu ermutigen und an den Ursprung des Glaubens zu erinnern. Diese Briefe wurden jeweils am Gründonnerstag veröffentlicht. Für den Papst erfüllte sich deshalb ein lang ersehnter Wunsch, als er den Gründonnerstagshirtenbrief des Heiligen Jahres 2000 an die Bischöfe und Priester nicht wie sonst in Rom, sondern direkt im Anschluss an die Messe feierlich im Abendmahlssaal von Jerusalem unterzeichnen konnte.

Ältere Brüder: Im Oberrabbinat von Jerusalem

Dieser 23. März sollte der persönlichste Tag des Papstes während der Reise werden: Für ihn ging es bei drei Begegnungen hintereinander – dem Höflichkeitsbesuch im Oberrabbinat, dem Besuch beim Präsidenten und während der Gedenkstunde in Yad Vashem – um die Erinnerung an die Vergangenheit und die Aufgaben für die Zukunft. Deutlicher als an allen anderen Tagen zeichnete sich bei diesen Gelegenheiten die Herausforderung ab, dem Judentum von katholischer bzw. christlicher Seite erneut und richtungweisend die Hand zu reichen. Allein deshalb war die Begegnung im Oberrabbinat „Hechal Shlomo“, das in unmittelbarer Nähe zur Großen Synagoge von Jerusalem liegt, mehr als eine Höflichkeitsgeste, sondern ein auch von der konservativen jüdischen Welt positiv begrüßter Schritt. Im „Hechal Shlomo“ wurde Johannes Paul II. von den beiden Oberrabbinern der zwei großen jüdischen Traditionen, der Aschkenasim und der Sephardim, willkommen geheißen. Unter Aschkenasim verstand man ursprünglich im Mittelalter die Juden Europas. Der Name und das religiöse Denken hat sich bei beiden Gruppen gehalten. So führen die Achskenasim ihren Ursprung auf den in Jeremia 51,27 genannten Achskenas zurück, die Sephardim auf eine im Alten Testament erwähnte Stadt Sefarad (vgl. Obadja 20). Sie gelten seit dem Mittelalter als Juden des spanisch-orientalischen Einflussgebietes und lebten überwiegend im mesopotamischen Raum und Ägypten, wobei Teile von ihnen nach Nordafrika und Spanien kamen, bis sie nach der Niederlage der islamischen Mauren von der christlichen Inquisition vertrieben wurden.

Den aschkenasischen Oberrabbiner Meir Lau, ein Jude, der 1937 in Polen geboren wurde und das Konzentrationslager Buchenwald überlebt hatte, kannte Johannes Paul II. bereits durch verschiedene Besuche. Seit 1993 hatte er dieses Amt inne, genau wie der sephardische Oberrabbiner Eliyahu Bakshi-Doron. Das Klima zwischen dem Oberrabbinat von Jerusalem und dem Lateinischen Patriarchen galt als ausgezeichnet, was dem Besuch eine gelöste Atmosphäre verlieh. Patriarch Michel Sabbah hatte den beiden Rabbinern erstmals einen Besuch am 23. März 1998 und dann nochmals am 24. August 1998 abgestattet, wo beide Seiten eine Erklärung unterzeichneten, in der die gemeinsamen Wurzeln und die Bereitschaft zu einem gegenseitigen fortgesetzten Dialog hervorgehoben wurden. In dem Dokument vereinbarten die katholische Kirche und das Oberrabbinat ferner zu prüfen, welche Rolle die spirituellen Führer der Religionen einnehmen können, um einen Beitrag für Gerechtigkeit und Frieden in der Region zu leisten. Auffallend ist, dass beide Seiten gemeinsam den weiteren Dialog mit dem Islam suchen wollen, „überzeugt von der Bedeutung der gegenseitigen Anerkennung der Rechte der beiden Völker, die im Heiligen Land leben“[96]. Dieser Satz gilt als eine der bedeutendsten lokalen Aussagen des interreligiösen Dialogs und der Anerkennung eines legitimen

Existenzrechtes des Volkes Israel und der Palästinenser in der Region. Die Tatsache ist nicht unerheblich, da gerade das Oberrabbinat von Jerusalem in Vergangenheit und Gegenwart bekannt dafür war, in eine einseitige politische Debatte zugunsten Israels und vor allem der Hauptstadtfrage einzugreifen.

In ihrer Begrüßungsansprache würdigten die beiden Oberrabbiner das Engagement des Papstes, die historische Verantwortung der katholischen Kirche gegenüber den Juden in ihrer zweitausendjährigen Geschichte aufzuarbeiten. Vor allem nannten sie konkret den Einsatz von Johannes Paul II., einen Ordenskonvent der Karmelitinnen auf dem Gelände des Konzentrationslagers in Auschwitz zum Umzug zu bewegen, um die Gedenkstätte nicht einer einseitigen religiösen Nutzung zu überlassen. Dieser Problemfall hatte in den Achtzigerjahren zu einer zeitweilig dramatischen Verschlechterung des katholisch-jüdischen Verhältnisses geführt. Deutlich hoben die Rabbiner die Bemühungen des Papstes hervor, der sich immer für eine Anerkennung und ein Recht der Juden, im Heiligen Land zu leben, eingesetzt habe. Mit politischer Perspektive sprachen sie von „Jerusalem, der Hauptstadt des Staates Israel, und von Zion, der heiligen Stadt ..." Diese Formulierung war zwar eindeutig, ließ aber einen weiteren Interpretationsspielraum offen, da immerhin nicht von der „einzigen und unteilbaren" Hauptstadt die Rede war. Die Tatsache, dass in diesem kurzen Grußwort die Existenz bzw. die Koexistenz mit den anderen monotheistischen Religionen keine Erwähnung fand, sollte allerdings schon ein erster Hinweis darauf sein, wie es um das jüdisch-muslimische Verhältnis in Jerusalem bestellt war. Johannes Paul II. verstand es, in seiner Antwort die vermehrten Kontakte zwischen Juden und Christen anzusprechen, bevor er sein eigenes Zeugnis abgab, das in den israelischen Medien ein breites Echo fand: „Persönlich wollte ich immer zu denen zählen, die sich auf beiden Seiten für die Überwindung alter Vorurteile und für die Sicherung einer immer breiteren und umfassenderen Anerkennung des gemeinsamen Erbes der Juden und Christen einsetzen." Einer der Höhepunkte dieses Zeugnisses war sicherlich der Besuch in der römischen Synagoge am 13. April 1986, auf den Johannes Paul II. Bezug nahm und zitierte, was er bereits damals gesagt hatte: „Wir Christen sind uns bewusst, dass das religiöse Erbe der Juden für unseren eigenen Glauben wesentlich ist: Ihr seid unsere älteren Brüder." Dieses Wort und das wenige Wochen zuvor ausgesprochene Schulbekenntnis gegenüber den Juden zeigt, worauf es Johannes Paul II. ankam: Er will mehr die Gemeinsamkeiten und die Verantwortlichkeiten des einen für den anderen einfordern. Deshalb unterstrich der Papst die Verpflichtung der Kirche, Antisemitismus und jede Form von Rassismus radikal zu verurteilen - ein Auftrag, der juristisch im Grundlagenvertrag vom 30. Dezember 1993 niedergeschrieben worden war und zu dem die Kirche sich jetzt erneut verpflichtete und gleichzeitig die Juden in die Pflicht nahm, da der Papst von der anderen Seite forderte, es möge „kein antichristliches Empfinden unter den Juden" geben.

Ringen für den Frieden: Dialog beim Präsidenten

Die nächste Station war der Höflichkeitsbesuch beim Staatspräsidenten. Während Israel den Aufenthalt des Papstes mit ungebrochenem Interesse verfolgte, hatte die Polizei des Landes immer wieder mit kleinen Gruppen radikaler Demonstranten zu tun. Mit Blick auf den bevorstehenden Gang nach Yad Vashem wurde beispielsweise ein Dutzend orthodoxer Juden, die ihren Rabbinern und Politikern Hochverrat vorwarfen, weil sie den Führer einer anderen Religion mit allen politischen und religiösen Ehren empfingen, vorübergehend verhaftet. Es waren Ausnahmeerscheinungen, die das Straßenbild weder in Israel noch in Palästina in irgendeiner Weise beherrschten.

Chaim Weizmann war bereits in einer ersten Amtsperiode von 1993 bis 1998 Staatspräsident Israels gewesen. 1998 erfolgte seine Wiederwahl auf weitere fünf Jahre. Politisch wegen Korruptionsverdacht und anderen Vorwürfen angeschlagen, trat er kurz nach der Papstreise zurück. Am 31. Juli 2000 wurde überraschend Moshe Katsav als neuer Präsident von der Knesset gewählt, Herausforderer und Friedensnobelpreisträger Shimon Peres unterlag. Für Weizmann selbst war der Papstbesuch der Abschluss einer langen Karriere mit Höhen und Tiefen.

Der Präsident nutzte die Gelegenheit zu einer ausführlicheren Ansprache als zunächst geplant. Mit Weitblick hatte er zu dieser Begegnung die Größen israelischer Innen- und Außenpolitik der vergangenen zwanzig Jahre eingeladen, unter ihnen Shimon Peres und Lea Rabin. Er würdigte die Verdienste des Papstes, „der zweifelsohne klare Zeichen in der Geschichte hinterlassen" werde. Wie schon beim Ankunftszeremoniell in Tel Aviv hob der Präsident Jerusalem als Heilige Stadt und ewige Hauptstadt Israels hervor. Der Besuch des Papstes könne zum Frieden und zur Aussöhnung zwischen den Religionen beitragen. Israel selbst, so Weizmann, habe wichtige Beiträge zum Frieden geliefert. Die Schwierigkeiten wollte er nicht verbergen: „Israel hat Friedensverträge mit Ägypten und Jordanien unterzeichnet. Unsere Grenzen mit diesen Ländern sind befriedet. Auch mit den Palästinensern haben wir ein Abkommen erzielt, und ich hoffe, dass wir bald eine endgültige Lösung erreichen. Die große Wunde ist der Libanon, und alle wissen, dass der Schlüssel zum Libanon in Damaskus zu finden ist." Aufgrund weiterer Verhandlungen hoffe man bald, „sowohl mit Syrien als auch mit dem Libanon Frieden zu schließen. Ein umfassender Friede zwischen Israel und seinen Nachbarn ist der Traum aller Israelis wie auch aller Menschen im Nahen Osten." Nach König Abdallah von Jordanien hatte jetzt also auch Präsident Weizmann die Gunst der Stunde genutzt, deutliche politische Worte an den syrischen Nachbarn zu richten - Formulierungen, die sonst bei dieser Reise eher im Hintergrund standen. Dabei kam der persönliche Wille, den Frieden zu realisieren, nicht zu kurz: Dreißig Jahre habe er im Krieg für Israel gekämpft und seit zwanzig Jahren trete er für den Frieden des Landes ein, so Weizmann.

Auch der Papst ging in seiner kurzen Ansprache auf die Wunden der Geschichte und den von Weizmann angesprochenen Zukunftstraum ein. In seinen Worten argumentierte er vor allem aus der Geschichte als Lehrerin für das Leben, weshalb man entschlossen sein müsse, „die Wunden der Vergangenheit zu heilen, damit sie sich nie wieder öffnen. Wir müssen für ein neues Zeitalter der Versöhnung und des Friedens zwischen Juden und Christen arbeiten. Mein Besuch soll ein Zeichen dafür sein, dass die katholische Kirche alles in ihren Kräften Stehende tun wird, um zu gewährleisten, dass dies nicht nur ein Traum bleibt, sondern Wirklichkeit wird." Der Friede im Nahen Osten sei nur durch gegenseitiges Verständnis und Achtung zwischen den Völkern dieser Region möglich: „In dieser Hinsicht ist meine Pilgerfahrt eine Reise der Hoffnung: Hoffnung, dass das 21. Jahrhundert zu einer neuen Solidarität unter den Völkern der Welt führen wird in der Überzeugung, dass Entwicklung, Gerechtigkeit und Frieden nur dann erreicht werden können, wenn sie für alle durchgesetzt werden", sagte Johannes Paul II.

Moment weniger Worte: Yad Vashem

Die kurzen Ansprachen des Papstes im Oberrabbinat und im Präsidentenpalast waren das theologische bzw. politische Präludium zu der wegweisenden Begegnung in Yad Vashem. Lange hatten die Reiseplaner am richtigen Titel dieses Programmpunktes gefeilt, denn es war weder nur ein Besuch noch eine Gedenkfeier. Schließlich hatten sich der Vatikan und das israelische Religionsministerium auf einen tatsächlich brauchbaren Titel des historischen Moments geeinigt: „Stunde der Erinnerung". Sie sollte in der „Hall of Remembrance" („Halle der Erinnerung") stattfinden, einem Raum, der zeltartig gebaut ist und im unteren Bereich aus groben Bruchsteinen, darüber aus Beton besteht. Eine der wenigen Lichtquellen ist ein Rauchabzugsloch für die ewige Flamme, die in einer Bronzeschale brennt. In den dunklen Steinboden hat man den Boden aus den 22 größten Konzentrationslagern eingelassen. Die „Halle der Erinnerung" ist eines von vielen Monumenten in Yad Vashem, das übersetzt „Ein Denkmal und ein Name" bedeutet. Das Wort knüpft an die Vision des Propheten Jesaja an, der nach dem Exil Gott über die Verzweifelten des Volkes Israel sagen lässt: „Ihnen allen errichte ich in meinem Haus und in meinen Mauern ein Denkmal, ich gebe ihnen einen Namen, der mehr wert ist als Söhne und Töchter: Einen ewigen Namen gebe ich ihnen, der niemals ausgetilgt wird." (Jesaja 56,5) Diese alttestamentliche Idee der Erinnerung wird später im Christentum fortgeführt, wenn es im Neuen Testament heißt „Tut dies zur Erinnerung an mich" (Lukas 22,19) und ist bis heute auf das sich aussöhnende Verhältnis von Juden und Christen übertragbar. In Yad Vashem geht es also um Erinnerung, um den Kampf gegen das Vergessen. Darüber war sich auch der Papst bei der Vorbereitung dieser wichtigen Etappe klar gewesen.

Nur wenige Gäste, unter ihnen die beiden Jerusalemer Oberrabbiner, waren zugelassen, als Johannes Paul II. nach der Begrüßung durch den Leiter der Gedenkstätte, Avner Shalev, in den dämmrigen Raum trat. Ein Chor junger Schüler sang das Lied eines 1944 getöteten Juden, mit einem Gebet und einem gelb-weiß geschmückten Blumenkranz wurde der Opfer in Stille gedacht. Der Text einer jüdischen Mutter, den sie unmittelbar vor ihrer Deportation an eine polnische Frau geschrieben hatte, wurde vorgetragen. Darin vertraute sie ihr flehend den eigenen Sohn in der (allerdings unerfüllten) Hoffnung an, er könne überleben. Ursprünglich hatten die israelischen Organisatoren die Papstrede außerhalb des Mausoleums geplant, da es unüblich ist, innerhalb der „Hall of Remembrance“ zu sprechen. Kurzfristig mit Blick auf die hochpolitische Situation, wie es in internen Vermerken des Religionsministeriums heißt, aber auch aus Respekt gegenüber der Gesundheit des Papstes hielten Ministerpräsident Ehud Barak und Johannes Paul II. ihre Reden doch in der Halle. Der israelische Regierungschef hatte sich erst wenige Tage vor der Reise entschlossen, in einer kurzen Ansprache die Person des Papstes an diesem Ort zu würdigen und gleichzeitig aus seiner Sicht eine Bestandsaufnahme des jüdisch-christlichen Verhältnisses zu geben.

Baraks Ansprache verfehlte ihre Wirkung nicht, war sie doch eine der differenziertesten und umfassendsten Würdigungen päpstlichen Engagements für eine Aussöhnung mit dem Judentum. Der Ministerpräsident bezeichnete den Papst als glaubhaften Zeugen: „Sie haben sich mehr als irgendjemand sonst dafür eingesetzt, den historischen Richtungswechsel in der Haltung der Kirche gegenüber den Juden herbeizuführen, der einst vom guten Papst Johannes XXIII. angestoßen wurde, und dafür, die klaffenden Wunden zu bedecken, die über viele bittere Jahrhunderte hinweg schwelten. Und ich denke, Eure Heiligkeit, dass ich sagen kann, dass Ihr Kommen heute, hier zur Halle der Erinnerung in Yad Vashem, einen Höhepunkt dieser historischen Reise der Heilung darstellt.“ Dann nutzte Barak die vielleicht schönste und für diesen Besuch und das Pontifikat beeindruckendste Formulierung: „Kurz bevor Sie sich auf die Wallfahrt hierher begeben haben, hissten Sie die Flagge der Brüderlichkeit auf Vollmast …“ Der Premierminister nutzte die Gelegenheit, der katholischen Kirche auch künftig einen „produktiven Dialog“ zu versichern. Gleichzeitig unterstrich er die Bemühungen Israels, das inmitten einer gewaltigen Anstrengung sei, um „einen umfassenden Frieden mit unseren palästinensischen Nachbarn, mit Syrien und dem Libanon und der gesamten arabischen Welt zu sichern“. Während viele Vatikanbeobachter und Vertreter des israelischen Religionsministeriums erwartet hatten, dass sich Barak auf Themen konzentrieren werde, die dem Ort angepasst waren, holte er noch weiter aus und präsentierte eine Gesamtsicht israelischen Engagements in der Verhältnisbestimmung zur katholischen Kirche und zur politischen Lage im Allgemeinen. Deshalb nannte er – in Anlehnung an den Folgevertrag zwischen Israel und dem Heiligen Stuhl von 1997 – die Verpflichtung des Staates, „alle Rechte und allen Besitz der katholischen Kirche zu schützen ebenso wie auch die der anderen christlichen und muslimischen Einrichtungen, die Garantie von völliger Freiheit bezüglich der Gebetsausübung für Anhänger eines jeden Glaubens zu sichern und die wiedervereinigte Stadt Jerusalem für alle, die sie lieben, so offen und frei zu halten, wie dies nie zuvor der Fall war". In diesen Worten wurde Baraks Ansprache zu einem Schlüssel, mit dem künftig im Friedensprozess von Nahost und bei einer weiteren Debatte der Hauptstadtfrage Jerusalems von kirchlicher und palästinensischer Seite argumentiert werden kann. Ohne Zweifel hatte die Rede zum Ziel, die israelische Oberhoheit über die heiligen Stätten zu manifestieren, um durch eigene Militärpräsenz den freien Zugang für alle Gläubigen zu sichern. Die Formulierung des „wiedervereinigten Jerusalem" zeigt, dass der israelische Staat unter der Regierung Barak einer erneuten Teilung und damit der Zulassung eines Jerusalems als doppelter Hauptstadt in keiner Weise entgegenkommen würde. Die Stadt allerdings so offen und frei zu halten, „wie dies nie zuvor der Fall war", sollte für den Politiker eine Herausforderung darstellen, mit der er sich – betrachtet man die dramatische Situation der neuen Intifada im Herbst 2000 – deutlich übernommen hat. Bleibt man bei der Atmosphäre von Yad Vashem, so wurden die politischen Töne der Rede des Premiers allerdings kaum wahrgenommen, sondern erst später durch die Medien des Landes analysiert und in Erinnerung gerufen. Die Würdigung des Papstes als Versöhner und das Gedenken an die Opfer der Shoah überwogen.

Die getragene Stimmung in Yad Vashem konnte Johannes Paul II. mit seiner Ansprache auffangen, allerdings sorgte schon sein erster Satz bei den orthodoxen Juden für Verstimmung. Der Großteil der israelischen und auch palästinensischen Bevölkerung war jedoch beeindruckt von der persönlichen Ergriffenheit des Papstes: „An dieser Stätte der Erinnerung empfinden Verstand, Herz und Seele ein ganz starkes Bedürfnis nach Stille. Stille zum Erinnern." Johannes Paul II. wählte so eine Formulierung, die nicht besser nach Yad Vashem und speziell an diesen Ort der Erinnerung hätte passen können. Da, wo andere Staatsoberhäupter schweigend gedenken, war das Kirchenoberhaupt eingeladen zu sprechen – und forderte zum Erinnern in Stille auf. Er ging noch weiter und begründete seinen Besuch an diesem Ort: „Ich bin nach Yad Vashem gekommen, um den Millionen Juden die Ehre zu erweisen, denen alles genommen wurde, besonders ihre Würde als Menschen ..." Dieser historische Satz war die ein ganzes Land, ja weltweit die ganze jüdische Religion bewegende Äußerung: Es kommt ein Religionsführer nach Israel, um den Opfern des Holocaust die Ehre zu erweisen, und er wählt – hoch brisant – eine ähnliche Formulierung wie einen Tag zuvor in den Autonomiegebieten, als er die palästinensischen Flüchtlinge ermutigte, ihre menschliche Würde als Kinder Gottes nicht zu vergessen. Nachdem Johannes Paul II. den ersten Grund seines Besuchs von Yad Vashem erklärt hatte, folgte die zweite Begründung als eine Art Auftrag nicht nur an die katholische Kirche, sondern an alle Menschen guten Willens: „Wir möchten uns [...] mit einer bestimmten Zielsetzung erinnern, nämlich um zu gewährleisten, dass das Böse nie mehr die Überhand gewinnen wird ..." Mit dieser Aufforderung, die bewusst allgemein gehalten war, um sie nicht auf das Verhältnis von Christen und Juden zu beschränken, wurde Johannes Paul II. konkreter und würdigte das „unermessliche geistliche Erbe" beider Religionen, woraus für ihn konsequenterweise resultierte: „Wir erinnern uns, aber ohne jedes Verlangen nach Rache oder als Ansporn zum Hass."

Diese in ihrer Dramaturgie brillant aufgebaute Rede mündete dann in das, worauf nicht nur der Staat Israel, sondern Kirchenführer und Menschen weltweit gewartet hatten: in die Wiederholung der Vergebungsbitte vom ersten Fastensonntag. Jetzt, anderthalb Wochen, nachdem diese Bitte erstmals ausgesprochen worden war, ging der Papst einen Schritt weiter, der von der Öffentlichkeit, insbesondere von den Medien, so gut wie nicht wahrgenommen wurde: „Als Bischof von Rom und Nachfolger des Apostels Petrus versichere ich dem jüdischen Volk, dass die katholische Kirche – vom Gebot des Evangeliums zur Wahrheit und Liebe und nicht von politischen Überlegungen motiviert – zutiefst betrübt ist über den Hass, die Taten von Verfolgungen und die antisemitischen Ausschreitungen von Christen gegen die Juden, zu welcher Zeit und an welchem Ort auch immer. Die Kirche verwirft jede Form von Rassismus als ein Leugnen des Abbildes des Schöpfers, das jedem Menschenwesen innewohnt." Mit diesen Worten war die Vergebungsbitte vom ersten Fastensonntag nämlich noch einmal erweitert worden, hieß es da doch: „Wir sind zutiefst betrübt über das Verhalten aller, die im Laufe der Geschichte deine Söhne und Töchter leiden ließen. Wir bitten um Verzeihung ..." Im Gegensatz zur Vergebungsbitte hat der Papst in Yad Vashem die katholische Kirche expressis verbis genannt, um dann von den Ausschreitungen der Christen gegen die Juden zu sprechen. Eine nochmalige Nennung der katholischen Kirche wäre in diesem Zusammenhang fraglos eine Verdoppelung gewesen, die höchstens das Gesagte unterstrichen hätte. Aber die Worte von Yad Vashem zeigen, dass mit der Anwesenheit eines Religionsführers das gesamte historische Bewusstsein der Erinnerung artikuliert wurde und deshalb auch der Papst völlig legitim von den Ausschreitungen der Christen sprechen durfte. Da er diese Aussage nicht nur auf den Holocaust bezog, sondern die ganze historische Wahrheit („zu welcher Zeit und an welchem Ort auch immer") nannte, könnte hier gerade auf der evangelischen Seite eine notwendige Einladung gesehen werden, die problematischen Äußerungen Martin Luthers gegenüber den Juden weiter aufzuarbeiten. Sicherlich darf die päpstliche Äußerung nicht so weit interpretiert werden, sie könnte aber ein Denkanstoß sein. Deutlich zeigt sich jedenfalls, wenn man die beiden Aussagen vergleicht, dass der Besuch in Yad Vashem mit dieser Formulierung die Vergebungsbitte vom ersten Fastensonntag überboten hat.

Der Besuch in Yad Vashem gehörte zu den schwierigsten Momenten der Papstreise, weil viele Erwartungen an das Kirchenoberhaupt im Vorfeld formuliert worden waren. Johannes Paul II. gelang es durch persönliche Worte jenseits aller Diplomatie und aufgrund der eigenen Erfahrung mit den Leiden des Zweiten Weltkriegs, Wunden zu heilen und das katholisch-jüdische Verhältnis auf einen neuen Kurs der unwiderruflichen Versöhnung zu bringen. Weil er weiter ging als in der Vergebungsbitte vom ersten Fastensonntag, konnte die Ansprache dann auch in den aufrichtigen Wunsch münden, dass sich mit diesem Besuch eine neue Beziehung zwischen Christen und Juden entwickeln möge: „Lasst uns eine neue Zukunft aufbauen, in der es keine antijüdischen Gefühle seitens der Christen und keine antichristlichen Empfindungen seitens der Juden mehr geben wird …“, so der Papst, der mit dieser Bitte an die beiden Yad Vashem vorangehenden Besuche anschloss. Ergriffenheit und Stille, die nur vom Knistern der Flammen des ewigen Feuers unterbrochen wurden, breiteten sich aus, als Johannes Paul II. eindringlich schloss: „Die Welt muss die Warnung hören, die die Holocaust-Opfer und das Zeugnis der Überlebenden an uns richten.“

Während der Chor noch einmal jüdische Klagelieder sang, folgte der emotional ergreifendste Teil des Besuchs. Bereits Premierminister Barak hatte in seiner Ansprache die Zeugenschaft des Papstes gewürdigt: „Sie haben Ihrem jüdischen Jugendfreund einmal geschrieben, dass Sie in gewisser Weise empfanden, als ob Sie selbst das Schicksal der polnischen Juden erlebt hätten. Als meine Großeltern Elka und Shmuel Godin am Umschlagplatz in der Nähe ihrer Heimat in Warschau den Todeszug zur Vollendung ihres Schicksals Richtung Treblinka bestiegen, […] waren Sie dort, und Sie haben sich erinnert.“ Jetzt sollte dieses Zeugnis der Erinnerung in Yad Vashem real werden. Zunächst traf der Papst, ohne dass es im Protokoll vorgesehen war, mit seinem früheren Jugendfreund Yosef Bienenstock zusammen. Anschließend nahm sich Johannes Paul II. viel Zeit, um nacheinander ausgewählte Überlebende des Holocaust zu begrüßen: Yvonne Razon aus Griechenland, die Auschwitz überlebte; Eli Zborowski, ein Pole, der von Einheimischen in einem Hühnerstall versteckt worden war; Daniela Steinmetz aus Kattowitz, die mehrfach in katholischen Konventen vor den Nazis Zuflucht finden konnte; Israel Gutman, der Majdanek und Auschwitz überlebte und heute Chefhistoriker von Yad Vashem ist; Shlomo Breznitz, ein Slowake, der in einem von Ordensschwestern geführten Waisenhaus in Zilina Zuflucht gefunden hatte. Zum Abschluss stand der Papst vor Edith Tzirer, die er zuletzt vor 55 Jahren gesehen hatte: Tzirer wurde 1931 in Kattowitz geboren. Das Schicksal verschlug sie und ihre Familie nach Krakau. Mit der Deportation der Juden 1942 verlor die Elfjährige den Kontakt zur Familie, irrte allein durch die Gegend und wurde dann bis zur Befreiung im Arbeitslager Skarzysko-Kamienna interniert. Am Tag ihrer Befreiung im Januar 1945 lag Tzirer von Hunger und einer schweren Tuberkulose gezeichnet am Rande des Lagerzauns. Ein junger Priester kam zu ihr und gab ihr zum ersten Mal nach Tagen der Entbehrung ein Stück Brot und eine Tasse Tee. Dann nahm der Priester Tzirer auf den Rücken und trug sie drei Kilometer weit bis zur nächsten Bahnstation, wo die Jüdin mit anderen Überlebenden zusammentraf. Von dort wurde sie zur Behandlung nach Frankreich geschickt und immigrierte 1951 nach Israel. Der Priester, der sie auf der Bahnstation als 14-Jährige verabschiedete, hieß Karol Wojtyla. Jetzt – nach 55 Jahren – standen sich beide gegenüber, der Retter und die Gerettete. Hier wurden keine großen Worte und Reden ausgetauscht, hier flossen Tränen, bei Edith Tzirer und Papst Johannes Paul II.

Ein bewegender Vormittag endete mit einem sichtlich erschöpften und innerlich ergriffenen Papst, der – ohne Medien und Menschen – im Wagenkonvoi die Strecke bis zur Apostolischen Delegatur zurücklegte, um sich für einen weiteren schwierigen Programmpunkt am Abend zu erholen, als es – nach der Konzentration auf das christlich-jüdische Verhältnis am Vormittag – um den interreligiösen Dialog im Heiligen Land gehen sollte, einem Herzensanliegen des Pontifikats.

Interreligiöses Suchen: Dialog der drei Religionen mit Zwischentönen

Ort des Geschehens mit rund fünfhundert geladenen Gästen war das Päpstliche Kulturinstitut „Notre Dame of Jerusalem Center“, ein internationales Gästehaus und Begegnungszentrum des Vatikans für Pilger. Unter den Gästen befanden sich auch Schulklassen sowie die höchsten Repräsentanten der drei Religionen und aller christlichen Konfessionen. Es war eine Veranstaltung, deren Planung bis kurz vor Beginn selbst den römischen Organisatoren nicht ganz klar war. In den vatikaninternen Papieren fanden sich nämlich nicht – wie sonst üblich – detaillierte Informationen über den Ablauf, sondern es fand sich lediglich der Hinweis auf dieses Treffen und die Präsenz führender religiöser Persönlichkeiten. Das Zustandekommen ist wesentlich auf das Engagement des Apostolischen Nuntius, Erzbischof Pietro Sambi, zurückzuführen, der dazu mit der Konrad-Adenauer-Stiftung zusammenarbeitete. Allerdings wunderte es Beobachter, dass es weder der Stiftung noch den anderen Organisatoren gelungen war, vom problematischen Zeitpunkt der Veranstaltung wegzukommen: Sie begann nach Sonnenuntergang, als der islamische Feiertag bereits angefangen hatte.

Unter großem Applaus nahmen in Notre Dame der Papst, Oberrabbiner Meir Lau und Scheich Tayseer al-Tamimi Platz. Er ist der oberste Richter des islamischen Gerichtshofes in den Palästinensischen Autonomiegebieten. Bis zum letzten Moment war offen geblieben, wer die islamische Seite repräsentieren sollte. So weigerte sich unter anderem der Großmufti von Jerusalem wegen der andauernden Querelen um den Tempelberg, mit Lau zusammenzutreffen. Der Mufti hatte im Umfeld des Besuchs erklären lassen, die erste Begegnung mit Johannes Paul II. wünsche er in seinem „Büro" auf dem Tempelberg. Damit wurde seine eigentliche Begründung deutlich: Er wollte den Eindruck vermeiden, als wären bei diesem Treffen in Notre Dame alle politischen Probleme um Jerusalem gelöst. Viele Journalisten werteten Tamimi deshalb als Vertreter der zweiten Reihe, obwohl er – zumindest im Anfang – seine Religion souverän und authentisch zu repräsentieren wusste. Tatsächlich war es seit der Staatsgründung Israels das erste Treffen zwischen einem jüdischen und einem islamischen Religionsführer dieses Ranges.

Dem Lied eines jüdischen Schulchores, der aus dem großen Dankpsalm 118 rezitierte[97], folgte die Ansprache Laus, der mit einem Wort aus dem Propheten Micha begann, wo es unter anderem heißt: „Denn vom Zion kommt die Weisung des Herrn [...] Jeder sitzt unter seinem Weinstock und unter seinem Feigenbaum und niemand schreckt ihn auf ..." (Micha 4,1–2.4–5) Überraschend war, dass ausgerechnet der berühmteste Vers aus dieser Textfolge nicht zitiert wurde: „Er spricht Recht im Streit der Völker, er weist mächtige Nationen zurecht. Dann schmieden sie Pflugscharen aus ihren Schwertern und Winzermesser aus ihren Lanzen. Man zieht nicht mehr das Schwert, Volk gegen Volk, und übt nicht mehr für den Krieg." (Micha 4,3)[98] Gerade dieser Satz hätte mehr als jede andere Rede eine echte Friedensvision für das Heilige Land dargestellt, wenn er von Lau zitiert worden wäre. So blieb es bei einem fragmentarischen Zitat des Propheten, das der Oberrabbiner als Grundlage für seine

Ausführungen über die Bedeutung Jerusalems als Stadt des Friedens, „als ewige Hauptstadt des Volkes Israel", nutzte. Der Friede müsse realisiert werden, indem die Verantwortlichen der Nationen bis zu den Familien ihren Beitrag dazu leisteten, „nicht nur in öffentlichen Reden, sondern ebenso den Frieden in die alltägliche Arbeit zu integrieren". Lau rekurrierte vor allem auf die hebräische Sprache, in der es Begrüßungs- und Abschiedsworte wie „Hi" und „Bye" nicht gebe, sondern nur das allumfassende Wort „Shalom" (Friede): „Das ist die Klimax unserer Gebete. [...] Wer sonst als wir, eine Nation, die so viel gelitten hat, die so sehr geopfert wurde, versteht das Bedürfnis, das dringende Bedürfnis nach Frieden, Verständnis und Freundschaft?" Zum Abschluss zitierte Lau die Zukunftsvision des Jesaja, in der der Wolf beim Lamm und der Panther beim Böcklein liegt, wo der Säugling vor dem Schlupfloch der Natter spielt: „Man tut nichts Böses mehr und begeht kein Verbrechen auf meinem ganzen heiligen Berg; denn das Land ist erfüllt von der Erkenntnis des Herrn, so wie das Meer mit Wasser gefüllt ist." (Jesaja 11,6–9) Lau würdigte mit Blick auf diese Vision Johannes Paul II. als die „wahre Brücke und Hoffnung" des jüdischen Volkes. Entgegen allen Erwartungen instrumentalisierte er dann doch noch den Papst, weil sein Besuch „die Anerkennung des jüdischen unabhängigen Staates Israel, die Anerkennung Jerusalems als dessen vereinter ewiger Hauptstadt" sei. War die Rede harmonisch und repräsentierte sie den Wunsch von Israelis und Palästinensern, ein Leben in Frieden und Sicherheit zu haben, erhielt sie zum Ende eine politische Schärfe, die Johannes Paul II. zu vereinnahmen versuchte. An den Worten Laus wurde einmal mehr deutlich, wie sehr jede Seite bedacht war, den Papstbesuch für sich und seine Vision der Dinge zu interpretieren.

Der Rede folgte der Gesang eines muslimischen Chores, der einen Friedenstext Rabindranath Tagores vortrug. Noch während die Klänge nachhallten, ergriff Scheich Tamimi das Wort. Seine Ansprache schien fast wie eine Reaktion auf Laus Formulierung von Jerusalem als der ewigen Hauptstadt Israels. Schon die Begrüßungsformel hatte eine unmissverständliche Provokation und war für den Rahmen eines solchen Treffens teilweise polemisch überzogen. Johannes Paul II. wurde von Tamimi als „Gast des palästinensischen Volkes auf der Erde Palästinas in der gesegneten Stadt al-Quds, der ewigen Hauptstadt Palästinas, dem Land Mohammeds" willkommen geheißen. Der Scheich verwendete nicht ein einziges Mal den Namen Jerusalem, sondern benutzte ausschließlich die arabische Titulatur „al-Quds". So unversöhnlich seine Begrüßung war, in der er in keiner Weise die jüdische Seite nannte – im Gegensatz zu Lau, der die muslimische Seite in seiner Anrede sehr wohl erwähnt hatte –, so erbittert und emotional war die weitere Rede, in der er zunächst die besondere Berufung Jerusalems als durch Mohammed gesegnetes Gebiet nach göttlichem Maßstab rechtfertigte: „Eine göttliche Entscheidung hat al-Quds einen Teil muslimischer Doktrin werden lassen, die niemals zurückgenommen werden kann." Tamimi führte dann den Begriff Gerechtigkeit aus, die ebenfalls von Gott gestiftet sei. Diese Gerechtigkeit „ist ein Gut in Zeiten des Friedens und in Zeiten des Krieges gegenüber Feinden und genauso gegenüber Freunden". Ohne ein einziges Mal den Namen des Staates Israel zu verwenden, prangerte er den Zustand erdrückender Ungerechtigkeit an, verurteilte Massaker auf dem Vorhof der al-Aksa-Moschee, archäologische Grabungen der israelischen Seite unter dem Tempelberg und den Zustand dauernder Besatzung Jerusalems und des palästinensischen Volkes. Dieser Zustand stehe im Widerspruch zu dem, was die heilige Stadt sein wolle, ein Ort des Friedens. „Von der ewigen Hauptstadt des Staates Palästina [...] wende ich mich an alle Völker der ganzen Welt mit einem Appell für Liebe und Harmonie in Sicherheit und Frieden", die sich gegen Ungerechtigkeit und Aggression einsetzen müssen, um den Palästinensern ein Leben in Ruhe und Ordnung und den Flüchtlingen ein Rückkehrrecht zu garantieren. Dazu gehöre ein Ende der Besatzung und des Siedlungsbaus, so Tamimi, der mehrfach den Status Jerusalems als alleiniger Hauptstadt der Palästinenser wiederholte. Auffallend war gegen Ende der Rede sein Stolz über das islamisch-christliche Verhältnis: „Es wird niemals – und Gott sei dafür Zeuge – Platz für Uneinigkeit zwischen uns sein." Die Rede hatte ihre eigene Dramatik, zeigte sie doch eine außer Frage stehende radikale Auffassung von dem, was der künftige Friedensprozess zu leisten habe. Die Unversöhnlichkeit in Ton und Inhalt warf einen bedenklichen Schatten über die Veranstaltung, die Tamimi – offensichtlich erstmals von der gesamten Welt in diesem Rampenlicht wahrgenommen – für sich für die knappe Zeit seines Sprechens zu nutzen wusste, ohne die Folgen der scharfen Attacken im Rahmen eines interreligiösen Gesprächs richtig einzuordnen.

Der christliche Schulchor sang das Lied „Herr, mache mich zu einem Werkzeug deines Friedens“, ein Text, der dem heiligen Franziskus zugeschrieben wird. Anschließend ergriff Johannes Paul II. das Wort und appellierte vor den Vertretern der Religionen für eine umfassende und verantwortete Friedensarbeit. Besonders strich der Papst den Aspekt der Brüderlichkeit und damit die die Religionen verbindenden Gemeinsamkeiten hervor. Überdeutliche politische Töne wurden von ihm vermieden, vielmehr stellte Johannes Paul II. die spirituelle Bedeutung Jerusalems in den Vordergrund: „Vielleicht vermittelt keine andere Stätte der Welt diesen Sinn von Transzendenz und der göttlichen Auserwählung, die wir in den Steinen und Monumenten dieser Stadt erkennen, sowie im Zeugnis der drei Religionen, die innerhalb ihrer Mauern Seite an Seite leben.“ Dabei war sich der Papst der Schwierigkeiten bewusst: „Nicht alles war oder ist in diesem Miteinander leicht. In unserer jeweiligen religiösen Tradition müssen wir aber die Weisheit und höhere Motivation finden, die den Erfolg von gegenseitigem Verständnis und freundschaftlicher Achtung gewährleisten.“ Gezielt bezeichnete er Jerusalem als „Stadt des Friedens für alle Völker“, bevor er die gleichnamige Passage aus dem Propheten Jesaja zitierte und so noch einmal indirekt die politische Haltung des Vatikans verdeutlichte. Die Rede des Papstes bekam zusätzliche Brisanz, die besonders in der arabischen Welt aufmerksam wahrgenommen und in den Medien unterschiedlich kommentiert wurde, als er feststellte, dass „der Einsatz für Gerechtigkeit und Frieden nicht außerhalb des Bereiches der Religion liegt: Er ist vielmehr eines seiner wesentlichen Elemente.“ Mit diesen Worten hatte Johannes Paul II. seine Mission umschrieben: Sicherlich war er als Pilger gekommen, aber gerade in dieser Formulierung lag die – das Pontifikat prägende – enge Verquickung von Religion und Politik und damit die Verantwortung der Religion in der Politik. Die Rede gewann an Schärfe, als der Papst mit Blick auf die blutigen Konflikte im Namen von Glauben und Religion an alle Religionen appellierte: „Religion ist keine Entschuldigung für Gewalt und darf auch nicht dazu werden, besonders wenn sich religiöse Identität mit kultureller und ethnischer Identität deckt. Religion und Frieden gehen Hand in

Hand.“ Die Forderung von Johannes Paul II. war deutlich und irritierte sichtlich die radikalen Kräfte: Missverständnisse und Konflikte zwischen den drei Religionen lasteten auch heute noch schwer auf den Beziehungen untereinander. Das Gebot der Stunde sei deshalb eine neues Engagement für den Dialog, aber: „Ein solcher Dialog ist nicht etwa ein Versuch, den anderen unsere Meinungen aufzuzwingen.“

Der Papst musste wenige Minuten später allerdings die bitterste Erfahrung der Reise machen, die Erfahrung nämlich, wie wenig man auf seine Worte zu hören bereit war und wie schwierig sich der Dialog in Jerusalem und im Heiligen Land zwischen den Religionen gestaltet: Scheich Tamimi schien bis dahin seinen Ärger über die Worte Laus unterdrückt zu haben, zumal der Papst allen drei Religionen deutlich ins Gewissen gesprochen und die friedliche Koexistenz hervorgehoben hatte. Noch bevor aber die drei Chöre in ihren Sprachen zusammen ein Jerusalemer Friedenslied sowie ein dem verstorbenen Präsidenten Anwar al-Sadat und Premier Yitzhak Rabin gewidmetes Lied anstimmen konnten, verließ Tamimi die Veranstaltung. Vor dem Papst verbeugte er sich, Oberrabbiner Lau würdigte er nicht eines Blickes. Die vatikanische Delegation geriet – im Gegensatz zum Papst – in sichtbare Nervosität, die jüdische Abordnung war nicht in der Lage, die Situation richtig einzuschätzen. Es war offensichtlich und wurde so auch später von islamischer Seite bestätigt, dass Tamimi aus Protest gegenüber den Juden und nicht dem Papst Notre Dame verlassen hatte. Zunächst war als offizielle Begründung die Verzögerung der Veranstaltung angegeben worden, weshalb Tamimi zum Gebet hätte gehen müssen. Später wurde der eigentliche Grund erklärt, den man in Diplomatenkreisen allerdings auch mit Skepsis sah: Tamimi schien offensichtlich darüber verärgert, dass einer der Chöre Kernsätze der drei Religionen, insbesondere aus den islamischen Hadithen, vertont hatte. Für einen gläubigen Muslim grenze so etwas angeblich an Blasphemie, erklärten islamische Stellen.

In dieser nervösen Stimmung verlief die weitere Begegnung eher dürftig, und das gemeinsame Pflanzen eines Olivenbaums war ein trauriges Symbol, weil nur zwei Religionen an diesem Moment beteiligt waren. Hier hatten die Organisatoren überzogen hohe Erwartungen an die Begegnung gestellt, ohne die politische Gratwanderung richtig einzuschätzen. Beobachtern im Vatikan und Israel war bereits Wochen vor der Reise klar, dass ein interreligiöses Treffen vonseiten der jüdischen und islamischen Religion als politisches Forum genutzt würde. Die Verantwortlichen hätten besser daran getan, weniger auf Symbole – wie zum Beispiel den Olivenbaum und die Friedenslieder – zu setzen, als sich vielmehr auf wenige Worte und Gesten zu konzentrieren. Deshalb blieb der Olivenbaum von Meir Lau und Johannes Paul II. zwar für diese beiden Religionsvertreter ein wichtiges Zeichen, gleichzeitig war er aber damit auch Ausdruck der bitteren Situation zwischen den Religionen in Jerusalem.

Realität: Vom Frieden weit entfernt

War dieses Treffen ein Erfolg oder nicht? Die Meinungen darüber gingen weit auseinander. Es war die kaum wiederholbare Chance darin gelegen, die Führer dreier monotheistischer Religionen an einem Tisch zu vereinen und mehr als einen Händedruck auszutauschen, wie ein halbes Jahr nach der Papstreise das Oberhaupt der lateinischen Christen, Patriarch Michel Sabbah, meinte: „Das Treffen war ein Erfolg, denn es hat die Realität in Jerusalem gezeigt. Man hätte einen guten Islamführer und einen guten Rabbiner kommen lassen können, die freundliche Grußadressen austauschen. Aber das wäre Heuchelei angesichts der vielen Ungerechtigkeiten, die es gibt. Die Religionsführer müssen daher zunächst über diese Ungerechtigkeiten reden. Es ist eine Pflicht, nicht oberflächlich von anderen Dingen zu sprechen und die Realität und die menschlichen Bedürfnisse nicht zu vergessen.“[99] So positiv das Treffen gedeutet werden konnte, so tragisch war es aber auch politisch missbraucht worden. Während Lau nur kurz mit Blick auf den Status von Jerusalem versuchte, an die politischen Eckpunkte zu erinnern und den Papst in diese Richtung zu vereinnahmen, waren die scharfen Attacken Tamimis in Fragen Jerusalems und des Heiligen Landes eine kritische und undifferenzierte Vermischung von Religion und Politik. Gerade auf palästinensischer Seite hatten viele Christen gehofft, Tamimi werde bei einer politischen Argumentation die islamische Komponente mit seiner wiederholten Berufung auf Mohammed ausklammern und eine weitsichtigere Perspektive wählen. Bemerkenswert ist, dass auch

Yassir Arafat, dem der Papstbesuch ein Herzensanliegen war, um ihn für die Reklamation eines unabhängigen Staates zu nutzen, wenig erbaut von den Worten Tamimis war – die positive Resonanz von Arafats eigenen Reden trat durch die Äußerungen des Scheichs mit einem Mal in den Hintergrund. Die Szene des plötzlichen Abgangs Tamimis hat der Reise auch einen Spiegel vor Augen gehalten: Im Dialog zwischen Christentum (hier der katholischen Kirche) und dem Islam bzw. dem Judentum sind gute Fortschritte gemacht worden. Die katholische Kirche spricht daher nicht mehr im Dialog sondern im „Trialog" mit den Religionen.[100] Vor diesem Hintergrund müsste es eine bleibende Aufgabe für Islam und Judentum im Heiligen Land sein, ihrem stockenden Dialog neue Impulse zu verleihen.

Freitag, 24. März 2000

Woodstock von Galiläa: Massenmesse in Chorazin

In der Nacht hatte es in Jerusalem geregnet, am See Genesaret war ein heftiger Sturm mit Unwettern vorbeigezogen. Noch kurz vor Beginn der Papstreise brach aufgrund extremer Winde ein Teil der Dachkonstruktion der in Chorazin aufgebauten Altarinsel zusammen. Die Reiseplaner überlegten in der Nacht zum Freitag, ob die größte Messe unter freiem Himmel und der größte christliche Gottesdienst, den es jemals in Israel geben sollte, abgesagt werden musste. Bereits seit Tagen waren Sondermaschinen aus aller Welt nach Tel Aviv geflogen, um vor allem junge Menschen zu diesem Ereignis zu bringen. Der Papst hatte die Begegnung im Vorfeld des im August 2000 in Rom stattfindenden XV. Weltjugendtags gewünscht. Ein unübersehbares Menschenmeer, ausgerüstet mit Schlafsäcken, Taschenlampen und Radiogeräten, weil die Übertragungskapazitäten der Lautsprecheranlagen des Geländes nicht ausreichten, beherrschte die Hänge am See. Trotz weiterer Regenfälle brach der Papst nach Chorazin auf.

Es war ein Tag des Pilgerns für Johannes Paul II. Wie bei seinem ersten Besuch 1963 wollte er noch einmal die Stätten der Heilsgeschichte aufsuchen, weniger über Politik sprechen als vielmehr das Evangelium verkünden. Pünktlich landete das Kirchenoberhaupt nach 135 Kilometern Flug am eigens restrukturierten Hubschrauberlandeplatz bei Chorazin. Der geschichtsträchtige Ort ist nach biblischem Befund eine der drei Städte, denen Jesus vorhielt, die von ihm verbreitete Lehre nicht annehmen zu wollen („Weh dir, Chorazin! Weh dir, Betsaida! Wenn einst in Tyrus und Sidon die Wunder geschehen wären, die bei euch geschehen sind – man hätte dort in Sack und Asche Buße getan."; Matthäus 11,21). Mit 100 Bischöfen, 1200 Priestern und 100.000 Jugendlichen feierte der Papst die Eucharistie auf dem Gelände – ein Gottesdienst für die Jugend des Heiligen Landes und über Religionsgrenzen hinweg für die Jugend der Nachbarländer. Als Besonderheit galt eine Gruppe von 600 Libanesen, die von den israelischen Behörden die Genehmigung erhalten hatten, aus der südlibanesischen Besatzungszone an den See Genesaret zu reisen.

Der griechisch-katholische Erzbischof von Akko, Boutros Mouallem, zu dessen Territorium Chorazin gehört, begrüßte zusammen mit einem Vertreter der christlichen Jugend Israels und Palästinas Johannes Paul II. Mouallem würdigte den Papst mit einer rhetorischen Frage: „Wer hat mehr als Johannes Paul II. die Notwendigkeit verstanden, zu den Quellen, zum Osten, zurückzukehren?" Wie bereits bei anderen Gottesdiensten nutzt auch er die Gelegenheit, die aktuelle politische Situation nicht unerwähnt zu lassen: „Alle Völker dieser Region haben so viel gelitten. Und sie leiden als Konsequenz von Ungerechtigkeit noch immer."

Johannes Paul II. legte in der Messe den Begriff der „Berufung" aus und erinnerte alle Jugendlichen des Nahen Ostens an ihre besondere Berufung zum Frieden, aber auch an die Berufung, Christus zu folgen. Wer sich für den Frieden engagiere, brauche eine „Verwandlung des Herzens", so der Papst. Begeistert wurde Johannes Paul II. gefeiert, weil er in der Predigt auch die Jugendlichen aller Religionen ansprach: „Ein besonderes Dankeswort richte ich an unsere muslimischen Freunde, an die Anhänger des jüdischen Glaubens und an die Gemeinschaft der Drusen." Gleichzeitig erinnerte er an die anderen großen Konfliktherde der Welt: Aus Anlass der militärischen Spannungen zwischen Äthiopien und Eritrea richtete der Papst einen dramatischen Friedensappell an die verfeindeten Völker und die „Organisation für afrikanische Einheit", ihre Verantwortung im dortigen Friedensprozess wahrzunehmen. Den Abschluss des Vormittags bildete ein symbolischer Akt: Im Gegensatz zur dürftigen Geste des gepflanzten Ölbaums des interreligiösen Dialogs konnte Johannes Paul II. jetzt eine ganze Reihe kleiner Ölbäume segnen, die den Anfang eines Waldes bilden, der in Erinnerung an die Papstmesse gepflanzt wurde. Außerdem traten zwölf junge Mädchen jeweils mit einer Weizenähre, einem Ölzweig und einer weißen Taube zum Papst. Jede Taube trug am Fuß einen Ring mit einer der acht Seligpreisungen oder einem Zitat aus der Bergpredigt, das von Frieden und Gerechtigkeit handelte. Das Zeichen trug dem Wunsch der anwesenden Jugendlichen Rechnung, Frieden über die Grenzen des Heiligen Landes hinaus zu verbreiten. Bevor Johannes Paul II. abreiste, segnete er noch eine Glocke des polnischen Bataillons der UNIFIL-Truppen, die in Nordisrael und auf dem Golan stationiert sind.

Mehr als Pflichtprogramm: Premierminister und heilige Stätten

Nach der Mittagspause im Konvent italienischer Franziskanerinnen in unmittelbarer Nähe zur Kirche, die über der Verehrungsstelle des Ortes der Bergpredigt steht, traf der Papst am Nachmittag zum offiziellen Gespräch mit Premierminister Ehud Barak zusammen, an dem auch Shimon Peres und Staatsminister Haim Ramon auf besondere Einladung des Regierungschefs teilnahmen. Die Begegnung verlief ähnlich der bei Präsident Weizmann, allerdings ohne Ansprachen. Teile wurden auch hier live im israelischen und arabischen Fernsehen übertragen. Insgesamt musste das Treffen aber wesentlich abgekürzt werden, um die Rückkehr der Gastgeber zu Beginn des Shabbats in Jerusalem zu garantieren. Während des Gesprächs bat Barak den Papst, sich für von den Hisbollah-Truppen im Libanon verschleppte israelische Soldaten einzusetzen.

Die nächste Station war für Johannes Paul II. das am Ufer des Sees gelegene Benediktinerkloster Tabgha, das der Jerusalemer Dormitio-Abtei untersteht. Hierher verlegt die Tradition bereits im 4. Jahrhundert unter anderem das Wunder der Brotvermehrung (vgl. u. a. Johannes 6,1–15). Der Name des Ortes ist eine arabische Wortentwicklung aus dem griechischen Begriff

„Heptapegon“, was übersetzt Siebenquell bedeutet, weil in der Antike an den Hängen des Nordufers sieben Quellen entsprangen. Begrüßt wurde der Papst von Abt Benedikt Lindemann OSB und der Mönchsgemeinschaft sowie einer Delegation des Erzbistums Köln, da das Gelände dem „Deutschen Verein vom Heiligen Lande“ gehört, der seinen Sitz in Köln hat. Dieser und die folgenden Besuche der heiligen Stätten waren vom Vatikan als private Termine deklariert worden, um vor allem den spirituell-pilgernden Charakter der Reise zu unterstreichen, andererseits um dem Papst auch Momente der Ruhe und des Gebets zu lassen. Von Tabgha ging es zur Primatskapelle. Die Tradition verehrt hier den Ort der als Primatsausspruch an Petrus übertragenen Worte: „Weide meine Schafe!“ (Johannes 21,15–19). In unmittelbarer Nachbarschaft besuchte Johannes Paul II. dann Kapernaum, wo Jesus gepredigt und Wunder gewirkt hat (vgl. Matthäus 4,18; Markus 1,23; 5,21; Lukas 6,6; Johannes 6,22–71). In dem archäologisch gut erschlossenen Areal vermutet man das Haus des Petrus, über dessen Überresten eine 1990 eingeweihte Kirche steht. Hier wurde Johannes Paul II. mit dem alten Liedruf „Tu es Petrus“ begrüßt, bevor er sich zum stillen Gebet zurückzog.

Mit reichlicher Verspätung machte sich die päpstliche Delegation nach Einbruch der Dunkelheit vom Hubschrauberlandeplatz bei Kapernaum auf den Rückweg Richtung Jerusalem. Hier endete ein Tag der Reise, der vorrangig von der spirituellen Idee dieser Pilgerfahrt geprägt war. Es war der betende Papst, der sich an die heiligen Stätten zurückzog, und es war der pilgernde Papst, der die Jugend der Welt aufrief, sich mit ihm auf den Weg ins dritte Jahrtausend zu machen.

Samstag, 25. März 2000

Die Reise des Papstes war wegen eines religiösen Konflikts in Nazaret immer wieder infrage gestellt worden. Grund war das umstrittene Bauvorhaben für eine Moschee auf einem Gelände unmittelbar vor der Verkündigungsbasilika.[101] Dennoch wollte der Papst auf einen zweiten Hubschrauberflug nach Galiläa nicht verzichten, um sich dort auf die Spuren von Paul VI. zu begeben.

Nazaret: Besuch im stillen Pulverfass

In Nazaret wurde der Papst vom örtlichen Bürgermeister, Ramez Jarrisi, empfangen. Nach einer Fahrt im Papamobil durch das Stadtzentrum ging es zur Verkündigungskirche, die unter der Verwaltung der Franziskaner steht. Zunächst zog sich Johannes Paul II. in die zentrale Wohnhöhle unter dem Kirchenbau zurück, die als Verkündigungsgrotte verehrt wird. In seinem Willkommensgruß erinnerte der Generalminister der Franziskaner, Pater Giacomo Bini, an die ungebrochene christliche Tradition, die diesen Ort verehrt, und an den Besuch Karol Wojtylas als junger Weihbischof in Nazaret: „Heute kommen Sie zurück zum Haus Mariens, genauso wie Sie Ihren Pilgerweg der Liebe und des Bekenntnisses auf den Straßen, durchquert von der Menschheit, fortsetzen." Als Zeichen der Erinnerung legte der Papst eine goldene Rose auf den Altar der Grotte. Zu Fuß ging es dann in die Oberkirche, wo er von rund 1500 Menschen, dem Imam der Stadt, jüdischen Vertretern und einem arabisch singenden Chor begrüßt wurde.

Patriarch Michel Sabbah, der in Nazaret geboren ist, bat den Papst um das Gebet für alle Menschen im Heiligen Land, „Christen, Muslime, Drusen und Juden". Die Predigt des Papstes war eine Auslegung des Verkündigungsgeschehens an jenem Ort, den – und daran erinnerte Johannes Paul II. – bereits Paul VI. bei seiner Heilig-Land-Reise als „Schule des Evangeliums" bezeichnete. Kritisiert wurde von israelischen Medien, dass der Papst in der Predigt nicht auf den schwelenden Moscheestreit einging. Johannes Paul II. konzentrierte sich auf den Ort, an dem das Besondere, das Unerwartete geschehen sei: „Für beide, Abraham und Maria, kommt die göttliche Verheißung als etwas völlig Unerwartetes. Gott unterbricht den täglichen Ablauf ihres Lebens und bringt seine feststehenden Rhythmen und üblichen Erwartungen durcheinander." Wie schon bei den Gottesdiensten in Amman und Betlehem überreichte der Papst zum Abschluss die Ergebnisse der Heilig-Land-Synode als Pastoralplan an zehn ausgewählte Vertreter der Kirche Galiläas. Vatikansprecher Joaquin Navarro-Valls äußerte die Hoffnung, dass aufgrund dieser Visite die Baugenehmigung der Moschee noch einmal von der israelischen Regierung überdacht werde. Gegen Mittag flog der Hubschrauber Richtung Jerusalem zurück, wo nach einer Mittagspause zwei weitere heikle und herausfordernde Besuchspunkte auf dem Programm standen. Der erste galt der Begegnung mit den in Jerusalem ansässigen Generalkonsuln der Staatenwelt, der andere einem Treffen mit den Oberhäuptern sämtlicher im Heiligen Land lebender christlicher Kirchen.

Gespräch und Gebet: Konsularisches Korps und Getsemani

Der Empfang und die Begegnung mit dem diplomatischen Korps eines Landes gehört bei den Auslandsreisen des Papstes zum normalen Programm. Heikel war in Israel jedoch der Ort des Geschehens. So blieb in Tel Aviv keine Möglichkeit für diesen Programmpunkt, zumal die Diplomaten bereits bei der Ankunft am Dienstag dabei gewesen waren. Da nur die wenigsten Länder ihre primäre diplomatische Vertretung – wegen des international ungeklärten Status und der völkerrechtswidrigen Annexion von 1980 – in Jerusalem haben, war lediglich eine Begegnung mit den Generalkonsuln möglich, die viele Länder auch in Jerusalem repräsentieren. In der Apostolischen Delegatur sprach der Papst ein kurzes Grußwort: Neben der Hoffnung auf einen dauerhaften Frieden verwendete er eine bis heute nicht abschließend interpretierte bzw. von jeder politischen Seite für sich gedeutete Formulierung: „Es ist mir eine Freude, dass mir die Gelegenheit gegeben ist, [...] Sie bei der missionarischen Arbeit, die Sie in diesem einzigartigen Land durchführen, zu ermutigen." Johannes Paul II. sprach im weiteren Verlauf dieser Begegnung nicht vom Heiligen Land. Hatte er hier tatsächlich nur Israel gemeint, obwohl er in Jerusalem redete? Das wäre möglich, traf er an diesem Ort doch nur mit den auf israelischem Boden verantwortlichen Generalkonsuln von Jerusalem zusammen und nicht mit der palästinensischen Seite. Deshalb gab es auch von dort verhaltene Kritik, die Formulierung sei missverständlich gewesen und habe als Vorzugsnennung Israels interpretiert werden können.

Nach dieser Begegnung folgte ein privater Besuch im Garten Getsemani mit einem Gebet in der „Kirche der Nationen", die 1924 durch Spenden verschiedener Länder errichtet worden war. Im Garten verweilte Johannes Paul II. einen Moment vor den jahrhundertealten Ölbäumen, bevor er anschließend den modernen Kirchenbau betrat, um vor dem Hauptaltar lange zu meditieren: Wieder war es der Pilger Papst, der an seinem Ziel angekommen war.

Suche nach der Einheit: Ökumenisches Gipfeltreffen

War der Donnerstag vom interreligiösen Dialog geprägt, so stand an diesem Samstagabend die Ökumene im Mittelpunkt der Papstreise. So gut wie alle Konfessionen hatten die Vorbereitungsphase des Besuchs und die Tage im Heiligen Land begleitet. Es ging weniger um das Herausstellen konfessionell-theologischer Gegensätze als vielmehr um ein einheitliches Auftreten der christlichen Minderheit im Heiligen Land. Mit einer positiven Grundstimmung wurde Johannes Paul II. im griechisch-orthodoxen Patriarchat empfangen, wo die Vertreter der Konfessionen zugegen waren. Unter ihnen befand sich auch der Propst der evangelischen Erlöserkirche, Karl-Heinz Ronecker, für den anfangs – weil nicht mit der Patriarchen- bzw. Bischofswürde ausgestattet – unklar war, wo er nach protokollarischem Brauch sitzen sollte. Gastgeber war der von Krankheit gezeichnete griechische Patriarch Diodoros, der in Jerusalem bereits seit 1981 amtiert und Johannes Paul II. mit den Worten begrüßte: „Die Kirche von Jerusalem jubelt, weil Sie gekommen sind, um den Geburtsort des ersten Bischofs von Rom, Petrus, zu besuchen. Diese Begegnung, zu der wir alle in diesem Raum versammelt sind, ist ein Segen Gottes." Die Formulierung war mehr als herzlich und erinnerte in ihrer Offenheit für viele Anwesende an die historische Begegnung von Paul VI. und Athenagoras im Jahr 1964.

Diodoros, der gesundheitlich nicht in der Lage war, seine Rede selbst vorzutragen, ließ den Text verlesen. Zu Beginn erinnerte er an die „Heilige Kirche von Jerusalem als Mutter aller Kirchen". Dieses Johannes von Damaskus entlehnte Zitat sollte der Papst zum Abschluss seiner Reise zur Überraschung vieler noch einmal aufgreifen. Diodoros betonte, dass die Anwesenheit des Papstes aus Rom zweifellos ein historisches Ereignis in der Geschichte der Kirche von Jerusalem sei. Die Gläubigen in den benachbarten Ländern – Jordanien, Israel, Palästina und die Staaten der arabischen Halbinsel – blieben ihrem christlichen Glauben trotz vieler Schwierigkeiten treu: „Wir bitten

Gott, dass er ihnen Weisheit und Ausdauer in ihrer Mühsal und ihren Prüfungen schenken möge", waren die nachdenklichen Worte, die in subtiler Weise auf die Einschränkung der christlichen Religionsausübung in einigen Gebieten der Region verwiesen. Diodoros wählte unmissverständlich politische Optionen mit Blick auf die israelische und palästinensische Regierung und die eigene christliche Verpflichtung, den interreligiösen Dialog zu suchen: „Es ist für uns an der Zeit, dass die Kirche vorwärtsschaut, ihre Rechte und Privilegien in der internationalen Gesellschaft sichert, um so ihre Mission in der modernen Welt ohne Hinderung zu erfüllen. In diesem Rahmen ermutigen wir durch unsere Beteiligung zum Dialog zwischen Christen und den Nachkommen des Patriarchen Abraham, den Angehörigen von Judentum und Islam, mit denen wir im Nahen Osten gemeinsam leben." Ähnlich wie Johannes Paul II. während der Reise war es Diodoros ein Anliegen, den Friedensprozess nicht unerwähnt zu lassen und für eine Sicherung des Status quo an den heiligen Stätten einzutreten: „Wir setzen all unsere Bemühungen für einen Erfolg des Friedensprozesses ein, sodass permanente und gerechte Lösungen für die Probleme dieser Region gefunden werden. Auf diese Weise sollten die berechtigten nationalen Forderungen unserer palästinensischen Brüder auf der Basis von demokratischen Prinzipien und Menschenrechten zufriedengestellt werden, ebenso wie die Interessen des Staates Israel im Land ihrer Vorfahren gesichert sein müssen." Deshalb gelte es, Extremismus im religiösen, politischen und gesellschaftlichen Bereich aus dem täglichen Leben zu verbannen. Dabei sei der Gast aus Rom immer ein Vorbild: „Zu Ihrem unermüdlichen und kontinuierlichen Beitrag, die christlichen Ideale von Freiheit, Gerechtigkeit und Gleichheit unter den Völkern voranzutreiben, gratulieren wir Ihnen", so Diodoros. Er war der einzige, der während des Papstbesuches an die technologischen Herausforderungen erinnerte: „Die gewaltige Entwicklung der Technologie muss aufmerksam von der Kirche verfolgt werden, sodass diese nicht einen negativen Einfluss auf das kirchliche Leben oder das Privatleben der Gläubigen hat. Laborforschungen zum wissenschaftlichen Fortschritt und das Eingreifen zur Selektion in die menschliche Erbsubstanz verhalten sich konträr zur christlichen Auffassung von Bioethik, da sie den Menschen über seine natürliche Entwicklung hinaus kontrolliert. Das stellt eine Verletzung des Naturrechts dar und ist eine blasphemische Invasion der Schöpfung Gottes durch den Menschen." Auch im ökumenischen Bereich wusste Diodoros Akzente zu setzen. Dezent warnte er vor versteckten Formen des Proselytismus: „Die Anstrengungen, die einige Kirchen unternehmen, um die Zahl ihrer Gläubigen zu erhöhen und um größer als andere Kirchen zu sein – was durch Beschäftigung, Erziehung und andere soziale Bedürfnisse in dieser Region geschieht –, sind eines der großen Hindernisse für den Fortschritt christlicher Einheit und die Fortsetzung des Dialogs, der unter gleichen Voraussetzungen und in Wahrheit gesucht werden muss." Zugleich, so der Patriarch, seien die Konfessionen des Heiligen Landes bereit, sich der vielschichtigen pastoralen Arbeit des Papstes anzuschließen, wobei die Eigenständigkeit einer jeden Kirche gewahrt bleiben müsse.

Bei der historischen und im Gesamtkontext der Reise von der Öffentlichkeit zu wenig wahrgenommenen Begegnung setzte Papst Johannes Paul II. ökumenische Akzente, die auch die politische Lage im Blick hatten. Besonders war es ihm ein Anliegen, zur Überwindung der Fehler aus der Vergangenheit aufzurufen: „Ist es nötig zu sagen, dass ich durch das Treffen des heutigen Abends sehr ermutigt bin? Es ist eine Bestätigung dafür, dass wir uns auf den Weg gemacht haben, einander besser kennenzulernen mit dem Wunsch, das aus der Vergangenheit ererbte Misstrauen und Gegeneinander zu überwinden." Der Papst erinnerte an die Begegnung am selben Ort von Paul VI. und Athenagoras: „In den nachfolgenden Jahren haben wir erfahren, dass sich der Weg zur Einheit als schwierig erweist. Das sollte uns jedoch nicht entmutigen. Wir müssen geduldig und beharrlich sein und unbeirrt weiter vorangehen." Die konfessionelle Verschiedenartigkeit ist für Johannes Paul II. kein Widerspruch zum einen Leib Christi: „Hier in Anwesenheit der verschiedenen Kirchen und kirchlichen Gemeinschaften möchte ich erneut bekräftigen, dass der kirchliche Universalitätsanspruch die legitime Verschiedenartigkeit vollends respektiert. [...] Es gibt eine legitime Verschiedenartigkeit, die in keiner Weise der Einheit des Leibes Christi entgegensteht, sondern vielmehr den Glanz der Kirche vermehrt und in großem Maße zur Erfüllung ihrer Sendung beiträgt. Nichts von diesem Reichtum muss in der vollkommeneren Einheit, nach der wir streben, verloren gehen.“ Die Kirchen müssten nach seiner Auffassung einen neuen Geist der Eintracht und Solidarität untereinander wecken, „um den praktischen Schwierigkeiten, die die Gemeinschaft der Christen in Jerusalem und im Heiligen Land bedrängen, begegnen zu können. [...] Nur wenn sie untereinander ausgesöhnt sind, können die Christen ihren vollen Beitrag leisten, um Jerusalem zur Stadt des Friedens für alle Völker zu machen.“ Die nachdenkliche Rede des Papstes, die weit über das hinausging, was Paul VI. beim historischen Bruderkuss mit Athenagoras auszutauschen vermochte, reichte den christlichen Konfessionen die Hände der Versöhnung und war gleichzeitig die kontinuierliche Fortsetzung der ökumenischen Impulse dieses Pontifikats. Im Vorfeld der Reise war lange spekuliert worden, ob es eine päpstliche Vergebungsbitte für Verfehlungen der christlichen Kirchen im Laufe der Geschichte auch während der Heilig-Land-Visite geben werde. Tatsächlich beendete Johannes Paul II. seine Worte mit einem eindringlichen Appell zur Umkehr: Es sei an der Zeit, „um Vergebung zu bitten für die Wunden, die die Mitglieder unserer Kirchen in den Jahren einander zugefügt haben“[102].

Unter langem Applaus tauschten der Papst und Diodoros den Bruderkuss aus. Der Gast aus Rom überreichte dem 77-Jährigen ein Brustkreuz und ein Mosaik mit der Darstellung des Auferstandenen. Im Gegenzug erhielt Johannes Paul II. ein Silbermedaillon mit dem Wappen des Patriarchats. Für kurze Überraschung sorgte dann das nicht im Ablauf vorgesehene Anstimmen des Vaterunser auf Latein durch den Apostolischen Nuntius. Nachdem zunächst nur der Papst und sein Gefolge in das Gebet eingestimmt hatten, mischten sich darunter schon nach wenigen Worten die anderen Patriarchen und Kirchenoberhäupter in verschiedensten Sprachen, um mit dem Gebet das gemeinsame Erbe und das zielgerichtete Streben nach einem echten ökumenischen Dialog auszudrücken.

Rückblick: Der Tag der christlichen Minderheit

Es war ein weiterer bewegter Tag, der von unterschiedlichen Elementen seine Prägung erhielt. Vor allem war es der Tag der christlichen Minderheit im Heiligen Land. Durch den Besuch in Nazaret haben die einheimischen Christen neuen Mut gewonnen. Deutlich wurde dort die pilgernde Dimension des Papstes, aber es war vor allem auch eine politische Demonstration von Johannes Paul II., den eigenen Reihen - über Konfessionsgrenzen hinweg - beizustehen. Das war umso notwendiger, weil der Konflikt von Nazaret das Charakteristikum für einen auf verschiedene Bereiche des Heiligen Landes übertragbaren Zustand hat, nämlich sich in gesellschaftlichen und politischen Bereichen in der Gefahr einer latenten Konfrontation zu befinden, die durch den stockenden Friedensprozess religiös angeheizt wird. Johannes Paul II. hat mit seiner Präsenz in der schwierigen, überwiegend emotionalen Lage von Nazaret, das am Rande eines Zusammenbruchs der jahrhundertealten friedlichen Koexistenz steht, ein persönliches Zeugnis abgelegt und für den Frieden geworben. Dieses Zeugnis wurde auch bei der ökumenischen Begegnung in Jerusalem deutlich. Die Worte des Papstes haben gezeigt, wie sehr ihm die Versöhnung und ein Ende der Konfessionsspaltung am Herzen lagen. Dieser Gedanke wurde noch einmal unterstrichen, als Johannes Paul II. am letzten Tag seiner Reise - gewissermaßen die Zusammenfassung der Pilgertage - einen Gottesdienst in der Grabeskirche feierte, bei dem die Vertreter der anderen christlichen Konfessionen zu einem großen Teil zugegen waren.

Sonntag, 26. März 2000

Es war ein strahlender Sonnentag, als Johannes Paul II. von der Apostolischen Delegatur aufbrach, um mit dem bereits am Vortag in den Altstadtgassen von Jerusalem genutzten Spezialfahrzeug den weitläufigen Platz zwischen dem Felsendom und der al-Aksa-Moschee zu erreichen. Der letzte Tag des Papstbesuches sollte ein Schlussakkord werden, die Zusammenfassung der Reise, denn es galt, die heiligen Stätten von Muslimen, Juden und Christen nacheinander zu besuchen, um dann Abschied zu nehmen. Noch kurz vor der Ankunft auf dem Tempelberg hatten einige wenige palästinensische Demonstranten ein Banner entrollt. Darauf und in Sprechchören warfen sie islamischen und palästinensischen Offiziellen vor, sie hätten mit dem Empfang des Papstes auf dem Harem al-Sharif „den Schlüssel der al-Aksa-Moschee“ an den Papst abgegeben. Das Oberhaupt des muslimischen Sufirates, Scheich al-Jamal al Rifa, war deshalb in höchster Eile, als er das Protestbanner abriss und der israelischen Polizei übergab, da man den Gast aus Rom nicht brüskieren wollte. Seit der Eroberung Ostjerusalems im Sechstagekrieg 1967 kontrolliert ausschließlich israelische Polizei das Gelände auf dem islamischen Heiligtum. In einer internen Note der Regierung hatte man darauf gedrängt, jede politische Eskalation zwischen Palästinensern und israelischen Sicherheitskräften zu vermeiden, weshalb die palästinensische Flagge, die offiziell in Jerusalem verboten ist, einmalig gehisst werden durfte. Es lag in der Natur der Sache, dass gerade dieser Tag der Papstreise von allen politischen Seiten für die jeweils passende Interpretation genutzt wurde. Noch eine Woche vor dem Besuch hatte beispielsweise der palästinensische Hamas-Führer Scheich Ahmed Yassin erklärt, die Reise sei notwendig, damit Israel die eindeutige Haltung des Papstes „gegenüber der Besatzungspolitik der Heiligen Stadt Jerusalem“ endlich begreife. Dagegen warnte Jerusalems Bürgermeister Ehud Olmert unmittelbar vor der Ankunft des Papstes, der Vatikan solle jede Einmischung in die Statusfragen der Stadt unterlassen. Der Jerusalemer Großmufti, Ikrimah Sabri, der Papst Johannes Paul II. auf dem Tempelberg an diesem Morgen empfangen sollte, äußerte sich einen Tag vor dem Besuch. Sein Vorwurf an die Juden lautete, sie wollten mit der Anwesenheit des Papstes grünes Licht für ihre Besatzungspolitik erhalten. Jüdische Attacken gegen den Holocaust seien der gezielte Versuch, die Medien zu bestimmen, so Sabri in einem Gespräch mit Journalisten. Es könne daher auch künftig keinen Dialog mit den Juden geben. Die Klagemauer werde von ihm nicht als jüdisches Heiligtum akzeptiert, sondern sei integraler Bestandteil der „Allee der Moscheen“. Ein künftiger Kampf gegen die Juden sei deshalb auch nicht religiöser, sondern rein politischer Natur.

Politischer Zündstoff: Besuch vor der al-Aksa-Moschee

Nach seiner Ankunft auf dem Tempelberg wurde Johannes Paul II. von Sabri, der zugleich Präsident des Obersten Islamrates ist, sowie Feisal Husseini, einem der palästinensischen Chefunterhändler bei den Friedensgesprächen, begrüßt. Nach einer privaten Unterredung im Waqf, dem „Büro“ des Mufti, hielten beide

Religionsvertreter kurze Ansprachen auf dem Vorplatz der Moschee. Sabri sprach auf Arabisch, Patriarch Sabbah eilte zu Hilfe und übersetzte spontan ins Englische. Ähnlich wie Tamimi erinnerte Sabri an den durch göttliche Offenbarung in besonderer Weise ausgewählten Gebetsplatz al-Aksa. Er nutzte die Gelegenheit zu klaren politischen Worten, trug diese allerdings wesentlich moderater vor als Tamimi. Dabei beklagte er die ständige Verletzung der Heiligkeit des Ortes durch die israelische Besatzung, insbesondere die Ausgrabungen unter dem Gelände und den Versuch von Juden, vor der Moschee zu beten. Tragisch sei es vor allem, wenn gläubigen Muslimen der Zugang zum Tempelberg aufgrund der Blockadepolitik verwehrt werde, so Sabri, der den Namen Israel verwendete: „Wir bitten Sie, auf der Seite von Gesetz und Gerechtigkeit zu stehen, sodass die israelische Besatzung der Heiligen Stadt ein Ende findet", betonte der Mufti, der gleichzeitig die Bewältigung des Leids der palästinensischen Bevölkerung und eine ungehinderte Rückkehr der Flüchtlinge forderte. Johannes Paul II. reagierte gelassen und erinnerte an den eigentlichen Sinn der Visite, die eine geistliche Pilgerreise darstelle. Mit Blick auf sein Verständnis von friedlicher Koexistenz zwischen Religionen und Völkern hob der Papst hervor: „Sie mögen in Harmonie und gegenseitigem Zusammenwirken leben und von dem einen Gott durch Taten der Güte und der menschlichen Solidarität Zeugnis geben."

Es waren wenige Worte, die hier gewechselt wurden. Umso eindrucksvoller war der Besuch in symbolischer Hinsicht. Die dynamische von Johannes Paul II. vertretene Politik, auf den Islam offenen Herzens zuzugehen, hatte sich an diesem Ort einmal mehr verwirklicht. Die frühen Reisen von Johannes Paul II., 1979 in die Türkei, 1981 nach Pakistan und 1985 nach Marokko, in denen die ersten konkreten Begegnungen zwischen Islam und Papst stattfanden, waren die stille und kontinuierliche Vorbereitung für diesen Tag, der besonders in der arabischen Welt als ein neuer Schub des christlich-islamischen Dialogs betrachtet und entsprechend in den Medien gewürdigt wurde. Der Schritt des Papstes auf den Tempelberg und damit zum drittwichtigsten islamischen Heiligtum weltweit hat vielen führenden Persönlichkeiten des Islam die Sorge genommen, die katholische Kirche wolle in dieser Region missionieren. Die Tatsache, dass Johannes Paul II. den schiitischen Staatspräsidenten des Iran, Scheich Mohammed Chatami, in Privataudienz empfangen und sich mit dem sunnitischen Großmufti der al-Azhar-Universität von Kairo, Scheich Mohammed Tantawi, getroffen hat, ließ das Verhältnis positiv wachsen. Seine Anwesenheit vor der al-Aksa-Moschee wurde für das künftige Gespräch zwischen den Religionen und den diplomatischen Einsatz der katholischen Kirche in Jerusalem als die entscheidende Weichenstellung angesehen.

Unter dem langen Applaus der anwesenden islamischen und palästinensischen Autoritäten verließ der Papst den Harem al-Sharif, um seinen Gang zu den monotheistischen Religionen mit dem Besuch der sogenannten Klagemauer fortzusetzen.

Symbolische Gesten: An der Klagemauer

Die Klagemauer, korrekter bekannt unter dem Namen Westmauer (im Hebräischen auch „Kotel ha Ma'aravi" genannt), ist in ihren Grundfundamenten ein Rest jener Einfassung, mit der Herodes der Große das Plateau des Tempelberges sicherte. Nach jüdischer Vorstellung befand sich an der Westmauer des früheren Tempels das Allerheiligste, also der Ort der Präsenz Jahwes auf Erden. Diese Eigenschaft wurde erst wesentlich später, wahrscheinlich im 16. Jahrhundert, auf die von Herodes errichtete Außenmauer „übertragen", und sie stellt seitdem das zentrale Heiligtum der jüdischen Religion dar.

Die Begegnung an der Klagemauer dauerte länger als geplant, denn zunächst waren die Reiseplaner von ähnlich knappen Reden wie vor der al-Aksa-Moschee ausgegangen. Der Papst wurde von Minister Rabbi Michael Melchior begrüßt, der in der Regierung Barak für den Bereich Soziales und Diaspora zuständig ist und in der israelischen Bevölkerung eine weitgehend unbekannte Größe war. Seine Rede sorgte für die unerwartete Überraschung zum Ende der Papstreise, die noch Wochen später vor allem in innerisraelischen Kreisen heftig diskutiert wurde. Melchior erinnerte zunächst in prägnanten Worten an die Geschichte des jüdischen Volkes: „In den Folterkammern der Inquisition, während sie auf die Schlinge des Henkers warteten, in vollgestopften Viehwagen nach Auschwitz, Treblinka und Majdanek, in der Hitze des Gefechtes zur Verteidigung unseres Staates" habe man sich nach dem heiligen Ort Jerusalem gesehnt, das von Melchior als „unsere ewige Heimat und Hauptstadt“ bezeichnet wurde. Der Minister würdigte dabei das Wirken des Papstes: „Wir begrüßen Ihr Kommen als die Realisierung der Verpflichtung der katholischen Kirche, die Jahre des Hasses, der Demütigung und Verfolgung des jüdischen Volkes zu beenden.“ Damit hatte Melchior noch einmal das Anliegen der Reise unterstrichen, aber ebenso den Einsatz Johannes' Pauls II. in wenigen Worten zusammengefasst. Der Minister kündigte den Beginn eines neuen Zeitalters an: „Im Namen der Regierung Israels und des jüdischen Volkes stehen wir heute hier, um lauter und deutlicher auszurufen: Nie wieder! Nie wieder dürfen wir die hohen Werte der Religion pervertieren, um Krieg zu rechtfertigen.“ Der Minister – immerhin mit der Lehrautorität eines Rabbi ausgestattet – ging im Angesicht des größten jüdischen Heiligtums noch einen Schritt weiter und machte ein Zugeständnis: „Denn heute verpflichten wir uns, die Manipulation der Heiligkeit Jerusalems um politischer Ziele willen zu beenden. Jerusalem muss Hass, Kampf und Blutvergießen verwerfen und wieder zur Stadt des Friedens und zu einer Quelle der Heiligkeit werden.“ Die Auswirkungen dieses Satzes waren kaum zu überblicken. Auch hier ist offensichtlich, wie eng die Begriffe von Politik und Heiligkeit mit einem religiös motivierten Anspruch verbunden wurden, sodass jede weitere Interpretation beliebig ausgelegt werden konnte. Ob sich die Forderung Melchiors, Jerusalem nicht mehr zu politischen Zwecken zu manipulieren, realisieren lässt, musste im Vorfeld der Reise von Papst Franziskus mit einem klaren Nein beantwortet werden.

Johannes Paul II. hielt als Antwort keine Rede, sondern zitierte Verse aus Psalm 122, der als Wallfahrtspsalm die Stadt Jerusalem begrüßt. Kaum ein anderer biblischer Text erschien passender als zu diesem Zeitpunkt und an diesem Ort von jener Person verlesen zu werden, der die Wallfahrt zum Zion so sehr am Herzen lag: „Schon stehen wir in deinen Toren, Jerusalem: Jerusalem, du starke Stadt, dicht gebaut und fest gefügt. [...] Erbittet für Jerusalem Frieden! Wer dich liebt, sei in dir geborgen. Friede wohne in deinen Mauern, in deinen Häusern Geborgenheit.“ (Psalm 122,2.6f.) Dann schritt Johannes Paul II. langsam alleine auf die Klagemauer zu. Ein Bild ging um die Welt: Das Oberhaupt der katholischen Kirche stand geneigten Hauptes vor dem jüdischen Heiligtum. In Stille meditierte er, sprach leise ein Gebet und wiederholte dann den Text der Vergebungsbitte gegenüber dem jüdischen Volk vom ersten Fastensonntag. Dazu war ein Zettel mit dem „Mea culpa“ vorbereitet worden, der seine Unterschrift trug. Nach jüdischer Tradition steckte der Papst das Papier in eine der Fugen der Klagemauer und verweilte einen weiteren Moment im Gebet.

An der Westmauer ging ein denkwürdiger Besuch zu Ende, der in dem weltweit vielbeachteten Symbol, die Vergebungsbitte dem wichtigsten jüdischen Heiligtum „auszuhändigen“, gipfelte. Aber auch die – in der späteren Geschichte unbeachtete – Rede Melchiors hatte ihre Bedeutung. Dass Johannes Paul II. den jüdischen und islamischen Heiligtümern mit einem persönlichen Besuch die Ehre erwies, zeugte nicht nur von seinem weit gefassten Verständnis des interreligiösen Dialogs, sondern mindestens ebenso von seinem Wunsch, allen politischen Seiten auf dem verminten Feld entgegenzukommen. Diese Schritte waren umso bedeutender, als Paul VI. damals die Zeit weder zu einem Besuch auf dem Tempelberg noch an der Klagemauer für reif hielt.

Spontanbesuch I: Zwischenstopp im armenischen Patriarchat

Die Begegnung im griechisch-orthodoxen Patriarchat hatte der Reise wichtige ökumenische Impulse gegeben. Ein eigener Besuch im armenischen Patriarchat war im Vorfeld der Reise nicht vorgesehen. Auf diplomatischem Weg versuchte man noch während des Aufenthalts von Johannes Paul II. diesen Programmpunkt nachträglich zu arrangieren. Auf dem Weg von der Westmauer zur Grabeskirche machte die Kolonne daher einen kurzen spontanen Stopp im Patriarchat, wo der Papst von Patriarch Torkom II. Manoogian willkommen geheißen wurde. In einer knappen Ansprache erinnerte er an die geschichtliche Tradition der Armenier. Torkom verglich Johannes Paul II. mit dem „Freudenboten“ des Alten Testaments, der eine Friedensbotschaft übermittle: „Der Pilgerweg und die Reisen Eurer Heiligkeit sind die Bestätigung Ihres pastoralen Anliegens, nicht nur für Christen im Heiligen Land, sondern genauso für alle Nationen mit hebräischen und islamischen Traditionen, die unerschütterlich nach friedlicher Koexistenz, Würde, Sicherheit und Entwicklung für die menschliche Gesellschaft trachten.“ Johannes Paul II.

ging in seiner Antwort auf den Besuch des Katholikos aller Armenier, Karekin I., im Dezember 1996 in Rom ein. „Unsere heutige Begegnung ist ein weiterer Schritt nach vorne, den uns der Herr gewährte, um das Band zwischen der katholischen und der apostolisch-armenischen Kirche zu festigen", so Johannes Paul II., der damit erneut seinen Willen zum ökumenischen Dialog unterstrich. Er fügte hinzu: „Seligkeit, beim Besuch Ihres Hauses fühle ich mich als Bruder unter Brüdern, die gemeinsam danach streben, die Kirche Christi aufzubauen."

Angekommen: Schlusspunkt Grabeskirche

Neben dem Treffen im armenisch-orthodoxen Patriarchat schloss die Messfeier des Papstes am letzten Tag der Reise in der Jerusalemer Grabeskirche nicht nur eine historische Visite in drei Ländern ab, sondern führte noch einmal zu einem tiefgreifenden ökumenischen Ereignis, da während der Eucharistiefeier neben den unierten Kirchenvertretern auch die Orthodoxie geladen und anwesend war. Wie schon Paul VI. kam nun auch Johannes Paul II. zum heiligsten Ort der Christenheit, wie er selbst feststellte. Der Besuch hatte ähnlich dem von 1964 eine gewisse Brisanz aufgrund des kompliziert gewachsenen Status quo, also der Besitz- bzw. Verwaltungsrechte zwischen den Konfessionen in der Grabeskirche. Während vielerorts im Nahen Osten das ökumenische Miteinander unproblematisch ist, gibt es durch die Jahrhunderte hinweg in der Grabeskirche Probleme und immer wieder auch Feindseligkeiten. Vor allem hat darunter die Grabeskirche selbst gelitten, denn notwendige umfangreiche Restaurierungen waren aufgrund des Status quo faktisch unmöglich. Während sich die drei die Grabeskirche verwaltenden Konfessionen (griechisch-orthodox, armenisch-orthodox und Lateiner, deren Vertretungsanspruch von den Franziskanern wahrgenommen wird) 1971 auf Sanierungen einigten, gab es erst am 17. August 1994 ein historisches Abkommen, bei dem umfangreiche Maßnahmen im Kuppelbereich über dem Heiligen Grab verabredet wurden, die mit einer Einweihungszeremonie der vollkommen wiederhergestellten Anastasis am 2. Januar 1997 ihren Abschluss fanden.

Dieser Status quo wurde auch bei der Ankunft des Papstes demonstriert: Hier wurde Johannes Paul II. von den sogenannten

„Grabwächtern" der Kirche, das sind Vertreter der drei oben genannten Konfessionen, begrüßt. Nach der Verehrung des „Salbungssteins" im Eingangsbereich der Grabeskirche machte sich eine Prozession mit dem Papst und den obersten Repräsentanten der christlichen Konfessionen unter dem Gesang des „Te Deum" auf den Weg zum eigentlichen Grab. Hier betete Johannes Paul II. allein und meditierte in Stille. Anschließend begann die Eucharistiefeier, zu der man vor dem Heilig-Grab-Bereich eigens einen Altar aufgebaut hatte. Auch dieses Element war ein Zeichen dafür, wie sehr die orthodoxen Konfessionen bereit waren, für das Ereignis den Status quo zu umgehen.

Dieses Entgegenkommen nutzte der Papst, um ein weiteres ökumenisches Signal zu setzen, das von einigen Konfessionen bereits zu einem früheren Zeitpunkt der Reise erwartet worden war. Johannes Paul II. zitierte den von der Ostkirche gerne gegenüber Rom ins Bewusstsein gebrachten Johannes von Damaskus und sprach von der Grabeskirche als der Mutter aller Kirchen: „In dieser, der ‚Mutter aller Kirchen', richte ich meinen herzlichen Gruß an Seine Seligkeit Patriarch Michel Sabbah. [...] Mit brüderlicher Hochachtung und Zuneigung grüße ich Patriarch Diodoros der griechisch-orthodoxen Kirche und Patriarch Torkom der armenisch-orthodoxen Kirche, die Vertreter der koptischen, syrischen und äthiopischen Kirchen und der anglikanischen und lutherischen Gemeinschaften." Die in der Grabeskirche versammelte Verschiedenheit stellte für den Papst einen Auftrag dar, als er betonte: „Hier, wo unser Herr Jesus Christus starb, um die versprengten Kinder Gottes wieder zu sammeln, stärke der Vater aller Gnaden unseren Wunsch nach Einheit und Frieden unter all jenen, die durch die heilbringenden Wasser der Taufe das Geschenk des neuen Lebens erhalten haben." Mit Rücksicht auf den Status quo der Grabeskirche und das komplizierte ökumenische Miteinander war es dem Papst kaum möglich, deutlichere Worte zu finden. Aber mit der Erwähnung der „Mutter aller Kirchen" und der Anwesenheit insbesondere der Orthodoxie schien die Grabeskirche eine ihrer wichtigsten Stunden erlebt zu haben, die für das künftige ökumenische Gespräch entscheidend sein kann.

Nach der Predigt folgte ein Ritus, der erstmals für die sogenannte „Jerusalemer Liturgie" von der Pilgernonne Egeria aus dem 4. Jahrhundert in der Grabeskirche überliefert wird. Dabei handelte es sich um ein „Lucernarium", bei dem jeden Sonntag

– möglicherweise auch jeden Tag – ein Element der Feier der Osternacht übernommen wurde: Ein Diakon entzündete eine Kerze an jener Flamme, die Tag und Nacht (außer von Karfreitag bis zur Osternacht) im Grab Christi brannte und von dort an die Gläubigen als Symbol der gegenwärtigen Auferstehung Christi, dem Licht der Welt, weitergegeben wurde. Dieser Ritus fand auch jetzt statt: Ein Diakon reichte die Flamme an den Papst, der diese wiederum an die Gläubigen verteilte, während alle Anwesenden das Glaubensbekenntnis anstimmten. Nach der Messfeier betete Johannes Paul II. den Angelus. In einer kurzen Ansprache setzte er noch einmal persönliche Akzente: „Diese vergangenen Tage waren tief bewegend: eine Zeit, in der unsere Seelen nicht nur vom Gedenken an die Taten Gottes ergriffen wurden, sondern von seiner Gegenwart." Erneut erinnerte er an die historische Verantwortung der Kirche: „Durch die Einsicht der schrecklichen Wirkung der Sünde werden wir zur Reue über unsere eigenen Sünden und die Sünden der Söhne und Töchter der Kirche aller Zeiten bewegt."

Der Besuch in der Grabeskirche war neben vielen Höhepunkten zweifelsohne die abschließende Krönung der Reise. Und er war der Gipfel dieses Tages, der mit dem Besuch bei Muslimen und Juden begann, um dann in der sonntäglichen Eucharistiefeier mit der Präsenz zahlreicher anderer Kirchenvertreter seinen Ausklang zu finden. Durch diese drei Schritte hat Johannes Paul den von ihm selbst häufiger geforderten Tribut gegenüber allen Religionen umgesetzt. Dass der Gottesdienst den Abschluss bildete, war nicht nur die logistische Reihenfolge, sondern vielmehr Ausdruck dessen, was die Reise sein wollte: ein Besuch an den heiligen Stätten, die mit dem Glauben verbunden sind. Da ist die Grabeskirche als zentrales Heiligtum, als „Mutter aller Kirchen", für den katholischen Pontifex ohne Frage der wegweisende Abschluss.

Spontanbesuch II: Zurück in die Grabeskirche

Im Lateinischen Patriarchat von Jerusalem fand das abschließende Mittagessen für den Papst, sein Gefolge und Vertreter der Ortskirche statt. Entgegen der Planungen bat der Papst spontan darum, dass die Rückfahrt zur Apostolischen Delegatur verschoben würde. Er wollte noch einmal zum persönlichen

Gebet in die Grabeskirche zurückkehren. Der Wunsch löste naturgemäß hektische Organisationsbemühungen auf kirchlicher und israelischer Seite aus, denn schon kurz nach der Abfahrt des Papstes zum Patriarchatsgebäude war die Grabeskirche ohne weitere Sicherheitsbeschränkungen für den Besucherverkehr freigegeben worden, ebenso ein Großteil der Altstadtgassen von Jerusalem. So musste der Papst eine halbe Stunde im Hof des Patriarchats warten, bis vonseiten der israelischen Behörden grünes Licht für den spontanen Besuch gegeben wurde. Die Grabwächter waren ebenso überrascht wie die Vertreter der anderen Konfessionen und die Ladenbesitzer im Umfeld der Grabeskirche, als der Gast aus Rom plötzlich auftauchte und langsam zu jenen Kapellen hinaufstieg, die über dem Berg Golgota errichtet worden waren. Hier betete der Papst an jener Stelle, die in der Tradition als Kreuzigungsort verehrt wird. Der Besuch zeigte, wie sehr es Johannes Paul II. ein Anliegen war, noch einmal in aller Ruhe als Pilger an die heiligste aller heiligen Stätten zurückzukehren.

Abschied vom Heiligen Land: Ein dritter Erfolg

Der letzte Tag der Papstreise war eine Gesamtschau dessen, was den Nahen Osten und die Welt über eine Woche bewegt hatte. Es war der mutige Schritt, alle Gesprächspartner, alle Gastgeber und alle Größen des Landes noch einmal zu treffen. So war der Besuch am Tempelberg der Schritt zu auf die palästinensischen Autoritäten und den Islam. Das Gebet an der Klagemauer war die demütige Verneigung vor der jüdischen Religion und den Vertretern des Staates Israel, Abbitte für die Vergehen der Kirche zu leisten. Der zweifache Besuch in der Grabeskirche war neben der ökumenischen Dimension vor allem noch einmal der spirituelle Abschluss jener Komponente, die die Reise sein wollte: eine Pilgerreise. Dabei ist an diesem letzten Tag auch die politische Schärfe und Gratwanderung des Unterfangens deutlich geworden. Die Ankündigung von Minister Melchior dürfte ein Schlüssel für die künftige Debatte um Jerusalem sein, sollte man sich seiner Worte erinnern. Das galt auch für seine im israelischen Fernsehen am Abend gemachte Zusammenfassung des Besuchs an der Klagemauer, als er feststellte: „Der Papst hat die Mauer berührt, und die Mauer hat ihn berührt."

Kurz bevor Johannes Paul II. die Apostolische Delegatur nach einer ausführlichen Pause verließ, blickte er noch einmal von seinem Zimmer über die Olivenbäume und Zypressen des Ölbergs auf das Häusermeer von Jerusalem und die Altstadtmauern, die den Tempelberg umgeben. Um 18.00 Uhr hieß es dann Abschied nehmen von der Heiligen Stadt. Der Hubschrauber brachte den Papst vom Helioport zum Flughafen nach Tel Aviv, wo er fünf Tage vorher angekommen war. Hier wurde Johannes Paul II. in einem offiziellen Zeremoniell von Staatspräsident Ezer Weizmann, Regierungschef Ehud Barak, dem Lateinischen Patriarchen Michel Sabbah, dem melkitischen Erzbischof von Akko, Boutros Mouallem, und dem Apostolischen Nuntius, Pietro Sambi, verabschiedet. Reden gab es keine mehr, wohl das Abspielen der israelischen und vatikanischen Nationalhymne. Ein sichtlich bewegter Staatspräsident begleitete Johannes Paul II. bis an die Gangway der Boeing 747 der israelischen Fluggesellschaft El Al, die den Papst nach Rom fliegen sollte. Noch einmal schüttelten sich beide die Hände, dann schritt der Brückenbauer und Nachfolger des Apostels Petrus langsam die Treppe hinauf, um sich am Flugzeugeingang kurz umzudrehen und den Menschen auf dem Rollfeld, vor allem aber auch jenen vor israelischen, arabischen und palästinensischen Bildschirmen im Nahen Osten, zuzuwinken. Die 91. Auslandsreise von Papst Johannes Paul II. und die 100. päpstliche Auslandsreise der Gegenwartsepoche endete: 6 Tage, 13 Stunden und 45 Minuten hatte sie gedauert, eine Gesamtleistung von 5626 Kilometern war dabei bewältigt worden.

Das Ende einer Reise oder: Was bleibt?

Noch Wochen nach der Reise war der Besuch von Johannes Paul II. in den Straßen Jerusalems und Betlehems ein Dauerthema. Die christlichen Konfessionen, insbesondere die katholische Kirche, lebten in einer selten zuvor da gewesenen Euphorie. Von dieser Begeisterung ließen sich zahlreiche Pilgergruppen anstecken, die von Einheimischen über die historische Woche authentisch informiert wurden. Auch in der israelischen Regierung, im Umfeld von Yassir Arafat und im jordanischen Königshaus, darüber hinaus genauso im Oberrabbinat von Jerusalem und im Büro des Großmuftis der Stadt, war man mit dem öffentlichen Erfolg, den jeder für sich auszulegen wusste, zufrieden. Immerhin hat sich die Einstellung der israelischen Bevölkerung gegenüber den Christen durch diese Reise spürbar verbessert. Meinungsumfragen stellten fest, dass Ende März die Popularität von Johannes Paul II. das Ansehen des Führers der umstrittenen Schas-Partei, Rabbi Ovadia Yossef, bei Weitem überstieg.[103]

Allerdings haben die politischen Ereignisse im Heiligen Land spätestens im Herbst 2000 die Friedenshoffnung perspektivlos verblassen lassen und auch den schleichenden Christenexodus, vor dem der Papst mehrfach gewarnt hatte, nicht stoppen können. Die Leistung von Johannes Paul II. war, dass er aufgrund der veränderten politischen Vorzeichen und dem wesentlich verbesserten Verhältnis zum Judentum ganz andere Akzente zu setzen vermochte als seinerzeit Paul VI. Allein deshalb lassen sich die beiden Papstreisen ins Heilige Land kaum miteinander vergleichen, sondern können nur in ihrem jeweiligen historischen Kontext gewürdigt werden. Papst Johannes Paul II., der sich mit dieser Reise einen Lebenstraum erfüllte, kam als Pilger und ist als solcher gegangen. Aber er ist genauso Politiker gewesen und sollte ein solcher bleiben. Spätestens seine Friedensbotschaft für Jerusalem und die Forderung nach einem dauerhaften Frieden in Toleranz und Koexistenz haben gezeigt, dass Politik von Pastoral kaum zu trennen ist. Das gilt besonders dann, wenn die Kirche ihre Option für die Armen ernst nimmt. Die Heilig-Land-Reise war ein Werben des Papstes dafür, dass Religion die Funktion als „Friedensstifterin" übernehmen kann. Das wurde auch im ökumenischen Kontext des Besuchs deutlich.

Neben der Dimension des Pilgers hat der Papst mit der Reise erneut Hände gereicht und die beherzte Rolle als Vorkämpfer des interreligiösen Dialogs der drei monotheistischen Religionen übernommen, dem sich keiner, wenn er ihn ehrlich meint, entziehen kann. Die Zusammenfassung der Reise am letzten Tag mit dem Besuch an den Heiligtümern der drei monotheistischen Religionen ist dafür ein beredtes Zeugnis. Außerdem ist in diesem Zusammenhang deutlich geworden: Mit dem Gespräch zwischen Christen auf der einen und Juden und Muslimen auf der anderen Seite steht es gut. Jene, die noch weit von einem wirksamen Dialog entfernt sind und vieles von solchen Reisen lernen können, sind Juden und Muslime untereinander. Der Erfolg des Dialogs war bei Johannes Paul II. das persönliche und authentische Zeugnis, das von Wertschätzung gegenüber den anderen Religionen geprägt ist. Die interreligiöse Begegnung und die historische Stunde der Erinnerung in Yad Vashem haben gezeigt, warum der Papst nicht nur als Pilger kam, sondern einen politischen Spagat vollziehen musste, als er feststellte, dass Religion keine Entschuldigung für Gewalt sein könne. Religion und Frieden gehen eben Hand in Hand. Religion und Politik – und Friedensarbeit ist immer ein Stück politische Arbeit – sind nicht zu trennen.

In diesem Zusammenhang hat insbesondere das Verhältnis zum Judentum eine neue Dignität gewonnen. Die Begegnungen mit dem jüdischen Volk haben den „Mea culpa-Sonntag" nicht nur ergänzt, sondern die Aussöhnung einen Höhepunkt erreichen lassen, der so gut wie nicht mehr überschritten werden kann. Hans Hermann Henrix betonte deshalb: „Papst Johannes Paul II. ist im Blick auf das Verhältnis der Kirche zum jüdischen Volk und Judentum ein ‚Vorläufer' und Vorbild für die Gemeinschaft der Kirche und all ihrer Glieder. Das so belastete Verhältnis bedarf auf allen Ebenen der Heilung und eines neuen Beginns in Entsprechung zum päpstlichen Tun. [...] Aber es bleibt auch eine christliche Erwartung an das jüdische Volk." Nach seiner Auffassung müsse auf dieser Seite die „historisch allzu verständliche ‚Hermeneutik des Misstrauens' gegenüber der Kirche und dem Christentum" bearbeitet werden.[104]

Die Reise hat gleichzeitig der langjährigen Politik des Vatikans Rechnung getragen, für das staatlich garantierte Existenzrecht des palästinensischen Volkes einzutreten und die Jerusalemfrage nicht einer einseitigen politischen Option preiszugeben. Sorgenvoll hatten alle Seiten im Vorfeld auf päpstliche Äußerungen zur Jerusalemproblematik geschaut, Palästinenser und Israelis erhofften sich für ihre Sicht klärende Worte. Aber – wie nicht anders zu erwarten – der Papst blieb der römischen Linie treu, den besonderen und für die Religionen universalen Charakter der Stadt hervorzuheben, die Anwendung international garantierten Rechtes zu unterstreichen und vom „Jerusalem der Völker" zu sprechen. Gerade deshalb kann der Heilig-Land-Besuch weder in eine überwiegend palästinenserfreundliche noch eine proisraelische Haltung eingeordnet werden. Die Bedeutung lag im Detail: Zwar hat der Papst den Palästinensern ein bisher selten da gewesenes Selbstvertrauen wiedergeschenkt, aber gleichzeitig machte er deutlich, dass der palästinensische Staat auch vom Vatikan noch nicht voll anerkannt ist. Umso wichtiger war es, dass – ganz anders als zu Zeiten Pauls VI. – in Israel vom „Staat Israel" gesprochen werden konnte. Der Papst ist daher völlig zu Recht und lange genug durch sein Pontifikat und die langwierige Diplomatie vorbereitet bei den bisherigen Positionen geblieben und war verständlicherweise bemüht, die eigene Religion und Kirche im ökumenischen Kontext zu stärken.

Der Besuch von Johannes Paul II. im Heiligen Land hat die Geschichte des Nahen Osten geprägt. Hinter diesen Besuch, der in vielfacher Hinsicht eine Gratwanderung war, kann keine Religionsgeschichte und politische Debatte zurück. Johannes Paul II. hat den Durchbruch der Pilgerfahrt Pauls VI. in mühevoller Arbeit fortgeführt und die Annäherung vollendet. Die Frage des „danach" sollte bleiben: Würden die gereichten Hände nun auch nicht mehr losgelassen? Johannes Paul II. jedenfalls hat ernst gemacht mit seinem im Pilgerbrief dargelegten Wunsch hinsichtlich des Ziels solcher Anstrengungen: „Die Kirche kann ihre Wurzeln nicht vergessen. Mehr noch: An diese Wurzeln muss sie ständig zurückkehren, um sich in vollkommener Treue an Gottes Plan zu halten."[105] Der pilgernde Papst hat bewiesen, das trotz aller politischer Herausforderungen und dialogischer Grenzgänge eine solche Reise mindestens eine Wahrheit besitzt: „Die Geschichte der Kirche ist das lebendige Tagebuch einer niemals endenden Pilgerschaft."[106]

V. Brüder: Papst Benedikt XVI. 2009 im Heiligen Land

Zum Auftakt der zwölften Auslandsreise von Papst Benedikt XVI., die ihn vom 8. bis 15. Mai 2009 nach Jordanien, Israel und Palästina führte, schrieb Günther Nonnenmacher in der Frankfurter Allgemeinen Zeitung: „Im politischen Feld Nahost-Konflikt sind so viele Minen vergraben, dass Benedikt es im Grunde niemandem recht machen kann: Für die einen wird er zu viel Politisches sagen, für die anderen zu wenig und zu Undeutliches. Wer diese Reise zum weltlichen Test für einen geistlichen Führer stilisiert, ist weder dem Papst noch der Kirche wohlgesinnt." (FAZ 9. Mai 2009) Genau darum ging es, als Benedikt XVI. als Pilger ins Heilige Land kam: Er musste einen Spagat meistern, der ihn mehr denn je auch zum geschätzten Gesprächspartner im Ringen um den Frieden für diese Region gemacht hat. Dabei gelang es ihm nachhaltig, die Balance zu halten, eben nicht zu viel Politisches zu sagen und auch nicht zu wenig. Bei der Reise ging es um drei Ziele: Neben der Stärkung der Christen vor Ort und einem klaren Zeichen der Solidarität wollte Papst Benedikt XVI. an das hohe und im Nahen Osten oft bedrohte Gut der Religionsfreiheit erinnern. Dabei spielte die Auseinandersetzung mit dem Islam und dem Judentum eine ebenso große Rolle wie sein Wunsch, mit politischen Botschaften an die internationale Staatengemeinschaft, aber auch die Regierungen der drei besuchten Länder auf den ungelösten Nahostkonflikt aufmerksam zu machen und für den Frieden zu beten.[107]

Freitag, 8. Mai 2009

Jordanien: Auftakt in Amman

Die Reise ins Haschemitische Königreich war von großer Herzlichkeit geprägt. Sie schloss inhaltlich fast nahtlos an den Besuch von Papst Johannes Paul II. an. König Abdallah II. erinnerte an den historischen Besuch Johannes' Pauls II., der von der gemeinsamen Zusicherung geprägt gewesen sei, sich für Koexistenz und Harmonie zwischen Christen und Muslimen einzusetzen: „Seit damals haben uns Ereignisse weltweit gezeigt, wie notwendig dieser Appell ist. Provokationen, verstörende Ideologien und Spaltung haben zu unvorstellbarem Leid geführt. Wir müssen uns gegen eine solche Entwicklung der künftigen Welt stellen. Am heutigen Tag sind wir verpflichtet, unser Bekenntnis zum gegenseitigen Respekt zu erneuern. Hier und jetzt müssen wir einen neuen und globalen Dialog des Verständnisses und guten Willens schaffen", so König Abdallah. Dabei betonte er, dass in Jordanien Christen und Muslime „das Herz unserer nationalen Gemeinschaft" bilden, die vor dem Gesetz gleich seien und zusammen die Zukunft des Landes gestalten möchten. Abdallah dankte Papst Benedikt für dessen Zusage, Missverständnisse und Spaltungen zu zerstreuen, die die Beziehungen zwischen Christen und Muslimen beeinträchtigt hätten. Gleichzeitig erinnerte er an die Notwendigkeit einer Lösung des Nahostkonflikts. Hier nannte er das Recht der Palästinenser auf einen eigenen Staat ebenso wie das Recht Israels auf Sicherheit. In diesem Zusammenhang, so Abdallah, dürfe die Frage nach Jerusalem nicht vergessen werden: „Wir müssen die Heilige Stadt als einen Ort der Verehrung Gottes für alle schützen." In seiner Antwort ging Benedikt XVI. nicht auf jeden einzelnen Aspekt König Abdallahs ein. Vor allem aber würdigte er den großen Beitrag Jordaniens zum Respekt der Religionen untereinander und zur praktizierten Religionsfreiheit, wozu auch der Bau öffentlicher Gottesdienststätten im Land zähle. Gleich zum Auftakt seiner Reise nutzte der Papst die Gelegenheit, die Wertschätzung der katholischen Kirche gegenüber dem Islam auszudrücken. Auch in diesem Dialog habe Jordanien eine Vorreiterrolle übernommen, die nicht zuletzt auf den 1999 verstorbenen König Hussein zurückzuführen sei.

Regina Pacis: Einsatz für Behinderte

Benedikt XVI. begann nach der offiziellen Begrüßung auf dem Flughafen von Amman seine Reise bewusst mit einem pastoralen Termin, der frei von jeder Politik war, bevor er am Abend zum Höflichkeitsbesuch im Königspalast eintraf, wo jedoch keine Ansprachen gehalten wurden. Im Behindertenzentrum „Regina Pacis" am Stadtrand von Amman hatte das Lateinische Patriarchat 2004 eine der wenigen professionellen Betreuungsstätten Jordaniens für Menschen mit Behinderung eröffnet. Dieses Zentrum mit seiner weitläufigen Anlage ist seit 2013 Anlaufpunkt für Hunderte syrischer Christen geworden, die aus dem Chaos des Bürgerkriegs in ihrer Heimat hier Aufnahme gefunden haben. In „Regina Pacis" machte Benedikt den Menschen Mut und gab den gesellschaftlich Verantwortlichen als Aufgabe mit, was das Zentrum leiste, nämlich Menschen mit Behinderung in die Gesellschaft zu integrieren und Möglichkeiten einer solchen Integration zu schaffen. Er komme als Pilger, der für den Frieden in der Region beten wolle, so der Papst. Gebet sei gelebte Hoffnung: „Wir lernen nach und nach [...], dass selbst Herzen, die von Zynismus, Ungerechtigkeit oder von mangelnder Bereitschaft zur Vergebung verhärtet sind, niemals jenseits der Reichweite Gottes liegen, sondern immer für eine neue Art des Daseins, eine Vision des Friedens geöffnet werden können."

Der Auftakt der Reise war gelungen. Die Reiseplaner hatten für den Papst bewusst ein knappes Programm am Anreisetag vorgesehen. Gleich zu Beginn konnte Benedikt XVI. so die Pilgerdimension des Aufenthaltes mit ersten politischen Optionen verbinden. Vor allem war es ihm ein Anliegen, das positive Verhältnis zu den Muslimen zu würdigen, was am nächsten Tag besondere Beachtung weltweit erfuhr.

Samstag, 9. Mai 2009

Auf dem Pilgerweg: Der Papst am Nebo und in Madaba

Den zweiten Tag seiner Reise begann Benedikt XVI. mit einem Besuch auf dem Berg Nebo, der ihm in den frühen Morgenstunden einen Blick über das Tote Meer und Jericho hinaus bis zur Silhouette von Jerusalem ermöglichte. In einer theologischgeistlichen Meditation ging er dem biblischen Befund über Mose auf dem Berg Nebo nach und ermutigte zu Pilgerreisen, die die Region seit Jahrhunderten geprägt haben. Im nahe gelegenen Madaba, wo die Christen noch rund 40 Prozent der Bevölkerung ausmachen und die damit die christenstärkste Stadt in Jordanien ist, segnete Benedikt XVI. den Grundstein für eine zweite katholische Universität in der Region. In Ergänzung zur erfolgreichen und weit über die Grenzen Palästinas hinaus bekannten und renommierten Universität Betlehem will das Patriarchat in Jerusalem auch der jungen jordanischen Generation eine solide Ausbildung anbieten. Trotz des erfolgreichen Auftakts ist das gesamte Projekt in den Jahren nach der Papstreise in einen kritischen Zustand geraten: Der überdimensioniert angelegte Campus, für viele christliche Familien - gerade aus Madaba - kaum bezahlbare Studiengebühren und eine galoppierende Verschuldung der Universität, die mit extrem hohen Zinsen arabischer Banken einhergehen, gefährden dauerhaft den Erfolg der Universität. Benedikt XVI. konnte von dieser Entwicklung nichts ahnen, als er drei Ziele für die Universität formulierte, die den gesellschaftlichen Beitrag der katholischen Kirche mit der Universität in der Region zum Ausdruck brachten: Es gehe um die Entwicklung von Talenten zur Verbesserung des Lebensstandards, die Weitergabe von Wissen und die geistige Ausbildung kritischer Fähigkeiten, um Unkenntnis und Vorurteile zu zerstreuen. Die Grundsteinsegnung nutzte Benedikt, um den Beitrag der Religion als Wissenschaft für das Suchen nach der Wahrheit zu unterstreichen: „Religion wird entstellt, wenn sie in den Dienst der Ignoranz oder des Vorurteils, der Geringschätzung, der Gewalt oder des Missbrauchs gedrängt wird. Hier sehen wir nicht nur eine Entstellung der Religion, sondern auch eine Korrumpierung der menschlichen Freiheit, eine Verengung und Blindheit des Denkens." Während Benedikt XVI. so das friedenstiftende Potenzial von Religion unterstrich, betonte er gleichzeitig, dass der Gebrauch wissenschaftlicher Kenntnisse „das Orientierungslicht der ethischen Weisheit" benötige. So mündete seine Ansprache im Appell an die junge Generation Jordaniens, „Baumeister einer gerechten und friedlichen Gesellschaft zu sein, die sich aus Menschen mit verschiedenem religiösen und ethnischen Hintergrund zusammensetzt."

Das politische Herzstück der Reden in Jordanien, wo Papst Benedikt XVI. mit großer Begeisterung von der Bevölkerung gefeiert wurde, war die Begegnung mit muslimischen Religionsführern, dem Diplomatischen Korps und den Rektoren der jordanischen Universitäten. Dazu hatte Prinz Ghazi bin Muhammed bin Talal, Cousin von König Abdallah II. und dessen Berater für Fragen des Dialogs der Religionen, in die 2006 eröffnete Moschee „König Hussein bin Talal“ geladen. Nach der „Regensburger Rede“ war es Prinz Ghazi gewesen, der die muslimische Initiative „A Common Word“ organisiert hatte: 138 Islamgelehrte unterzeichneten am 13. Oktober 2007 einen Brief an Papst Benedikt, in dem sie ihn um die Fortsetzung des katholisch-muslimischen Dialogs baten. Daraus entwickelte sich ein enger Kontakt Ghazis zum Vatikan. Am 19. November antwortete Kardinalstaatssekretär Tarcisio Bertone im Auftrag Benedikts XVI.: Die gemeinsame Grundlage in vielen Fragen „gestattet es uns, den Dialog auf die wirkliche Achtung der Würde jeder menschlichen Person zu gründen, auf das objektive Kennenlernen der Religion des anderen, auf das Teilen religiöser Erfahrung und schließlich auf das gemeinsame Bemühen um die Förderung gegenseitiger Achtung und Annahme in der jüngeren Generation. Der Papst ist zuversichtlich, dass, wenn dies erst einmal erreicht ist, es möglich sein wird, produktiv zusammenzuarbeiten im kulturellen und gesellschaftlichen Bereich sowie für die Förderung von Gerechtigkeit und Frieden in der Gesellschaft und überall auf der Welt“, schrieb Kardinal Bertone. Gleichzeitig lud er Ghazi und weitere Gelehrte zu einem Gespräch mit dem Papst und für weitere Treffen mit dem Päpstlichen Rat für den interreligiösen Dialog ein.[108]

In seiner Begrüßung in Amman ging Prinz Ghazi rasch auf die Regensburger Rede ein und dankte Benedikt XVI. für dessen „Bedauern, das Sie ausgedrückt haben, nachdem Ihre Rede so viele Muslime auf der Welt verletzt hat“. Vor allem danke die muslimische Welt dem Papst für dessen Klarstellung, dass es sich um eine historische Zitation und nicht die eigene Auffassung des Papstes gehandelt habe. Nun gehe es darum, nach dem Gemeinsamen im Glauben zu suchen. Dabei würden die Christen in Jordanien in besonderer Weise mitwirken, die sich auch in den politischen Vertretungen großer Hochachtung erfreuen könnten. „Wir hoffen, dass der einzigartige jordanische Geist von interreligiöser Toleranz, Hochachtung und gegenseitigem Respekt als Beispiel für die ganze Welt dienen kann. Dazu möge auch das Wirken des Papstes beitragen", so Prinz Ghazi, der die Gelegenheit nutzte, jene Konfliktherde in Afrika anzusprechen, wo Muslime unter der Unterdrückung von Christen leiden müssten. Benedikt XVI. werde bei den Muslimen Jordaniens als geistlicher Führer, Staatsoberhaupt, einfacher Pilger und couragierter Theologe sowie als hohe moralische Instanz willkommen geheißen.

Unabhängig von den Worten Prinz Ghazis war sich Benedikt XVI. der Auswirkungen seiner von vielen Muslimen weltweit missverstandenen „Regensburger Rede" bewusst. Er wollte auf die positiven Erfahrungen seines Besuchs in der Türkei wenige Wochen nach der „Regensburger Rede" aufbauen. Jetzt schaute er bewusst nach dem Verbindenden zwischen den Religionen und würdigte die Moscheen und jede Stätte des Kultes als „Juwele über den ganzen Erdkreis". An diesen Orten werde auf das Göttliche verwiesen, „auf den Einen Transzendenten", sagte Benedikt, womit es ihm gelang, die Herzen und die Imame der jordanischen Muslime zu erobern. In den geschickt aufeinander abgestimmten und aufbauenden Reden setzte Benedikt XVI. jetzt da an, wo er bei der Begrüßung am Flughafen aufgehört hatte: Religion ist etwas Positives. Deshalb stelle er sich gegen die Behauptung derer, die sagen, „dass die Religion mit ihrem Anspruch scheitert, von ihrem Wesen her Brückenbauer und Stifter von Harmonie [...] zu sein". Der gemeinsame Auftrag, so die Idee des Papstes, müsse es sein, dagegen eine andere Botschaft zu setzen: Religion darf nicht Ursache von Spaltungen in der Welt sein. Eindringlich warnte er in seiner Rede vor dem gefährlichen Kurzschluss, Politik und Religion miteinander zu vermischen bzw. das eine mit dem anderen für die je eigenen Ansprüche zu nutzen: „Ist es nicht dennoch auch der Fall, dass oft die ideologische Manipulierung der Religion, manchmal zu politischen Zwecken, den wahren Katalysator für Spannung und Spaltung und gelegentlich sogar für Gewalt in der Gesellschaft darstellt?" Benedikt XVI. knüpfte an diesem Punkt der Rede bewusst an das engagierte Handeln seines Vorgängers an, denn Johannes Paul II. war es mit dem Besuch in der Damaszener Omaijadenmoschee im Mai 2001 gelungen, um Vergebung für Gewalt der Kirche gegen die Muslime zu bitten, als er konkret die Kreuzzüge ansprach. „Gerade wegen der Bürde ihrer gemeinsamen Geschichte, die so oft von Missverständnis gekennzeichnet ist, müssen Muslime und Christen bestrebt sein, als Gläubige erkannt und anerkannt zu werden ..." Dialog der Religionen muss also nach Auffassung des Papstes gemeinsam geschehen, weil es eine gemeinsame Verantwortung für Gesellschaft und Welt gibt. Deshalb erinnerte Benedikt XVI. in der Moschee an eine Aussage seiner ersten Enzyklika *Deus caritas est*, die auch von zahlreichen jordanischen Initiativen zum interreligiösen Dialog aufgegriffen worden sei: „... die unauflösliche Verschränkung von Gottes- und Nächstenliebe und der fundamentale Widerspruch der Gewaltanwendung oder des Ausschlusses im Namen Gottes". Hier zeigte Benedikt XVI. den roten Faden seines Pontifikates auf, nämlich die Frage, wie Glaube und Vernunft miteinander versöhnt werden können: „Als an den einen Gott Glaubende wissen wir, dass die menschliche Vernunft selbst Gabe Gottes ist." Ein ernsthaftes Festhalten an der Religion erweitert den Horizont menschlichen Verstandes. Daraus folgt für den Papst die Aufgabe, die der Religion heute zukommt: „Sie schützt die Gesellschaft vor den Auswüchsen eines ungezügelten Ego, das danach strebt, das Endliche zu verabsolutieren und das Unendliche in den Schatten zu stellen; sie stellt sicher, dass Freiheit Hand in Hand mit der Wahrheit ausgeübt wird", so der Papst. Die Vernunft ist für ihn das unaufhörliche Suchen des menschlichen Geistes nach dem Absoluten. An dieser Stelle nahm Benedikt XVI. Religion und Politik in die Pflicht: „Wir sind verpflichtet, über unsere eigenen Interessen hinauszugehen und andere, insbesondere staatliche Beamte und Führungskräfte, zu ermutigen, das Gleiche zu tun, um die große Genugtuung zu erfahren, die der Dienst zum Wohl der Allgemeinheit selbst unter persönlichen Opfern bereitet." Gemeinsam müsse man für die menschliche Würde eintreten, „die für jeden Mann und jede Frau in gleicher Weise gelten, unabhängig von religiöser, sozialer oder ethnischer Zugehörigkeit". Das Recht auf Religionsfreiheit bedeute daher mehr als nur Kultfreiheit. Besonders Minderheiten – zu denen auch religiöse zählen – brauchen nach Auffassung von Papst Benedikt XVI. einen fairen Zugang zum

Arbeitsmarkt und anderen gesellschaftlichen Bereichen. Mit dieser Rede in der großen Moschee von Amman hat Benedikt XVI. die Verpflichtung der Kirche zum Dialog mit dem Islam unterstrichen und einmal mehr – wie sein Vorgänger – aufgezeigt, wo es theologisch und gesellschaftlich gemeinsame Aufgaben gibt.

Mit großem Interesse wurde in der arabischen Welt nach dieser theologischen Reflexion der Passus des Papstes zur aktuellen Lage im Irak aufgenommen, der als politische Überraschung galt, weil er im Zuge des Moscheebesuchs eher unvermittelt kam: Die Internationale Staatengemeinschaft erinnerte Benedikt an ihre moralische Verpflichtung, das gravierende Flüchtlingselend im Irak und den Nachbarstaaten – in Jordanien wurden damals fast eine Million irakischer Flüchtlinge gezählt – nicht zu ignorieren: „Die Welt darf die Augen vor dieser menschlichen Tragödie nicht verschließen." Die Worte des Papstes an die Bevölkerung – Iraker wie Jordanier – waren deutlich: „Vergesst niemals die große Würde, die eurem christlichen Erbe entspringt. Spürt stets die Solidarität der Kirche auf der ganzen Welt. Ihr seid nicht allein."

Dialog mit der Ortskirche: Christen im Staat Jordanien

Nach diesem wegweisenden Treffen mit der islamischen Welt stand auf dem weiteren Programm des Papstes die Begegnung mit der Ortskirche. Bei einer Vesper in der griechisch-katholischen Kathedrale von Amman, an der Priester, Ordensleute, Seminaristen und Vertreter des kirchlichen Lebens teilnahmen, forderte Benedikt XVI. dazu auf, innerhalb der kirchlichen Konfessionen theologische Spaltungen zu überwinden. Vor allem sei es der „altehrwürdige lebendige Schatz der Traditionen der Ostkirchen", der die Weltkirche bereichere. Das Zusammenleben der christlichen Konfessionen reicht in der Region nach Auffassung des Papstes häufig weit über die Grenzen der eigenen Gemeinden hinaus: „So oft entdeckt ihr, dass die Familien anderer Religionen, mit denen ihr zusammenarbeitet und euren Dienst der universalen Nächstenliebe tut, Sorgen und Nöte haben, die religiöse und kulturelle Grenzen überschreiten." In ökumenischer Gesinnung seien alle Christen, vor allem die junge Generation, dazu aufgerufen, gemeinsam ihren Beitrag zur Auferbauung des Staates mit einzubringen. An die jungen Jordanier appellierte Benedikt: „Fürchtet euch nicht, euren eigenen weisen, wohl abgewogenen und respektvollen Beitrag zum öffentlichen Leben des Königreiches zu leisten. Die authentische Stimme des Glaubens wird immer Redlichkeit, Gerechtigkeit, Mitgefühl und Frieden bringen!"

Der zweite Tag in Jordanien war geprägt vom Moment des Pilgerns auf den Nebo und die Stärkung der christlichen Minderheit in Jordanien. Theologisch ermutigte Benedikt XVI. dazu, der eigenen Berufung treu zu bleiben und Zeugnis für Christus auch in der Öffentlichkeit abzulegen. Vor allem gelang es ihm, die jordanische Öffentlichkeit an den Platz zu erinnern, der den Christen in der Gesellschaft des Landes zukommt. Die Begegnung mit dem Islam war einer der Höhepunkte in Jordanien, der in der arabischen Welt wohlwollend aufgenommen und positiv beantwortet wurde. Gerade in Jordanien wird der Heilige Stuhl auch künftig einen zuverlässigen Partner des interreligiösen Dialogs finden.

Sonntag, 10. Mai 2009

Beten für den Frieden: Messe im Stadion von Amman

Den seelsorglichen und für die Ortskirche ermutigenden Ansatz setzte der Papst am dritten Tag seines Aufenthaltes in Jordanien fort. Bei der Sonntagsmesse im Sportstadion von Amman ermutigte Benedikt XVI. vor 50.000 Gläubigen, darunter auch vielen Muslimen, die Familien, dem christlichen Erbe in der Region ebenso treu zu bleiben wie am Wohlergehen des Staates mitzuwirken. Ausdrücklich hob er die besondere Würde der Frau hervor, die ein „prophetisches Charisma" trägt. Gerade diese Äußerungen waren in einer nach wie vor stark patriarchalisch geprägten Gesellschaft innerhalb des arabischen Raums gewagt und doch – insbesondere in arabischen Medien – häufig zitiert: „Als Botinnen der Liebe, Lehrmeisterinnen der Barmherzigkeit und Erbauerinnen des Friedens bringen sie Wärme und Menschlichkeit in einer Welt, die den Wert einer Person nur allzu oft nach den kalten Maßstäben des Nutzens und des Profits bemisst. Dadurch, dass sie die Achtung der Frau öffentlich bezeugt und die jedem Menschen innewohnende Würde verteidigt, kann die Kirche im Heiligen Land einen wichtigen Beitrag leisten zur Förderung einer Kultur wahrer Menschlichkeit und zum Aufbau einer Zivilisation der Liebe." Dazu gehört nach Auffassung Benedikts XVI. auch der Mut, den persönlichen Glauben öffentlich bezeugen zu dürfen, und der Mut, „neue Brücken zu bauen, um eine fruchtbare Begegnung von Menschen verschiedener Religionen und Kulturen zu ermöglichen und dadurch das Gesellschaftsgefüge zu bereichern". Ein Bild am Rand bewegte die arabische Welt: Irakische Flüchtlingskinder gingen während des Gottesdienstes zum ersten Mal zur heiligen Kommunion, die sie aus der Hand Benedikts XVI. empfingen.

Auf Jesu Spuren: Der Papst am Jordan

Die vom Papst anerkannte praktizierte Religions- und Glaubensfreiheit in Jordanien trotz des Islam als Staatsreligion konnte Benedikt XVI. gegen Ende des Aufenthalts im Königreich selbst realisieren. Wie sein Vorgänger besuchte er die am Ufer des Jordan verehrte Taufstelle am sogenannten Ort Betanien. Seit dem Friedensvertrag zwischen Israel und Jordanien 1994 und einer Demilitarisierung der Uferzone haben verschiedene Konfessionen große Grundstücke erworben und bereits erste Kirchen erbaut. Am Jordan segnete Benedikt XVI. die Grundsteine für eine lateinische und eine griechisch-katholische Kirche. Seiner Reflexion über das Sakrament der Taufe fügte der Papst eine politische Botschaft an: „Im Nahen Osten, der gezeichnet ist von tragischem und ungerechtem Leiden, von Jahren der Gewalt und der ungelösten Spannungen, sind die Christen dazu aufgerufen, angespornt vom Beispiel Jesu, ihren Beitrag zur Versöhnung und zum Frieden durch Vergebung und Großmut zu leisten."

Die wenigen, aber eindrucksvollen Programmpunkte des dritten Tages in Jordanien nutzte Papst Benedikt XVI., um in Kontinuität zu den Tagen vorher die christliche Gemeinschaft zu stärken. Die Eucharistiefeier im Sportstadion und der Besuch in Betanien jenseits des Jordans waren erneut Zeichen für den pilgernden Papst, dem die Suche und das Flehen nach Frieden im Nahen Osten ein besonderes Anliegen waren. Dabei prägte er vor allem ein Wort, das in der Region nur schwer zu buchstabieren ist: Versöhnung.

Montag, 11. Mai 2009

Abschied von Freunden: Aufruf zur Toleranz

Die Reise Papst Benedikts XVI. endete am Morgen des 11. Mai. Im Anschluss an die Eucharistiefeier in der Kapelle der Apostolischen Nuntiatur wurde der Papst am Flughafen von König Abdallah II. verabschiedet. Dieser griff den Appell des Papstes auf, dass moralische sowie physische Armut eine große Bedrohung für die Welt bedeuteten. „Als Gläubige, die wir den moralischen Reichtum unseres Glaubens tragen, sind wir aufgerufen, einander zu helfen und Trennungen zu heilen“, so König Abdallah. Dazu gehöre auch eine Lösung des Nahostkonflikts und die Umsetzung einer Zweistaatenlösung für Palästina und Israel. Dieser Verantwortung dürfe sich die internationale Staatengemeinschaft nicht entziehen. Papst Benedikt XVI. fasste noch einmal die Stationen seiner Reise zusammen und erinnerte daran, wie „eine Reihe von großen Initiativen ihren Anfang nahm, die von der katholischen Glaubensgemeinschaft hier in Jordanien getragen werden“. Dazu gehöre auch die Anerkennung der Kirche für jene, die sich um die Pilgerstätten in Jordanien kümmerten. Als Höhepunkt bezeichnete er den Besuch in der Moschee und nutzte die Gelegenheit am Flughafen, erneut einen Aufruf zur religiösen Toleranz auszusprechen: „Ich möchte alle Jordanier, seien sie Christen oder Muslime, ermutigen, auf dem festen Fundament der religiösen Toleranz aufzubauen, das es den Mitgliedern verschiedener Gemeinschaften erlaubt, miteinander in Frieden und in gegenseitiger Achtung zu leben. [...] Dieser Geist der Offenheit hilft nicht nur den Mitgliedern verschiedener ethnischer Gemeinschaften in diesem Land, miteinander in Frieden und Eintracht zu leben, sondern hat auch zu den weit blickenden politischen Initiativen Jordaniens zur Förderung des Friedens im ganzen Nahen Osten beigetragen.“

Der Besuch Benedikts XVI. in Jordanien war ein Besuch bei Freunden. Während die Bevölkerung im Süden des Landes nur am Rande durch die Medien von der Reise Notiz nahm, war sie in Amman und der Umgebung deutlich zu spüren. Das Werben um einen Dialog der Religionen vor allem auf theologischer Basis und die solidarische Ermutigung für die kleine christliche Gemeinschaft, die am gesellschaftlichen Aufbau verantwortlich mit beteiligt werden muss, waren am Ende gelungen. Der Papst verließ Amman, um zum offensichtlich schwierigeren Teil der Reise nach Tel Aviv aufzubrechen.

Israel: Ankunft in Tel Aviv

Bei seiner Ankunft auf dem Flughafen in Tel Aviv wurde Papst Benedikt XVI. von Israels Staatspräsident Shimon Peres und Premierminister Benjamin Netanjahu gemeinsam begrüßt. Dass die gesamte politische Spitze des Landes am Flughafen zugegen war, zeigt die Hochachtung, die Israel gegenüber dem Papst ausdrückte. Peres würdigte die Reise Benedikts XVI. als „Mission für den Frieden". Mit großem Respekt nehme Israel wahr, wie sich der Papst für den Frieden weltweit einsetze. Dabei ließ Peres keinen Zweifel an dem, was der Staat selbst leiste: „Israel sichert die absolute Freiheit der uneingeschränkten Religionsausübung und den freien Zugang zu den heiligen Stätten. [...] Unser Land ist arm an Ressourcen, aber reich an Glauben." Man habe erfolgreich Frieden mit Ägypten und Jordanien geschlossen und man sei in aktuellen Verhandlungen, um Frieden mit den Palästinensern zu schaffen – Peres war offensichtlich nicht bereit, politisch mehr zuzugeben oder gar auf den Papst in dessen Friedensmission zuzugehen. Benedikt XVI. dankte in seiner Antwort für den freundlichen Empfang „im Staat Israel", womit er keinen Zweifel über die Notwendigkeit der Existenz des israelischen Staates aufkommen ließ. Wie schon in Jordanien machte er das Ziel seiner Reise deutlich: „Ich nehme meinen Platz ein in einer langen Reihe christlicher Pilger zu diesem Land", um für den Frieden im Heiligen Land und der ganzen Welt zu beten. Der Heilige Stuhl und Israel teilten gemeinsame Werte, „vor allem die Verpflichtung, der Religion den ihr gebührenden Platz im Leben der Gesellschaft zu geben. [...] Wenn man die religiöse Dimension des Menschen leugnet oder beiseiteschiebt, wird damit die eigentliche Grundlage für ein rechtes Verständnis der unveräußerlichen Rechte des Menschen aufs Spiel gesetzt."

Klare Worte: Verurteilung von Ideologien

Bereits im Vorfeld der Reise war viel darüber spekuliert worden, was der deutsche Papst zur Shoah sagen würde. Besonders wohlwollend waren in Israel die Worte Benedikts XVI. anlässlich seines Besuchs im ehemaligen Konzentrationslager Auschwitz am 28. Mai 2006 aufgenommen worden. Umso kontroverser debattierte man in der israelischen Öffentlichkeit die Krise um den Holocaustleugner Bischof Richard Williamson aus der Priesterbruderschaft Pius X. Ausgerechnet wenige Monate vor der Reise nach Israel hatte der Vatikan unter dem Präfekten der Kongregation für die Bischöfe, Kardinal Giovanni Battista Re, am 21. Januar 2009 die Exkommunikation vom 2. Juli 1988 gegen die vier Bischöfe der Priesterbruderschaft aufgehoben. Wenige Wochen zuvor hatte einer der vier Bischöfe, Richard Williamson, im schwedischen Fernsehen ein Interview gegeben, in dem er den Holocaust prinzipiell leugnete. Der Vatikan und der Papst selbst waren um Schadensbegrenzung bemüht, weshalb sich Benedikt XVI. nach Ausbruch der Krise mehrfach zum Thema Antisemitismus äußerte. Umso angespannter war die Ankunft in Israel, weil sich die Situation zwar vordergründig beruhigt hatte, die Debatte um Bischof Williamson und Benedikt XVI. jedoch weiterging. Hier nutzte der Papst die Gelegenheit, gleich bei der Ankunft in Tel Aviv klare Worte zu finden. Jüdische Menschen hätten die schrecklichen Folgen von Ideologien erfahren, die die Würde jeder menschlichen Person leugneten: „Es ist recht und angemessen, dass ich während meines Aufenthalts in Israel die Gelegenheit haben werde, der sechs Millionen jüdischer Opfer der Shoah zu gedenken und zu beten, dass die Menschheit nie wieder Zeuge eines Verbrechens dieses Ausmaßes sein werde. Leider zeigt der Antisemitismus in vielen Teilen der Welt weiterhin seine hässliche Fratze. Das ist völlig inakzeptabel. Jede Anstrengung muss unternommen werden, um den Antisemitismus zu bekämpfen, wo immer er angetroffen wird …“ Mit großem Wohlwollen würdigte die israelische Presse Benedikt XVI. für diese Aussagen. Fast hatte man den Eindruck, dass damit jede Debatte um Bischof Williamson beendet war.

Besonders deutlich wurde Benedikt XVI. mit Blick auf die politische Situation im Heiligen Land. Gemäß der politischen

Linie des Heiligen Stuhls forderte er den uneingeschränkten und freien Zugang zu den heiligen Stätten des Landes. Auch wenn Jerusalem „Stadt des Friedens“ bedeute, „ist es doch ganz offenbar, dass über Jahrzehnte hinweg der Friede den Einwohnern dieses Heiligen Landes tragisch vorenthalten blieb. Die Augen der Welt ruhen auf den Völkern dieser Region, wie sie darum ringen, eine gerechte und dauerhafte Lösung von Konflikten zu erreichen, die so viel Leid verursacht haben.“ Beide Völker mögen, so der Papst, jeden möglichen Weg prüfen, um die Schwierigkeiten zu bewältigen, „auf dass beide Völker in Frieden in einem eigenen Heimatland innerhalb sicherer und international anerkannter Grenzen leben können“. Auffallend ist, dass Benedikt XVI. auf der Reise – wie auch in Tel Aviv – häufiger von „Palästinensergebieten“ sprach. Damit stellte der Papst gleich zum Auftakt der Reise klar, dass er sich für eine Zweistaatenlösung ebenso ausspricht wie für das Existenzrecht beider Staaten. Mit dem Begriff der „Palästinensergebiete“ drückte der Papst letztlich das Fehlen eines palästinensischen Nationalstaates aus, trotz aller Abkommen der Neunzigerjahre. Nahtlos knüpfte er mit seiner Tel Aviver Rede und den politischen Optionen an den Besuch seines Vorgängers neun Jahre zuvor an.

Mit dem Hubschrauber ging es von Tel Aviv nach Jerusalem, wo Papst Benedikt XVI. auf dem Ostjerusalemer Skopusberg landete. Nach einer Pause in der Apostolischen Delegatur stand der Höflichkeitsbesuch bei Staatspräsident Shimon Peres auf dem Programm. Peres wurde in seiner Ansprache wesentlich deutlicher als noch am Flughafen. Im Papst sehe man einen großen „Fürsprecher für den Frieden, einen großen spirituellen Führer“. Mit Blick auf den Nahostkonflikt betonte Peres, dass Trennungen hartnäckig seien, die „Völker unserer Region aber müde sind von Kriegen. Wir sollten die Trennungen der Geschichte anheimgeben, und die neue Geschichte soll von Glaube und Frieden schreiben. Wir haben unsere Liebsten in Kriegen verloren. Wir haben Hoffnung gefunden an den Verhandlungstischen. Demokratie wurde niemals durch Krieg unterbrochen, auf gleiche Weise auch nicht der Friede.“ Peres fügte hinzu: „Unsere Völker haben die Erfahrung zu leiden. Wir kennen den Holocaust. Unser Staat erstand aus der Asche unserer unschuldigen Schwestern und Brüder, die in Hitlers Gaskammern umgebracht wurden. Der Rauch der Krematorien wurde zum Licht, das unser Leben führte." Gerade diese Worte waren bewusst auch gegenüber dem „deutschen" Papst gewählt. Peres wollte Benedikt XVI. verständlich machen, warum Israel aufgrund seiner Vergangenheit eine Leidens- und Hoffnungsgeschichte ist: „Als Nachkommen der Opfer sind unsere Herzen sensibel für die Leiden anderer. Geistliche Führer können den Weg für politische Führer ebnen. Sie können das Minenfeld befreien, das die Straße zum Frieden blockiert", so Peres. Er würdigte das gute Miteinander der Religionen, die eine Verpflichtung zum Frieden hätten. Dabei gehe es nicht nur um einen lokalen, sondern einen regionalen Frieden.

In seiner Antwort sprach Benedikt XVI. erneut vom „Staat Israel", den er als Pilger des Friedens besuche. In den Mittelpunkt seiner Ausführungen stellte er die Frage nach den Werten einer Gesellschaft, zu denen auch die Religion viel beitragen könne, insbesondere in der Suche nach Frieden: „Gottes dynamische Gegenwart ist es, welche die Herzen zusammenführt und die Einheit sichert." Religionen dürften nicht als Gegensatz verstanden werden; dazu ermutige auch Jerusalem, das drei monotheistischen Religionen heilig sei. Der Appell war entsprechend deutlich: „Lassen Sie uns den Vorsatz fassen, dafür zu sorgen, dass wir unseren jeweiligen Gemeinschaften durch die Unterweisung und die Führung helfen, ihrem eigentlichen Wesen als Gläubige treu zu sein ..." Interessant ist, dass die politische Forderung des Papstes theologisch untermauert wurde: „Sicherheit, Redlichkeit, Gerechtigkeit und Friede – in Gottes Plan für die Welt sind sie unzertrennlich." Es gebe nur einen Weg, die Werte zu schützen: indem man sie praktiziere: „Die authentischen Werte und Ziele einer Gesellschaft, die immer die menschliche Würde schützen, sind unteilbar, universal und voneinander abhängig. Deshalb können sie nicht zur Erfüllung gelangen, wenn sie Einzelinteressen oder Teilpolitiken geopfert werden." Dauerhafte Sicherheit sei eine Sache des Vertrauens, so der Papst, das „durch Gerechtigkeit und Redlichkeit genährt und durch die Umkehr der Herzen besiegelt wird". Und weiter fragte der Papst, der an politischer Deutlichkeit nicht zu überbieten war: „Welchem humanen politischen Ziel kann je durch Konflikt und Gewalt gedient werden? Ich höre den Ruf derer, die in diesem Land leben, den Ruf nach Gerechtigkeit, nach Frieden [...], nach dauerhafter Sicherheit, einem

Alltag ohne Angst vor Bedrohung von außen und sinnloser Gewalt.“ Die israelische Öffentlichkeit reagierte auf diese Rede beeindruckt, hatte der Papst doch der Mehrzahl der Einwohner Israels tief aus dem Herzen gesprochen. Mit einer kleinen Geste eroberte sich Benedikt XVI. den Respekt auch kritischer Bevölkerungsteile, als er am Rande der Begegnung im Präsidentenpalast die Eltern des seit mehr als drei Jahren von der Hamas entführten Soldaten Gilad Schalit begrüßte und gemeinsam mit Präsident Peres einen Olivenbaum im Innenhof pflanzte.

Vollendung der Versöhnung: Der Papst in Yad Vashem

Vor allem schaute die Weltöffentlichkeit auf die Gesten und Aussagen des Papstes gegenüber dem Judentum und wie er das katholisch-jüdische Verhältnis während der Reise in den Fokus seiner Dialogbemühungen stellte. Nach dem erfolgreichen Auftakt bei der Ankunft in Tel Aviv folgte dem Besuch des Präsidenten der Gang zur Holocaust-Gedenkstätte Yad Vashem. Die dortige Rede stand für sich, man muss sie aber – will man Benedikt XVI. gerecht werden – in das Gesamt von Reden eingliedern, die der Papst an die Juden in Israel richtete. Dazu zählten auch der zwei Tage später stattfindende Besuch des Oberrabbinats von Jerusalem und die Abschiedsrede in Tel Aviv. Yad Vashem wurde der ausdrucksstarke Moment, der zeigte, dass die „Kirche immer an der Seite der Opfer“ stehe und die Erinnerung an die Opfer mit dem ewigen Gedenken des Namens verbunden sei, wie Benedikt XVI. deutlich machte.

An dieser Stelle sei angemerkt, wie intensiv sich der Papst noch als Präfekt der Kongregation für die Glaubenslehre für eine Versöhnung mit dem Judentum eingesetzt hatte. Kurz vor Abschluss des Heiligen Jahres 2000 erschien von ihm eine theologische Meditation auf der Titelseite der italienischen Ausgabe des *L'Osservatore Romano*: Seine Ausführungen betrafen dabei einige grundsätzliche Aussagen zum Judentum, die einerseits über die Shoah-Erklärung und die Worte Johannes' Pauls II. während dessen Pilgerreise hinausgingen, die andererseits viel zu wenig in der Öffentlichkeit beachtet wurden, als er feststellte, dass der Glaube der Juden, „das Alte Testament, [...] für uns keine andere Religion, sondern das Fundament unseres eigenen Glaubens ist“. Die Juden bezeichnete er dabei ausdrücklich als Brüder. Von besonderem Interesse ist die Verhältnisbestimmung zwischen antijüdischen Tendenzen in der Geschichte und der Schwäche des christlichen Widerstands im Nationalsozialismus: „Auch wenn das letzte abscheuliche Kapitel der Shoah im Namen einer antichristlichen Ideologie verübt wurde, die den christlichen Glauben in seiner abrahamitischen Wurzel, dem Volk Israel, treffen wollte, kann man einen gewissen ungenügenden Widerstand von christlicher Seite gegen diese Grässlichkeit nicht verleugnen, die mit dem antijüdischen Erbe zu erklären ist, das im Denken nicht weniger Christen gegenwärtig war.“[109]

Jetzt stand jener ehemalige Kardinal als Papst in der „Halle der Erinnerung“ und entzündete die ewige Flamme, um stumm und ergriffen der Millionen Opfer des Holocaust zu gedenken. Nahezu versunken hörte Benedikt XVI. als deutscher Papst die jüdischen Gesänge und Schicksale jener Menschen, die damals überlebt hatten. Dan Landsberg, der 1944 von einer katholischen Nonne gerettet wurde, durfte dem Papst seine Geschichte erzählen. An diesem Ort traf er – wie schon sein Vorgänger – auf den schwierigsten Moment der Reise, bei dem ihn Shimon Peres begleitete. Während Benedikt XVI. die Rede hielt, stockte seine leise Stimme mehrfach, die innere Erschütterung war ihm anzusehen. „Ich bin gekommen, um in Stille vor diesem Denkmal zu stehen, das zur ehrenvollen Erinnerung an die Millionen in der schrecklichen Tragödie der Shoah getöteten Juden errichtet wurde. Sie haben ihr Leben verloren, doch niemals werden sie ihre Namen verlieren.“ In großer Einfühlsamkeit ging Benedikt XVI. auf die zentrale jüdische Lehre ein, nach der der Name eines Menschen in der Hand Gottes unauslöschlich sei: „Man kann ein heimtückisches Netz von Lügen spinnen, um andere zu überzeugen, dass gewisse Gruppen keine Achtung verdienen. Doch sosehr sich einer auch bemüht, man kann niemals den Namen eines Mitmenschen wegnehmen.“ Die Erinnerung sei eine Verpflichtung; deshalb mögen die Leiden der Opfer „nie geleugnet, herabgesetzt oder vergessen werden. Mögen alle Menschen guten Willens weiter wachsam darauf achten, aus dem Herzen des Menschen auszumerzen, was immer zu Tragödien wie dieser führen könnte.“

Deutlich und nicht nur von israelischen Medien überhört war die Verpflichtung der katholischen Kirche, das „tiefe Mitgefühl für die Opfer, derer hier gedacht wird", aufrechtzuerhalten. „Ebenso ist sie all denen nahe, die heute aufgrund von Volkszugehörigkeit, Hautfarbe, Lebensbedingungen oder Religion verfolgt werden – sie teilt ihre Leiden und macht sich ihre Hoffnung auf Gerechtigkeit zu eigen. Als Bischof von Rom [...] bekräftige ich – wie meine Vorgänger –, dass die Kirche verpflichtet ist, unablässig zu beten und zu arbeiten, um zu gewährleisten, dass der Hass nie wieder in den Herzen der Menschen herrsche." Wie Papst Johannes Paul II. seine Rede mit dem Begriff des Schweigens begonnen hatte, griff Benedikt XVI. dieses Wort ebenfalls auf: „Wenn wir hier in Stille stehen, hallt ihr Schrei in unseren Herzen wider. Es ist ein Schrei gegen jeden Akt von Ungerechtigkeit und Gewalt. Es ist ein ständiger Vorwurf gegen das Vergießen von unschuldigem Blut. [...] Gott und Ihnen bin ich äußerst dankbar für die Gelegenheit, hier in Stille zu verweilen: eine Stille, um zu gedenken, eine Stille, um zu beten, eine Stille, um zu hoffen."

Es war in Yad Vashem eine Rede, die nahtlos an jene Worte von Papst Johannes Paul II. aus dem Jahr 2000 anknüpfte. Benedikt XVI. baute auf dieser Rede auf, setzte auf Kontinuität, indem er nicht alles schon mehrfach von ihm und seinem Vorgänger Gesagte wiederholte, sondern indem er theologisch die Bedeutung Yad Vashems zu erfassen versuchte – eben die Erinnerung an die Namen. An jene Namen und Opfer erinnerte der Papst eindringlich, nicht an Nebenschauplätze eines Bischof Williamson, wie es von verschiedenen Seiten gefordert worden war. Benedikt XVI. sah in Yad Vashem das Ganze und sprach bewusst als Papst der Weltkirche, nicht als deutscher Staatsbürger. Unmissverständlich machte er in Yad Vashem deutlich: Der Holocaust kann nie relativiert oder vergessen oder gar geleugnet werden, er ist bleibende Mahnung und Erinnerung für alle Generationen. In Stille zu schweigen bedeutete für Benedikt XVI. nicht, in ohnmächtige Stille zu verfallen, sondern sich der Verantwortung und Realität der Geschichte zu stellen.

Versuch eines Dialogs: Treffen der Weltreligionen

Letzte Station des ersten Tages in Israel war eine Begegnung mit verschiedenen Religionsführern im vatikanischen Gästehaus „Notre Dame of Jerusalem Center". Als hätte man aus den teils äußerst negativen Erfahrungen der ähnlichen Begegnung aus dem Jahre 2000 nicht gelernt, fand sich Benedikt XVI. mit einem Mal in der nahezu gleichen Besetzung wie damals. Ziel der Begegnung war es, mit Initiativen ins Gespräch zu kommen, die sich im Heiligen Land dem interreligiösen Dialog verschrieben haben. In seiner Ansprache knüpfte Benedikt XVI. nahtlos an die Rede in der großen Moschee von Amman an: Glaube werde immer innerhalb einer Kultur gelebt. Dabei stelle sich die Frage, „welchen Beitrag die Religion auf dem Hintergrund der raschen Globalisierung zu den Kulturen der Welt leistet. Da viele schnell damit zur Hand sind, auf die offensichtlichen Unterschiede zwischen den Religionen hinzuweisen, stehen wir als gläubige oder religiöse Menschen vor der Herausforderung, deutlich unsere Gemeinsamkeiten zu verkünden." Der Papst führte dann seine Sicht des Kulturbegriffs aus und ging – wieder in Anlehnung an Amman – auf die „gemeinsame Ehrfurcht und Achtung vor dem Universalen, dem Absoluten und der Wahrheit" ein: „Ein Leben in Treue zur Religion ist ein Widerhall von Gottes Gegenwart, die in unsere Welt hereinbricht. [...] Religiöser Glaube setzt Wahrheit voraus. Wer glaubt, sucht nach der Wahrheit und lebt aus ihr." Benedikt XVI. spannte dann in der Rede den roten Faden seines Pontifikats und seines ganzen theologischen Suchens, nämlich die Frage, wie Glaube und Vernunft miteinander versöhnt werden können: „Die Wahrheit ist weit davon entfernt, die Toleranz gegenüber Unterschieden oder kultureller Pluralität zu gefährden." Gemeinsam gehe es darum, Räume zu schaffen, wo man Gottes Stimme wieder hören könne, „wo man seine Wahrheit in der Allgemeingültigkeit der Vernunft entdecken kann". Dazu tragen nach seiner Auffassung zahlreiche Institutionen der Kirche im Heiligen Land bei, die Gottes Liebe in Fürsorge für den Nächsten zeigten. Der Appell des Papstes war unmissverständlich: „Unsere Verschiedenheiten dürfen niemals fälschlich als unvermeidlicher Grund für Reibereien oder Spannungen hingestellt werden. [...] Vielmehr geben sie Menschen unterschiedlicher Religion eine wunderbare Gelegenheit, in tiefer gegenseitiger Achtung, Wertschätzung und Anerkennung zusammenzuleben und einander auf Gottes Wegen zu ermutigen."

Die Zweckmäßigkeit solcher Veranstaltungen ist fraglich. Denn wie im Jahr 2000 kam es zum Eklat, weil vor allem der muslimische Vertreter weniger an den Worten des Papstes interessiert war als vielmehr daran, die öffentliche Bühne für einen politischen Angriff auf Israel zu nutzen. Was der Papst noch als Respekt bezeichnete, überhörte Scheich Taisir al-Tamimi, der oberste Richter für islamisches Recht in den Autonomiegebieten. Ungebeten und ungeplant ergriff er das Mikrofon und begann seine Hassrede gegen den Staat Israel: Christen und Muslime rief er auf, gegen Israel zu arbeiten. Das Land wolle die Palästinensergebiete in ein „riesiges Gefängnis" verwandeln. Al-Tamimi forderte Benedikt auf, gegen diese „Verbrechen" zu protestieren und die israelische Regierung unter Druck zu setzen. Peinlich berührtes Schweigen prägte den Eklat, bei dem es selbst dem Lateinischen Patriarchen von Jerusalem, Fouad Twal, nicht gelang, den Großscheich zu beruhigen. Der erfolgreiche Versuch des Papstes, das Gespräch zwischen Christen, Muslimen und Juden zu befördern, hatte einen empfindlichen Dämpfer bekommen, der auch von palästinensischer Seite scharf kritisiert wurde. Vatikansprecher Federico Lombardi konstatierte: „In diesem delikaten Moment des interreligiösen Dialogs war die Intervention eine Verneinung des Dialogs."

Man wird am Ende eines solchen turbulenten und kirchengeschichtlich wichtigen Tages für den Papst festhalten müssen, dass er den Versuch unternommen hatte, alle Seiten – politisch wie religiös – zu hören und wahrzunehmen. Folglich fühlten sich die einen verstanden, andere kritisierten angeblich fehlende Worte des Papstes. Tatsächlich war ihm gelungen, was für das Verhältnis von katholischer Kirche und Judentum so wichtig ist: den Staat Israel ebenso zu würdigen wie der Opfer der Shoah zu gedenken. Die Kritik, der Papst habe nicht genug zur Schuld der Kirche während der Shoah gesagt, ist unzutreffend. So wie er die sechs Millionen Opfer bereits am Flughafen direkt bei der Ankunft würdigte, so sehr hat Benedikt XVI. an das Leid des Holocaust in Yad Vashem erinnert und auf dem aufgebaut, was sein Vorgänger grundgelegt hatte. In israelischen und deutschen Medien war vorschnell kritisiert worden, die Rede von Yad Vashem sei kein „großer Wurf" gewesen. Dabei wird verkannt, dass man Benedikt XVI. nur richtig versteht, wenn man, wie weiter oben erwähnt, alle Reden, die an das Judentum gerichtet waren, im Gesamt sieht. Vor allem hat der Papst jedem

Kritiker - auch aus den eigenen Reihen - zu verstehen gegeben: Für Antisemitismus gibt es keinen Platz in der katholischen Kirche. Das musste auch Scheich al-Tamimi verstehen.

Dienstag, 12. Mai 2009

Gelungener Dialog: Der Papst im Felsendom

Benedikt XVI. ließ sich von dem - erwartbaren - Eklat am Abend des Vortages nicht aus der Ruhe bringen. Am Dienstag ging es für ihn auf den Harem al-Sharif, was im offiziellen Programm als „Moscheenplatz" ausgewiesen war und nicht als „Tempelberg" bezeichnet wurde, um jeder religiösen Vorinterpretation oder gar Provokation zu entgehen. Dort wurde er vom Großmufti Jerusalems, Scheich Muhammad Ahmad Hussein, und weiteren Vertretern des Waqf, der religiösen Verwaltungsbehörde des Heiligtums, begrüßt. Hussein nutzte die Gelegenheit, dem Papst von der „Bedrängnis durch Israel" zu berichten, und benannte konkret Siedlungsprojekte, Diskriminierungen im Alltag sowie archäologische Arbeiten, die die heiligen Stätten des Islam gefährdeten: „Unser palästinensisches Volk entbehrt durch die israelische Besatzung seine Grundrechte und jede Form von Schutz und Sicherheit." Benedikt XVI. ging darauf bewusst nicht konkret ein, sondern knüpfte in seiner kurzen Ansprache nahtlos an die Rede des Vorabends und die Begegnung in der großen Moschee von Amman an: Vor allem war es keine politische Äußerung, sondern eine gleichsam theologische Meditation über den Ort und die Gebäude und deren religiöse Bedeutung für die Muslime, die er mit dem Auftrag der Religionen zum Einsatz für Friede und Versöhnung verband. Für Benedikt XVI. ist es der Glaube an den einen Gott, der die Menschen verbindet und die Quelle von Gerechtigkeit und Erbarmen ist: „Der Felsendom regt unser Herz und unseren Verstand zum Nachdenken über das Geheimnis der Schöpfung und über den Glauben Abrahams an", so der Papst. In einer Welt, die durch Trennung zerrissen sei, „stellt dieser heilige Ort einen Ansporn dar und fordert die Menschen guten Willens heraus, sich für die Überwindung von Missverständnissen und Konflikten vergangener Tage einzusetzen und den Weg des aufrichtigen Dialogs einzuschlagen, der auf den Aufbau einer Welt der Gerechtigkeit und des Friedens für die nachfolgenden Generationen abzielt." Benedikt XVI. sprach im Angesicht der al-Aksa-Moschee von der Verantwortung eines jeden Gläubigen, und wieder blitzte in der Ansprache sein theologisches Grundanliegen durch, als er aus Sicht der Christen definierte: „Die Christen halten fest, dass die Gaben der Vernunft und der Freiheit dieser Rechenschaftspflicht zugrunde liegen. Die Vernunft öffnet den Geist für die Erkenntnis des gemeinsamen Wesens [...], während die Freiheit das Herz anspornt, den anderen anzunehmen und ihm in Liebe zu dienen. [...] Aus diesem Grund arbeiten wir unermüdlich daran, die Herzen der Menschen vor Hass, Groll und Rachegelüsten zu bewahren." Die Begegnung auf dem Harem al-Sharif endete mit einem Aufruf zum Dialog, bei dem alle Angehörigen der Religionen „ihren Blick fest auf Gottes absolutes Gutsein richten und nie aus den Augen verlieren, wie diese Güte sich in den Gesichtern der Mitmenschen widerspiegelt".

Gebet und Freundschaft: An der Klagemauer und im Oberrabbinat

Wie bei der Reise im Jahr 2000 folgte für Benedikt XVI. der Gang vom Harem al-Sharif zum Vorplatz der sogenannten Klagemauer. Mit dem obersten Rabbiner der Stiftung dieses heiligsten jüdischen Ortes ging der Papst auf die Mauer zu. Hier rezitierte zunächst der Rabbiner einen Psalm, dann betete Benedikt XVI. einen Psalm in lateinischer Sprache. Mit einem Moment des stillen Gebets und der Verneigung vor der Westmauer prägte der Papst das stärkste Bild der Reise. Wie auch Johannes Paul II. steckte Benedikt XVI. ein Gebet in die Fugen der Klagemauer. Auf dem Zettel bezeichnete er Jerusalem als Stadt des Friedens und „geistliche Heimat der Juden, Christen und Muslime": „Gott, höre den Schrei der Bedrängten, der Geängstigten, der Verlassenen, sende deinen Frieden auf dieses Heilige Land, auf den Nahen Osten, auf die ganze Menschheitsfamilie." In den wenigen Sätzen zeigte Benedikt XVI. noch einmal das Programm seiner Reise auf: eine geistliche Pilgerfahrt für den Frieden in der Welt. Überraschend lange verharrte er alleine im Gebet vor der Mauer. Nach den eher frostig-distanzierten Kommentaren israelischer Medien am Vortag nach dem Besuch von Yad Vashem spürte man eine gewisse Versöhnung in der Kommentierung: Übereinstimmend betonten israelische Zeitungen und Fernsehsender, dass der Papst mit dem langen Gebet in Gegenwart der Mauer gezeigt habe, dass er ein Freund Israels sei.

Im Reiseprogramm fügte sich wohldurchdacht und komponiert nach dem Gebet an der Westmauer der Besuch im Oberrabbinat von Jerusalem an. Hier wurde Benedikt XVI. vom aschkenasischen Oberrabbiner Yona Metzger und vom sephardischen Oberrabbiner Shlomo Amar begrüßt. Nach der Ansprache auf dem Flughafen in Tel Aviv und der Rede in Yad Vashem gehörten die Ausführungen Benedikts XVI. im Oberrabbinat als konstitutiver Bestandteil zu diesem Gesamtkompositum an Reden mit Blick auf das Judentum. Vor allem würdigte er die guten Fortschritte in den Delegationen der Kommission für die religiösen Beziehungen mit dem Judentum in Rom und dem Großrabbinat der israelischen Delegation für die Beziehungen mit der katholischen Kirche: „Die Bereitschaft der Delegierten, offen und geduldig nicht nur die Punkte der Übereinstimmung, sondern auch die Differenzen zu besprechen, hat schon den Weg zu einer wirksameren Zusammenarbeit im öffentlichen Leben geebnet." Für Juden und Christen komme es darauf an, das menschliche Leben zu achten, die Familie, die Ausbildung für die Jugend, die Freiheit der Religion und das Bewusstsein für die Gesellschaft zu fördern. Weil Benedikt XVI. sich in diesen Positionen in Übereinstimmung mit dem Judentum sah, verwendete er besonders kritische Worte mit Blick auf den gesellschaftlichen Kontext angesichts „des moralischen Relativismus und seiner gezielten Angriffe gegen die Würde der menschlichen Person". Deshalb müsse man in ethischen Fragen ebenso zusammenstehen wie für ein verstärktes Verständnis werben für das, was die beiden Religionen in der Gesellschaft leisteten. Indem Benedikt XVI. das Konzilsdokument *Nostra aetate* zitierte und vom gegenseitigen Vertrauen sprach, stellte er sich auch im Oberrabbinat unmissverständlich hinter das Zweite Vatikanische Konzil. Diese Botschaft war auch an jene gerichtet, die zu Jahresbeginn das Verhältnis zum Judentum auf eine schwere Probe gestellt hatten.

Ermutigung: Christen in der Zivilgesellschaft

Der weitere Teil der Reise in Israel konzentrierte sich vor allem auf die Stärkung der christlichen Gemeinschaft. Das Regina Caeli betete Papst Benedikt XVI. im Abendmahlsaal auf dem christlichen Zionsberg – Johannes Paul II. hatte hier die Eucharistie gefeiert. In seiner Ansprache würdigte der Papst das Wirken der christlichen Gemeinschaften im Heiligen Land: „Die verschiedenen hier befindlichen christlichen Kirchen stellen ein reiches und vielfältiges geistliches Erbe dar und sind ein Ausdruck der zahlreichen Formen des Zusammenspiels zwischen dem Evangelium und den unterschiedlichen Kulturen. [...] Die Christen im Nahen Osten tragen mit den übrigen Menschen guten Willens als loyale und verantwortungsbewusste Bürger trotz der Schwierigkeiten und Einschränkungen zur Förderung und Festigung des Klimas des friedlichen Zusammenlebens in der Vielfalt bei."

Im Vorfeld der Reise war häufig darüber spekuliert worden, ob der Papst als brillanter Theologe auch die gesellschaftlichen Realitäten im Land wahrnehmen würde. Gerade diese kurze Ansprache wie viele seiner Worte zeigen, dass er die geistlich-theologische Dimension der heiligen Stätten sehr wohl mit den sozialen und politischen Wirklichkeiten der Region zu verbinden wusste. Deshalb machte Benedikt XVI. im Abendmahlssaal deutlich, dass die Christen des Nahen Ostens Bürger sind, die am Aufbau der Zivilgesellschaft mitzuwirken berufen sind und das auch wollen. Diese Ermutigung ergänzte er, als er die Anstrengungen der christlichen Bevölkerung hervorhob, den Mitbewohnern „als reife und verantwortungsvolle Bürger Werte und Leitlinien anzubieten, die ihnen helfen können, ihre Rolle in der Gesellschaft auszuüben. Durch die Erziehung, Berufsausbildung und andere soziale und wirtschaftliche Initiativen wird ihre Lage gestärkt und verbessert werden." Deshalb, so der Papst, sei es notwendig, sich mit den christlichen Brüdern und Schwestern weltweit solidarisch zu zeigen und durch Reisen ins Heilige Land diese Solidarität sichtbar auszudrücken.

Neben dem Aufbau der Zivilgesellschaft erinnerte der Papst an das reiche christliche Erbe im Heiligen Land, als er der lateinischen Konkathedrale einen kurzen Besuch abstattete. Von den Seminaristen des Lateinischen Patriarchats und zahlreichen Ordensleuten, deren Präsenz sich Benedikt XVI. gewünscht hatte, wurde er begeistert empfangen, bevor er sich zum Mittagessen mit den Patriarchen und Bischöfen des Nahen Ostens zurückzog. Ohne Reden, aber politisch wichtig war am Nachmittag die Begegnung mit den neun Generalkonsuln, die in Jerusalem ihren Dienst tun. Sie kamen zum Gespräch in der Apostolischen Delegatur zusammen. Dabei ging es um Fragen für einen dauerhaften Frieden in der Region und die geistliche Natur Jerusalems. Vor allem bat Benedikt XVI. die Generalkonsuln, weiter dafür Sorge zu tragen, dass die Unterstützung der zahlreichen christlichen Hilfsorganisationen weiterhin problemlos bei der Bevölkerung – gerade auch im Osten Jerusalems – ankomme.

Im Mittelpunkt seiner Ermutigung für die Christen im Nahen Osten stand anschließend die Eucharistiefeier im Joschafat-Tal zwischen der Altstadt von Jerusalem und dem Ölberg. Das für 6000 Teilnehmer ausgelegte Gelände war längst nicht gefüllt, als der Papst kam, denn einmal mehr auf dieser Reise waren die israelischen Sicherheitsmaßnahmen derart umfassend, dass Kontrollpunkte überlaufen waren und zu einem bestimmten Zeitpunkt – nachdem der Papst eingetroffen war – niemand mehr auf das Gelände gelassen wurde. Dennoch war die Messfeier ein frohes Fest des Glaubens der Ortskirche, die durch Benedikt XVI. zu einer politischen Demonstration für die Christen wurde. Der Papst machte deutlich, worum es ging: den Glauben der Väter zu bewahren und sich des christlichen Erbes, aber auch der weltweiten Solidarität für dieses Erbe zu versichern. Daher sei es auch wichtig, „dem Schmerz und dem Leid Anerkennung zu zollen, die so viele von euch infolge der Konflikte ertragen mussten, die diese Region heimgesucht haben, sowie den bitteren Erfahrungen der Vertreibung, die so viele eurer Familien gemacht haben und – Gott verhüte es – vielleicht noch machen müssen. Ich hoffe, meine Anwesenheit hier ist ein Zeichen, dass man euch nicht vergessen hat, dass eure beharrliche Anwesenheit und euer Zeugnis wirklich wertvoll sind vor Gott und dass sie für die Zukunft dieser Region wesentlich sind." In erstaunlicher und unerwarteter Deutlichkeit hatte der Papst hier den Begriff der „Vertreibung" verwendet und damit – klarer als in den Jahrzehnten zuvor – internationales Unrecht scharf angegriffen. Gleichzeitig anerkannte Benedikt XVI. die Tatsache und erinnerte daran auch die Christen, dass die Gesellschaft im Nahen Osten „traditionell stets pluralistisch, multiethnisch und multireligiös war und dies auch weiterhin ist". Benedikt XVI. nutzte die Gelegenheit, in der Predigt außerdem über die geistliche Dimension Jerusalems nachzudenken. In dieser Heiligen Stadt, „wo das Leben den Tod überwand [...], kämpft die Hoffnung immer noch gegen Verzweiflung, Frustration und Zynismus und ist der Friede [...] immer noch bedroht durch Konflikte, Uneinigkeit und die Last geschehenen Unrechts". Auch wenn der Papst hier offen ließ, was er konkret mit dem Begriff des „geschehenen Unrechts" meinte, dürfte doch klar sein, dass er die vom Heiligen Stuhl seit 1967 aufrechterhaltene und von Kardinal Tauran 1998 bestätigte und ergänzte Position zum Status von Jerusalem meinte: Vertreibung und Annexion sind international zu ächtendes Unrecht in seinem Sinne. Deshalb konzentrierte sich der Papst im Weiteren darauf, die universelle Berufung Jerusalems zu verdeutlichen: „Als Mikrokosmos unserer globalisierten Welt muss diese Stadt [...] ein Ort sein, der Universalität, Achtung der anderen, Dialog und gegenseitiges Verständnis lehrt [...] Innerhalb dieser Mauern darf es keinen Platz geben für Gewalt, Engstirnigkeit, Unterdrückung und Rache." Was Benedikt XVI. auf Jerusalem bezog, war für ihn gleichsam die Zusammenfassung für die ganze Region. Juden, Christen und Muslime rief er im Joschafat-Tal auf, gemeinsam für eine Kultur der Versöhnung und des Friedens zu arbeiten. Neben diesen Dimensionen für den Frieden, für ein Mitwirken der Christen in der Gesellschaft und den Dialog der Religionen nutzte Benedikt XVI. die Predigt auch als Chance, um das besonders gravierende Problem des Christenexodus anzusprechen und die Gläubigen erneut zu ermutigen. Bewusst sprach er von „Abwanderung". Eine solche Entscheidung bringe für die Stadt eine große kulturelle und geistliche Verarmung mit sich. Der Appell war unmissverständlich: „Im Heiligen Land ist Raum für alle! Ich bitte die staatlichen Autoritäten eindringlich, die Anwesenheit der Christen an diesem Ort zu achten und zu unterstützen, und ich möchte euch auch die Solidarität, die Liebe und die Unterstützung der ganzen Kirche zusichern."

Der zweite Tag der Reise in Israel war die konsequente Fortsetzung des vorhergehenden Tages, wenn man auf die Verhältnisbestimmung der katholischen Kirche zum Judentum schaut. Der Besuch auf dem Tempelberg zeugte von der großen Wertschätzung, die Benedikt XVI. dem Islam entgegenbringt, und auch dieser Termin war die entsprechende Weiterführung der Begegnung mit der muslimischen Welt in Amman. Vor allem ging es um die Ermutigung der christlichen Minderheit im Heiligen Land. Der flammende Appell, dass in diesem Land Raum für alle und jeder Christ berufen sei, seine Verantwortung in der Gesellschaft wahrzunehmen, ließ schon etwas von der Intention des Papstes hervorscheinen, der in Konsequenz dieser Reise ein Jahr später zur Nahostsynode in den Vatikan einlud, wo diese Themen im Mittelpunkt der Diskussion standen.

Mittwoch, 13. Mai 2009

Palästinensische Gebiete: Der Papst fordert einen Staat

Benedikt XVI. nahm sich einen ganzen Tag Zeit für den Besuch in der Palästinensischen Autonomie. Im Auto überquerte er die Grenze mit ihren Sperranlagen beim Grab Rahels zwischen Jerusalem und Betlehem. Nach dem durch die israelische Bevölkerung eher verhaltenen Willkommen in Tel Aviv und Jerusalem wurde der Papst jetzt begeistert empfangen. Auftakt war die Begegnung in der Dependance des Präsidentenpalastes in Betlehem, wo Benedikt XVI. von Palästinenserpräsident Mahmoud Abbas begrüßt wurde. Das Protokoll entsprach dem von offiziellen Staatsgästen, womit beide Seiten keinen Zweifel an der jeweiligen Anerkennung des anderen offen ließen. Aufgrund des juristischen und völkerrechtlichen Status der Palästinenser war es Benedikt aber noch nicht – wie später seinem Nachfolger Franziskus – möglich, vom Staat Palästina zu sprechen.

In seiner Begrüßung würdigte Mahmoud Abbas den Besuch des Papstes auf dem „Boden Palästinas". Er zeigte die Leidensgeschichte des palästinensischen Volkes auf und würdigte das Engagement der christlichen Bevölkerung, die integraler Bestandteil der Gesellschaft Palästinas sei. Viel erhoffe er sich vom Grundlagenabkommen zwischen der PLO und dem Heiligen Stuhl, das vor neun Jahren unterzeichnet worden sei und weiter mit Leben gefüllt werden müsse. Mit Blick auf die politische Lage prägte Abbas das sinnfällige Wort an den Papst: „Im Heiligen Land gibt es Kräfte, die Mauern statt Brücken errichten." In seiner Antwort unterstrich Benedikt XVI., dass er als Pilger gekommen sei. Dabei machte er indirekt klar, dass sein Besuch politischer Natur war, dem eine soziale Komponente zugrunde lag: „Mein Herz wendet sich all jenen Familien zu, die kein Zuhause mehr haben." Mit dem Besuch im Flüchtlingslager am Nachmittag wolle er ein Zeichen der Solidarität setzen. Allen, die über den Verlust eines Menschen trauerten – das gelte besonders für die Opfer der jüngsten Konflikte in Gaza –, versichere er des Gebetes, so der Papst. „Der Heilige Stuhl unterstützt das Recht Ihres Volkes auf eine eigenständige palästinensische Heimat im Land seiner Vorfahren in Sicherheit und in Frieden mit seinen Nachbarn innerhalb von international anerkannten Grenzen." Unmissverständlich forderte er Präsident Abbas auf: „Auch wenn die Verwirklichung dieses Ziels heute noch fern erscheint, fordere ich Sie und Ihr Volk auf, die Flamme der Hoffnung am Leben zu erhalten, einer Hoffnung, dass ein Weg gefunden werden kann, die legitimen Ansprüche beider Seiten, der Israelis und der Palästinenser, zu erfüllen." Bei diesen Worten spürt man, wie sehr Benedikt XVI. um die richtige Formulierung rang und dabei wusste, dass er noch nicht den Begriff „Staat Palästina" verwenden konnte. „Ich rufe alle Parteien dieses langdauernden Konflikts auf, alle Ressentiments und Spaltungen zu überwinden", so Benedikt XVI. Das könne nur gelingen, wenn man auf alle ohne Unterschied zugehe. Ein Zusammenleben im Nahen Osten sei nur möglich durch „einen Geist der Zusammenarbeit und des gegenseitigen Respekts". Dazu wiederum sei ein „erneuter verbindlicher Entschluss" notwendig, um auf das Ziel des Friedens hinzuarbeiten.

In der gewohnt ausgewogenen Haltung des Heiligen Stuhls nannte der Papst beide Seiten: die notwendigen Sicherheitsgarantien für Israel und in den palästinensischen Gebieten.

Letzteren müsse man ein größeres Maß an Bewegungsfreiheit zuerkennen, gerade mit Blick auf getrennte Familien oder die religiös heiligen Stätten: „Palästinenser haben wie alle anderen ein natürliches Recht, zu heiraten, Familien zu gründen und zu Arbeit, Ausbildung und Gesundheitsfürsorge Zugang zu erhalten." Neben diesen gesellschaftspolitischen Elementen rief Benedikt XVI. zur Überwindung des Hasses auf: „Lasst nicht zu, dass der Verlust von Leben und die Zerstörung, die ihr mit ansehen musstet, in euren Herzen Bitterkeit und Groll wachsen lassen. Habt den Mut, jeder vielleicht verspürten Versuchung zu widerstehen, Gewalt anzuwenden oder terroristische Akte zu begehen." Es ist eine der weitreichendsten und bisher kaum da gewesenen Aussagen eines Papstes in Nahost, terroristische Übergriffe nicht nur zu verurteilen, sondern bei allem Verständnis für die frustrierende Lage letztlich flehentlich darum zu bitten, keine Gewalt anzuwenden. Das bisher Erlebte solle die Menschen „mit dem tiefen Verlangen erfüllen, einen bleibenden Beitrag zur Zukunft Palästinas zu leisten, damit es auf der Weltbühne den ihm zustehenden Platz einnehmen kann", so der Papst. Zweifelsfrei unterstrich Benedikt damit die Position des Heiligen Stuhls, nach der es einen Staat Palästina – auf der Weltbühne – geben muss, auch wenn er in der Rede mehrfach nur vom „palästinensischen Volk" sprechen konnte.

In Betlehem: Zeugen des Sieges der Liebe

Die Fahrt durch die Innenstadt von Betlehem wurde für Benedikt XVI. ein triumphaler Einzug. Tausende Menschen hießen ihn auf dem Hauptplatz der Stadt willkommen, wo er die Eucharistie feierte. Patriarch Twal sparte nicht an politischen Worten, als er den Papst vor überlebensgroßen Plakaten Yassir Arafats und Mahmoud Abbas begrüßte: „Dieses Land, das Jesus auserwählte, um darin zu leben und die Welt zu retten, braucht Frieden, Gerechtigkeit und Versöhnung. Unsere Wunden müssen geheilt werden, unsere Gefangenen entlassen werden, unsere Herzen vom Hass gereinigt werden und unser Volk muss in Frieden und Sicherheit leben. Unser Volk hat gelitten und leidet immer noch an Ungerechtigkeit und Krieg – für Hunderttausende von Menschen ist der Gaza-Krieg immer noch eine offene Wunde –, an der Besetzung und dem Mangel an Hoffnung auf eine bessere Zukunft.“ Benedikt XVI., der von den Worten sichtlich ergriffen war, vermittelte in seiner Predigt Hoffnung für eine Welt, die sich alt und müde fühle, er sprach von der Verheißung, die Wirklichkeit werden könne. Das war die theologische Deutung der hoffnungsvollen Botschaft des Weihnachtsfestes, in der deutlich werde, was die Menschen sein sollen: „Zeugen des Sieges der Liebe Gottes über den Hass, die Selbstsucht, die Furcht und den Groll ...“ Dabei dürften sich die Christen und alle Menschen im Heiligen Land der Gebete weltweit sicher sein. Ausdrücklich forderte Benedikt XVI. die christliche Minderheit auf, durch konkrete Initiativen ihre Präsenz zu stärken „und neue Möglichkeiten für jene zu schaffen, die versucht sind, fortzugehen. Seid eine Brücke des Dialogs und der konstruktiven Zusammenarbeit beim Aufbau einer Kultur des Friedens, die uns aus der gegenwärtigen festgefahrenen Lage von Furcht und Aggression herausführen kann. Baut eure Ortskirchen auf, macht sie zu Werkstätten des Dialogs, der Toleranz und der Hoffnung, der Solidarität und der tatkräftigen Liebe.“ Die palästinensische Heimat brauche nicht nur eine gute wirtschaftliche Infrastruktur, sondern auch eine „spirituelle“ Infrastruktur. „Ihr habt die menschlichen Ressourcen, um jene Kultur des Friedens und der gegenseitigen Achtung aufzubauen, die eine bessere Zukunft für eure Kinder gewährleisten kann. Das ist die edle Aufgabe, die vor euch liegt. Fürchtet euch nicht!“ Der Gottesdienst war eine eindrucksvolle Demonstration der christlichen Minderheit in den Palästinensischen Autonomiegebieten. Neben Präsident Abbas nahm auch Premierminister Salam Fayyad an dem Gottesdienst teil. Die israelischen Behörden hatten einer kleinen Gruppe von rund hundert Christen aus Gaza ermöglicht, ebenfalls nach Betlehem zu kommen.

Bei den Ärmsten der Armen: Benedikt im Flüchtlingslager

Nach dem Besuch bei der franziskanischen Kommunität und in der Geburtskirche machte sich Benedikt ins Caritas-Babyhospital auf. Dort traf er mit den Trägern des Krankenhauses, der Kinderhilfe Betlehem, zusammen. Sie wurde vom Freiburger Erzbischof Robert Zollitsch und vom Bischof von Basel, Kurt Koch, vertreten. Gemeinsam mit Palästinenserpräsident Abbas erhielt Benedikt XVI. einen detaillierten Einblick in die humanitäre Leistung des Hospitals. Menschen, die er dort traf, haben sonst ihre Heimat im Flüchtlingslager Aida, das mit der Staatsgründung Israels entstanden war. Hier traf Benedikt XVI. zu einem umjubelten Besuch bei den Flüchtlingen ein, die in mehreren Generationen dort leben – im unmittelbaren Angesicht der Sperrmauer. Mit dem „Dabke", einem traditionell palästinensisch-nahöstlichen Tanz, wurde der Papst von den Kindern des Camps begrüßt. Der Vater des ältesten Einwohners von Aida, Khalid al-Azraq, übergab Benedikt eine Stola, in die auf die eine Seite das Wappen des Vatikans und der Geburtskirche eingestickt waren, auf der anderen Seite der „Schlüssel der Rückkehr", das Symbol des „Rechts auf Rückkehr" in der palästinensischen Bevölkerung. Yusif Abusrour schenkte dem Papst einen Stein aus Tiberias, der in die Form des historischen Palästina geschliffen war und in der Mitte eine Gravur mit dem „Schlüssel der Rückkehr" enthielt. Ein muslimisches Mädchen, dessen Vater und Mutter im Gefängnis sind, und ein christliches Mädchen, dessen Vater sich auch in Haft befindet, überreichten Benedikt XVI. einen Brief, der im Namen von mehreren Hundert palästinensischen Gefangenen in Israel verfasst worden war.

Er sei gekommen, so der Papst, um an diesem Ort seine Solidarität mit allen „heimatlosen Palästinensern" zu bekunden. Konkret sprach er die Jugend des Camps an, denen er Mut machte und auf die Hoffnung künftiger Jahre verwies: „Bereitet euch mit neuem Eifer auf die Zeit vor, wenn ihr in den kommenden Jahren für die Angelegenheiten des palästinensischen Volkes verantwortlich sein werdet!" Benedikt XVI. forderte die Zusammenführung von durch die politischen Auseinandersetzungen zerrissenen Familien und würdigte gleichzeitig die Arbeit kirchlicher Organisationen in Palästina. Im Lager Aida nutzte der Papst die Gelegenheit, um äußerst politische Töne anzuschlagen. Hier sehnten sich die Menschen nach Frieden aufgrund eines seit Jahrzehnten ungelösten Konflikts: „Sie [die Einwohner in den palästinensischen Gebieten und Lagern] leben unter unsicheren und schwierigen Bedingungen, mit begrenzten Beschäftigungsmöglichkeiten. Es ist verständlich, dass sie sich oft frustriert fühlen. Ihr legitimes Streben nach einem ständigen Zuhause, nach einem unabhängigen palästinensischen Staat, bleibt unerfüllt. Stattdessen sehen sie sich [...] gefangen in einer Spirale der Gewalt, von Angriff und Gegenangriff, Vergeltung und fortwährender Zerstörung." Im Angesicht der Sperrmauer sprach Benedikt XVI. von einem „krassen Mahnmal für die Pattsituation, in welcher die Beziehungen zwischen Israelis und Palästinensern zu sein scheinen". Es sei tragisch, dass noch Mauern errichtet würden: „Auf beiden Seiten der Mauer bedarf es großen Mutes, wenn es darum geht, Furcht und Misstrauen zu überwinden, sowie dem Trieb zu widerstehen, für Verlust und Beleidigung Vergeltung zu üben. [...] Es muss die Bereitschaft vorhanden sein, mutige und fantasievolle Initiativen zur Versöhnung zu ergreifen: Wenn jeder auf vorgängige Zugeständnisse des anderen beharrt, kann das Ergebnis nur eine Pattsituation sein." Im Lager Aida nahm Benedikt XVI. zugleich die internationale Staatengemeinschaft in die Pflicht, denn niemand könne verlangen, dass Israelis und Palästinenser alleine zu einer langfristig stabilen Lösung gelangten. Die diplomatisch notwendige, aber zugleich politisch klare Ausgeglichenheit unterstrich Benedikt XVI., als er Palästinenser und Israelis aufrief, „selbst bereit zu sein, aus dem Kreis der Aggression auszubrechen".

Die Rede im Lager Aida sorgte für viel Nachdenklichkeit. Denn gerade an diesem Ort war der Papst deutlich politischer als sonst auf der Reise geworden. Dabei wusste er auch um die Spannungen innerhalb der israelischen und palästinensischen Gesellschaft. Ist es in Israel die Spaltung des Landes in einen teilweise religiösen bis national-radikal-religiösen und entgegengesetzt in einen säkularen Staat, sind es bei den Palästinensern die Spannungen zwischen der Fatah von Mahmoud Abbas in der Westbank und der Hamas im Gazastreifen. Der Appell an die internationale Gemeinschaft und beide Länder gemeinsam zeigte, worauf es dem Heiligen Stuhl ankommt: Der Nahostkonflikt kann nicht von einer Partei alleine gelöst werden. Gerechte und dauerhafte Strukturen sind nur in einem Miteinander aller Betroffenen – auch der Weltgemeinschaft – möglich.

Mauern niederreißen: Abschied von Palästina

Vom Lager Aida ging es zurück zum Präsidentenpalast in Betlehem, wo Benedikt XVI. und Mahmoud Abbas zu einem Vier-Augen-Gespräch zusammenkamen. Bei der anschließenden Verabschiedung im Innenhof des Palastes dankte Benedikt XVI. für die zahlreichen Begegnungen in Betlehem, vor allem für die Zeugnisse von Bewohnern aus der Westbank und Gaza. „Auch wenn es ein Leichtes ist, Mauern zu errichten, wissen wir doch alle, dass sie nicht auf ewig Bestand haben. Sie können niedergerissen werden. Zuerst ist es jedoch notwendig, die Mauern zu entfernen, die wir um unsere Herzen errichten, wie auch die Barrieren, die wir gegen unsere Nächsten aufstellen", so der Papst. Deshalb rufe er alle Beteiligten zu einem „Ende der Intoleranz und der Ausgrenzung" auf. Wie „heikel und verwurzelt ein Konflikt auch erscheinen mag, es gibt immer Gründe der Hoffnung, dass eine Lösung gefunden werden kann. [...] Ich wünsche dem palästinensischen Volk aufrichtig, dass dies bald der Fall sein möge ..." Benedikt XVI. versprach, jede Gelegenheit nutzen zu wollen, „um alle an den Friedensverhandlungen Beteiligten dringend aufzufordern, auf eine gerechte Lösung hinzuarbeiten, die die legitimen Ansprüche der Israelis und der Palästinenser gleichermaßen achtet". Deshalb schaue der Heilige Stuhl mit Freude auf die baldige Einrichtung der Ständigen Bilateralen Arbeitskommission zwischen dem Heiligen Stuhl und der Palästinensischen Autonomiebehörde, so wie sie bereits im Grundsatzabkommen aus dem Jahre 2000 in Aussicht gestellt worden war. Bei einer triumphalen und die palästinensischen Ortschristen ermutigenden Visite wird man am Ende festhalten müssen, dass es eben über fast ein Jahrzehnt nicht gelungen war, diese wichtige Kommission zu etablieren. Vom Präsidentenpalast ging es im Auto zurück über den Grenzübergang bei Rahels Grab nach Jerusalem, wo Benedikt XVI. bald die Apostolische Delegatur am Ölberg erreichte.

Papst Benedikt XVI. hatte in Palästina Zeichen gesetzt – wie so oft auf dieser Reise in Kontinuität zu seinem Vorgänger. Dabei war spürbar, wie gut sich die Beziehungen zwischen dem Heiligen Stuhl und der Palästinensischen Autonomiebehörde entwickelt hatten, sodass Benedikt XVI. mit klaren Worten von der notwendigen Schaffung eines souveränen Heimatlandes sprechen konnte. Es sollte aber erst seinem Nachfolger Franziskus vergönnt sein, bewusst vom „Staat Palästina" zu sprechen. Während der Papst am Tag zuvor im Joschafat-Tal vor allem die christliche Bevölkerung Jerusalems und der nördlichen Westbank ermutigt hatte, waren es jetzt die Christen im Großraum von Betlehem und aus Gaza, denen die Worte der Hoffnung galten. Dabei hatte Benedikt XVI. immer im Blick, worum es im Heiligen Land gehen muss: um das uneingeschränkte und problemlose Leben der christlichen Minderheit und um den Frieden in der Region. Folglich war der Tag in Palästina Ausdruck einer tiefen Solidarität der katholischen Kirche mit dem palästinensischen Volk und der Ortskirche. Politische und kirchliche Vertreter, vor allem die Gläubigen selbst, haben die eindeutigen Worte des Papstes gehört: Leben im Land des Herrn ist nur mit Christen möglich, weshalb es nicht länger einen Christenexodus aus dem Heiligen Land geben dürfe.

Donnerstag, 14. Mai 2009

Vorbild Heilige Familie: Der Papst in Nazaret

Nach dem anstrengenden Tag in den Palästinensischen Autonomiegebieten flog Benedikt XVI. am Morgen des 14. Mai 2009 von Jerusalem nach Nazaret. Auf dem Hubschrauberlandeplatz wurde er vom Bürgermeister der Stadt, Ramez Jarayseh, willkommen geheißen. Höhepunkt des Besuchs in Nazaret war die Eucharistiefeier am nahegelegenen Mount Precipice (Berg des Abgrunds), von dem man einen guten Blick über die Stadt hat. Rund 40.000 Gläubige waren aus ganz Israel und den Nachbarstaaten gekommen, darunter zahlreiche Juden und Muslime. Wie schon in Jerusalem nutzte er die Begegnung mit der Ortsgemeinde, um theologisch das Evangelium auszulegen und gleichzeitig die christliche Minderheit zu ermutigen. Das Vorbild der „Heiligen Familie“ legte er aus und rief dazu auf, die Familie auch im und durch den Staat zu achten, denn es sei die Pflicht des Staates, „die Institution Familie und deren Rechte zu schützen und zu gewährleisten, dass alle Familien unter würdigen Bedingungen leben und gedeihen können“. Dabei würdigte der Papst ausdrücklich die Rolle der Frau in der Gesellschaft: als Mutter, im Arbeitsleben oder in der Kirche. Mit Blick auf die Debatte um den geplanten Moscheebau in unmittelbarer Nähe zur Verkündigungskirche in Nazaret forderte der Papst dazu auf, die Spannungen abzubauen, „die den Beziehungen zwischen den hier lebenden christlichen und muslimischen Gemeinden geschadet haben. Ich ersuche die Menschen guten Willens in beiden Gemeinden dringend, den bereits angerichteten Schaden wiedergutzumachen und in der Treue im Glauben an den einen Gott [...] Brücken zu bauen und den Weg zu einem friedlichen Zusammenleben zu finden." Dankbar zeigte sich der Papst für das Engagement der christlichen Schulen und vielen karitativen Einrichtungen, die sich darum bemühten, „Mauern einzureißen und zu einem Hort der Begegnung, des Dialogs, der Versöhnung und der Solidarität zu werden". Das wiederholte Benedikt XVI. auch am Nachmittag bei seinem Besuch in der Verkündigungskirche von Nazaret. Im Auditorium der Kirche traf er mit den Religionsführern der Region Galiläa zusammen. Es gehe um die Vermittlung von Werten: „Wenn wir die Herzen der jungen Menschen formen, formen wir die Zukunft der Menschheit selbst. Christen verbinden sich bereitwillig mit Juden, Muslimen, Drusen und Menschen anderer Religionen im Wunsch, Kinder vor Fanatismus und Gewalt zu schützen, wenn sie sie zu Gestaltern einer besseren Welt erziehen."

Um den Schutz der Kinder und den Aufbau einer friedlichen Generation ging es auch im Gespräch zwischen Papst Benedikt XVI. und Israels Premierminister Benjamin Netanjahu im Franziskanerkonvent von Nazaret, das nach einer Mittagspause stattfand. Auch wenn kaum Inhalte der Begegnung nach außen bekannt wurden, machte das Umfeld des Papstes den mitreisenden Journalisten klar, dass der Friedensprozess und die Erfahrungen des Papstes am Tag zuvor in den Palästinensischen Autonomiegebieten eine Rolle gespielt hätten.

In der Verkündigungskirche: Christliches Profil und ökumenischer Wille

Den Abschluss des Tages in Nordisrael bildete der private Besuch der Verkündigungsgrotte in der Verkündigungskirche und die sich anschließende Vesper mit Bischöfen, Priestern, Ordensleuten, Vertretern der kirchlichen Bewegungen und den pastoralen Mitarbeitern Galiläas. Theologisch vermittelte Papst Benedikt XVI. das Geheimnis Mariens, die für die ganze Menschheit stehe. Erneut nutzte er auch die Gelegenheit für klare politische Worte und die wiederholte Ermutigung für die Christen der Region: „Im Staat Israel und in den palästinensischen Gebieten bilden die Christen eine Minderheit in der Bevölkerung. Vielleicht habt ihr manchmal das Gefühl, dass eure Stimme wenig gilt. Viele eurer Mitchristen sind ausgewandert, in der Hoffnung, woanders größere Sicherheit und bessere Aussichten zu finden [...] Habt das Vertrauen, Christus treu zu sein und hier in dem Land zu bleiben, das er durch seine persönliche Gegenwart geheiligt hat. [...] Dafür ist es wesentlich, dass ihr untereinander einig seid, sodass die Kirche im Heiligen Land deutlich erkannt werden kann als ‚Zeichen und Werkzeug für die innigste Vereinigung mit Gott wie für die Einheit der ganzen Menschheit'." Dieser doppelte Appell galt als klarer Auftrag für die Christen von Nahost: dem schleichenden Christenexodus ein Ende zu setzen und gleichzeitig das ökumenische Miteinander zu stärken, um als Gesamt der Christen die Gesellschaft mit aufzubauen, Verantwortung zu übernehmen und so sichtbares Zeugnis in der Öffentlichkeit abzulegen.

Kritisch wird man fragen müssen, wie lange die Worte von Benedikt XVI. in der Region gewirkt haben und wann sie wieder vergessen wurden. Ob der Papst selbst diesen Gedanken beim Rückflug am Abend von Nazaret nach Jerusalem hatte? Die letzte große öffentliche Eucharistiefeier während der Heilig-Land-Reise wurde jedenfalls zu einer eindrucksvollen Demonstration des Glaubens und friedlichen Miteinanders, bei der Benedikt XVI. einmal mehr – auch mit Blick auf die politische Klasse in Israel und Palästina – an die Verantwortung der christlichen Minderheit in der Zivilgesellschaft erinnerte.

Freitag, 15. Mai 2009

Ökumenische Freundschaft: Der Papst und die christlichen Konfessionen

Der letzte Tag der Reise war geprägt vom Dialog mit den anderen christlichen Konfessionen und dem geistlichen Höhepunkt der Reise, dem Besuch der Jerusalemer Grabeskirche. Den Auftakt bildete ein ökumenisches Treffen am Sitz des griechisch-orthodoxen Patriarchen von Jerusalem, Theophilos III. Benedikt XVI. wurde hier von den Vertretern aller christlichen Konfessionen in Jerusalem begrüßt. In seiner Ansprache konzentrierte er sich nach den verschiedenen interreligiösen Komponenten der Reise und der gemeinsamen Verantwortung der christlichen Minderheit am Aufbau von Staat und Gesellschaft jetzt auf die theologische Dimension der heiligen Orte und das, was die Konfessionen in der Theologie bewältigt haben. Dabei erinnerte Benedikt XVI. auch an die Begegnung mit dem Ehrenoberhaupt der Weltorthodoxie, dem Ökumenischen Patriarchen Bartholomaios I. von Konstantinopel. Dieses Treffen sei „echter Ausdruck der tiefen geistlichen Freude über das Ausmaß, das die Gemeinsamkeit zwischen unseren Kirchen bereits erreicht hat. Eine solche ökumenische Erfahrung bestätigt deutlich die Verbindung zwischen der Einheit der Kirche und ihrer Sendung." Deshalb sei es notwendig, so der Papst, dass die Kirchen gemeinsam Zeugnis von ihrem Glauben in der Öffentlichkeit ablegten. „Mir scheint, dass der größte Dienst, den die Christen Jerusalems ihren Mitbürgern erweisen können, die Erziehung und Ausbildung der kommenden Generation gebildeter und engagierter Christen ist, die den innigen Wunsch haben, in großherziger Weise zum religiösen und zivilen Leben dieser einzigartigen und heiligen Stadt beizutragen", so Benedikt XVI. Noch einmal unterstrich er gleichsam als Klammer aller bisherigen Aussagen auf dieser Heilig-Land-Reise, worum es in Zukunft gehen müsse, denn Christen sollen an gemeinsamen Zielen - auch für die Stadt Jerusalem - arbeiten. Dazu gehören, so der Papst, ein Leben in Religionsfreiheit und friedlicher Koexistenz, der ungehinderte Zugang zu Ausbildung und Arbeitsmöglichkeiten, Wohnung und Zuhause und wirtschaftliche Stabilität.

Im Herzen: Der Papst in der Grabeskirche

Diese Gemeinsamkeiten, vor allem das Streben nach Werten in der Öffentlichkeit, die auf der Grundlage des Evangeliums stehen, führte Benedikt auch bei seinem bewegenden Besuch in der Grabeskirche aus. Gemeinsam von Patriarch Theophilos III., einem Vertreter der armenischen Kirche und dem Kustos des Heiligen Landes begleitet, betrat der Papst die Grabeskirche. Nach einem stillen Gebet am Salbungsstein im Eingangsbereich der Kirche besuchte er das Heilige Grab. Danach wandte sich Benedikt XVI. an die Gläubigen in der Kirche: Wieder war es der theologische Papst, der den Sinn der Heiligen Schrift erschloss und aus der Botschaft des leeren Grabes als Zeichen der Hoffnung indirekt politisch formulierte: „Möge durch Gottes Gnade die Hoffnung in den Herzen aller Menschen, die in diesen Ländern wohnen, stets neu aufsteigen. [...] Die Kirche im Heiligen Land, die so oft das dunkle Geheimnis von Golgota erfahren hat, darf niemals aufhören, ein unerschrockener Herold der leuchtenden Botschaft der Hoffnung zu sein ..." Papst Benedikt XVI. blieb nicht bei Solidaritätsbekundungen, Appellen gegen den Christenexodus und für die Beteiligung an zivilgesellschaftlichen Prozessen stehen, sondern nahm die Christen selbst in die Pflicht: trotz aller Frustration Hoffnung zu vermitteln und zu verkörpern. Dazu gehöre auch die Heilung des Gedächtnisses, um „die Bitterkeit von Beschuldigung und Feindseligkeit" zu überwinden. Das Geheimnis der Auferstehung solle helfen, „jeden Konflikt und jede Spannung in der Kraft eben dieses Geistes zu überwinden und jedes Hindernis innerhalb wie außerhalb zu bewältigen, das unserem gemeinsamen Zeugnis für Christus und der versöhnenden Kraft seiner Liebe im Wege steht". Nachdem Papst Johannes Paul II. die Grabeskirche als „Mutter aller Kirchen" bezeichnet hatte, wollte sein Nachfolger das Wort kaum kopieren. Er suchte nach einer anderen Formulierung und bezeichnete das leere Grab als das eigentliche „Herz der Kirche". Ohne Frage war bei diesem – zeitlich zu knapp bemessenen – Moment der Reise der spirituelle Höhepunkt erreicht und die theologische Mitte allen Suchens und Pilgerns gefunden. Spürbar merkte man im Umfeld des Papstes, wie er selbst Kraft an jenem Ort, dem „Herz der Kirche", fand.

Auch wenn es eher wie eine Ergänzung im Programm aussah, so war die folgende Begegnung im Patriarchat der Armenisch-apostolischen Kirche Benedikt XVI. besonders wichtig, denn ihm war es als Präfekt der Kongregation für die Glaubenslehre gelungen, ganz wesentliche theologische Fragen mit der armenischen Kirche zu klären. Im Patriarchat der Jerusalemer Altstadt wurde Benedikt vom aus Altersgründen stark geschwächten 90-jährigen Patriarchen Torkom II. Manoogian empfangen, der aufgrund seines gesundheitlichen Zustands an der ökumenischen Begegnung im griechisch-orthodoxen Patriarchat nicht teilnehmen konnte. Der vom „Gebet getragene Dialog hat durch die Überwindung der Belastungen von Missverständnissen der Vergangenheit Fortschritte gemacht und geht einer vielversprechenden Zukunft entgegen".

Schlussakkord: Abschiedsreden in Tel Aviv

Der ökumenische Tag und der Besuch der Grabeskirche bildeten den Schlusspunkt der lange geplanten Reise nach Jerusalem. Noch einmal ging es für einen kurzen Moment in die Apostolische Delegatur zurück, bevor der Papst und seine Delegation im Hubschrauber vom Skopusberg Ostjerusalems nach Tel Aviv flogen. Hier wurde das Kirchenoberhaupt von Staatspräsident Shimon Peres verabschiedet, der den Besuch des Papstes als Beispiel für gelebte Werte bezeichnete. Die Reise habe einen signifikanten Beitrag zu den „neuen Beziehungen zwischen dem Vatikan und Jerusalem" geleistet, so Peres. Insbesondere würdigte Peres die Worte Benedikts XVI. zum Holocaust und der Shoah, „die niemals vergessen oder geleugnet werden dürfen", sowie zur klaren Absage an jede Form des Antisemitismus. Vor allem habe der Papst für den Frieden geworben, sagte der Staatspräsident: „Das aufrichtige Streben nach Frieden wird von allen Israelis geteilt. Frieden mit unseren Nachbarn. Frieden mit unseren Gegnern. Frieden mit allen!" In der Rede Peres' war vor allem bemerkenswert, dass er auf die Frage nach der Friedfertigkeit von Religion einging. Vielen monotheistischen Bekenntnissen sei an einem friedlichen Umgang gelegen, so Peres. Manche fanatische Entwicklung verzerre aber das Angesicht Gottes, der Mörder, Terror und Gewalt nicht wolle. „Heute sind politische und geistliche Führer einer besonderen Herausforderung ausgesetzt: Wie kann man Terroristen daran hindern, das religiöse Gewissen für sich zu beanspruchen, indem sie einen Akt des Terrorismus als religiösen Auftrag verkleiden? Heiligkeit, ich bin fest überzeugt, dass Ihre großartige geistliche Führungskraft den Geist der Gottesfurcht fördern kann, die den Menschen helfen wird zu erkennen, dass Gott nicht in den Herzen der Terroristen ist."

Wenn man die Abschiedsrede des Papstes vom Flughafen liest, kann man sich nicht des Eindrucks erwehren, dass dieser

Text – sollte er lange vor der Reise vorbereitet gewesen sein – grundsätzlich um- oder gar vom Papst selbst neu geschrieben wurde. Er ist eine persönliche Reflexion dessen, was er erlebt hat, und gleichsam die Klammer um die ganze Reise – und der Leuchtturm für das, was Benedikt XVI. für den Nahen Osten erhofft. Wie schon bei der Ankunft sprach er von Israel und den Palästinensischen Gebieten, das Heilige Land sei ein fruchtbarer Boden für die Ökumene und den interreligiösen Dialog. Benedikt XVI. erinnerte auch an den Olivenbaum, den er zusammen mit Staatspräsident Peres im Präsidentenpalast gepflanzt hatte. Der Olivenbaum, so führte der Papst jetzt aus, werde beim Apostel Paulus genutzt, um die engen Beziehungen zwischen Christen und Juden zu beschreiben. Noch einmal nutzte der Papst die Gelegenheit, auf die Beziehungen zum Judentum einzugehen, und schloss auch hier die Klammer zum Beginn der Reise, als er noch am Flughafen der sechs Millionen Opfer des Holocaust gedacht hatte. Jetzt sagte Benedikt XVI.: „Wir begegnen uns als Brüder – Brüder, die in unserer Geschichte gelegentlich ein gespanntes Verhältnis zueinander hatten, die aber unter der festen Verpflichtung stehen, Brücken für eine beständige Freundschaft zu bauen.“ Ausdrücklich erwähnte der Papst aus den vielen Programmpunkten den Besuch in Yad Vashem, „wo ich den Opfern der Shoah meine Ehre erwiesen habe“. Die Begegnungen in Yad Vashem hätten ihm seinen Besuch im Vernichtungslager Auschwitz in Erinnerung gebracht, „wo so viele Juden – Mütter, Väter, Eheleute, Söhne, Töchter, Brüder, Schwestern, Freunde – durch ein gottloses Regime, das eine Ideologie des Antisemitismus und des Hasses verbreitete, brutal ausgetilgt worden sind. Dieses entsetzliche Kapitel der Geschichte darf nie vergessen oder geleugnet werden! Im Gegenteil, diese furchtbaren Erinnerungen sollten uns in der Entschiedenheit stärken, enger zusammenzurücken ...“

Die politische Haltung zu den Staaten des Heiligen Landes unterstrich Benedikt XVI., als er sagte, dass er als „Freund der Israelis zu Besuch gekommen“ sei, „genauso wie ich auch ein Freund des palästinensischen Volkes bin. Freunde verbringen gerne ihre Zeit miteinander, und es betrübt sie sehr zu sehen, wie der andere leidet. Ein Freund der Israelis und der Palästinenser kann nur traurig sein über die weiter bestehende Spannung zwischen Ihren beiden Völkern.“ Eindringlich appellierte der Papst an Israelis und Palästinenser und den ganzen Nahen Osten: „Kein Blutvergießen mehr! Keine Kämpfe mehr! Kein Terrorismus mehr! Kein Krieg mehr! Lasst uns stattdessen den Teufelskreis der Gewalt durchbrechen! Lasst bleibenden Frieden herrschen, der auf Gerechtigkeit gründet, lasst echte Versöhnung und Heilung walten. Es möge allgemein anerkannt werden, dass der Staat Israel das Recht hat, zu existieren und Frieden und Sicherheit innerhalb international vereinbarter Grenzen zu genießen. Ebenso möge anerkannt werden, dass das palästinensische Volk ein Recht auf eine souveräne, unabhängige Heimat, auf ein Leben in Würde und auf Reisefreiheit hat." Benedikt XVI. unterstrich damit erneut die grundsätzliche Haltung des Heiligen Stuhls zu Israelis und Palästinensern. Wie schon 1967 und auch unter Johannes Paul II. betonte er: „Die Zwei-Staaten-Lösung möge Wirklichkeit werden und nicht ein Traum bleiben."

Es war eine starke Geste, dass Benedikt XVI. beim Abschied in Tel Aviv auch gegenüber Staatspräsident Peres den Bau der Sperrmauer ansprach, die er als einen „der traurigsten Anblicke" während der Reise bezeichnete: „Als ich an ihr vorbeikam, habe ich für eine Zukunft gebetet, in der die Völker des Heiligen Landes in Frieden und Eintracht zusammenleben können, ohne solche Instrumente der Sicherheit und der Trennung zu brauchen, sondern vielmehr in gegenseitiger Achtung und Vertrauen zueinander sowie unter Verzicht auf alle Formen der Gewalt und Aggression." Dabei war sich Benedikt XVI. im Klaren, wie anspruchsvoll seine eigene Aussage war: „Herr Präsident, ich weiß, wie hart es sein wird, dieses Ziel zu erreichen. Ich weiß, wie schwierig Ihre Aufgabe ist, genau wie jene der Palästinensischen Autonomiebehörde. Ich versichere Sie jedoch meiner Gebete, und die Gebete der Katholiken in aller Welt begleiten Sie in Ihren weiteren Bemühungen ..." Die Politik braucht das Gebet, und dieses Gebet ist für den Papst zugleich ein solidarischer Einsatz für den Frieden in der Welt.

Diesen Einsatz fasste Benedikt XVI. auf dem Rückflug mit der israelischen Fluggesellschaft El Al nach Rom vor den mitreisenden Journalisten zusammen. Bei allen Religionen habe er die Bereitschaft der Zusammenarbeit gespürt, was nicht nur als eine politische Motivation angesehen werden könne, „sondern als Frucht, die aus dem Wesenskern des Glaubens selbst hervorgeht". In seiner Zusammenfassung gegenüber den Journalisten würdigte der Papst das „ermutigende ökumenische Klima" und den tiefen Wunsch nach Frieden trotz aller vorhandenen Schwierigkeiten. Um jeder Fehlinterpretation vorzubeugen, betonte Benedikt: „Ich bin als Pilger des Friedens gekommen. Die Pilgerfahrt ist ein wesentliches Element vieler Religionen, auch des Islam, der jüdischen Religion und des Christentums. Sie ist auch ein Bild für unser Leben, das ein Vorwärtsgehen ist, auf Gott hin und so auch auf die Gemeinschaft der Menschheit zu." So endete die 12. Auslandsreise von Papst Benedikt XVI. nach sieben Tagen und sieben Stunden, 29 Predigten und Reden und 4688 zurückgelegten Kilometern.

Benedikt XVI.: Pilger, Politiker und Pontifex

Der Papst kam als Pilger und ging als solcher. Er war aber auch der politische Papst, der Papst der Versöhnung und des interreligiösen Dialogs. Vor allem war Benedikt XVI. der Ermutiger für die christliche Minderheit im Heiligen Land. Die Kirche spricht in Konfliktsituationen gegenüber den Konfliktparteien eine klare Sprache im Heiligen Land, und zwar im eindeutigen Gegensatz zur Ideologie von Staaten. Die positiven Worte von Staatspräsident Peres sollten für den Heiligen Stuhl in den darauffolgenden Jahren ein wichtiger Anknüpfungspunkt werden, an die von römischer Seite immer wieder erinnert wurde: Würden im weiteren Nahost-Friedensprozess zusätzlich die Stimmen religiöser Führer gehört werden? Gleichzeitig waren die Äußerungen zum Status von Jerusalem vonseiten des Papstes unmissverständlich: Jerusalem ist eine Stadt für alle Religionen. Der Zettel in der Klagemauer mit der Bitte um Frieden für die Region war ein Gebet – weder zu politisch noch zu wenig politisch. Benedikt XVI. vermittelte im Heiligen Land seine Vision vom Frieden: die Versöhnung zwischen den Religionen. Dazu trug auch der bewegende Besuch in Yad Vashem bei, wo der Papst der Weltkirche als Deutscher um die deutsche Geschichte wusste. Dass Benedikt XVI. von manchen als „kühler Pilger" oder „distanzierter Pontifex" bezeichnet wurde, ist weder seiner Person noch der differenzierten Botschaft gerecht geworden, die er mit ins Heilige Land – und gerade auch nach

Yad Vashem – gebracht hatte. Als deutscher Papst hat er sich vor den Opfern des Holocaust verneigt und auf dem aufgebaut, was Papst Johannes Paul II. grundzulegen vermochte.

Neben der politischen Dimension der Reise ging es vor allem um die Ermutigung der Christen im Heiligen Land durch den Papst. Sie sollten ihre Verantwortung am Aufbau der Zivilgesellschaft wahrnehmen. Die Besuche wie beispielsweise im Caritas Babyhospital von Betlehem, dem Behindertenzentrum bei Amman oder im Gespräch mit Flüchtlingskoordinatoren zeigten der Weltöffentlichkeit, in wie vielen Bereichen der Nahe Osten ohne christliche Caritas kaum überlebensfähig ist. Benedikt XVI. mahnte die Christen in Anlehnung an ein Wort Pauls VI., das Land nicht zu verlassen, damit die christlichen Orte nicht bald zu Museen verkommen. Dem Papst gelang es, den christlichen Minderheiten im Heiligen Land ein neues Selbstbewusstsein zu geben, ähnlich wie dies Johannes Paul II. während seiner Reise in die Region getan hatte. Dieses Selbstbewusstsein zeigte sich im Willen führender Persönlichkeiten der christlichen Konfessionen nach dem Papstbesuch, gerade gegenüber der palästinensischen Regierung jeder Tendenz einer Einführung des Islam als Staatsreligion entgegenzutreten. „Das bisher laizistische System hat sich bewährt, wir leben in friedlicher Koexistenz, wir sind Palästinenser, das eint uns“, sagte eine christliche Ministerin der Regierung in der Westbank. Katholischerseits hoffte man nach dem Papstbesuch, dass die lange Zeit stockenden Verhandlungen zwischen dem Heiligen Stuhl und dem Staat Israel für die Umsetzung der 1993 und 1997 unterzeichneten Verträge vorankommen und die letzten strittigen Fragen bald gelöst würden. Eine zeitliche Perspektive war jedoch nicht in Sicht, aber „der Papstbesuch hat eine Atmosphäre geschaffen, in der es bald schon positive Früchte zu ernten gibt“, war aus Diplomatenkreisen zu hören. Dass diese Hoffnung weitere fünf Jahre bis zum Besuch von Papst Franziskus enttäuscht werden sollte, konnte damals noch niemand ahnen: Mehr als Atmosphäre blieb nicht, weil die Verhandlungen sich über weitere Jahre ohne sichtbaren Erfolg hinzogen. Bemerkenswert war die Ankündigung des Papstes in Betlehem, dass in Kürze eine bilaterale Arbeitsgruppe zwischen Palästinensern und der katholischen Kirche eingesetzt werden solle, um die Ausgestaltung des zwischen der PLO und dem Heiligen

Stuhl im Frühjahr 2000 unterzeichneten Grundlagenabkommens mit Leben zu füllen. Tatsächlich brauchte es die Zeit bis zur nächsten Papstreise ins Heilige Land, um auch nur einen Ansatz des Erfolgs zu sehen. Unmittelbar vor der Reise von Papst Franziskus hieß es, dass der Vertrag so gut wie unterschriftsreif sei – getan hat sich jedoch auch Wochen nach dem Besuch nichts.

Den Dialog mit dem Islam griff Benedikt XVI. im Diskurs mit der intellektuellen muslimischen Elite in Amman und auf dem altehrwürdigen Tempelberg auf. Mit hohem Interesse nahm die islamische Welt wahr, in welcher Würde und Bescheidenheit der Papst den Felsendom besuchte. Oft sei es im Dialog der Religionen so, dass man sich auf den einen Gott berufe, aber auch schnell der Versuchung erliege, am Erfolg dieses Gesprächs zu zweifeln. Genau das war auf dieser Reise notwendig – und erfolgreich. Der Konflikt um die „Regensburger Rede" von 2006 war damit beigelegt.

Benedikt XVI. hat auf der Reise ähnlich wie sein Vorgänger einen Pilgerspagat absolviert. Schon im Vorfeld waren die Erwartungen von außen so formuliert worden, dass er niemandem gerecht werden konnte. Davon hat sich der Pilger aus Rom aber nicht beirren lassen, sondern – immer auf die Gesprächspartner und den Ort des Geschehens konzentriert – seine Worte gesucht. Betrachtet man diese Heilig-Land-Reise unter den verschiedenen Blickwinkeln und liest die Predigten und Ansprachen als Gesamtbotschaft, kommt man zum Schluss: Der pilgernde Papst war ein geschätzter politischer Gesprächspartner. Die Begegnungen in Jordanien, Israel und Palästina – kirchlich, gesellschaftlich, interreligiös und politisch – wurden zu Meilensteinen der Verständigung, Versöhnung und Vermittlung. Wie kaum einem anderen gelang es Papst Benedikt XVI., durch seine Person und das bescheidene Auftreten eine derart weltweite Aufmerksamkeit auf den Brennpunkt Nahost zu richten, die zeigt, dass es im Dialog nicht allein auf das Gesprächsangebot der katholischen Kirche ankommt. Pilgern im Heiligen Land war für Benedikt XVI. aber auch das Zurückkehren an jene Stätten der Heilsgeschichte, die unverbrüchlich mit der Menschheitsgeschichte verbunden sind. Die Menschen im Heiligen Land beiderseits des Jordans haben es ihm – über alle Religionsgrenzen hinweg – gedankt.

VI. Perspektive: Papst Franziskus 2014 im Heiligen Land

Schon bald nach Pontifikatsbeginn am 13. März 2013 äußerte Papst Franziskus direkt und indirekt den Wunsch, eine Reise ins Heilige Land zu unternehmen. Fünf Jahre nach der letzten Heilig-Land-Reise eines Papstes schien ihm die Zeit im Jahr 2014 reif. Dabei wusste er um eine Vielzahl von Problemen, die seit dem Besuch Benedikts XVI. im Jahr 2009 nicht geklärt werden konnten: Zum einen stockten die Verhandlungen zur Ratifizierung des Abkommens zwischen dem Staat Israel und dem Heiligen Stuhl nach wie vor, zum anderen hatte es der Heilige Stuhl im Hintergrund geschafft, das schon für 2009 geplante Abkommen mit den Palästinensern weit voranzubringen. Dennoch: Zu beiden Dokumenten gab es keine Unterschriften. Hinzu kam die weiter oben beschriebene gesellschaftliche Veränderung im Staat Israel, was sich insbesondere an den zunehmenden Pricetag-Attacken auf christliche Einrichtungen wenige Wochen vor der Papstreise zeigte. Hier stand vor allem der christliche Zion Jerusalems im Mittelpunkt: Die Dormitio-Abtei erlebte dabei Graffitiangriffe ebenso wie Pöbeleien gegen die Mönche. Zunehmend gingen radikale jugendliche Siedler dazu über, auf dem Zion zu demonstrieren. Ihr Vorwurf: Die katholische Kirche wolle sich durch eine Messfeier des Papstes des Abendmahlssaals bedienen. In verschiedenen Stellungnahmen hatte die Ortskirche diese Version als haltlos zurückgewiesen. Dennoch wurde ausgerechnet der Zion zum Demonstrations- und Streitobjekt im Vorfeld und während der Reise.

Als die Vorbereitungen der von Franziskus ausdrücklich auf drei Tage beschränkten Visite so gut wie abgeschlossen waren, überraschten Fatah und Hamas am 23. April 2014 mit der Ankündigung, die innerpalästinensische Spaltung zu überwinden und sich zu versöhnen. Schon stand vonseiten einiger Diplomaten die Frage im Raum, ob Papst Franziskus überhaupt mit der Hamas reden könne oder ob dies ins Programm mit aufgenommen werden müsse. Hinzu kamen die dramatische Flüchtlingssituation aufgrund des syrischen Bürgerkriegs und die tiefen gesellschaftlichen Spaltungen innerhalb des israelischen Staates, die für ein schwieriges Klima sorgten, das Franziskus bewältigen musste. Als besonderes Problem ist der Wille großer Teile der palästinensischen Bevölkerung zu nennen, die aufgrund der oft frustrierenden Situation und schlechten wirtschaftlichen Bedingungen nach wie vor auswandern wollen. Wenige Tage vor Ankunft von Franziskus veröffentlichte der Demografieexperte Bernard Sabella von der Katholischen Universität Betlehem eine Umfrage unter 300 Christen aller Konfessionen. Demnach erwägen 62 Prozent der Christen in Jerusalem eine Auswanderung. 47 Prozent zeigen sich skeptisch, ob der Papstbesuch die politische Lage verändern würde, 25 Prozent erhoffen sich von Franziskus einen Beitrag zur Lösung des Konflikts. Bemerkenswert in der Befragung ist die enge Bindung der Christen an ihre Kirche: 46 Prozent gehen regelmäßig zum Gottesdienst und ebenso viele wünschen sich eine Verbesserung der ökumenischen Beziehungen.[110]

Bereits von Pontifikatsbeginn an hatte der Papst deutlich zu verstehen gegeben, dass er nicht viele Auslandsreisen unternehmen wolle. So war der Aufenthalt im Heiligen Land die zweite Auslandsreise von Franziskus nach dem Weltjugendtag in Brasilien im Sommer 2013. Die zügige Reisevorbereitung wurde spürbar durch die Einsetzung des neuen Kardinalstaatssekretärs Pietro Parolin begünstigt, der am 15. Oktober 2013 das Amt von Kardinal Tarcisio Bertone übernommen hatte. Parolin war viele Jahre Untersekretär der Sektion für die Beziehungen mit den Staaten im vatikanischen Staatssekretariat und der politische Vordenker für den Heiligen Stuhl. Seine Rückkehr an die Spitze des Staatssekretariats nach einer vierjährigen Tätigkeit als Apostolischer Nuntius in Venezuela hat nach Beobachterauffassung zur Folge, dass der Heilige Stuhl stärker als in den Jahren zuvor auf der politischen Weltbühne präsent ist. Entsprechend wird der Einfluss Kardinal Parolins auf die Planung und inhaltliche Ausrichtung der Reise gewertet.

Franziskus kündigte seine Reise am 5. Januar 2014 beim Angelusgebet an: „Hauptzweck ist das Gedenken an die historische Begegnung zwischen Papst Paul VI. und dem Patriarchen Athenagoras, zu der es am 5. Januar 1964, dem heutigen Datum vor genau fünfzig Jahren, kam. Es wird drei Etappen geben: Amman, Betlehem und Jerusalem. Drei Tage. Am Heiligen Grab werden wir zusammen mit Patriarch Bartholomaios von Konstantinopel eine ökumenische Begegnung mit allen Vertretern der christlichen Kirchen von Jerusalem feiern. Ich bitte euch, bereits jetzt für diese Pilgerreise zu beten, die eine Pilgerreise des Gebets sein wird."[111] Mit der Ankündigung war klar, dass er nicht die Christen in Galiläa besuchen werde. Dem Papst kam es auf einen kurzen, aber hinsichtlich des Reiseprogramms dichten Aufenthalt im Heiligen Land an, wobei er nicht auf den marathongleichen Besuch von drei Ländern verzichten wollte.

Der Heilige Stuhl veröffentlichte das offizielle Besuchsprogramm am 27. März 2014. Bereits bei der Lektüre von Orten und Formulierungen zeigt sich, dass es Franziskus neben der Pilgerreise auch um politische Aussagen ging. Der Heilige Stuhl hatte den Staat Palästina im Herbst 2013 de facto anerkannt, was sich unter anderem daran zeigt, dass im „Päpstlichen Jahrbuch 2014" die Palästinenser bei der Auflistung der diplomatischen Vertretungen erstmals nicht mehr als „Organisation für die Befreiung Palästinas", sondern als „Staat Palästina" bezeichnet wurden. Folgerichtig hieß es im offiziellen Programm der Reise: Besuch des Staates Palästina. Das war insofern bemerkenswert, als der Heilige Stuhl aufgrund dieser Anerkennung jordanische Militärhubschrauber als Reisemittel von Jordanien nach Betlehem akzeptieren konnte und somit eine direkte Einreise in den Staat Palästina von Jordanien aus erfolgte. Dieser Vorgang wurde dadurch unterstrichen, dass die israelische Seite zustimmte, dass die jordanischen Hubschrauber den Papst später von Betlehem nach Tel Aviv fliegen durften, bevor der Papst von dort in israelische Militärhubschrauber auf dem Weg nach Jerusalem umstieg. Ein weiterer Aspekt, der gegenüber den Planungen von 2009 neu war, wird im ersten Besuch eines Papstes auf dem Mount Herzl in Jerusalem gesehen, wo Papst Franziskus Blumen am Grab Theodor Herzls niederlegen sollte. Seit gut einem Jahr gehört dieser Moment mit zum offiziellen Besuchsprogramm für Staatsgäste im israelischen Protokoll. Franziskus war bereit, das zu akzeptieren.

Bemerkenswert in der Phase der Vorbereitung war auch die Zusammensetzung der offiziellen Delegation des Papstes. Er verzichtete auf eine Vielzahl von Kurienmitarbeitern und konzentrierte sich stattdessen auf die Präfekten und Präsidenten der Ostkirchenkongregation, des Päpstlichen Rates für die Einheit der Christen und des Päpstlichen Rates für den interreligiösen Dialog sowie auf den Staatssekretär. Erstmals bei einer Auslandsreise nahm ein Pontifex Persönlichkeiten mit in die Delegation auf, die nicht zur Kurie gehörten: Omar Abboud war ein islamischer Freund des Papstes aus Buenos Aires, Rabbiner Abraham Skorka kannte Franziskus ebenfalls aus seiner Zeit als Erzbischof der argentinischen Hauptstadt. Beiden sollte im Verlauf der Reise eine besondere Rolle zukommen. Während Rabbiner Skorka aufgrund des Shabbat am ersten Tag der Reise eine Teilnahme in Jordanien nicht möglich war, nahmen er und Imam Abboud ansonsten an allen Programmpunkten teil. An dieser Stelle, weil inmitten der letzten Detailabsprachen der Papstreise, sei daran erinnert, dass mit Blick auf das jüdisch-katholische Verhältnis das israelische Parlament mit einer Sondersitzung am 13. Mai 2014 Papst Johannes XXIII. geehrt hatte. In der Knesset-Debatte hoben mehrere Redner die Verdienste des Roncalli-Papstes hervor, der sich in vorbildlicher Weise für die Rettung von Juden eingesetzt und als Papst das Verhältnis zum Judentum auf neue Weise definiert habe.

Die Verantwortung der Reiseorganisation hatten vor Ort der Lateinische Patriarch von Jerusalem und der Apostolische Nuntius in Amman und Jerusalem. Während die israelische Presse dem Ereignis nur beiläufig Interesse im Vorfeld widmete, verging kaum ein Tag, an dem in jordanischen und palästinensischen Medien nicht detailliert über den Stand der Planungen berichtet wurde. Hauptherausforderung war – wie bei den Reisen zuvor – die Frage nach notwendigen Sicherheitsmaßnahmen. Papst Franziskus ließ durch seine vatikanischen Reiseplaner unmissverständlich mitteilen, dass er nicht im gepanzerten Papamobil, sondern in einem offenen Wagen fahren wolle. Während die jordanischen Sicherheits- und Geheimdienstapparate diesem Wunsch dezent und effizient nachkamen, was auch für die palästinensische Regierung gilt, schien der Staat Israel Jerusalem geradezu zuzurüsten. Tatsächlich waren die Sicherheitsmaßnahmen für den vom Geheimdienst als „Operation Weiße Soutane“ genannten Besuch gerade in der Altstadt so extrem, dass der Papst durch eine nahezu menschenleere „Geisterstadt“

fuhr. Auch die Maßnahmen im Westteil Jerusalems blieben so vielfältig, dass nur wenige Menschen die Chance bekamen, den römischen Gast von den Straßen aus zu sehen.

Schließlich wird man kritisch die Frage nach der Beteiligung der Ortskirche des Heiligen Landes bei der Reise stellen können. Während die Christen in Jordanien gut in das Programm integriert waren, was nicht zuletzt mit der Eucharistiefeier im Stadion von Amman zusammenhing, ermöglichten die Israelis vielen Palästinensern aus der nördlichen Westbank (Ramallah bis Jenin), nach Betlehem zur Messe mit dem Papst zu reisen. Immerhin hatten die israelischen Behörden mehr als 600 Christen aus Gaza die Reise nach Betlehem gestattet, was deutlich über den Zahlen von 2009 lag. Durch das dichte Programm in Jerusalem und die zum Teil offiziellen Termine mit dem israelischen Protokoll gab es für die dortigen arabischen Christen allerdings nur selten eine Gelegenheit, mit dem Papst zusammenzutreffen. Während Benedikt XVI. 2009 noch eine Messfeier im Joschafat-Tal in Jerusalem feierte, hatten die vatikanischen Planer diesmal aus Zeitgründen darauf verzichtet. In Jerusalem konnten jetzt nur einige geladene Gäste am Abendgebet in der Grabeskirche teilnehmen, und auch sonst ist manche Frustration der angestammten christlichen Bevölkerung in Jerusalem zu verstehen, die sich von der Reise ausgeschlossen fühlte.

Insgesamt sollte der Besuch von Papst Franziskus zu einem intensiven und zeitlich knapp bemessenen Aufenthalt werden, bei dem eine notwendige Vielzahl von Terminen so gut wie ohne Pausen mit starken und wirkmächtigen, wenn auch oft deutlich kürzeren Reden als bei früheren Papstreisen kombiniert wurden.[112]

Samstag, 24. Mai 2014

Ankunft in Jordanien: Die Krisengebiete im Blick

Um 13.00 Uhr Ortszeit landete Papst Franziskus auf dem Internationalen Flughafen Queen-Alia vor den Toren des jordanischen Amman. Dort wurde er mit einem kleinen Protokoll von Prinz Ghazi bin Muhammed und dem Lateinischen Patriarchen von Jerusalem, Erzbischof Fouad Twal, sowie weiteren Vertretern der

Kirche begrüßt. Ghazi, ein anerkannter Islamwissenschaftler, war der Hauptredner bei der Begegnung von Papst Benedikt XVI. und der islamischen Welt 2009 in der Moschee von Amman gewesen und gilt als besonderer Förderer des christlich-islamischen Dialogs. Als Willkommensgruß überreichten jordanische Kinder Papst Franziskus einen Blumenstrauß, bevor er sich mit Prinz Ghazi zu einem kurzen Vier-Augen-Gespräch in den „Royal Pavillon“ des Flughafens zurückzog. Bereits im Vorfeld hatten die jordanische und vatikanische Seite vereinbart, die offizielle Willkommenszeremonie von König Abdallah II. und dessen Frau Rania für den Papst in den Königspalast mitten in der Ammaner Innenstadt zu verlegen. So setzte sich schon bald vom Flughafen aus die Autokolonne Richtung Amman in Bewegung.

Das Königspaar war sichtlich berührt von der Tatsache, dass sie bereits bei der zweiten Auslandsreise des Papstes während des noch jungen Pontifikats das katholische Kirchenoberhaupt in Jordanien willkommen heißen konnten. Nach den militärischen Ehren und dem Abspielen der Nationalhymnen im Innenhof des Palastes zog der Tradition entsprechend ein Beduinenkorps am Papst vorbei. Das geplante Vier-Augen-Gespräch von König und Franziskus wurde zum Familientreffen ausgeweitet, an dem neben Rania auch die vier Kinder teilnahmen. Anschließend folgte die Vorstellung der jeweiligen Delegationen.

Waren bei früheren Reisen die Auftaktreden noch am Flughafen gehalten worden, so hatten sich nun beide Seiten darauf verständigt, die Ansprachen auf Begegnungen mit den politischen und gesellschaftlichen sowie religiösen Autoritäten des Landes zu verlegen. Vor 300 Vertretern aus Politik, Religion und Diplomatie, Gesellschaft und Medien sowie Universitäten erinnerte Abdallah II. an die Begegnung seines Vaters mit Papst Paul VI. und seine eigenen Treffen in Amman mit Johannes Paul II. und Benedikt XVI. Dabei betonte er, dass „hier und heute Muslime und Christen eine gemeinsame Zukunft auf dem gemeinsamen Fundament der gegenseitigen Achtung, des Friedens und der Hingabe an Gott“ aufbauen. Der König verurteilte interreligiöse Konflikte und Gewaltanwendung: „Der gemeinsame Grund ist da, wo die nächsten Schritte für die ganze Menschheit beginnen können. […] Wo Ideologen Unwissenheit und Misstrauen verbreiten, können unsere Stimmen zum Verständnis und guten Willen der Menschheit beitragen“, so

Abdallah. Er würdigte den Beitrag des Papstes zum Dialog mit dem Islam. „Seitdem Sie Papst sind, haben Sie uns daran erinnert, was der Begriff ‚Papst' in Wort und Tat bedeutet: Brückenbauer!", so der König. Mit der katholischen Kirche müsse der eingeschlagene Weg des Dialogs zwischen Christen und Muslimen fortgeführt werden: „Die Völker unserer beiden Religionen, mehr als die Hälfte der Weltbevölkerung, leben als Nachbarn. Seit Ihrer Wahl haben Sie daran erinnert, was es heißt, Brückenbauer zu sein. Auch Jordanien ist ein Brückenbauer, denn in unserem Land leben die Christen als integraler Bestandteil der Gesellschaft. Wir hüten dieses Erbe." Abdallah fügte hinzu, dass er in seiner Verantwortung als Hüter der heiligen Stätten Jerusalems auch weiterhin dafür sorgen wolle, dass die „Stadt eine sichere Heimstatt für alle Religionen und für alle Generationen bleibt". Er rief den Papst zum gemeinsamen Einsatz aller Religionen für den Frieden in der Region und vor allem in Syrien auf: „Wir müssen helfen, das Blutvergießen in Syrien zu beenden." Dazu zähle auch, das „lange christliche Erbe im Einklang mit dem islamischen Erbe und der Identität unseres Landes zu schützen. Wir schätzen dieses Erbe", sagte der König, der Franziskus als „das Gewissen der Welt" bezeichnete. Abdallah blieb sich in seiner Rede treu und fügte – wie schon bei den früheren Papstreisen – eine klare politische Option mit Blick auf den Nahostkonflikt hinzu: „Ihr Einsatz, Heiligkeit, wird weiter benötigt, um den langen Konflikt zwischen den Palästinensern und Israel zu lösen." Es gehe darum, die Angst vor dem anderen zu überwinden und Hilfestellung zu geben, „damit beide Seiten mutige Schritte unternehmen, die erforderlich sind, um in Frieden, Gerechtigkeit und Koexistenz zu leben".

Bei der Begegnung schlug auch Papst Franziskus in seiner ersten Rede gleich unmissverständlich politische Töne an. Nachdem er Jordanien zunächst als Land von großer religiöser Bedeutung für das Judentum, das Christentum und den Islam gewürdigt hatte, lenkte er den Blick auf die dramatische Situation von Flüchtlingen und dankte Jordanien für die großherzige Aufnahme von Menschen aus Palästina, dem Irak, weiteren Krisengebieten und vor allem Syrien, das von einem allzu lange andauernden Konflikt erschüttert werde. Die Aufnahme der Flüchtlinge in Jordanien „verdient die Würdigung und die Unterstützung der internationalen Gemeinschaft. Die katholische

Kirche will sich im Rahmen ihrer Möglichkeiten in der Hilfe für die Flüchtlinge und die Notleidenden engagieren, vor allem durch die Caritas Jordanien", so Franziskus. Es müsse darum gehen, die Lösung für einen dauerhaften Frieden in der Region zu finden. Während die Weltgemeinschaft das Flüchtlingsdrama in Syrien und den Nachbarstaaten nahezu aus den Augen verloren hat, war es Franziskus, der den internationalen Fokus - auch der Medien - erneut auf den gesamten Nahen Osten lenkte. Das UNHCR trägt die Hauptlast der Arbeit mit den Flüchtlingen, dennoch kann die Staatengemeinschaft nicht auf das kirchliche Engagement verzichten. Umso wichtiger war die Würdigung der Caritas durch Papst Franziskus.

Wenn es um den Frieden gehe, werde man auch eine gerechte Lösung der syrischen Krise und eine gerechte Lösung für den israelisch-palästinensischen Konflikt finden müssen. „Ich nehme diese Gelegenheit wahr, um erneut meinen tiefen Respekt und meine Achtung für die muslimische Gemeinschaft kundzutun und meine Wertschätzung für die Führungsrolle zu bezeigen, die Seine Majestät, der König, in der Förderung eines angemesseneren Verständnisses der vom Islam verkündeten Tugenden und eines friedvollen Zusammenlebens unter den Anhängern der verschiedenen Religionen wahrnimmt. Sie sind als Mann des Friedens und als Friedenstifter bekannt: Danke!" Dem Papst ging es also um zweierlei: Lösungen in Konflikten und einen Dialog der Religionen. Dass er gleich zum Auftakt in solcher positiven Weise auf den Islam einging, bestätigt die bisherige Verhältnisbestimmung im Pontifikat Papst Franziskus' zum Islam. Bereits durch die ersten, sehr frühen Begegnungen mit muslimischen Vertretern nach seiner Amtseinführung hatte der Papst deutlich gemacht, dass es keinen anderen Weg als den des Dialogs gibt. Beim Antrittsbesuch der Botschafterin Libyens beim Heiligen Stuhl im Mai 2013 hatte Franziskus die Muslima gebeten, auch für ihn zu beten. Während der Kraft des Gebetes auf dieser Heilig-Land-Reise noch eine besondere Bedeutung zukommen sollte, zeigte Franziskus mit seiner Wertschätzung für den Islam bei der Ankunft in Jordanien, dass alte Konfliktdebatten durch den Einsatz Benedikts XVI. überwunden worden waren und dass er auf diesem Ergebnis positiv aufbauen konnte.

In seiner Ansprache nutzte Franziskus auch die Gelegenheit, die gesellschaftliche Stellung der christlichen Minderheit in

Jordanien zu betonen, die ihren Beitrag zum Gemeinwohl der Gesellschaft leisteten, in die sie voll und ganz integriert sei: „Obwohl sie heute zahlenmäßig in der Minderheit sind, haben sie die Möglichkeit, durch Schulen und Krankenhäuser eine qualifizierte und geschätzte Tätigkeit auf dem Gebiet des Erziehungs- und Gesundheitswesens auszuüben, und können in Ruhe ihren Glauben bekennen, unter Achtung der Religionsfreiheit." Letztlich drückte Franziskus hier aus, was der jordanische Staat weiß und was auch für andere Länder in der Region gilt: Die Gesellschaft könnte ohne das christliche Engagement im Schulwesen und Gesundheitsbereich kaum überleben.

Gerade in der Region des Nahen Ostens war es Franziskus ein Anliegen, auf die Forderung nach uneingeschränkter Religionsfreiheit genauer einzugehen. Dieses fundamentale Menschenrecht sollte im ganzen Nahen Osten und der Welt „eine große Anerkennung" finden. Der Papst fügte hinzu: „Die Christen fühlen sich als vollberechtigte Bürger und sind es, und sie wollen sich gemeinsam mit ihren muslimischen Mitbürgern am Aufbau der Gesellschaft beteiligen, indem sie ihren eigenen spezifischen Beitrag leisten." Franziskus machte mit seiner ersten Rede im Heiligen Land gleich zu Beginn ein Vierfaches deutlich: Als Pilger sei er gekommen, sparte aber mit politischen Bewertungen und Forderungen nicht. Für den Frieden wolle er beten, nahm aber gleichzeitig die internationale Staatengemeinschaft bei der Suche nach dem Frieden mit in die Pflicht. Der Islam wurde von ihm in besonderer Weise wertgeschätzt, gleichzeitig seien alle Völker zum Dialog der Religionen verpflichtet. Der Nahe Osten kann ohne christliches Engagement nicht überleben, die Christen dürften nicht als Bürger zweiter Klasse angesehen werden, sondern seien konstitutiver Bestandteil der Gesellschaft und würden ihren Beitrag zum Wohlergehen und Aufbau des Staates leisten. Mit dieser Rede hatte Franziskus den Respekt des Königshauses Jordaniens erreicht und die Herzen der Menschen vor Ort erobert.

Eucharistiefeier in Amman: Begegnung mit der Ortskirche

Abdallah II. und Franziskus umarmten sich lange, bevor der König den Papst am Palast verabschiedete. Ohne sich eine Pause zu gönnen, ging es für Franziskus zum nächsten Termin: die

Eucharistiefeier im Internationalen Stadion von Amman. Menschenmengen säumten die Straßenränder von Amman, als Papst Franziskus durch die Innenstadt fuhr. Insgesamt hatte die jordanische Regierung eine hohe Sicherheitsstufe ausgegeben, aber angeordnet, die Maßnahmen nicht zu rigide zu gestalten, sodass es – gerade bei der Fahrt im offenen Wagen durch das Stadion – immer wieder zu bewegenden Szenen der Begegnung von Franziskus mit den Gläubigen kommen konnte, zumal der Papst 20 Minuten früher eintraf als geplant. Dieses ernste und doch zugleich weiche Sicherheitskonzept sorgte für große Sympathie in der Bevölkerung, gerade auch bei der späteren Begegnung am Jordanufer. So war der Kontakt, den sich viele erhofft hatten, in Jordanien gut möglich. Am Gottesdienst selbst nahmen rund 20.000 Gläubige teil, die gemeinsam auf Arabisch und Italienisch beteten. Jugendliche mit ihren Nationalfarben auf dem Libanon waren ebenso zu sehen wie aus Argentinien.

In den Mittelpunkt der Predigt stellte Franziskus eine Betrachtung über die Verheißungsrede Jesu, nach der die Jünger vom Heiligen Geist erfüllt sein würden. „Die Sendung des Heiligen Geistes besteht nämlich darin, Harmonie zu schaffen – er selbst ist Harmonie – und in den verschiedenen Zusammenhängen sowie unterschiedlichen Personen Frieden zu stiften. Die Verschiedenheit der Menschen und des Denkens darf nicht Ablehnung und Hindernisse auslösen, denn die Vielfalt ist immer eine Bereicherung", so der Papst. Weil Gott die Menschen liebe, sei es notwendig, Zeichen der Demut und der Vergebung zu setzen: „Diese Zeichen sind Voraussetzung und Bedingung für einen wahren, beständigen und dauerhaften Frieden. Bitten wir Gott [...], um uns alle als Brüder und Schwestern zu fühlen, so Groll und Spaltungen aus unserer Mitte zu entfernen und uns brüderlich zu lieben." Franziskus verstand es gekonnt, die theologische Dimension des Evangeliums mit der Lage der Christen in Jordanien und den Nachbarstaaten zu verbinden. Eindringlich war daher auch sein Friedensappell: „Den Frieden kann man nicht kaufen: Er ist ein Geschenk, das man geduldig suchen und von Hand aufbauen muss durch kleine und große Handlungen, die unser alltägliches Leben einbeziehen." Ausdrücklich bat der Papst die Gläubigen, seine Grüße den zahlreichen Flüchtlingen aus Palästina, Syrien und dem Irak mitzubringen. Alle Menschen guten Willens rief Franziskus auf, das ganze Sein des Menschen auf Barmherzigkeit auszurichten, „dass die Wunden der Fehler, der Verständnislosigkeiten und der Streitigkeiten heilen; uns demütig und gütig auszusenden auf die anspruchsvollen, aber fruchtbaren Pfade der Suche nach dem Frieden".

Mit der Eucharistiefeier in Amman wollte Franziskus die christliche Minderheit des Landes stärken. Gerade die zahlreichen Vertreter des politischen Lebens und auch des Islam dürften von der Predigt des Papstes in besonderer Weise angesprochen gewesen sein: Der Friedensappell bestand aus wenigen Sätzen; umso eindrucksvoller und wirksamer erschien er vielen Beobachtern in der arabischen Welt. Der Mut des Papstes, das Flüchtlingselend ebenso zu nennen wie Vergebung zu fordern, zeigt, worauf es ihm ankommt: Der Mensch ist zur Barmherzigkeit berufen. Um diese Barmherzigkeit warb Franziskus während der Reise im Heiligen Land unermüdlich. Sein pastorales Anliegen zeigte der Papst, als während des Gottesdienstes rund 1400 Kinder zum ersten Mal die heilige Kommunion empfingen.

Am Jordan: Begegnung mit dem Flüchtlingselend

Nach der Begegnung mit der Ortskirche in Amman setzte sich im Anschluss an die Eucharistiefeier die Wagenkolonne in Bewegung. Ziel war das rund 50 Kilometer entfernte Jordantal, in dem sich der Papst mit syrischen Flüchtlingsfamilien treffen wollte. Im Abendlicht mit der Silhouette von Jerusalem am Horizont traf Franziskus in „Betanien jenseits des Jordan" ein, wo auch schon seine Vorgänger gewesen waren. Hier zeigten König Abdallah II. und Königin Rania dem Papst die verschiedenen Ausgrabungen nahe dem Toten Meer. Wie beim Besuch Benedikts XVI. fuhr der König in dem für Fahrzeuge kaum zugänglichen Areal selbst einen Golfcaddy, Franziskus hatte neben ihm Platz genommen, die Königin auf der Rückbank. An der auch für Pilger zugänglichen Stelle am Jordan, wo man auf der gegenüberliegenden Seite des Ufers auf israelisches Territorium schaut, hielt Franziskus einen Moment inne, bevor er die Hand in das Jordanwasser tauchte. Aufmerksam wurde die Szenerie vom israelischen Militär auf der anderen Seite des Grenzflusses beobachtet.

Nach diesem geistlichen Moment ging der Papst in die auf dem Gelände gelegene lateinische Kirche, die sich noch im Bau befindet. Papst Benedikt XVI. hatte bei seinem Besuch fünf Jahre zuvor den Grundstein für die Kirche gesegnet. Hier nun traf Franziskus mit syrischen Flüchtlingsfamilien und Menschen mit Behinderungen zusammen. Tief bewegt ging der Papst immer wieder auf einzelne Familien und Kinder zu, die ihm ihr Schicksal berichteten: Eine 36-jährige Frau erzählte Franziskus von ihrer nordsyrischen Heimat, in der ihr Mann erschossen worden sei. Fünf ihrer sechs Kinder waren bei einem Brand in einem jordanischen Flüchtlingslager ums Leben gekommen. Patriarch Fouad Twal betonte in seiner Ansprache, dass die Flüchtlinge und Behinderten „die verwundete Menschheit dieser Region repräsentieren". Es war die bis zu diesem Zeitpunkt emotionalste Begegnung während der Papstreise, bei der Franziskus nach den richtigen Worten in seiner Ansprache suchte und klare politische und ermutigende Töne anschlug. Als Leitmotiv stellte er den Ort Betanien und damit die Taufe Jesu in den Mittelpunkt seiner Betrachtung. Jesus habe sich vor Johannes dem Täufer selbst erniedrigt, sei in die Knie gegangen: „Diese Demut Jesu, dieses Sich-Beugen über die menschlichen Wunden, um sie zu heilen, beeindruckt uns immer wieder. Dieses Sich-Beugen Jesu über alle menschlichen Wunden, um sie zu heilen! Und wir selbst sind tief bewegt von den Tragödien und den Verwundungen unserer Zeit, besonders von denen, die durch die noch offenen Konflikte im Nahen Osten verursacht werden. An erster Stelle denke ich an das geliebte Syrien, das durch einen Bruderkrieg zerrissen wird, der bereits seit drei Jahren andauert, schon unzählige Opfer gefordert und Millionen von Menschen gezwungen hat, als Heimatvertriebene und Verbannte in anderen Ländern zu leben. Alle wollen wir den Frieden!" Franziskus fragte noch weiter, um die Ursachen des Konflikts zu benennen: „Wer verkauft diesen Leuten die Waffen, um Krieg zu führen? Da liegt die Wurzel des Übels! Der Hass – und die Geldgier in der Herstellung und im Verkauf der Waffen. Das muss uns an die denken lassen, die dahinter stehen, die all denen, die sich im Konflikt befinden, die Waffen geben, um den Konflikt fortzusetzen!"

Ausdrücklich dankte der Papst allen, die Flüchtlingen helfen und so ein Zeichen der Solidarität setzten. Hier zeige sich Nächstenliebe, „die den Bedürftigen ohne Unterschied des

Glaubens und der ethnischen oder ideologischen Zugehörigkeit beistehen und so den Glanz auf dem liebevollen Antlitz Jesu offenbaren, der barmherzig ist". Wie bereits bei der Begegnung mit den jordanischen Autoritäten im Königspalast nahm Franziskus auch am Jordan die internationale Staatengemeinschaft in die Pflicht, „damit sie Jordanien in der Bewältigung des humanitären Notstands, der sich aus dem Zustrom einer so hohen Anzahl von Flüchtlingen auf seinem Territorium ergibt, nicht allein lässt, sondern ihre Unterstützungs- und Hilfsaktion fortsetzt und steigert". In der kleinen Kirche in unmittelbarer Nähe zum Jordanufer wirkte der Appell des Papstes besonders kräftig, als er einmal mehr zum Frieden in Syrien aufrief: „Möge die Gewalt aufhören und das humanitäre Recht geachtet werden, indem der leidenden Bevölkerung die notwendige Hilfe garantiert wird! Alle sollen den Anspruch aufgeben, die Lösung der Probleme den Waffen zu überlassen, und stattdessen zum Verhandlungsweg zurückkehren. Die Übereinkunft kann nämlich einzig durch den Dialog und die Mäßigung erreicht werden, durch das Mitgefühl mit den Leidenden, durch die Suche nach einer politischen Lösung und durch das Verantwortungsgefühl für die Mitmenschen", so Franziskus. Seine Aussagen wurden in der arabischen Welt äußerst positiv aufgenommen. Während manche Medien in Jordanien und dem Irak den Papst als „Friedensbringer" feierten, kommentierten andere Zeitungen, dass es dem Papst gelungen sei, den Finger in die Wunde der international vergessenen Katastrophe der Flüchtlinge zu legen.

Franziskus war ergriffen von den vor allem jungen Flüchtlingen, mit denen er am Jordan zusammentraf. Eindringlich bat er sie, sich dem Gebet um Frieden anzuschließen. „Ich ermutige euch, mit eurem Einsatz und eurem Feingefühl am Aufbau einer Gesellschaft mitzuarbeiten, welche die Schwächsten, die Kranken, die Kinder und die Alten achtet. Seid auch in den Schwierigkeiten des Lebens ein Zeichen der Hoffnung. Ihr seid im Herzen Gottes und meiner Gebete …", so Franziskus. Er wusste wohl, wie schwierig gerade diese Worte für die junge Generation, denen die Jugend geraubt worden ist, sein müssen. Die Art seiner Ansprache hat aber die Anwesenden berührt. Letztlich machte Franziskus mit der Ermutigung an die Jugend auch den Staaten klar, worum es geht: um eine Respektierung der christlichen Minderheit, die ihren Beitrag zur Auferbauung der Nation und der Gesellschaft leisten will. Bis dahin ist es im Nahen Osten noch ein weiter Weg; das wusste auch Franziskus, der seine eindrückliche Rede mit den Worten schloss: „Gott bekehre die Gewalttätigen und diejenigen, die Kriegspläne hegen; er stärke Herz und Geist der Friedenstifter und belohne sie mit reichem Segen." Der Funke sprang über, und ähnlich wie schon zuvor im Stadion von Amman waren die Gläubigen aus Syrien, dem Irak und Jordanien kaum zu halten. Es war eine Begegnung auf Tuchfühlung mit den Sorgen und Nöten der bedrängten Herde in Nahost.

Spät am Abend erreichte der Konvoi in Amman die Apostolische Nuntiatur, wo Franziskus sich die erste Pause dieses Tages gönnte. Wie seine Vorgänger übernachtete er in der Nuntiatur – erschöpft, aber glücklich, wie sein Umfeld erklärte. Auch wenn es fast nur ein halber erster Tag der Papstreise im Heiligen Land war, gelang es Franziskus, die Herzen der Menschen zu erobern – und zwar von Christen wie Muslimen gleichermaßen. Seine klaren Worte und seine eindringlichen Mahnungen für den Frieden im Heiligen Land und der ganzen Region des Nahen Ostens sprachen der Bevölkerung und vor allem den Notleidenden aus der Seele. Dabei verband der Papst seinen Anspruch, als Pilger zu kommen, mit der bewusst wahrgenommenen Absicht, auch an politischen Worten nicht zu sparen. Das Werben für den Frieden stand dabei ebenso im Mittelpunkt wie sein Appell, den Blick für die Ärmsten der Armen in dem bewaffneten Konflikte nicht zu übersehen: Insbesondere die Begegnung mit den Flüchtlingen am Jordan wurde sinnbildlich zu dem, was Franziskus wollte: Hoffnung vermitteln, wo man am wenigsten mit Hoffnung rechnet. Der Papst wusste um die knapp bemessene Zeit, die ihm angesichts der zeitlich eng kalkulierten Reise blieb. Wohl auch deshalb begann er von Anfang an mit den gesellschaftlichen Reflexionen und politischen Optionen – die Verantwortung der internationalen Staatengemeinschaft, an die Franziskus erinnerte, darf dabei nicht zu gering geschätzt werden.

Sonntag, 25. Mai 2014

Am frühen Morgen verabschiedete sich Papst Franziskus von der Apostolischen Nuntiatur in Amman. Während es anlässlich früherer Papstreisen bei den Verabschiedungen am Flughafen entsprechende Reden von Gastgeber und Staatsgast gab, wurde das Protokoll bei der kurzen Abschiedszeremonie auf die Nationalhymnen, die Präsentation der Ehrengarde und die Verabschiedung der Delegation beschränkt. Mit drei Hubschraubern des jordanischen Militärs ging es vom Internationalen Flughafen Amman nach Betlehem. Am dortigen Hubschrauberlandeplatz wurde der Papst von Vertretern der palästinensischen Regierung und der Ortskirche, insbesondere von Patriarch Fouad Twal, begrüßt.

Im Staat Palästina: Der Papst in Betlehem

Die offizielle Begrüßungszeremonie fand nach einer kurzen Autofahrt im Präsidentenpalast von Betlehem statt. Auch hier hatte das Protokoll beider Seiten alles auf das Wesentliche reduziert. Nach dem Abschreiten der Ehrengarde und dem Abspielen der Hymnen wurden die vatikanische und die palästinensische Delegation vorgestellt. Schon hier war bemerkenswert, mit welcher großen Herzlichkeit Papst Franziskus Palästinenserpräsident Mahmoud Abbas begegnete. Teilweise Hand in Hand schritten sie den Roten Teppich bei der Zeremonie ab. Anschließend zogen sich beide zu einem Vier-Augen-Gespräch in den Palast zurück. Mit Spannung wurde dann die erste Rede von Franziskus auf palästinensischem Boden erwartet. Im Präsidentenpalast waren neben der Regierung Palästinas weitere hohe Vertreter aus Staat, Wirtschaft und Kirche geladen, unter ihnen auch die erste katholische Bürgermeisterin von Betlehem, Vera Baboun, die das Amt im Jahr 2012 übernommen hatte. In seiner Rede, die das Präsidentenamt auch Wochen nach der Reise nicht in der Lage war, Journalisten bereitzustellen, dankte Mahmoud Abbas für den Einsatz Papst Franziskus', um die „legitimen Rechte der Palästinenser weltweit zu verteidigen“: „Es ist an der Zeit, die Prinzipien von Frieden, Recht und Gerechtigkeit, Freiheit und menschlicher Würde, die allen Religionen und allen internationalen Abkommen und Resolutionen zugrunde liegen, zum Wohle eines internationalen Friedens und weltweiter Sicherheit zum Einsatz zu bringen. Es ist dringend an der Zeit, diese Prinzipien im Heiligen Land zu respektieren und anzuwenden“, so Abbas. Israel sei aufgerufen, jede weitere Verletzung internationaler Regeln zu unterlassen, was zu einer starken Abwanderung von Muslimen und Christen geführt habe: „Kommt und lasst uns gemeinsam einen Frieden schaffen, der auf Rechten, Gerechtigkeit, Gleichheit und gegenseitigem Respekt gründet. Das Gemeinwohl, Sicherheit, Schutz und Stabilität für unsere Völker, die ihr [in Israel, Anm. d. Vf.] wünscht, sind die gleichen, die wir ersehnen." Gleichzeitig unterstrich Abbas, die Christen gehörten zur angestammten Bevölkerung Palästinas. Mit Blick auf die israelische Sperranlage betonte er, statt Mauern zu errichten, sei Brückenbau notwendig. Außerdem forderte Abbas, dass Ostjerusalem offen für alle drei monotheistischen Religionen ohne irgendeine Form der Diskriminierung bleiben müsse.

Papst Franziskus setzte in Diktion und Richtung seiner Rede ganz auf Kontinuität zu seinen Vorgängern: „Der Nahe Osten erlebt seit Jahrzehnten die dramatischen Folgen des Sich-Hinziehens eines Konflikts, der viele schwer zu heilende Wunden verursacht hat, und auch wenn zum Glück keine Gewalt auflodert, führen die Ungewissheit der Situation und die Verständnislosigkeit zwischen den Parteien zu Unsicherheit, Verweigerung der Rechte, Isolierung und Auswanderung ganzer Gemeinden, zu Spaltungen und zu Not und Leiden aller Art." In diesen ersten Sätzen der Rede fasste Franziskus gleichsam das Gesamt des Konflikts und seiner Auswirkungen zusammen, ohne heikle Themen wie das der Auswanderung auszusparen. Es sei an der Zeit, so der Papst, „dieser Situation, die immer unerträglicher wird, ein Ende zu setzen". Auch hier setzte der Papst auf Kontinuität und forderte eindringlich, Initiativen für einen stabilen Frieden zu verdoppeln, „der auf Gerechtigkeit, auf die Anerkennung der Rechte eines jeden und auf die beiderseitige Sicherheit gegründet ist". Die Notwendigkeit der Sicherheitsgarantien für beide Seiten ist für den Papst ebenso konstitutiv in seinen politischen Äußerungen wie sein Appell, „dass alle das Recht zweier Staaten bejahen, innerhalb international anerkannter Grenzen zu existieren und Frieden und Sicherheit zu genießen". Was Papst Johannes Paul II. und Papst Benedikt XVI. mühsam erarbeitet hatten, konnte Papst Franziskus gleichsam eindringlich und mit eindrucksvoller Emotion in Erinnerung rufen und darum werben: Die Region dürfe nicht müde werden, den Frieden mit Entschlossenheit zu verfolgen: „Der Friede wird unzählige Vorteile für die Völker dieser Region und für die ganze Welt mit sich bringen. Es ist also notwendig, sich entschieden zu ihm auf den Weg zu machen, auch indem jeder auf etwas verzichtet." Gerade diese Haltung ist für Franziskus typisch und für die Nahostdiplomatie des Heiligen Stuhls grundlegend: beiden Seiten eine Mahnung mit auf den Weg zu geben. „Ich wünsche dem palästinensischen wie auch dem israelischen Volk und den jeweiligen Verantwortlichen, diesen glücklichen Aufbruch zum Frieden mit jenem Mut und jener Festigkeit zu unternehmen, die für jeden Aufbruch nötig sind", so der Papst. Ein solcher Friede könne Vorbildcharakter für andere Krisengebiete haben.

Während Franziskus in der ersten Rede unmissverständlich politisch war und weniger seine Pilgerreise in den Vordergrund stellte, nutzte er wie seine Vorgänger die Gelegenheit, an das zu erinnern, was die Christen in Palästina wollen, nämlich „ihren bedeutsamen Beitrag zum Gemeinwohl der Gesellschaft" leisten und die Freuden und Leiden des ganzen Volkes teilen. „Die Christen beabsichtigen, diese ihre Rolle als vollberechtigte Bürger weiterhin auszuüben, gemeinsam mit den anderen Mitbürgern, die sie als Brüder und Schwestern betrachten." Und noch einmal ging der Papst auf den Friedensprozess ein, nannte Mahmoud Abbas – wie schon in Jordanien König Abdallah II. – einen Mann des Friedens und Friedenstifter. Die Begegnung in Betlehem bestätige die guten Beziehungen, „die zwischen dem Heiligen Stuhl und dem Staat Palästina bestehen. [...] In diesem Zusammenhang möchte ich den Einsatz zur Erarbeitung eines beiderseitigen Abkommens würdigen, welche verschiedene Aspekte des Lebens der katholischen Gemeinschaft im Land betrifft und dabei der Religionsfreiheit besondere Beachtung schenkt." Es war schon bemerkenswert, dass der Papst gleich die erste Gelegenheit nutzte, um auf das seit 2009 angedachte Abkommen zu verweisen. Eine Frucht der Reise könnte es sein, dass dieser Vertrag Realität wird. Hier ist der Heilige Stuhl gefragt, die palästinensische Regierung kontinuierlich an diese Mahnung des Papstes zu erinnern und die Umsetzung einzufordern.

Die Nennung der Religionsfreiheit war für Franziskus Anlass, auf den Begriff näher einzugehen, weil dieses grundlegende Menschenrecht „eine der unverzichtbaren Bedingungen für den Frieden" ist: „Sie sagt der Welt, dass es pflichtgemäß und möglich ist, zwischen unterschiedlichen Kulturen und Religionen zu einem guten Einvernehmen zu gelangen“, so Franziskus. Dieses Miteinander von Kulturen und Religionen betonte er zum Auftakt seines Aufenthaltes in Palästina stärker als sein Vorgänger. Gott möge die Palästinenser beschützen, so der Papst. Er „gewähre euch die Weisheit und die nötige Kraft, den mutigen Weg zum Frieden fortzusetzen, sodass die Schwerter sich in Pflugscharen verwandeln und dieses Land wieder in Wohlstand und Eintracht erblühen kann“. Auch wenn im Redetext nicht die Bibelstelle dieses friedensethischen Wortes ausgewiesen wird, spricht es für den Mut von Papst Franziskus, mit einem alttestamentlichen Wort auf den Frieden zu verweisen. Überraschend war der Begriff, dass das Land „wieder“ in Wohlstand erblühen kann: Letztlich drückte der Papst hier die tiefe Hoffnung der Palästinenser auf eine bessere Zeit aus, wohl wissend, dass es diese Zeit in der Form kaum gegeben hat.

Auf israelischer Seite wurde der Besuch des Papstes in Palästina genau beobachtet. Die Medien verhielten sich dort reserviert und kritisierten Forderungen Papst Franziskus’ nach einem eigenen palästinensischen Staat. Aber es gab auch die spontanen und in der Wirkung wichtigen Momente: Während des ersten Besuchstags in Jordanien hatte ein Attentäter im Jüdischen Museum zu Brüssel vier Menschen getötet und viele verletzt. In einem Beileidstelegramm hatte Franziskus die Tat scharf verurteilt. Parallel zum Besuch des Papstes in Palästina teilte Israels Premierminister Benjamin Netanjahu per Twitter mit, dass er die „entschlossene Haltung des Papstes besonders im Licht des steigenden Judenhasses, dessen Zeugen wir jüngst wurden“, würdige, und er bezeichnete Franziskus als Verbündeten gegen den Antisemitismus.

Realität Palästinas: Sperrmauer und Gottesdienst

Die Fahrt vom Präsidentenpalast Richtung Krippenplatz in Betlehem wurde zum wohl eindrucksvollsten Zeichen der ganzen Reise. Noch am Vorabend in Amman hatte der Papst seinem engsten Umfeld anvertraut, dass er gerne spontan an der Sperrmauer in Betlehem halten wolle. Auf dem kurzen Hubschrauberflug von Amman nach Palästina wiederholte er seine Bitte. So konnte wenig später die Wagenkolonne tatsächlich spontan auf offener Strecke anhalten, als Franziskus ein Zeichen gab. Ganz in der Nähe des Flüchtlingslagers Aida, wo sich im Jahr 2009 noch Papst Benedikt XVI. mit Palästinaflüchtlingen getroffen hatte, stieg er im Angesicht der israelischen Sperrmauer aus dem Papamobil und ging mit gesenktem Kopf auf die Mauer zu: Hier lehnte er seine Stirn an den Beton, um im stillen Gebet zu verharren. Franziskus wird sich der Wirkung von Gebet und Geste, vor allem dem Bild in der Öffentlichkeit, bewusst gewesen sein. Nahezu hymnisch wurde er in den arabischen Medien gefeiert, mit größter Skepsis nahmen israelische Regierungskreise diesen Moment der Reise auf, während israelische Medien den unerwarteten Halt so gut wie kaum kommentierten. Franziskus war die innere Ergriffenheit dieses Moments anzusehen; erst nach und nach, als ihm auf dem weiteren Weg in die Innenstadt von Betlehem Tausende Menschen zujubelten, sah man ihm die Entspannung an.

Fast 10.000 Gläubige waren auf dem Krippenplatz vor der Geburtskirche zusammengekommen, darunter 3500 Christen aus Nordisrael und 649 Christen aus Gaza. Fernsehstationen hatten auf den angrenzenden Gebäuden Position bezogen. Großformartige Bilder von Mahmoud Abbas und dem Papst zierten die Hausfassaden. Plakate hießen Franziskus willkommen, auf Bannern war zu lesen: „Dein Lächeln ist Freude und Freiheit für uns alle.“ Die Altarbühne war mit einem überdimensionalen Gemälde eines arabischen Künstlers dekoriert: Die Vorgänger von Franziskus pilgern zum Kind in der Krippe, das in eine palästinensische Fahne gewickelt von seinen Eltern betrachtet wird. Der heilige Franz von Assisi wurde auch in die Szene gemalt, um den Namenspatron des Papstes zu verewigen. In einem eindrucksvollen Gottesdienst begleiteten die führenden Patriarchen des Nahen Ostens Papst Franziskus. Seine auf Italienisch gehaltene Predigt wurde anschließend in einer arabischen Übersetzung vorgetragen. Franziskus dankte den Menschen, die ihn auf seiner Pilgerreise empfangen hätten, besonders hob er die „Gläubigen aus Gaza, aus Galiläa und die Migranten aus Asien und Afrika“ hervor.

Franziskus konzentrierte sich in seiner Predigt auf die Kinder als Zeichen der Liebe Gottes. „Auch heute haben es die Kinder nötig, angenommen und geschützt zu werden – vom Mutterschoß an.“ Leider gebe es in der Welt noch immer Kinder, die

„unter unmenschlichen Bedingungen an den Peripherien der großen Städte oder in ländlichen Gebieten am Rande der Gesellschaft leben. Viele Kinder werden noch heute ausgebeutet, misshandelt, versklavt, sind Opfer von Gewalt und gesetzeswidrigem Handel. Zu viele Kinder sind heute aus der Heimat vertrieben und auf der Flucht, manchmal in den Meeren untergegangen, besonders in den Fluten des Mittelmeeres. Für all das schämen wir uns heute vor Gott – vor Gott, der ein Kind geworden ist." Die Predigt des Papstes war unmissverständlich. Es ist auffallend, wie wenig politisch sie auf den Nahen Osten Bezug nahm, wie sehr sie vielmehr als ein Appell für das Wohl aller Kinder weltweit zu verstehen ist. Hier sah Franziskus seine besondere Aufgabe: Neben dem Werben für einen Frieden in Nahost die Welt und ihre Probleme – die genau so für die Kinder im Nahen Osten gelten – nicht aus dem Blick zu verlieren. Selbstkritisch und in teils drastischen Worten fragte der Papst die Gläubigen: „Sind wir etwa Phrasendrescher oder Frömmler, Menschen, welche die Bilder der armen Kinder zu Gewinnzwecken ausnutzen? Sind wir fähig, bei ihnen zu sein, ‚Zeit zu verlieren' mit ihnen?" Auch heute noch weinten Kinder wie damals in der Krippe von Betlehem, so Franziskus. Dieses Weinen frage die Menschen an. In einer Welt, die täglich tonnenweise Nahrungsmittel und Medikamente wegwirft, gäbe es Kinder, die damit leicht zu sättigen oder zu heilen wären: „In einer Zeit, die den Schutz der Minderjährigen proklamiert, werden Waffen gehandelt, die in den Händen von Kindersoldaten landen; werden Produkte gehandelt, die von kleinen Sklavenarbeitern verpackt sind. Ihr Weinen ist unterdrückt: Das Weinen dieser Kinder ist unterdrückt! Sie müssen kämpfen, müssen arbeiten, sie dürfen nicht weinen!" Ein neuer Lebensstil sei notwendig, sagte Franziskus, „wo die Beziehungen nicht mehr durch Konflikt, Unterdrückung und Konsumismus bestimmt sind, sondern Beziehungen der Brüderlichkeit, der Vergebung und der Versöhnung, des Teilens und der Liebe sind".

Eine eindrucksvolle Geste während der Eucharistiefeier war der Moment, als Präsident Mahmoud Abbas für den Friedensgruß zum Papst auf die Altarbühne kam und sich beide in großer Herzlichkeit umarmten. Merkwürdig mutete es allerdings an, als Abbas im Anschluss – während des liturgischen Elements des „Agnus Dei" – den Krippenplatz verließ. Die Gesänge bekannter Weihnachtslieder auf Arabisch mischten sich unter eine fröhlich-gelassene Stimmung auf dem Krippenplatz. In seiner kurzen Ansprache zum Regina Caeli vor dem Schlusssegen sorgte Franziskus dann für Schlagzeilen. War die Predigt ohne Bezug auf die Lage im Nahen Osten, so bot der Papst jetzt eine konkrete Friedensinitiative an und lud zu einem Gebetstreffen in den Vatikan ein: „An diesem Ort, wo der Friedensfürst geboren wurde, möchte ich an Sie, Herr Präsident Mahmoud Abbas, und an Herrn Präsidenten Shimon Peres eine Einladung richten, gemeinsam mit mir ein intensives Gebet zu erheben und vor Gott das Geschenk des Friedens zu erflehen. Ich biete mein Haus im Vatikan an, um dieses Gebetstreffen zu beherbergen. Alle ersehnen wir den Frieden; viele Menschen bauen ihn täglich mit kleinen Gesten auf; viele leiden und nehmen geduldig die Mühe auf sich, immer wieder zu versuchen, Frieden zu schaffen. Und alle – besonders diejenigen, die in den Dienst ihres eigenen Volkes gestellt sind – haben wir die Pflicht, uns zu Werkzeugen und Urhebern des Friedens zu machen, vor allem im Gebet.“

Was zunächst als überraschende Ankündigung aufgenommen wurde, war allerdings aus guten Gründen vorher von vatikanischer Seite mit Palästinensern und Israelis vorbesprochen worden. Tatsächlich hatten die vatikanischen Reiseplaner die Option geprüft, ein solches Friedensgebet bereits im Heiligen Land durchzuführen. Aufgrund der Programmdichte und politischen Umstände sowie möglicher diplomatischer Verwicklungen wurde der Gedanke jedoch verworfen. Shimon Peres und Mahmoud Abbas wussten also um die Ankündigung. Schon wenige Stunden später bestätigten beide Büros ihre Teilnahme. Aus dem Umfeld des Papstes wurde noch auf der Stelle im Heiligen Land vermittelt, dass ein solches Friedensgebet nicht lange warten könne, da Präsident Peres am 15. Juli 2014 vom Amt des Staatspräsidenten zurücktreten würde. Der *L'Osservatore Romano* beteiligte sich am Tag darauf an der Spekulation aus der palästinensischen Regierung, dass das Treffen bereits am 6. Juni 2014 stattfinden solle. Tatsächlich wurde es dann aber der Abend des Pfingstsonntags, zwei Tage später.

Die Ankündigung des Papstes wurde auf dem Krippenplatz mit großem Jubel aufgenommen. Die internationale Presse überschlug sich in den positiven Kommentaren. Tatsächlich war das ein mutiger Schritt, denn interreligiöse Friedensgebete waren bisher im Vatikan theologisch als nicht möglich empfunden worden. Die interreligiösen Friedenstreffen von Assisi waren auch Gebete, bei denen die Religionen jedoch in getrennten Räumen beteten und sich erst zu einer gemeinsamen Kundgebung wieder trafen. Dieses Angebot von Franziskus hatte also politischen und theologischen Neuigkeitswert, auch seine selbstlose Art, ins eigene Haus einzuladen, zeigt, wie sehr ihm an einem konkreten Schritt gelegen war: Um den Frieden, und sei es ein noch so kleines Stück, zu erreichen, sind auch ungewöhnliche Wege notwendig. Papst Franziskus ist von der Kraft des Gebetes überzeugt, in einer verfahrenen und nahezu ausweglos erscheinenden Situation auf dieses Zeichen zu setzen. Das hatte er intuitiv auch schon im September 2013 getan, als er kurz vor einem Angriff der USA auf das Regime von Bashar al-Assad in Syrien aufgrund des Einsatzes von Giftgas durch die Regierung zu einem internationalen Friedensgebet auf dem Petersplatz einlud. Dass sein Umfeld dem Ansinnen eines Gebetstreffens mit Peres und Abbas mit Skepsis begegnen würde, ist nahezu verständlich. Franziskus bestätigte diese Skepsis in einem Interview mit der spanischen Zeitung „La Vanguardia" am 13. Juni 2014: Anfangs hätten 99 Prozent der Mitarbeiter von der Idee abgeraten, so der Papst. Die Zustimmung sei aber im Laufe der Zeit immer mehr gewachsen.

An dieser Stelle soll auf eine Besonderheit der Ortskirche hingewiesen werden, ohne jeden der Konzelebranten während der Messe auf dem Krippenplatz zu nennen. In Betlehem nahm auch das Oberhaupt der maronitischen Kirche aus dem Libanon, Kardinal Bechara Rai, teil. Dieser Moment und auch seine Anwesenheit in Israel danach sind bemerkenswert, denn es war der erste Besuch des maronitischen Patriarchen in Israel und Palästina seit der Staatsgründung Israels 1948. Das heißt: Rai besuchte erstmals überhaupt die maronitische Pfarrei in Jerusalem, der rund 250 Gläubige angehören. Was in Betlehem positiv aufgenommen wurde, sorgte beim Besuch von Jerusalem und damit Israel für Proteste gegen Rai im Libanon und Palästina. Kritiker warfen dem Patriarchen vor, damit indirekt die Beziehungen zum „Feindstaat" Israel zu normalisieren. Rais Vorgänger, Kardinal Nasrallah Sfeir, war mit Papst Benedikt XVI. bei dessen Heilig-Land-Reise nur in Amman zusammengetroffen, um diplomatische Verwicklungen zu vermeiden.

Es hatte schon skurrile Züge, als inmitten des Schlusssegens von Papst Franziskus der Muezzin vom benachbarten Minarett zum Mittagsgebet rief. Ein überraschter Papst schaute auf seine Armbanduhr, um zu sehen, ob er zu spät sei. Der laute Applaus und die kräftig gesungenen Lieder der Gläubigen schafften es am Ende aber noch, auch den Muezzin zu übertönen.

An den Rändern der Gesellschaft: Franziskus im Flüchtlingslager

Der eindrucksvollen Messe folgte ein Mittagessen im Haus der Franziskaner in unmittelbarer Nähe zur Geburtskirche. Die Gäste hatte der Papst über die Ortskirche einladen lassen: Es waren nicht sein Gefolge und die Ortsbischöfe, sondern Franziskus wollte mit palästinensischen Familien essen. Unter ihnen waren Shadia und George Sbeit, die aus der ursprünglich christlichen Stadt Ikrit stammen, welche 1948 von Israel eingenommen worden war. Elias Abu Mohor und seine Frau Juliet berichteten dem Papst von der Trennmauer, die ihr kleines Grundstück im Tal von Cremisan durchschneidet. Joseph Hazboun stammt aus Jerusalem, seine Frau Rima aus Betlehem – beide Familienangehörige können bis heute aufgrund der Grenzsituation nicht vereint werden. Shawski Halaby und seine Frau Abla erzählten zusammen mit den Söhnen Fadi und Tamer von ihrem Leid: Der dritte Sohn sitzt zu lebenslanger Haft in einem israelischen Gefängnis. Layla Shatara, eine Witwe, hat ihren Sohn seit Jahren nicht mehr gesehen. Er sitzt in Gaza fest, seit er 2002 an der Besetzung der Geburtskirche in Betlehem beteiligt war. Rania Michel Mizak war zum Mittagessen als Vertreterin der christlichen Minderheit aus dem Gazastreifen eingeladen worden, Mike Abed Rabbo, 23 Jahre alt, lebt in Beit Jala und hat bis heute kein gültiges Reisedokument von den Behörden. Zakaria Zakaria lebt in Betlehem, war drogenabhängig und ist von der Kirche „aufgefangen" worden. Die Schicksale hörte sich Franziskus beim Essen an, fragte nach und begriff einmal mehr das Schmerzende des Nahostkonflikts. Dessen Dramatik und Trauer nahm der Papst anschließend mit zum Gebet in der Geburtskirche, wo er lange still an jenem Ort kniete, an dem der „Fürst des Friedens" das Licht der Welt erblickte hatte.

Ein weiterer Höhepunkt des Aufenthaltes in Palästina war die Begegnung mit Kindern im Flüchtlingslager Dheisheh am

Stadtrand von Betlehem. Was zunächst von verschiedenen Seiten nicht im Programm berücksichtigt worden war, wurde dann doch auf ausdrücklichen Wunsch von Franziskus aufgenommen. Das Lager von Dheisheh hatte bereits Papst Johannes Paul II. besucht. Damals ließ er eine Spende dort, mit der das „Phoenix Centre" gebaut wurde: Es ist eine vor allem jugendsoziale Einrichtung, in der sich Kinder erholen können, Unterricht erhalten und eine andere Welt als das triste Flüchtlingslager erleben können. Mehrere Hundert Kinder aus den Lagern Dheisheh, Aida und Bet Jebrin hießen den Papst mit Musikstücken und selbst gemalten Bildern willkommen, auf denen knappe Botschaften zu lesen waren: „Christen und Muslime leben unter Besatzung", „Wir wollen freie Religionsausübung" oder „Ich war noch nie am Meer". Franziskus hatte selbst angeordnet, ohne größeres Gefolge zu kommen; er wollte sich ganz auf die Kinder konzentrieren, weshalb selbst Vertreter der Ortskirche zum Termin nicht zugelassen waren. Auf die Frage des Papstes, ob die Kinder ein weiteres Lied singen wollten, trug ein Flüchtlingskind zunächst die politische Botschaft in Worten vor: „Lieber Papst Franziskus, wir sind die Kinder Palästinas. Seit 66 Jahren leiden unsere Eltern unter der Besatzung. Wir haben unsere Augen unter dieser Besatzung geöffnet und wir haben die Naqba mit den Augen unserer Großeltern gesehen, die die Welt bereits verlassen haben. Wir wollen der Welt sagen: Schluss mit Leid und Demütigung!" Es war einmal mehr der spontane Papst, der in dieser Situation die richtigen Worte fand und sich für die vielen Bilder bedankte, deren Botschaft er verstanden habe: „Lasst nicht zu, dass das Vergangene euer Leben bestimmt. Schaut immer nach vorne. Arbeitet und kämpft für die Dinge, die ihr erreichen wollt. Aber, wisst auch darum: Gewalt kann nicht durch Gewalt besiegt werden! Die Gewalt wird durch den Frieden besiegt! Mit dem Frieden, mit Arbeit, mit Würde kann eure Heimat nach vorne gehen." Ein langes Händeschütteln folgte Worten, Gesten und Liedern – spürbar merkte man dem Papst an, wie sehr ihn diese Begegnung innerlich bewegte und wie überzeugt er von seiner Initiative war, zu einem Friedensgebet nach Rom einzuladen.

Die Wagenkolonne fuhr vom Flüchtlingslager zum Hubschrauberlandeplatz. Präsident Abbas begleitete Franziskus vorbei an der Ehrengarde zu den wartenden jordanischen Hubschraubern. Das auf ein Minimum reduzierte Protokoll sah – wie schon in Jordanien – keinerlei andere Elemente vor: „Partenza senza formalità particolari o discorsi" stand nüchtern im Regiebuch des Vatikans. Selbst auf das Abspielen der Hymnen wurde verzichtet. Neu war das nicht: Bereits bei der letzten Reise von Papst Benedikt XVI. und auch bei der Reise von Franziskus nach Rio de Janeiro hatte man das Abschiedsprotokoll internationalen Gepflogenheiten angepasst, bei denen grundsätzlich keine Reden gehalten werden. Herzlich umarmten sich Franziskus und Abbas, bevor der Papst in den Hubschrauber stieg und um 16.00 Uhr der gut siebenstündige Aufenthalt im Staat Palästina endete.

Vielfältige Tonlage zum Auftakt: Ankunft in Israel

Nach kurzer Flugzeit trafen die drei Hubschrauber auf dem Internationalen Flughafen in Tel Aviv ein. Mit dem Zeremoniell für Staatsoberhäupter wurde Franziskus wie seine Vorgänger begrüßt. Israels Premierminister Benjamin Netanjahu und Staatspräsident Shimon Peres gingen auf den Papst zu, um ihn am Hubschrauber in Empfang zu nehmen. Nach dem Abschreiten der Ehrenformation und dem Abspielen der Nationalhymnen wandten sich Peres und Netanjahu in Ansprachen an den Papst.

Präsident Peres zitierte aus den Psalmen, als er sagte: „Im Namen des jüdischen Volkes und im Namen des ganzen Volkes Israel begrüße ich Sie mit den uralten Worten aus dem Buch der Psalmen: ‚Willkommen im Namen des Herrn.' ‚Willkommen in den Toren Jerusalems.'" Sofort zu Beginn der Rede ging Peres auf die politische Haltung Israels ein, das ein jüdischer und demokratischer Staat sei, das nach Frieden mit den Nachbarn strebe: „Auch der Friede fordert Opfer. Die Opfer für den Frieden sind aber besser als jede Kriegsgefahr. Unsere Hand ist ausgestreckt und wird auch weiterhin für den Frieden ausgestreckt bleiben. Wir werden, davon bin ich überzeugt, den richtigen Weg finden, um Frieden zu erreichen." Israel sei dabei stolz auf seine Religionsfreiheit und auf den pluralistischen Charakter der Gesellschaft. Der Papst, so Peres, bringe eine große Botschaft mit nach Israel: „Sie tragen eine Botschaft der Brüderlichkeit unter die Völker, sie bringen uns Freundschaft. Nichts bereichert mehr als Liebe zur Menschheit." Dabei betonte der Staatpräsident die besondere Demut des Papstes, der sich zutiefst mit den Armen und Unterdrückten identifiziere. Peres dankte Franziskus für dessen entschlossene Haltung, sich gegen jede Form des Antisemitismus und alle Formen des Rassismus zu stellen. „Sie haben die Position des Brückenbauers zwischen allen Religionen inne“, stellte Peres die Bedeutung des Papstes fest. Das jüdische Volk habe viel Leid erlebt, „auch die Shoah und Kriege, es ist aber nie von seinem Weg abgewichen“. Vieles sei dem Staat Israel und dem jüdischen Volk gelungen, auch deshalb bete man noch heute für den Frieden in der Welt und Gerechtigkeit in der eigenen Gesellschaft. „Ich danke Ihnen für die warmherzige und liebevolle Haltung gegenüber dem jüdischen Volk. Immer habe ich beobachtet, wie Sie und die Kirche uns als Ihre ‚älteren Brüder‘ bezeichnen. Eure Heiligkeit, unser Bruder sind Sie.“ Mit dieser besonderen Würdigung des Papstes schloss Peres seine Rede ab, nicht ohne am Ende noch einmal zu betonen, was Jerusalem sei: „Willkommen in der Ewigen Stadt, der Stadt der Gerechtigkeit und des Friedens.“ Vergleicht man die Reden früherer Staatspräsidenten bei der Ankunft der Päpste in Israel, so wird man in der Ansprache von Shimon Peres gegenüber Franziskus eine besondere, in dieser Form kaum zuvor da gewesene Wertschätzung erkennen können.

Neu im israelischen Protokoll und nicht bei jedem Staatsgast üblich ist die Tatsache, dass neben dem Staatspräsidenten auch der Ministerpräsident eine Rede hält. Bereits im Vorfeld der Planungen hatte das vatikanische Protokoll dazu seine Bereitschaft signalisiert. So war – wie fast zu erwarten – die Ansprache Benjamin Netanjahus äußerst nüchtern, wenn nicht sogar reserviert. Er blieb sich und dem politischen Kurs des Likud treu, indem er noch nicht einmal den Begriff der Palästinenser verwendete und durchgehend vom Staat Israel und dem jüdischen Staat sprach. „Sie, Heiligkeit, bringen den Geist der Versöhnung, des Glaubens und des Friedens von Millionen Christen weltweit hierher, auch von vielen, die nicht Christen sind, aber die gleichen Werte wie Sie teilen. Ihr Besuch ist ein wichtiges Kapitel in der Geschichte unserer Beziehungen zwischen Christen und Juden“, so Netanjahu. Die Beziehungen fänden ihre Grundlage in der Bibel, „die der moralische, historische und religiöse Schlüssel ist, auf dem das Judentum gründet und aus dem das Christentum erwachsen ist". Israel bewundere und begrüße die Entscheidung des Papstes, einen Kranz am Grab von Theodor Herzl niederzulegen, „den Begründer der Zionistischen Bewegung". Gleichzeitig betonte Netanjahu die Bedeutung des Besuchs in Yad Vashem „in Erinnerung an ein Drittel unseres Volkes, das im Holocaust umgebracht wurde. Dieser Besuch ist ein weiterer Ausdruck Ihrer Überzeugung, dass Antisemitismus ein Verbrechen gegen Gott und die Menschheit ist." Der Ministerpräsident verteidigte die Unabhängigkeit Israels angesichts aller Verfolgungen und Pogrome, denen das jüdische Volk ausgesetzt gewesen sei, damit die „Menschen frei leben können in unserem Land, dem Land Zions und Jerusalems". Der Besuch des Papstes sei eine gute Gelegenheit, sich vom „echten Israel" zu überzeugen, als einem demokratischen, aufgeschlossenen und prosperierenden Staat. Ausdrücklich ging Benjamin Netanjahu auf die Konflikte im Mittleren Osten ein, „wo Christen häufig verfolgt würden – da aber ist Israel eine Insel der Toleranz. Wir schützen die Rechte aller Glaubensrichtungen. Wir garantieren die freie Religionsausübung für alle und wir werden uns dafür einsetzen, den Status quo an den heiligen Stätten von Christen, Muslimen und Juden aufrechtzuerhalten." Mit dem Weg nach Jerusalem, „unserer ewigen Hauptstadt", erreiche der Papst das „Herzstück unseres Glaubens. In Jerusalem und in unserem ganzen Land ist die prophetische Vision der Renaissance unseres Volkes Wirklichkeit geworden. Diese Renaissance ist eines der bedeutendsten Symbole der Menschheit."

Die politische Rede Benjamin Netanjahus zeigt, dass er nicht über die Begrüßungsansprachen früherer Ministerpräsidenten hinaus kam. Die Betonung des zionistischen Ideals und die „ewige Hauptstadt Jerusalem" waren eine klare Ansage, dass es bei strittigen Fragen kaum Verhandlungsspielraum geben würde. Die Nichtnennung des eigentlichen Kerns des Nahostkonflikts erscheint fast als eine geschichtsglättende Sicht bei der Ankunft des Papstes. Hatten Ministerpräsidenten früher noch bei der Begrüßung von der Suche nach Frieden gesprochen, der für alle Völker des Nahen und Mittleren Ostens gelten müsse, so fiel diese Formulierung hier weg. Das ist umso gravierender – auch in der internationalen Wahrnehmung dieses Besuchsteils –, als die Ankündigung des gemeinsamen Friedensgebets im Vatikan und die Bestätigung durch den Präsidentensprecher erst wenige Stunden zurücklag. Letztlich wird man hier die politisch-ideologische Ausrichtung Netanjahus und seine distanzierte Haltung gegenüber Staatspräsident Peres erkennen können. Überraschend bleibt im Übrigen auch, dass Netanjahu mit keinem Wort auf die Besuche der Vorgänger Papst Franziskus' einging, sondern die Gelegenheit lediglich nutzte, bekannte Stereotype zu wiederholen, und es dagegen versäumte, weitere Konfliktfelder - wie zum Beispiel die Probleme der innerisraelischen Gesellschaft, die gewaltsamen Übergriffe nationalreligiöser Juden - zu thematisieren. Insgesamt verdichtet sich bei dieser Rede der Eindruck, dass Benjamin Netanjahu noch stärker als in früheren Jahren die religiös begründete Dimension des Staates Israel in den Mittelpunkt rückte.

Was Netanjahu nicht schaffte und Peres zuvor mit einfühlsamen Worten dargelegt hatte, gelang Franziskus in der richtigen Tonlage. Gerade bei dieser politisch hoch aufgeladenen Begegnung war es ihm ein Anliegen, zunächst das Ziel der Reise zu erläutern, nämlich dass es sich um eine Pilgerreise handle und dass er „auf den Spuren meiner Vorgänger als Pilger ins Heilige Land“ gekommen sei. Aber noch im ersten Absatz der Rede wurde Franziskus notwendigerweise politisch, indem er zunächst die guten diplomatischen Beziehungen zwischen Israel und dem Heiligen Stuhl würdigte. Die Beziehungen „haben die Zunahme guter und herzlicher Kontakte ermöglicht, wie die beiden bereits unterzeichneten und ratifizierten Abkommen sowie das, was kurz vor seinem Abschluss steht, bezeugen“. Diese Aussage war an Benjamin Netanjahu gerichtet, dem in diplomatischen Kreisen zu wenig Durchsetzungswille hinsichtlich der Umsetzung bzw. Ratifizierung des Abkommens zu den wirtschaftlichen Angelegenheiten der Kirche nachgesagt wird. Im Heiligen Land habe sich eine Geschichte mehrerer Jahrtausende entfaltet: „Deshalb ist es ein geistiger Bezugspunkt für einen großen Teil der Menschheit. Ich wünsche mir also, dass dieses gesegnete Land ein Ort sei, in dem es für eine Instrumentalisierung und Überbetonung der eigenen Religionszugehörigkeit, die zu Intoleranz und Gewalt gegen die anderer führt, keinen Raum gibt.“ Franziskus baute mit dieser Formulierung auf den bisherigen Reden der Nahostreise auf. Was damals bei Papst Benedikt XVI. zum Abschluss auf dem Flughafen in

Tel Aviv ein Appell gegen Krieg, Gewalt und Terror war, führte Franziskus hier geschickt und theologisch fundiert weiter, indem er den Grund für Intoleranz und Gewalt nannte.

Jerusalem, so bedauerte der Papst, sei leider immer noch geplagt von den Folgen langer Konflikte: „Wir alle wissen, wie dringend die Notwendigkeit des Friedens nicht nur für Israel, sondern auch für die gesamte Region ist. Es mögen sich darum die Bemühungen und die Energien vervielfachen, um zu einer gerechten und dauerhaften Beilegung der Konflikte zu gelangen, die so viel Leid verursacht haben. Vereint mit allen Menschen guten Willens bitte ich inständig alle Verantwortungsträger, nichts unversucht zu lassen auf der Suche nach unparteiischen Lösungen der komplexen Schwierigkeiten, sodass Israelis und Palästinenser in Frieden leben können." Franziskus ist auch in diesem Moment der langjährigen und erfolgreichen vatikanischen Nahostdiplomatie treu geblieben, indem er Israelis und Palästinenser bei seiner Ankunft in Tel Aviv erwähnte. „Mutig und unermüdlich muss immer neu der Weg des Dialogs, der Versöhnung und des Friedens beschritten werden. Eine Alternative gibt es nicht", so Franziskus. In seiner Rede zitierte er Papst Benedikt XVI., dessen Aufruf beim Abschied von Israel er sich zu eigen mache: das Existenzrecht und Sicherheiten für den Staat Israel in international vereinbarten Grenzen, das Recht des palästinensischen Volkes auf eine souveräne, unabhängige Heimat und die Zwei-Staaten-Lösung, die Wirklichkeit werden und kein Traum bleiben möge.

Neben diesen klaren politischen Optionen ging Franziskus auch – ähnlich wie seine Vorgänger – auf den geplanten Besuch in der Holocaust-Gedenkstätte Yad Vashem ein, „in Erinnerung an die sechs Millionen Juden, die Opfer der Shoah wurden – eine Tragödie, die ein Symbol dafür bleibt, wie weit die Ruchlosigkeit des Menschen gehen kann, wenn er, durch falsche Ideologien angestiftet, die grundlegende Würde eines jeden Menschen vergisst, der eine absolute Achtung gebührt, gleich welchem Volk der Mensch angehört und welche Religion er bekennt". Diese Formulierung und die unmissverständliche Nennung der sechs Millionen Opfer des Holocaust wurden von den israelischen Medien äußerst positiv aufgenommen. Der Teil der Rede war eine wichtige Voraussetzung für das, was Franziskus am nächsten Tag beim Besuch in Yad Vashem zu sagen plante.

Er fügte am Flughafen hinzu: „Ich bete zu Gott, dass ein solches Verbrechen, dem in erster Linie Juden und auch viele Christen und andere zum Opfer gefallen sind, niemals mehr geschehe. Immer der Vergangenheit eingedenk, wollen wir eine Erziehung fördern, in der die Ausschließung und die Auseinandersetzung der Einbeziehung und der Begegnung weichen, wo kein Platz ist für Antisemitismus, in welcher Form auch immer er sich zeigt, sowie für jeden Ausdruck der Feindseligkeit, der Diskriminierung oder der Intoleranz gegenüber Menschen und Völkern." Als konkretes Beispiel baute der Papst das am Vortag in Brüssel verübte Attentat auf Besucher des jüdischen Museums spontan in seinen Redetext ein. Franziskus bestätigte mit diesen Aussagen die bisherige Linie seiner Vorgänger, die er sich im Umgang mit der Shoah zu eigen machte. Die Erziehung sieht er als notwendiges Mittel. Gleichzeitig unterstreicht er, dass es für Antisemitismus weder in der Gesellschaft noch in der Religion Platz geben darf.

Seine Rede beendete der Papst mit einem Gruß an die israelischen Bürger vor allem in Nazaret und Galiläa: „Die Kürze der Reise beschränkt unvermeidlich die Möglichkeiten der Begegnung", sagte Franziskus noch einmal an jene christlichen Gemeinden gewandt, die von dem knappen Besuch im Vorfeld eher enttäuscht waren, nachdem Johannes Paul II. und Benedikt XVI. auch den Norden Israels besucht hatten. Allen Menschen in Israel rief der Papst vom Flughafen aus zu: „Seid ein Sauerteig der Versöhnung, Hoffnungsbringer und Zeugen der Liebe. [...] Mögen Frieden und Wohlstand reichlich auf Israel herabkommen." Wortwörtlich fügte Franziskus dann noch die Einladung an Staatspräsident Peres und Mahmoud Abbas ein, die er am Mittag bereits in Betlehem ausgesprochen hatte. Ihm war es wichtig, ausdrücklich – und gerade auch in Gegenwart von Benjamin Netanjahu – den israelischen Präsidenten zum Friedensgebet in den Vatikan zu bitten. Während der Papst in Amman und Betlehem seine Reden mit „Salam" beendete, war es in Israel das hebräische Wort „Shalom".

Am Ende einer denkwürdigen Rede wurden wie üblich beim Staatsprotokoll die jeweiligen Delegationen vorgestellt. Dabei war bemerkenswert – und das zeigte letztlich die Zerrissenheit des israelischen Staates –, dass nur ein Teil des Kabinetts auf dem Flughafen anwesend war. Weder Außenminister Avigdor

Liberman noch Religionsminister Naftali Bennett hatten sich nach Tel Aviv begeben. Die vatikanische Diplomatie ignorierte diesen Affront, der jedoch in den israelischen Medien breit diskutiert wurde und letztlich Ausdruck einer gewissen Sprachlosigkeit des Kabinetts Netanjahu darstellte.

Nach dem offiziellen Begrüßungszeremoniell flogen der Papst und seine Delegation in drei israelischen Militärhubschraubern von Tel Aviv nach Jerusalem. Hier landete er auf dem Ostjerusalemer Skopusberg – wie auch schon seine Vorgänger. Ähnlich früherer Jahre kritisierten palästinensische Medien und Politiker diesen Ort der Ankunft des Papstes in Jerusalem, weil damit die faktische Anerkennung der Annexion Ostjerusalems durch Israel einhergehe. Gegenüber Journalisten wies Vatikansprecher P. Federico Lombardi diese Interpretation als fehlerhaft zurück und erinnerte an die hinlänglich bekannte Haltung des Heiligen Stuhls zur Jerusalemfrage. Auf dem Hubschrauberlandeplatz wurde Franziskus vom Jerusalemer Bürgermeister Nir Barkat begrüßt, der 2013 in eine zweite Amtszeit gewählt worden war. Ohne protokollarische Details ging es für den Papst im Autokonvoi vom Skopusberg zur nahe gelegenen Apostolischen Delegatur. Genau 15 Minuten blieben Franziskus bis zum nächsten Termin. Nach den hochpolitischen Begegnungen in Tel Aviv ging es jetzt um die Ökumene. Bereits seit Freitag war Patriarch Bartholomaios I. von Konstantinopel in Jerusalem eingetroffen.

Brüderliche Begegnung: Bartholomaios I. bei Papst Franziskus

Während der eigentliche Höhepunkt der Apostolischen Reise Papst Franziskus' die Begegnung mit Bartholomaios I. in der Grabeskirche sein sollte, war aber auch dieses Zusammentreffen in der Apostolischen Delegatur von ökumenischer Tragweite. Im Protokoll beider Seiten hatte man es als rein privates Treffen deklariert, an dem von vatikanischer Seite neben dem Papst auch Kardinalstaatssekretär Pietro Parolin und der Präsident des Päpstlichen Rates für die Einheit der Christen, Kardinal Kurt Koch, teilnahmen. Die Begegnung fand in jenem Raum der Delegatur statt, in dem sich bereits am 5. Januar 1964 Paul VI. und Athenagoras getroffen und den künftigen Dialog vereinbart hatten. Ein Relief erinnert bis heute an dieses historische Treffen. Unter diesem Relief unterschrieben jetzt Franziskus und Bartholomaios eine gemeinsame Erklärung.

In dem Dokument bezeichnen sie das Treffen als Quelle inniger geistlicher Freundschaft. „Unsere heutige brüderliche Begegnung ist ein erneuter und notwendiger Schritt auf dem Weg zu der Einheit, zu der allein der Heilige Geist uns führen kann, der Einheit der Verbundenheit in der legitimen Vielfalt“, so Papst Franziskus und Patriarch Bartholomaios. In der Erklärung folgen die wichtigsten Stationen des Dialogs der vergangenen fünfzig Jahre. Dabei beschönigen die beiden Kirchenführer nichts: „Während wir uns sehr wohl bewusst sind, dass wir das Ziel der vollen Gemeinschaft nicht erreicht haben, bekräftigen wir heute unseren Einsatz, unseren gemeinsamen Weg zur Einheit fortzusetzen. [...] Im klaren Bewusstsein, dass die Einheit sich in der Liebe zu Gott und zum Nächsten ausdrückt, sehen wir erwartungsvoll dem Tag entgegen, an dem wir endlich gemeinsam am eucharistischen Mahl teilnehmen werden.“ Wie der Weg der vollkommenen Einheit gelingen kann, zeigen Franziskus und Bartholomaios ebenfalls auf: „Daher bekräftigen wir noch einmal, dass der theologische Dialog nicht den kleinsten gemeinsamen Nenner in der Theologie anstrebt, auf dem ein Kompromiss erreicht werden kann, sondern es geht vielmehr darum, das eigene Verständnis der ganzen Wahrheit, die Christus seiner Kirche geschenkt hat, zu vertiefen. [...] Darum erklären wir gemeinsam, dass unsere Treue zum Herrn eine brüderliche Begegnung und einen aufrichtigen Dialog verlangt. Solch ein Streben führt uns nicht von der Wahrheit weg; vielmehr wird es uns durch einen Austausch der Gaben und unter der Leitung des Heiligen Geistes in die ganze Wahrheit führen.“ Franziskus und Bartholomaios heben hervor, dass es bereits jetzt die Pflicht sei, „im Dienst der Menschlichkeit“ zusammenzuarbeiten. Konkret nennen sie in der Erklärung den Schutz der Würde des Menschen in allen Lebensphasen, die Unantastbarkeit der auf die Ehe gegründeten Familie, den Frieden und das Gemeinwohl. Es gehe darum, an einer gerechteren und menschlichen Gesellschaft mitzubauen.

Einen längeren Abschnitt in der gemeinsamen Erklärung widmen Franziskus und Bartholomaios der Bewahrung der Schöpfung – beiden ist dieses Thema besonders wichtig, taucht es doch oft in Predigten oder öffentlichen Vorträgen auf. Man gebe „mit Bedauern die rücksichtslose Misshandlung unseres Planeten zu, die in Gottes Augen der Sünde gleichkommt. Erneut bestätigen wir unsere Verantwortung und Pflicht, den Sinn für Bescheidenheit und Maß zu fördern, sodass alle die Notwendigkeit empfinden, die Schöpfung zu achten und sorgsam zu bewahren." Man verspreche gemeinsam den Einsatz, die Sensibilität für den Umgang mit der Schöpfung zu erhöhen: „Wir rufen alle Menschen guten Willens auf zu prüfen, wie sie weniger verschwenderisch und genügsamer leben können, indem sie weniger Gier und stattdessen mehr Großzügigkeit zeigen für den Schutz von Gottes Welt und das Wohl des Menschen."

Franziskus und Bartholomaios rufen in ihrer Erklärung auch zu einem verstärkten christlichen Engagement in der Gesellschaft auf. Es gehe darum, dass überall der Glaube öffentlich gelebt werden dürfe und der Beitrag der christlichen Kultur für die Gesellschaften anerkannt werde. „In diesem Zusammenhang laden wir alle Christen ein, einen echten Dialog mit dem Judentum, dem Islam und anderen religiösen Traditionen zu fördern. Gleichgültigkeit und wechselseitige Unkenntnis können nur zu Misstrauen und bedauerlicherweise sogar zu Konflikten führen." Die beiden Kirchenoberhäupter nutzen in der Erklärung die Chance, neben der theologischen Reflexion auch die „Welt von heute" in den Blick zu nehmen, auf die aktuelle Lage im Nahen Osten einzugehen. Mit Sorge sehe man die Entwicklung der Rechte der Christen in der Region, vollberechtigte Bürger ihrer Heimatländer zu bleiben. Die Kirchen in Ägypten, Syrien und im Irak hätten besonders gelitten. „Wir ermuntern alle Parteien, unabhängig von ihren religiösen Überzeugungen, weiter für Versöhnung und für die angemessene Anerkennung der Menschenrechte zu arbeiten. Wir sind davon überzeugt, dass nicht Waffen, sondern Dialog, Vergebung und Versöhnung die einzig möglichen Mittel sind, um Frieden zu erlangen." Die gemeinsame Erklärung endet mit einem eindringlichen Appell: Weil viele Menschen heute aufgrund von einem durch Gewalt, Gleichgültigkeit und Egoismus gekennzeichneten geschichtlichen Kontext die Orientierung verloren hätten, brauche es ein gemeinsames Zeugnis für das Evangelium. Franziskus und Bartholomaios fordern alle Menschen auf, „die Dringlichkeit der Stunde zu erkennen, die uns zwingt, die Versöhnung und

Einheit der Menschheitsfamilie anzustreben, bei voller Berücksichtigung der legitimen Unterschiede, zum Wohl der gesamten Menschheit und der künftigen Generationen."

Von einigen Seiten war nach Veröffentlichung der Erklärung kritisiert worden, sie habe keinen ökumenischen Fortschritt gebracht. Das konnte sie aber auch nicht, zeigt eine solche Kritik die – häufiger bei dieser Reise artikulierten – überzogenen Erwartungen. Der Text ist eine ökumenische Bestandsaufnahme und eine Rückversicherung, das Ziel der vollen Einheit wirklich zu wollen. Was theologisch den Gläubigen heute oft nur schwer als Trennung zu vermitteln ist, zeigen Franziskus und Bartholomaios mit ihren konkreten Aufforderungen zur Zusammenarbeit auf. Die Bewahrung der Schöpfung, die gesellschaftliche Anerkennung christlichen Engagements und der Einsatz für den Frieden sind für beide solche Konkretionen auf dem Weg zur Einheit.

Vereint unter Brüdern: Ökumenisches Gebet in der Grabeskirche

Von der Apostolischen Delegatur brachen Franziskus und Bartholomaios mit fast 45-minütiger Verspätung aufgrund ihres langen Vier-Augen-Gesprächs in getrennten Fahrzeugen in die Altstadt von Jerusalem auf. In einer eindrucksvollen Choreografie sollten beide durch verschiedene Tore auf den Vorplatz der Grabeskirche treten. In der Grabeskirche hatte es im Vorfeld viele Diskussionen darüber gegeben, wer zum ökumenischen Gebetstreffen anwesend sein würde. Dabei mussten die vatikanischen Planer unbedingt den Status quo der Konfessionen berücksichtigen. Während Lateiner und Griechisch-Orthodoxe je 150 Gäste in die Grabeskirche eingeladen hatten, waren die Armenier mit rund 20 Gästen überraschend knapp vertreten. Es stellte sich nachher heraus, dass im Vorfeld missverständliche Absprachen zu diesem Ungleichgewicht geführt hatten. Die evangelische Seite wurde unter anderem vom Propst der Jerusalemer Erlöserkirche in unmittelbarer Nachbarschaft zur Grabeskirche vertreten. Anwesend waren außerdem auf Einladung der Apostolischen Delegatur die Generalkonsuln mehrerer Staaten. Chöre der verschiedenen Konfessionen trugen zur geistlich-musikalischen Gestaltung der Feier bei.

Bereits die Ankunft beider Kirchenführer vor der Grabeskirche war eine eindrucksvolle Inszenierung, die ökumenische Strahlkraft besaß. Während Patriarch Bartholomaios durch die sogenannte „Helenapforte" auf den Vorplatz der Kirche trat, erreichte Franziskus diesen durch das Tor am Muristan. Beide gingen von den jeweiligen Portalen aufeinander zu, trafen sich in der Mitte und tauschten den Friedenskuss aus. Genau in dem Moment erklangen die mächtigen Glocken der Grabeskirche, die weit über die Altstadtmauern hinaus zu hören waren. Auch der zweite Schritt war sorgfältig geplant: Bartholomaios und Franziskus wurden jetzt von den drei Oberen jener Konfessionen begrüßt und gemeinsam in die Grabeskirche geleitet, die für den „Status quo" zuständig sind: Der griechisch-orthodoxe Patriarch von Jerusalem, Theophilos III., der armenisch-apostolische Patriarch von Jerusalem, Nourhan Manoogian, und der Kustos der Franziskaner im Heiligen Land, P. Pierbattista Pizzaballa. In einer eindrucksvollen Geste knieten Franziskus und Bartholomaios gemeinsam in der Eingangshalle der Grabeskirche nieder und verehrten den sogenannten „Salbungsstein".

Unmittelbar vor dem Heiligen Grab im Rundbau der Anastasis nahmen die beiden Kirchenoberhäupter Platz. Patriarch Theophilos begrüßte im Namen aller Konfessionen des „Status quo" die Gäste. Hymnen, Gebete und Schrifttexte prägten die geistliche Feier der Ökumene, in der das Evangelium von der Auferstehung Jesu vorgetragen wurde. Patriarch Bartholomaios meditierte in seiner auf Englisch vorgelesenen Ansprache die Bedeutung des Kreuzes, das alles Böse der Welt überwunden habe. Die Geschichte, das bezeuge das leere Grab, sei nicht vorherbestimmbar. Das letzte Wort habe immer Gott selbst. „Vergeblich bewachten die Wächter der weltlichen Macht dieses Grab. Vergeblich stellten sie einen großen Stein vor die Tür des Grabes, damit niemand ihn fortbewegen könne. Vergeblich sind die langfristigen Planungen der Mächtigen der Erde: Alles unterliegt letztlich dem Urteil und dem Willen Gottes. Jeder Versuch des heutigen Menschen, allein und fern von Gott seine Zukunft zu gestalten, stellt eine vergebliche Mühe dar", so Bartholomaios. Das Grab fordere dazu auf, die Furcht vor dem jeweils anderen abzulegen, „dem Fremden, dem Andersgläubigen, dem Angehörigen der anderen Religion, der anderen Kirche. Rassistische und anders geartete Diskriminierungen gibt es immer noch in vielen zeitgenössischen Gesellschaften und, was das Schlimmste ist, sie durchziehen sogar das religiöse Leben der Menschen. Der religiöse Fanatismus bedroht bereits den Frieden in vielen Gegenden der Welt, wo sogar das Geschenk des Lebens selbst auf dem Altar der Intoleranz geopfert wird", sagte Bartholomaios. Angesichts dieser Situation sei die Botschaft des „lebensspendenden Grabes eindeutig: Liebt den Anderen, den Fremden, den Andersgläubigen wie einen Bruder. Der Hass führt zum Tod, die Liebe ‚vertreibt die Furcht' und führt zum Leben."

Das Ehrenoberhaupt der Weltorthodoxie übertrug diese Furcht auch auf die Furcht in der Ökumene. Vor fünfzig Jahren hätten Paul VI. und Athenagoras die Furcht vertrieben, „jene Furcht, die ein Jahrtausend lang die beiden altehrwürdigen Kirchen des Westens und des Ostens voneinander entfernt hielt, ja manchmal sogar gegeneinander trieb; sie standen beide an diesem heiligen Ort und ersetzten die Furcht durch die Liebe." Heute setzten er und Franziskus diesen Weg der Liebe fort, um den Weg zur vollen Gemeinschaft zu gehen: „Diesem Weg sollen alle Christen in ihren Beziehungen untereinander folgen, gleich welcher Kirche oder Konfession sie angehören; so können sie der restlichen Welt ein Beispiel geben. Dieser Weg ist vielleicht lang und mühsam, und manchen scheint er zuweilen gar eine Sackgasse zu sein. Aber es ist der einzige Weg, der zur Erfüllung des Willens des Herrn führt."

Franziskus sprach auf Italienisch, eine englische Fassung seiner Rede war an die Gäste in der Grabeskirche verteilt worden. Dabei bezeichnete er den Moment in der Grabeskirche als Höhepunkt der Pilgerreise, die er „gemeinsam mit meinem geliebten Bruder in Christus, Seiner Heiligkeit Bartholomaios" unternehme. Schon hier ist gleich zu Beginn bemerkenswert, dass der Papst mit einem Mal seine Pilgerreise als gemeinsame Pilgerreise von beiden Kirchenführern sieht. Diese Formulierung ist eine nicht zu unterschätzende ökumenische Geste und zeigt, wie sehr Franziskus bereit war, seine hierarchische Position bei diesem Geschehen zurückzunehmen. Er meditierte dann die Bedeutung der Auferstehung für den christlichen Glauben und bezeichnete die ökumenische Feier des Gebets als eine „außerordentliche Gnade, hier im Gebet vereint zu sein". Die Sammlung am leeren Grab sei eine Einladung, die eigene christliche Berufung wiederzuentdecken: „Lassen wir uns die Grundlage unserer Hoffnung nicht nehmen, die genau diese ist: Christus ist erstanden! Enthalten wir der Welt die frohe Botschaft der Auferstehung nicht vor! Und seien wir nicht taub gegenüber dem mächtigen Aufruf zur Einheit, der gerade von diesem Ort aus in den Worten dessen ertönt, der als Auferstandener uns alle ‚meine Brüder' nennt." Franziskus nutzte die Gelegenheit, neben der theologischen Reflexion auch konkret auf die Suche nach der Einheit der Christen einzugehen. Deutlicher als bei den Besuchen seiner Vorgänger erinnerte er daran, dass man die Spaltungen, die noch beständen, nicht leugnen könne: „Dieser heilige Ort lässt ihr Drama noch leidvoller empfinden. Und doch erkennen wir fünfzig Jahre nach der Umarmung jener beiden ehrwürdigen Väter mit Dankbarkeit und neuem Staunen, wie es durch den Antrieb des Heiligen Geistes möglich war, wirklich bedeutende Schritte auf die Einheit hin zu vollziehen." Auch hier sparte Franziskus mit der notwendigen Ernüchterung nicht, um keinerlei falsche Erwartungen zu wecken: „Wir sind uns bewusst, dass noch eine weitere Wegstrecke zurückzulegen bleibt, um jene Fülle der Gemeinschaft zu erreichen, die ihren Ausdruck auch in der Teilnahme am selben eucharistischen Mahl finden kann, die wir so brennend ersehnen; doch die Unstimmigkeiten dürfen uns nicht erschrecken und unser Vorangehen nicht lähmen." Leidenschaftlich appellierte Franziskus an den Glauben, der es möglich mache, alle Hindernisse auszuräumen, die der vollen Gemeinschaft noch im Wege ständen.

Bemerkenswert in Papst Franziskus' Ansprache war seine Bereitschaft, über die Stellung des Bischofs von Rom nachzudenken. Das hatten ähnlich auch schon die Vorgänger formuliert. In der Grabeskirche wirkte die erneute Aufforderung allerdings besonders eindringlich: „Diesbezüglich möchte ich den bereits von meinen Vorgängern ausgedrückten Wunsch erneuern, einen Dialog mit allen Brüdern in Christus zu führen, um für den besonderen Dienst des Bischofs von Rom eine Form der Ausübung zu finden, die sich seiner Sendung entsprechend einer neuen Situation öffnet und im heutigen Kontext ein von allen anerkannter Dienst der Liebe und der Gemeinschaft sein kann." Diese Offerte, über das Amt und die Funktionalität des Petrusdienstes nachzudenken, wurde aufseiten der anderen christlichen Konfessionen positiv kommentiert. Dabei ist festzuhalten, dass der Papst hier nichts Neues gesagt hat, sondern mit eigener Pointierung in Kontinuität zu seinen Vorgängern steht.

Die weitere Ansprache des Papstes griff Elemente aus der gemeinsamen Erklärung auf: An einem Ort wie der Grabeskirche seien die Christen zum besonderen Gebet für einen Frieden im Nahen Osten aufgerufen; es gehe darum, den Planeten vor Krieg, Armut und Hunger zu bewahren. Ausdrücklich benannte Franziskus die anhaltende Verfolgung vieler Christen weltweit: „Wenn Christen verschiedener Konfessionen gemeinsam zu leiden haben, die einen an der Seite der anderen, und einander in brüderlicher Liebe Hilfe leisten, verwirklicht sich eine Ökumene des Leidens, verwirklicht sich die Ökumene des Blutes, die eine besondere Wirksamkeit besitzt, nicht allein für die Zusammenhänge, in denen sie stattfindet, sondern dank der Gemeinschaft der Heiligen auch für die gesamte Kirche", so Franziskus, der hinzufügte: „Heiligkeit, geliebter Bruder, all ihr lieben Brüder, schieben wir die Zaudereien, die wir von der Vergangenheit geerbt haben, beiseite und öffnen wir unser Herz dem Wirken des Heiligen Geistes, dem Geist der Liebe, um gemeinsam mit raschen Schritten dem segensreichen Tag unserer wiedergefundenen vollen Gemeinschaft entgegenzugehen."

Bei der einstündigen Feier war es selten so still in der Grabeskirche wie nach den beiden Ansprachen. Dann umarmten sich Franziskus und Bartholomaios herzlich und tauschten den Friedensgruß aus. Was Paul VI. und Athenagoras bei ihrer vorsichtigen Annäherung 1964 bereits wagten, taten Franziskus und Bartholomaios jetzt erstmals öffentlich: Sie beteten gemeinsam das Vaterunser auf Italienisch. Danach gingen beide in die enge Grabkammer des Heiligen Grabes, um dort – erneut gemeinsam – zu beten. Als sie den heiligsten Ort der Christenheit verließen und wieder vor das Grab traten, folgte der Segen für alle Anwesenden. Eindrucksvoll war dann der Gang zu den in der Grabeskirche höher gelegenen Kapellen, in denen der Berg Golgota verehrt wird. Auch hier knieten Papst und Patriarch zum Gebet mit den Vertretern des „Status quo" nieder. Mit dieser mehr gesten- als wortreichen Feier verließen Franziskus und Bartholomaios zusammen die Grabeskirche. Auf dem Vorplatz und unter dem Jubel zahlreicher Bewohner Jerusalems verabschiedeten sie sich von anderen Konfessionsvertretern. Gemeinsam fuhren sie in einem Spezialfahrzeug zum nahegelegenen Lateinischen Patriarchat.

Begleitet vom Band der Liebe: Abendessen im Patriarchat

Nach der ökumenischen Begegnung in der Grabeskirche fanden sich neben Franziskus und Patriarch Bartholomaios auch die anderen Oberhäupter der christlichen Konfessionen, die Ordinarien des Heiligen Landes und das Gefolge des Papstes zum Abendessen im Lateinischen Patriarchat ein. Während Franziskus sichtbar ermüdet nach dem anstrengenden Tag auf weitere Reden verzichtete, ergriff Bartholomaios noch einmal kurz das Wort. Die Begegnung in Jerusalem zeige, worauf sich die Gebete konzentrieren müssten: „... auf die Wiedererlangung der eucharistischen Gemeinschaft. Möge uns der Herr auf diesem Weg begleiten, damit wir ihn am eucharistischen Tisch teilen können." Bartholomaios dankte Franziskus für die Einladung ins Patriarchat und betonte: „Der theologische Dialog, mit dem sich unsere Kirchen befassen, geht weiter, begleitet vom Band der Liebe. So schaffen wir unseren eigenen Weg nach Emmaus wie die Jünger. Der Weg mag lang sein, wie damals bei den Aposteln auf der Straße nach Emmaus. Aber der Herr begleitet uns, unsichtbar, und er ermutigt uns, diesen Weg mit Einsatz fortzusetzen." Letztlich hatte Bartholomaios so zu später Stunde noch einmal das gemeinsame Bestreben des Abends – von der Apostolischen Delegatur bis zur Grabeskirche – zusammengefasst: Der eingeschlagene ökumenische Weg der Versöhnung darf und kann nicht mehr verlassen werden.

Es war 22.30 Uhr, als der Papst das Patriarchat verließ und im Wagen zur Apostolischen Delegatur am Ölberg zurückfuhr. Tief in der Nacht endete ein Tag, der für Franziskus im Morgengrauen in Jordanien begonnen hatte. Was seine Vorgänger an geistlichen, theologischen, interreligiösen und politischen Akzent aufgrund der Länge der Reisen auf mehrere Tage verteilten, hatte Franziskus am zweiten Tag fokussiert und konzentriert. Der Besuch in Palästina war eine sichtbare Ermutigung der Ortskirche, wo sich der Papst als Pilger unter Pilgern fühlte. Seine Forderungen nach der Anerkennung und Akzeptanz eines eigenen Staates Palästina waren ebenso unmissverständlich wie sein Werben für den Frieden und die Überwindung von Mauern. Gerade die Einladung zum Friedensgebet in den Vatikan an Mahmoud Abbas und Shimon Peres an einem Tag war ein besonderes Zeichen dafür, wie sehr dem Papst an einer Lösung des Nahostkonflikts gelegen ist. Seine – für die Weltgemeinschaft überraschende – Friedensinitiative ist in dem Moment zumindest nicht auf taube Ohren gestoßen. Immer wieder spürte Franziskus, wie sehr er im Minenfeld Nahost aufpassen muss. Das zeigte sich vor allem in den teils scharfen Begrüßungsworten Netanjahus. Aber Franziskus agierte geschickt und weise; er wusste die richtigen Worte und vor allem die angemessene Tonlage sowie eindrucksvolle Gesten zu finden, gerade auch, als er die Opfer der Shoah bei der Ankunft in Tel Aviv nannte. Die große ökumenische Begegnung, das Herzstück der ganzen Reise, war ein bewegendes Bild dafür, wie gelebte Ökumene aussieht. Vor allem waren es die Gesten, die vielen Gläubigen in Erinnerung bleiben werden. Bei Bartholomaios und Franziskus hatte man den Eindruck, dass sich in Jerusalem alte Freunde, wenn nicht sogar Brüder, trafen.

Montag, 26. Mai 2014

Dialog mit dem Islam: Felsendom und Harem al-Sharif

Am frühen Morgen ging es von der Apostolischen Delegatur am Ölberg auf den Harem al-Sharif, den Tempelberg von Jerusalem. Als historisch waren die Besuche von Johannes Paul II. und Benedikt XVI. in der Öffentlichkeit in Erinnerung, und auch Franziskus wollte ein Zeichen mit seiner Anwesenheit an dieser wichtigen heiligen Stätte des Islam setzen. Über das Tor al-Asbat fuhr der Wagen bis unmittelbar vor den Felsendom. Begrüßt wurde Franziskus hier vom Großmufti von Jerusalem und ganz Palästina, Scheich Muhammad Ahmad Hussein, der seit 2006 dieses Amt durch Ernennung des Präsidenten Palästinas innehat. Außerdem hießen ihn der Generaldirektor des Waqf und der Vorsitzende des Obersten Muslimrates von Palästina, der frühere Großmufti von Jerusalem, Ikrima Sabri, willkommen. Außerplanmäßig war als Vertreter des haschemitischen Königshauses von Jordanien, das sich als Hüter der heiligen Stätten des Islam in Jerusalem versteht, auch Prinz Ghazi bin Muhammed anwesend, der den Papst bereits am Flughafen von Amman willkommen geheißen hatte.

Franziskus ließ sich zunächst den Felsendom zeigen, den er – ohne Schuhe – betrat. Er war beeindruckt, auch wenn ein Großteil im Inneren des Heiligtums eingerüstet und der eigentliche „Berg Moriah“ kaum sichtbar war. Vom Felsendom ging es zum Gebäude des Großen Muslimischen Rates, al-Kubbah al-Nahawiyya, wo sich der Großmufti und der Präsident des Obersten Muslimrates zunächst an den Papst wandten. Hussein erinnerte in seiner kurzen Ansprache an die Bedeutung des Harem al-Sharif für die Muslime und kritisierte die Härten für die Palästinenser, denen sie häufig beim Betreten des Heiligtums durch israelisches Militär ausgesetzt seien. „Frieden in der Religion kann es nur in wechselseitigem Respekt geben“, so Hussein.

Franziskus sprach seine Gastgeber als „liebe muslimische Gläubige, liebe Freunde“ an, was die hohe Wertschätzung gegenüber dem Islam zeigt. In den Mittelpunkt des ersten Teils seiner Rede stellte er das Ziel der Reise, als Pilger gekommen zu sein, und erinnerte an Abraham, der als Pilger in diesem Land gelebt habe: „Muslime, Christen und Juden erkennen in Abraham – wenn auch auf unterschiedliche Weise – einen Vater im Glauben und ein großes Vorbild, das man nachahmen soll. Er wurde Pilger, verließ sein Volk und sein Vaterhaus, um jenes geistliche Abenteuer einzugehen, zu dem Gott ihn rief.“ Der Pilger sei ein Mensch, der die Armut auf sich nehme und von der Hoffnung auf eine empfangene Verheißung lebe: „Das war die Lage Abrahams, das müsste auch unsere geistliche Haltung sein. Wir dürfen nie meinen, uns selbst zu genügen, Herren unseres Lebens zu sein; wir dürfen uns nicht darauf beschränken, sicher und verschlossen in unseren Überzeugungen zu verharren“, so der Papst. Es gehe immer darum, dem Ruf Gottes zu folgen.

Im zweiten Teil der Rede konzentrierte sich der Papst auf einen erweiterten Pilgerbegriff, indem er den gemeinsamen Weg hervorhob: „Auf dieser unserer irdischen Pilgerreise sind wir nicht allein: Wir kreuzen den Weg anderer Glaubender, manchmal gehen wir eine Wegstrecke mit ihnen, manchmal erleben wir gemeinsam eine stärkende Rast. So etwas stellt die heutige Begegnung dar, die mich mit besonderer Dankbarkeit erfüllt: Es ist eine willkommene gemeinsame, durch Ihre Gastfreundschaft ermöglichte Rast auf dieser Pilgerschaft unseres Lebens und unserer Gemeinschaften. Wir erleben einen brüderlichen Kontakt und Austausch, der uns stärken und uns neue Kräfte verleihen kann, um uns den gemeinsamen Herausforderungen zu stellen, die uns begegnen." Für Franziskus bedeutet Dialog der Religionen also das gemeinsame Suchen eines Pilgerweges. Gleichzeitig spürt man in dieser Rede, dass es ihm nicht um eine theologische Reflexion zum christlich-islamischen Verhältnis ging – das hatte er ja schon während seines Aufenthaltes in Amman dargestellt. Hier wollte er auf das Gemeinsame und Versöhnende aufmerksam machen, denn man dürfe nicht vergessen, „dass die Pilgerschaft Abrahams auch eine Berufung zur Gerechtigkeit war: Der Herr wollte, dass Abraham das göttliche Handeln bezeuge und nachahme. Auch wir möchten Zeugen von Gottes Handeln in der Welt sein, und deshalb vernehmen wir gerade in dieser unserer Begegnung zuinnerst den Ruf, Stifter von Frieden und Gerechtigkeit zu sein, im Gebet diese Gaben zu erflehen und von oben her Barmherzigkeit, Seelengröße und Mitgefühl zu lernen." Zum Ende nutzte der Papst die Persönlichkeiten und den Ort, um noch einmal an das anzuknüpfen, was bereits seine Vorgänger in aller Deutlichkeit beim Treffen mit muslimischen Vertretern gesagt hatten: „Achten und lieben wir einander als Brüder und Schwestern! Lernen wir, das Leid des anderen zu verstehen! Niemand gebrauche den Namen Gottes als Rechtfertigung für Gewalt! Arbeiten wir gemeinsam für die Gerechtigkeit und den Frieden! Salam!" Diese Aufforderung des Papstes meinte alle Religionen. Er setzte mit diesem leidenschaftlichen Appell auf Kontinuität der Linie des Heiligen Stuhls. Vor allem die Forderung, dass der Name Gottes nicht zur Rechtfertigung von Gewalt missbraucht werden dürfe, konnte aktueller in seinen Bezügen kaum sein. Auf dem Harem al-Sharif war es einmal mehr Franziskus, dem religiöse Intoleranz – egal ob bei Christen, Juden oder Muslimen – ein Dorn im Auge und letztlich die Pervertierung des göttlichen Willens ist.

Die Rede des Papstes fand bei den muslimischen Vertretern auf dem Harem al-Sharif großen Anklang. Mit Herzlichkeit wurde Franziskus verabschiedet, bevor er sich im Auto auf den Weg zur sogenannten Klagemauer, der Westmauer des alten jüdischen Tempels, machte. Stand am Vorabend die Grabeskirche für alle Christen im Mittelpunkt des Geschehens, so wollte der Papst mit seinem – nicht nur aus logistischen Gründen so angelegten – Besuch von Felsendom und Klagemauer ein Zeichen für den Dialog der Religionen und deren Versöhnung setzen.

Im Herzen des Judentums: An der Klagemauer

Während die israelische Öffentlichkeit am Papstbesuch nur wenig Interesse zeigte, waren der Aufenthalt an der Klagemauer und später in Yad Vashem jene Momente, die auch viele Israelis emotional bewegten. Rabbiner Shmuel Rabinovich hieß den Papst willkommen und erläuterte ihm die archäologische und theologische Bedeutung des Heiligtums. In seiner kurzen Rede betonte Rabinovich den jahrtausendealten Traum der Juden in aller Welt, nach Jerusalem zurückzukehren, ein Traum, der sich dank der Kraft des Glaubens verwirklicht habe: „Jerusalem ist der Ort, an dem wir jeden Disput hinter uns lassen. Jerusalem ist der Ort, an dem wir unsere Augen zum Himmel heben und unsere Herzen in Demut senken. Viel zu lange war der Glaube eine Wurzel für Kämpfe, Hass und Schmerz auf der ganzen Welt. Von hier aus, von diesem Ort, der Ihnen, mir und Millionen anderen Menschen auf der Welt heilig ist, möchte ich mich gemeinsam mit Ihnen an die Gläubigen aller Religionen wenden und ihnen einen Friedensgruß aus Jerusalem übermitteln: Shalom!“ Papst Franziskus bedankte sich für die Worte und ging dann – von Rabinovich und weiteren Repräsentanten des Judentums begleitet – auf die Mauer zu. Wie schon seine Vorgänger legte der Papst die letzten Meter alleine zurück. In Stille und mit ernstem Gesichtsausdruck verharrte er im Gebet, bevor er das auf Spanisch geschriebene Vaterunser in die Fugen der Klagemauer steckte. Die Hand von Franziskus an der Mauer, seine Verneigung vor der Mauer und die – ungewöhnliche – Stille auf dem Platz bei der Mauer waren bewegende Bilder.

Was die Mauer bei Betlehem am Vortag war, wurde jetzt zum zweiten starken Mauerbild der Reise. Als Franziskus von dem Heiligtum zurücktrat und sich umdrehte, standen dicht hinter ihm seine beiden in der Delegation befindlichen Freunde und Begleiter: Rabbiner Abraham Skorka und der Muslim Omar Abboud. Alle drei umarmten sich in großer Herzlichkeit. Zu Recht schrieb die internationale Presse von der „Umarmung der Weltreligionen“ vor der Klagemauer. Dialog der Religionen braucht für den Papst keine umfangreichen Reden, sondern vor allem Gesten. Dass ihm an der Klagemauer eine Geste gelang, die weit über die Besuche von Johannes Paul II. und Benedikt XVI. an dem Heiligtum hinausgingen, dürfte den künftigen Dialog zwischen den Religionen beleben. Franziskus hat an diesem Ort gezeigt, dass der Dialog der drei Religionen gelingen kann – nicht ohne Hintersinn hatte er ja kurz zuvor auf dem Tempelberg davor gewarnt, den Namen Gottes als Rechtfertigung für Gewalt zu entweihen.

Neuer Schritt der Annäherung: Auf dem Mount Herzl in Westjerusalem

Nach diesen interreligiösen und letztlich auch politischen Herausforderungen der Reise ging es für Franziskus zu einem weiteren Höhepunkt und heiklen Besuch. Erstmals sollte ein Papst den Mount Herzl besuchen, auf dem sich die Gräber führender Persönlichkeiten des Judentums und des israelischen Staates befinden. Der in Westjerusalem gelegene Mount Herzl gilt als israelisches Nationalsymbol, was Franziskus in der arabischen Presse erwartbare Kritik einbrachte. Auf dem Herzl-Berg wurde er von Staatspräsident Peres und Premierminister Netanjahu empfangen. Begleitet von zwei Kindern, legte Franziskus am Grab von Theodor Herzl einen Blumenkranz nieder. Letztlich wäre eine solche Geste vor Jahren nicht denkbar gewesen, und so konnte Franziskus hier auf der unermüdlichen Vorarbeit seiner Vorgänger aufbauen. Der Besuch am Grab Herzls stellte eine besondere Anerkennung und vor allem Würdigung des Staates Israel dar. Israelische Medien hatten im Vorfeld spekuliert, der Papst werde bei dieser Station seiner Reise eine „historische Schuld gegenüber dem jüdischen Volk sühnen“. Angespielt wurde hier auf die Ablehnung der Schaffung eines jüdischen Staates durch Papst Pius X. in der Audienz für Theodor Herzl 1904. Dieser Gedanke spielte jedoch keine Rolle: Reden waren bei diesem Termin nicht vorgesehen, also wird man auch im Nachhinein nicht vom Sühnen einer Schuld sprechen können. Wohl aber ist jedem Beobachter deutlich geworden, dass es hinter das versöhnte Verhältnis von katholischer Kirche beziehungsweise Heiligem Stuhl und Staat Israel kein Zurück mehr geben kann.

Auf dem Weg zum Grab Herzls nutzte Benjamin Netanjahu die Gelegenheit, den Papst um einen kurzen Besuch am Monument für die Opfer des Terrorismus zu bitten. Für das Protokoll überraschend, stimmte Franziskus der spontanen Programmänderung zu. Ergriffen stand der Papst an dem Monument – in Form einer Mauer. Das 1998 eingeweihte Mahnmal erinnert an zivile Terroropfer, die seit 1851 auf dem Boden des heutigen Israel ums Leben kamen. Netanjahu zeigte dem Papst auch jene in die Mauer eingelassene Platte, die auf die Opfer von zwei Anschlägen gegen Juden in Buenos Aires (1992 und 1994) aufmerksam macht. Mit der gleichen Geste wie an der israelischen Sperrmauer in Betlehem und der Klagemauer berührte Franziskus mit seiner rechten Hand und geneigtem Haupt die Wand aus hellem Jerusalem-Stein, in die 78 schwarze Tafeln und die Namen der Toten eingelassen sind. Er verurteilte in wenigen Worten „Terror als das absolute Böse. Er kommt vom Bösen und verursacht Böses." Hier sah Netanjahu die Chance gekommen, in einer kurzen Ansprache das Sicherheitsbedürfnis Israels und die Sperranlage gegenüber den Palästinensern zu rechtfertigen: Die beste Freundin seines Sohnes, als dieser zehn Jahre alt war, sei ein äthiopisches Mädchen gewesen: „Eines Tages kam sie nicht mehr zu ihm in die Klasse. Sie war in einem Bus in die Luft gesprengt worden, nicht weit von hier, weil es keinen Zaun, keine Mauer gab." Israel wolle Frieden, so Netanjahu. Hier in der Nähe gebe es die Hadassah-Klinik: „Palästinenser kommen in diese Klinik. Trotz der Mauer kommen sie. Wir können nicht in ihre Hospitäler gehen, sie kommen in unsere Krankenhäuser." Schon diese Formulierung der positiven Rechtfertigung der Sperrmauer musste Papst Franziskus und sein diplomatisches Umfeld irritieren und jeden Palästinenser brüskieren. Denn die Formulierung, dass man nicht in die Krankenhäuser jenseits der Mauer könne, sind eine Farce: Es gibt kaum einen jüdischen Staatsbürger, der freiwillig die palästinensischen Gebiete besuchen würde – zumal vor dem Betreten dieser Gebiete übergroße Straßenschilder auf Hebräisch und Englisch jeden Israeli warnen, in die Gebiete zu gehen, die „gefährlich" seien. Netanjahu fuhr in seiner Rede fort: „Wir bringen unseren Kindern nicht bei, Bomben zu bauen. Wir lehren ihnen den Frieden. Aber wir müssen eine Mauer gegen jene bauen, die die andere Seite [die der Gewalt, Anm. d. V.] lehren.“ Nachdem es Netanjahu am Flughafen bei der Ankunft des Papstes nicht geschafft hatte, auf die Wunden des Nahostkonflikts einzugehen, waren seine Schuldzuweisungen und erheblichen Stereotypen gegen die Palästinenser nahezu erschreckend. Papst Franziskus tat gut daran, diese diplomatische Eskalation nicht zu kommentieren. Ministerpräsident Netanjahu endete seine Ansprache mit dem Hinweis, dass die Mauer nicht vor dem Aufhetzen zu Hass und Terror und der Zerstörung Israels schützt, was so sehr die Gesellschaft auf der anderen Seite der Mauer durchdringt. „Wenn sich das ändert, dann kann die Mauer niedergerissen werden und wir haben Frieden.“

Der kurze Besuch verfehlte seine Wirkung nicht: Viele Israelis zeigten Anerkennung für die Bereitschaft des Papstes, der Bitte Netanjahus für diesen Besuchspunkt zu entsprechen. Innerhalb von 24 Stunden hatte Franziskus drei Mauern besucht: die Mauer der Trennung, die Mauer des Gebets, die Mauer der Erinnerung. Jedem der beiden Völker hat der Papst so nicht nur seine Ehre, sondern vor allem seinen Respekt erwiesen, ausgewogen und sachlich, emotional und ergriffen und letztlich politisch eindeutig. Man wird Franziskus nicht vorwerfen können, er hätte eine Seite bevorzugt oder eine der Religionen vernachlässigt. Das war die besondere Leistung der ganzen Reise.

Gedenken an die Opfer: Franziskus in Yad Vashem

Durch den Aufenthalt an der Gedenkstätte für die Terroropfer traf Franziskus mit Verspätung in Yad Vashem ein. Der Direktor, Avner Shalev, hieß den Papst willkommen und begleitete ihn in die „Hall of remembrance“, in der – wie schon 2000 und 2009 – die offizielle Zeremonie stattfand. Mit dabei waren Staatspräsident Peres und Premierminister Netanjahu. Der aus Kindern und Jugendlichen bestehende Ankor-Choir unter der Leitung von Dafna Ben Yohanan sang das einfühlsame und von einer gewissen Schwere des Augenblicks getragene Lied „A Walk of Caesarea“. Danach ging Franziskus zur ewigen Flamme der Halle, um diese in einem Moment der Stille zu entzünden. Es war einer der vielen dichten Momente in Yad Vashem, der die ganze Eindringlichkeit ausdrückte: Wieder war es ein in Gebet und Gedanken versunkener Papst, der sich ganz auf das Geschehen und die symbolische Handlung konzentrierte und anschließend der auf Italienisch vorgetragenen „Identification" zuhörte, einem Memorialgebet, das bei offiziellen Anlässen gesprochen wird. In unmittelbarer Nähe zu ihm, Peres, Netanjahu und den Verantwortlichen von Yad Vashem saß Rabbiner Abraham Skorka. Erneut trat Papst Franziskus nach vorne auf jene Platten, unter denen Erde und Asche der großen Konzentrationslager Europas beigesetzt ist, um auf einem Gedenkstein einen Blumenkranz niederzulegen. Dabei assistierten ihm Eva Kolodkina, eine Schülerin einer katholischen Schule aus Jaffa, und Hoang Huy Nguyen, der die Hochschule in Tel Aviv besucht. Sichtbar berührt nahm der Papst die Hände beider Begleiter, um mit ihnen im Gebet innezuhalten. Die weitere Zeremonie war von der Begegnung mit dem Leid geprägt: Zunächst wurde der letzte Brief von Ida Goldish aus Rumänien vorgetragen, den sie schrieb, bevor sie in einem Konzentrationslager in Transnistrien umkam. Nach einem weiteren Lied ging der Papst auf sechs Überlebende des Holocaust zu, sprach mit ihnen und hörte ihre Lebensgeschichten. Auch wenn es für jeden Überlebenden nur wenige Minuten waren, so erlebte man einen Papst, der tief ergriffen und erschüttert über diese Zeugnisse war. Jedem Opfer des Holocaust küsste er aus Ehrerbietung die Hand – eine Geste, die weit über Papst Benedikt XVI. hinausging und einmal mehr die inneren Emotionen geschuldete Spontaneität von Franziskus zeigte.

Mit Spannung war die Rede des Papstes in Yad Vashem weltweit erwartet worden. Was würde er anderes sagen als seine Vorgänger? Wie würde er die bisherige Linie bestätigen beziehungsweise fortsetzen? Nichts war bei diesem Besuch von der aufgeheizten Stimmung zu spüren, die noch unmittelbar im Vorfeld des Aufenthalts von Benedikt XVI. die Debatte geprägt hatte – damals ging es um die Frage, ob das Museum von Yad Vashem die Bildunterschrift eines Porträts von Papst Pius XII. im Zusammenhang mit seinem Handeln während des Zweiten Weltkriegs hätte ändern müssen. Franziskus setzte in seiner Ansprache auf Kontinuität zu den Vorgängern. Während er die Opferzahl der Shoah genannt und die Bekämpfung jeder Form des Antisemitismus bereits am Vortag auf dem Flughafen in aller Klarheit gefordert hatte, ging er indirekt auf den die Rede Benedikts XVI. prägenden Begriff ein: das Schweigen, das dieser Ort hervorrufe, so der Papst damals. Franziskus verschärfte diese Frage: „‚Adam, wo bist du?' [vgl. Genesis 3,9]. Wo bist du, o Mensch? Wohin bist du gekommen? An diesem Ort, der Gedenkstätte an die Shoah, hören wir diese Frage Gottes wieder erschallen: ‚Adam, wo bist du?'" Franziskus wagte mit großer Eindringlichkeit, den Aspekt der Bitte um Verzeihung (Johannes Paul II.) und die Ohnmacht, die Tatsache, dass an diesem Ort die Sprache des Menschen versagt (Benedikt XVI.), zu vertiefen, indem er die Frage nach der Abgründigkeit des Menschen und nach der Gottferne stellte. Es ging ihm also weniger um die von seinen Vorgängern hinreichend thematisierte Frage, warum Gott dieses Leid zulasse, als vielmehr um eine Betrachtung darüber, wie tief der Mensch fallen kann und sich am anderen Menschen versündigt: „In dieser Frage liegt der ganze Schmerz des Vaters, der seinen Sohn verloren hat. Der Vater kannte das Risiko der Freiheit; er wusste, dass der Sohn verloren gehen könnte. Doch vielleicht konnte nicht einmal der Vater sich einen solchen Fall, einen solchen Abgrund vorstellen!" Die Frage nach dem „Wo" und der starre Blick in den Abgrund sind die tiefsten Ausdrücke von Franziskus, die Katastrophe und Perversion des Menschen im Holocaust nahezu literarisch zu erfassen: „Jener Ruf ‚Wo bist du?' tönt hier, angesichts der unermesslichen Tragödie des Holocaust, wie eine Stimme, die sich in einem bodenlosen Abgrund verliert."

Nach der Frage, wohin der Mensch gekommen sei, geht Franziskus weiter und fragt: „Mensch, wer bist du? Ich kenne dich nicht mehr." Die Abgründigkeit geht für den Papst also in Nichterkenntnis über, in das Unvermögen, den ehemals bekannten Menschen zu erkennen. Die Fremdheit des Menschen durch Schuld und Bosheit wird hier theologisch von Papst Franziskus erklärt. Und mit Blick auf die Shoah fragt er: „Zu welchem Gräuel bist du fähig gewesen? Was hat dich so tief fallen lassen?" Dass der Mensch zu so viel Abgrund nicht alleine fähig ist, führt Franziskus weiter aus: „Nein, dieser Abgrund kann nicht allein dein Werk sein, ein Werk deiner Hände, deines Herzens. Wer hat dich verdorben? Wer hat dich verunstaltet? Wer hat dich angesteckt mit der Anmaßung, dich zum Herrn über Gut und Böse zu machen? Wer hat dich überzeugt, dass du Gott bist? Nicht nur gefoltert und getötet hast du deine Brüder, sondern du hast sie als Opfer dir selber dargebracht, denn du hast dich zum Gott erhoben." Der Mensch ist für diesen extremen Abgrund des Bösen verantwortlich. Das Versagen des Menschen und die Gewaltbereitschaft werden offenbar, indem der Mensch sich selbst zum Gott erhebt.

Und weil das Grausame nicht siegen darf, stellt sich Franziskus in die Rolle des Fragenden, der am Boden liegt: „Vom Boden erhebt sich ein leises Stöhnen: Erbarme dich unser, o Herr! Du Herr, unser Gott, bist im Recht; uns aber treibt es die Schamröte ins Gesicht, die Schande. Ein Übel ist über uns gekommen, wie es unter dem ganzen Himmel noch nie geschehen ist. Jetzt aber, o Herr, höre unser Gebet, erhöre unser Flehen, rette uns um deiner Barmherzigkeit willen. Errette uns aus dieser Ungeheuerlichkeit." Der eindrucksvollen Komposition der Ansprache in Yad Vashem liegt an dieser Stelle der Prophet Baruch zugrunde (Baruch 1,15, Baruch 2,2). Mit einem Mal lässt Franziskus den roten Faden seines Pontifikats auch in dieser Rede durchscheinen, als er das Wort „Barmherzigkeit" verwendet und klar macht, dass der Mensch nur in und durch Gott gerettet werden kann. Deshalb spricht der Papst weiter von der Sünde, der Gnade, sich zu schämen „für das, was zu tun wir als Menschen fähig gewesen sind". Und folgerichtig mündet diese innere Umkehr und das Bekenntnis von Schuld in einem mahnenden Appell: „Niemals mehr, o Herr, niemals mehr! ‚Adam, wo bist du?' Da sind wir, Herr, mit der Scham über das, was der als dein Abbild und dir ähnlich erschaffene Mensch zu tun fähig gewesen ist. Denk an uns in deiner Barmherzigkeit."

Die Stille nach der knappen Rede von Papst Franziskus in der „Hall of remembrance" war spürbar – auch wenn israelische Medien den tiefen geistlichen Gehalt in der Kürze der Zeit kaum zu erfassen vermochten. Aber die theologische Reflexion, die Frage nach der Abgründigkeit des Menschen, die Bitte um Barmherzigkeit und der Appell des „Nie wieder!" zeigen, welchen eigenen Akzent Franziskus im Vergleich zu seinen Vorgängern gesetzt hat. Er konnte auf den Erfahrungen der Päpste aufbauen, um selbst deutlich zu machen, dass es das Unsagbare der Tragödie, das Unaussprechliche auch heute noch gibt und dass er – stellvertretend für viele – letztlich auch hier in Yad Vashem um Vergebung gebeten hat.

Nach seiner Rede trug sich Franziskus in das Gästebuch von Yad Vashem ein. Dann präsentierte ihm Direktor Avner Shalev das Gastgeschenk: eine Replik des Bildes „Prayer" von Abraham

Koplowicz aus dem Ghetto von Lodz. Koplowicz wurde im Alter von 14 Jahren in Auschwitz ermordet. Er galt als junger begnadeter Künstler und war Verfasser von vielen Gedichten im Ghetto. Franziskus dankte Shalev für das Geschenk - seine Gedanken schienen noch immer bei den Begegnungen mit den Überlebenden und dem Kind von Lodz, dessen Geschenk er nun indirekt erhielt. Der Ankor-Choir sang noch das Lied „Mi Ha'Ish", als Franziskus schon im Begriff war, die Halle zu verlassen. Er verweilte und ging danach spontan zum Chor, um sich zu bedanken. Es waren diese kleinen Gesten am Rande, die die tiefen emotionalen Bilder und starken Worte des Papstes nachhaltig begleiteten.

Treffen mit den älteren Brüdern: Im Oberrabbinat

Nach der in dunklem Beton gehaltenen „Hall of rembrance" ging es hinaus in die Frühsommersonne Jerusalems. Von Yad Vashem aus fuhr der Papst durch den Westteil der Stadt zum Sitz des Oberrabbinats. Im Zentrum Hechal Shlomo traf er mit dem aschkenasischen Oberrabbiner David Baruch Lau und dem sephardischen Oberrabbiner Yitzhak Yosef zusammen. Nach einem kurzen Sechs-Augen-Gespräch traten der Papst und die Oberrabbiner vor geladene Gäste. Franziskus würdigte die guten Beziehungen zwischen dem Judentum und der katholischen Kirche. Dabei erinnerte er autobiografisch an seine Zeit als Erzbischof von Buenos Aires, wo er auf die „Freundschaft vieler jüdischer Brüder" zählen konnte. Die heutige Freundschaft zwischen der Kirche und den Juden sei eine der Früchte des Zweiten Vatikanischen Konzils mit der Erklärung zu den nichtchristlichen Religionen *Nostra aetate*. Alles, was in den letzten Jahrzehnten in den Beziehungen zwischen Juden und Katholiken geschehen ist, sei ein „echtes Geschenk Gottes, [...] eines der von ihm vollbrachten Wunder". Dieses Geschenk hätte aber nicht ohne den Einsatz mutiger und großherziger Menschen realisiert werden können.

Franziskus erinnerte an den Dialog zwischen dem Oberrabbinat und der Kommission des Heiligen Stuhls für die religiösen Beziehungen mit dem Judentum: „In Bezug auf die Bar Mizwa der jüdischen Tradition gefällt mir der Gedanke, dass dieser Dialog dem Erwachsenenalter bereits sehr nahe ist: Ich bin zuversichtlich, dass er weitergehen kann und eine glänzende Zukunft vor sich hat." Es gehe dabei nicht nur darum, auf der menschlichen Ebene Beziehungen gegenseitiger Achtung zu pflegen: „Als Christen und als Juden sind wir berufen, uns eingehend nach der geistlichen Bedeutung des Bandes zu fragen, das uns miteinander verknüpft. [...] Auf katholischer Seite besteht natürlich die Absicht, den Sinn der jüdischen Wurzeln des eigenen Glaubens voll in Betracht zu ziehen. Ich vertraue darauf, dass mit Ihrer Hilfe auch auf jüdischer Seite das Interesse für die Kenntnis des Christentums erhalten bleibt und wenn möglich zunimmt - speziell bei den jungen Generationen -, gerade in diesem gesegneten Land, in dem dieser Glaube seinen Ursprung erkennt. Die gegenseitige Kenntnis unseres geistlichen Erbes, die Wertschätzung dessen, was wir gemeinsam haben, und die Achtung dessen, was uns trennt, können den Weg weisen für die zukünftige Weiterentwicklung unserer Beziehungen, die wir in Gottes Hand legen." Franziskus konnte bei dieser Begegnung letztlich noch einmal mit der Rede unterstreichen, was ihm seine Vorgänger als Weg geebnet hatten. Deutlich machte er, dass es hinter den eingeschlagenen Weg der Versöhnung und Verständigung kein Zurück mehr geben wird, ja mehr noch: Nachdem die Aussöhnung auf einem guten Weg ist, geht es jetzt um die geistliche und damit auch theologische Vertiefung dieses Dialogs. Ganz am Ende der Rede unterstrich Franziskus, was er schon bei anderen Gelegenheiten während der Reise gesagt hatte: „Gemeinsam können wir entschieden jeder Form von Antisemitismus und den verschiedenen anderen Formen von Diskriminierung entgegentreten. Der Herr helfe uns, mit Zuversicht und Seelenstärke auf seinen Wegen zu gehen. Shalom!" Auch bei dieser Begegnung war vom in 2009 angespannten Verhältnis zum Judentum aufgrund der Williamson-Affäre nichts mehr zu spüren. Franziskus war unter den älteren Brüdern angekommen.

Politische Worte: Bei Staatspräsident Shimon Peres

Nachdem der Papst wohlüberlegt seine Gesten vom Besuch der Klagemauer über die Worte in Yad Vashem und dem Oberrabbinat absolviert hatte und damit die jüdisch-christlichen Beziehungen nicht nur würdigen, sondern eben durch die Worte auch mit neuer Motivation ermutigen konnte, ging es in einer weiteren Station zum Sitz des Staatspräsidenten Israels. Mit besonderer Herzlichkeit wurde Franziskus hier begrüßt, was sich in der Umarmung beider Staatsoberhäupter zeigte und deutlich persönlicher war als das distanzierte Verhältnis zu Premierminister Benjamin Netanjahu. „Selig, der in das Haus eines weisen und guten Mannes tritt. Und ich fühle mich selig", sagte Franziskus an Peres gerichtet bei der Ankunft. Kinder hießen ihn willkommen, bevor sich der Papst mit Präsident Peres – nach dem Eintrag ins Goldene Buch – zu einem privaten Gespräch zurückzog. Anschließend traten sie in den Garten des Präsidentenpalastes hinaus, um dort – wie schon bei der Reise von Papst Benedikt XVI. – einen Olivenbaum zu pflanzen.

In seiner Rede würdigte Präsident Peres den Papst als „lieben Freund": „Ihr Besuch, Eure Heiligkeit, ist ein bewegendes Ereignis, das die Kraft hat, die religiösen Führer dazu zu bewegen, sich den Kräften ethischer und wissenschaftlicher Erneuerung anzuschließen und es jedem Menschen zu ermöglichen, sich von Verzweiflung, Armut und Gewalt zu befreien. [...] Wir sind eine kleine Nation, aber eine Nation, die sich dem Tikkun Olam, der Verbesserung der Welt, verschrieben hat. Einer Welt, die es verdient, eine Welt der Brüderlichkeit genannt zu werden. Mein lieber Freund, ich war jung und bin nun alt. Ich habe gelernt, dass Träume nicht altern, und ich empfehle allen, diesem Gedanken zu folgen. Sie haben sich auf Pilgerreise begeben und den Weg bereitet. Seien Sie gesegnet." Der Papst bringe, so Peres, neuen Schwung in die Friedensverhandlungen zwischen Israelis und Palästinensern: „Sie beleben mit Ihrem Besuch die Anstrengungen, den Friedensprozess zwischen uns und den Palästinensern zum Abschluss zu bringen, basierend auf zwei Staaten, die in Frieden leben – einem jüdischen Staat und einem arabischen Staat Palästina. Dieses Ziel ist mit einem beiderseitigen Abkommen zu erreichen", betonte Peres. Franziskus sei ein Kämpfer gegen Diskriminierung, Antisemitismus und Rassismus. „Glaube kann auch faule Früchte hervorbringen. Diejenigen, die heute Saaten des Bösen säen, sind die Terrororganisationen. Angesichts moralischer Verderbtheit müssen wir moralische Verantwortung zeigen und klarmachen, dass es keinen größeren Gegensatz gibt als den zwischen Glauben und Morden." Er fügte hinzu: „Ich weiß, dass Sie fest wie ein Fels gegen jeden Versuch stehen, Religion und Terror zu verbinden. Das Blut von Unschuldigen, das Blut von Kindern, die das Leben kaum verkostet haben, schreit zum Himmel." Bei der Begegnung bestätigte Peres seine Teilnahme am Friedensgebet im Vatikan: „Es ist mir eine Ehre, ein solches Gebet zu sprechen. Wir werden zusammenarbeiten, Juden, Christen und Muslime, um alle Konflikte zu einem Ende zu bringen."

Papst Franziskus nutzte die Gelegenheit, in seiner Ansprache auf die Bedeutung Jerusalems und der heiligen Stätten einzugehen, für einen Frieden im Nahostkonflikt zu werben, die Religionsfreiheit zu fordern und an eine eigene christliche Identität in der Bevölkerung zu erinnern, womit er letztlich gerade in dieser Rede die Christen vor Ort stärken und ermutigen wollte. „Die heiligen Stätten sind keine Museen oder Sehenswürdigkeiten für Touristen, sondern Orte, an denen die Gemeinschaften der Gläubigen ihren Glauben, ihre Kultur und ihre wohltätigen Initiativen leben", so der Papst. Darum müsse ständig der sakrale Charakter dieser Orte bewahrt werden. Politisch klar formulierte Franziskus: „Möge Jerusalem wirklich die Stadt des Friedens sein! Mögen seine Identität und seine sakrale Eigenheit, seine universale religiöse und kulturelle Bedeutung in vollem Glanz erscheinen als Schatz für die ganze Welt! Wie schön ist es, wenn die Pilger und die Bewohner freien Zugang zu den heiligen Stätten haben und an den religiösen Feiern teilnehmen können!" Mit diesen Aussagen bestätigte Franziskus die Linie des Heiligen Stuhls zu Jerusalem. Auch wenn er hier nicht die Option der Hauptstadt zweier Staaten nannte, so jedoch die Notwendigkeit des uneingeschränkten Zugangs zu den heiligen Stätten. Diese Tatsache sieht er als Voraussetzung für ein Gelingen des Friedensprozesses.

Wie schon bei der Begegnung mit König Abdallah II. und Palästinenserpräsident Mahmoud Abbas bezeichnete Franziskus auch hier Shimon Peres als Mann des Friedens und Friedensstifter. „Der Aufbau des Friedens erfordert vor allem die Achtung der Freiheit und der Würde eines jeden Menschen, von dem ja Juden, Christen und Muslime gleichermaßen glauben, dass er von Gott erschaffen und für das ewige Leben bestimmt ist." Der Papst ging also auf das die Religionen Verbindende ein, was letztlich für ihn auch die Begründung zum überraschenden Vorstoß eines Friedensgebetes im Vatikan war. So erklärte Franziskus gegenüber Präsident Peres weiter: „Von diesem Fixpunkt aus, den wir gemeinsam haben, ist es möglich, das Engagement für eine friedliche Lösung der Streitigkeiten und der Konflikte zu ergreifen. In diesem Zusammenhang bringe ich erneut den Wunsch zum Ausdruck, dass allseits Initiativen und Taten vermieden werden, die dem erklärten Willen, zu einer wirklichen Übereinkunft zu gelangen, widersprechen, und dass man nicht müde wird, den Frieden mit Entschlossenheit und Kohärenz zu verfolgen." Der Pilger Papst wurde hier zum Politiker – allerdings mit theologischer Grundlage, denn für Franziskus ist klar, dass Frieden gelingen kann, wenn die Religionen gemeinsam an diesem Frieden mitbauen.

Besonders deutlich verurteilte Franziskus in seiner Rede alles, was sich einem Frieden und einem respektvollen Zusammenleben der Weltreligionen in den Weg stellt: „Gewaltanwendung und Terrorismus, jede Art von Diskriminierung aufgrund der Rasse oder der Religion, der Anspruch, den eigenen Gesichtspunkt auf Kosten der Rechte anderer durchzusetzen, Antisemitismus in all seinen möglichen Formen sowie Gewalt oder Äußerungen von Intoleranz gegen jüdische, christliche und muslimische Personen oder Kultstätten." Papst Franziskus schaffte in dieser Aufzählung eine große Klammer um das Bemühen, zu dem sich alle Religionen verpflichtet fühlen müssten. Die klare Absage an jede Form des Antisemitismus, aber auch die Verurteilung von Angriffen auf Angehörige der Religionen sollten jeden Bewohner Israels und Palästinas ansprechen. Es ist bemerkenswert, wie wenig gerade diese Passage in regionalen Medien des Nahen Ostens zitiert wurde. Außerdem nutzte der Papst die Gelegenheit, auch in Israel auf das Mitwirken der christlichen Minderheit am Aufbau der Gesellschaft zu verweisen: „Sie sind ein wesentlicher Bestandteil der Gesellschaft und nehmen vollberechtigt an ihren zivilen, politischen und kulturellen Angelegenheiten teil. Die Christen möchten von ihrer eigenen Identität her ihren Beitrag zum Gemeinwohl und zum Aufbau des Friedens leisten, als vollberechtigte Bürger, die jeden Extremismus zurückweisen und sich dafür einsetzen, Urheber von Versöhnung und Eintracht zu sein." Damit verpflichtete der Papst die Christen letztlich auch, im Land zu bleiben und die ihnen zugedachte Aufgabe mit Mut anzufassen, wobei er gleichzeitig und notwendigerweise die Identität der christlichen Minderheit hervorhob. „Ihre Präsenz und die Achtung ihrer Rechte – wie überdies der Rechte jeder anderen religiösen Bekenntnisgemeinschaft und jeder Minderheit – sind die Garantie eines gesunden Pluralismus und der Beweis für die Lebendigkeit der demokratischen Werte und ihrer wirklichen Verwurzelung in der Praxis und der Konkretheit des Lebens des Staates.“ Es gehe also darum, so der Papst, Leiden der Bevölkerung aufgrund von Konflikten und Krisen zu überwinden: „Frieden über Israel und im ganzen Nahen Osten! Shalom!“

Lange umarmten sich Franziskus und Shimon Peres nach den Reden unter dem Applaus der zahlreichen geladenen Gäste, darunter mehrere Hundert Kinder und Jugendliche. Peres war dem Papst für dessen Besuch besonders dankbar, denn es hieß aus unmittelbarer Umgebung von Franziskus, dass die baldige Realisierung einer Reise ins Heilige Land nach Pontifikatsbeginn unbedingt in der Amtszeit von Peres stattfinden solle, den Franziskus so auch noch einmal auf der öffentlichen Weltbühne würdigen wollte. Vom Sitz des Staatspräsidenten machte sich die Autokolonne auf den Weg in die Nähe des Neuen Tors der Altstadt von Jerusalem, wo der Papst mit dem israelischen Premierminister Benjamin Netanjahu zusammentreffen sollte. Wieder einmal mehr hatte die Sicherheit des Landes die Fahrtroute hermetisch abgesperrt, sodass es kaum für Menschen möglich war, einen Blick auf den vorbeifahrenden Papst zu werfen. Gerade aus diesem Grund war von Herzlichkeit auf den Straßen Westjerusalems wenig gegenüber dem Kirchenoberhaupt zu spüren.

Schwieriger Dialog: Im Gespräch mit Premierminister Benjamin Netanjahu

Als Ort für das Gespräch von Benjamin Netanjahu und Papst Franziskus hatte man das Gästehaus des Vatikans, das „Notre Dame of Jerusalem Center“ ausgewählt. Das Haus und das Areal von Notre Dame haben eine lange Geschichte. Vor allem fanden hier 2000 und 2009 die Begegnungen der Päpste mit Vertretern der Weltreligionen statt, die beide im Eklat endeten. Der Papst zog sich zunächst in einen Raum des Gästehauses zurück. Der Premierminister wurde von Kardinalstaatssekretär Pietro Parolin und Nuntius Giuseppe Lazzarotto empfangen.

Über die Inhalte des Gesprächs gab es keine Informationen. Netanjahu sorgte aber rasch nach der Begegnung dafür, dass seine Ansprache an den Papst in Auszügen veröffentlicht wurde. Dabei betonte er die Rolle des israelischen Staates zum Schutz der christlichen Minderheit: „Wir haben Hunderte von Kirchen in unserem Land [...] und wir bewahren jede. Nicht ein Stein ist von ihnen entfernt worden. Wir halten die Rechte der Christen im Staat Israel aufrecht. Zu meinem Bedauern ist dies nicht an allen Orten des Mittleren Ostens der Fall. Wir anerkennen Ihren Einsatz für Toleranz. Israel wird diese Toleranz fördern", so Netanjahu. Was er in Tel Aviv an politischen Worten kaum schaffte, ergänzte Netanjahu nach der Ansprache auf dem Herzl-Berg mit weiteren unmissverständlichen Worten: „Wir hoffen, dass Ihr Ruf nach Toleranz, Koexistenz und einem Ende der Anstiftung zu Antisemitismus und Terrorismus auch von unseren Nachbarn akzeptiert wird." Und er fügte hinzu: „Wenn die Anstiftungen gegen den Staat Israel ebenso wie der Terrorismus aufhören, dann gibt es keine Notwendigkeit mehr für jene Mittel, die wir angewandt haben – wie den Sicherheitszaun, der Leben geschützt hat, Tausende Leben. Ich ersehne den Tag, an dem der Ruf von Papst Franziskus, den Staat Israel anzuerkennen, das Recht der Juden auf einen eigenen Staat, um in Sicherheit und Frieden zu leben, auch von unseren Nachbarn akzeptiert werden möge. Das wird wenn nicht Frieden auf Erden, dann aber wenigstens Frieden in diesem Teil der Welt mit sich bringen."

An dieser Stelle sei angemerkt, dass die Begegnung zwischen Papst und Premier von großer Bedeutung war. Franziskus wird aktuelle, die Kirche betreffende Themen, angesprochen haben, insbesondere den noch nicht vom israelischen Parlament ratifizierten Vertrag zwischen dem Heiligen Stuhl und dem Staat Israel. Unmittelbar vor der Papstreise war ein weiteres Problem für die christliche Minderheit aufgekommen. Geplant ist eine neue Verwaltungsvorschrift, die die christlichen Schulen mit voller Wucht treffen würde: Die etwa fünfzig Schulen in Trägerschaft der verschiedenen katholischen Ortskirchen in Israel und ganz Jerusalem sowie einige weitere Schulen in Trägerschaft anderer nichtkatholischer Kirchen werden in finanzieller Hinsicht vor die Existenzfrage gestellt sein: Die vom israelischen Erziehungsministerium ausgearbeitete Vorschrift berücksichtigt bislang in keiner Weise die besonderen Umstände dieser Schulen. In vielen Gebieten kann der staatlich garantierte Anspruch auf einen Schulplatz für die Angehörigen der arabischsprachigen muslimischen oder christlichen Bevölkerungsgruppe ohne die kirchlichen Schulen nicht verwirklicht werden. „Die Verwaltungsvorschrift zielt auf eine Deckelung des Schulgeldes ab, das staatlich anerkannte und vom Erziehungsministerium nur zu einem nicht ausreichenden Teil refinanzierte Privatschulen von den Eltern der Schülerinnen und Schüler einziehen dürfen."[113] Die Deckelung berücksichtige jedoch nicht, dass die kirchlichen Privatschulen darauf angewiesen sind, auch die Kosten für Gebäudemiete, laufende Kosten für Strom, Wasser, Heizöl, Renovierungen und Investitionen zu decken: „Dies hängt damit zusammen, dass solche Kosten an staatlichen Schulen nicht aus dem Schulhaushalt, sondern aus anderen öffentlichen Kassen finanziert werden." Um den staatlich garantierten Anspruch auf einen Schulplatz aufrechtzuerhalten, brauche es eine Erhöhung der staatlichen Refinanzierung, und nicht eine Deckelung der Schulgebühren, die von den Eltern eingezogen werden müsste. Sollte die Verwaltungsvorschrift zu Beginn des neuen Schuljahrs angewandt werden, könnte das kurzfristig die Zahlungsunfähigkeit des Schulbetriebs bedeuten.

Tatsächlich ist seit mehreren Jahren festzustellen, dass die Unterstützung der christlichen Schulen durch das Erziehungsministerium zurückgeht und letztlich die Religionsfreiheit eingeschränkt wird, indem beispielsweise Prüfungstermine ohne Rücksicht auf christliche Feiertage festgelegt werden. Darüber, ob der Papst durch den Apostolischen Nuntius auf diese Problematik im Vorfeld aufmerksam gemacht wurde, kann hier nur spekuliert werden. Es wird allerdings für die vatikanische Diplomatie – auch in der Nachwirkung der Reise – von großer Bedeutung sein, verstärkt auf die von Netanjahu und Peres beschworene Religionsfreiheit zu drängen, damit diese ohne Einschränkung geachtet und die finanzielle Verantwortung des Staates für den Erhalt dieser für die Christen in Israel lebenswichtigen Schulen wahrgenommen wird.

Das im „Notre Dame of Jerusalem Center" mit dem Papst vorgesehene Mittagessen fand zur Überraschung der gastgebenden Legionäre Christi ohne Franziskus statt. Ermüdet vom dichten Programm, entschied er sich kurzfristig, nur mit wenigen Begleitern das Mittagessen bei den völlig erstaunten Franziskanern einzunehmen, die ihren Hauptsitz wenige Minuten von Notre Dame entfernt innerhalb der Jerusalemer Altstadtmauern haben. Weder konnten die Oberen des Ordens die Küche rechtzeitig informieren, noch wussten sie überhaupt etwas von dem hohen Besuch, der umso mehr von großer Herzlichkeit geprägt war. Vom Konvent der Franziskaner ging es zurück auf den Ölberg, wo sich Franziskus zum Gegenbesuch mit Patriarch Bartholomaios I. in unmittelbarer Nähe der kleinen griechisch-orthodoxen Kirche „Viri Galilaei" traf. Der Besuch galt im Programm als Privatbesuch, weshalb keine Reden vorgesehen waren. Beide Kirchenführer bekräftigten im Gespräch noch einmal die Themen und Gesten und vor allem Gebete des Vortages. Dem Vernehmen nach soll Franziskus bei dieser Gelegenheit Bartholomaios auch zur Teilnahme am Friedensgebet im Vatikan eingeladen haben.

Der weitere Weg führte den Papst vom Ölberg herunter ins Kidrontal zur „Kirche der Nationen" im Garten Getsemani. Mit rund 400 Priestern, Ordensangehörigen und Seminaristen traf Franziskus hier zum Gebet zusammen. Er trug dabei die rote Stola, die bereits vor fünfzig Jahren Papst Paul VI. verwendet hatte. In seiner Predigt meditierte der Papst das Wort aus dem Lukasevangelium: „Dann verließ Jesus die Stadt und ging zum Ölberg; seine Jünger folgten ihm nach." (Lukas 22,39) An diesem Ort habe Jesus die Angst mit einem „Ja" zu seinem Vater überwunden: „Beinahe scheuen wir uns, den Gefühlen nachzuspüren, die Jesus in jener Stunde empfunden hat; gleichsam auf Zehenspitzen treten wir in jenen inneren Ort ein, wo das Drama der Welt entschieden wurde." Franziskus stellte die zentrale Frage an die Anwesenden: „Wer bin ich vor dem leidenden Herrn? Gehöre ich zu denen, die von Jesus aufgefordert werden, mit ihm zu wachen, und stattdessen einschlafen; die anstatt zu beten, versuchen zu entrinnen, indem sie die Augen vor der Realität verschließen?" Die Freundschaft Jesu zu den

Menschen sei das unschätzbare Geschenk, das ermutige, den Weg der Nachfolge vertrauensvoll fortzusetzen. „Wir spüren das Missverhältnis zwischen der Größe der Berufung und unserer Kleinheit, zwischen der Erhabenheit der Sendung und unserer menschlichen Hinfälligkeit. Doch in seiner großen Güte und unendlichen Barmherzigkeit nimmt uns der Herr immer bei der Hand, damit wir uns nicht von der Erschütterung überfluten lassen." Franziskus forderte in der Meditation die Priester, Seminaristen und Ordensleute auf, im Land zu bleiben: „Ihr seid berufen, dem Herrn in diesem gesegneten Land voll Freude nachzufolgen! Das ist ein Geschenk und auch eine Verantwortung. Eure Präsenz hier ist sehr wichtig; die ganze Kirche ist euch dankbar und unterstützt euch mit dem Gebet." Nach der Begegnung begab sich der Papst in den Garten Getsemani und pflanzte dort – fünfzig Jahre nach seinem Vorgänger Paul VI. – einen weiteren Olivenbaum.

Demonstranten gegen den Papst: Franziskus auf dem Zionsberg

Vom Kidrontal ging es auf den christlichen Zionsberg – die letzte Etappe von Franziskus in Jerusalem und innenpolitisch auch eine der heikelsten. Wie schon Johannes Paul II. wollte der Papst hier die Eucharistie feiern. Offiziell ist der Abendmahlssaal weder eine Kirche noch eine Synagoge oder Moschee. Geduldet werden hier Privatgebete und einzelne Gottesdienste. Unter dem Abendmahlssaal verehren die Juden das Grab von König David. Damit sorgt der Bau automatisch für erhebliche religiöse Spannungen. In den langwierigen Verhandlungen zwischen dem Heiligen Stuhl und dem Staat Israel geht es auch um die künftige Nutzung des Abendmahlssaals. Ziel der Verhandlungen ist es, dass zu festgelegten Zeiten alle Konfessionen Gottesdienste feiern dürfen. Der Protest von jüdischen Gruppen richtet sich gegen diese Lösung – die noch in weiter Ferne liegt –, da sie so eine Entweihung des Davidsgrabes vermuten. Entsprechend scharf hatten einige nationalreligiöse israelische Politiker im Vorfeld des Papstbesuchs zu Protesten gegen den Papst und die christlichen Einrichtungen auf dem Zion aufgerufen. Hauptdrahtzieher der Proteste waren die rechtsnationalen israelischen Politiker Michael Ben-Ari, Gründer der Partei

„Otzma Le Israel" („Stärke für Israel") und Baruch Merzel, Vorsitzender der rechten Partei „Hazit Yehudit Leumit" („Jüdische Nationale Front"). Der Abendmahlssaal dürfe wegen des Grabes Davids nicht den „Ritualen der Kirche" ausgeliefert werden. Regelmäßige christliche Gebete am Davidsgrab verhinderten, dass Juden den Ort noch betreten könnten, weil er dadurch ein Haus des Götzendienstes würde, argumentierte Ben-Ari. Die Messe von Franziskus sei ein Präzedenzfall, der zu einer völligen „Kontrolle der Kirche über den Komplex des Davidsgrabes" führe. „Unter dem Deckmantel der Liebe und Brüderlichkeit gestattet der Staat Israel christliche Messen am Davidsgrab, etwas, was Christen Hunderte von Jahren nicht erlaubt war", so Ben-Ari. Abgesehen von den teilweise historisch falschen Tatsachen – da ja auch frühere Päpste hier bereits Gottesdienst gefeiert hatten – zeigte sich die Spannung auch auf der anderen Seite: Die reformjüdische Gruppe „Hiddusch" befürwortet ein Gebetsrecht von Christen: „Im Geist der Hoffnung auf interreligiöse Harmonie und Versöhnung muss jede Anstrengung unternommen werden, um den unterschiedlichen Religionen Zutritt und Gottesdienste in vollem gegenseitigem Respekt zu ermöglichen", sagte der Vorsitzende von „Hiddusch", Rabbiner Uri Regev.

Von den teilweise gewaltsamen Protesten rund um den Papstbesuch war auch die Dormitio-Abtei betroffen, die sich seit über einem Jahr erheblichem Druck ausgesetzt sieht: Graffiti-Schmierereien auf den Kirchenwänden, zerstochene Autoreifen und Schmähparolen wie „Jesus ist ein Affe" hatten bereits im Sommer 2013 für erste Spannungen gesorgt. Am Vorabend des Papstbesuchs auf dem Zion kam es zu teilweise gewaltsamen Auseinandersetzungen zwischen nationalreligiösen Juden und der Polizei. Folglich war der Zionsberg von Anfang an einer der am besten gesicherten Orte im Besuchsprogramm von Papst Franziskus. Das bekam auch die Dormitio-Abtei zu spüren, zu der am Tag selbst nur bei der Polizei registrierte Personen gehen durften. Dutzende von Scharfschützen überwachten von den Dächern der Abtei die umliegende Gegend und den Abendmahlssaal.

Die Messe feierte der Papst mit den Ordinarien des Heiligen Landes und seiner Begleitung. In den Mittelpunkt der Predigt stellte Franziskus den Horizont des Abendmahlssaals, der für das Sein und Werden der Kirche konstitutiv ist. Er vermied jeden politischen oder besitzbetonenden Angriff, sondern erschloss in seiner Predigt die geistliche Dimension des Ortes für die Kirche von heute: „Hier ist die Kirche geboren, und sie ist im Aufbruch geboren.“ Aufbrechen heiße nicht vergessen, die Kirche im Aufbruch bewahre das Gedächtnis dessen, was an diesem Ort geschehen sei. Der Abendmahlssaal erinnere an den Dienst – Franziskus hob hervor, den Armen, Kranken und Ausgeschlossenen zu dienen. Der Abendmahlssaal erinnere an das Opfer, die Freundschaft, den Abschied und die Verheißung. „Der Abendmahlssaal erinnert uns an das Miteinander-Teilen, an die Brüderlichkeit, an die Harmonie, an den Frieden unter uns. Wie viel Liebe, wie viel Gutes ist aus dem Abendmahlssaal hervorgegangen! Wie viel Nächstenliebe ist von hier ausgegangen“, fragte der Papst eindringlich. „Das ist der Horizont des Abendmahlssaals: der Horizont des Auferstandenen und der Kirche. Von hier geht die Kirche im Aufbruch aus, belebt vom Lebenshauch des Geistes.“

Es zeigt die geschickte Komposition der Reise, dass der Papst seinen Besuch mit der Eucharistiefeier abschloss und noch einmal auf das Zentrum alles Tuns und Handelns der Kirche verwies. Vielleicht wurde in diesem Moment am deutlichsten, dass der Pilger Franziskus das Heilige Land besucht hatte – fernab jeder politischen Nuance und gesellschaftlichen Mahnung. Umso betrüblicher war, dass nicht einmal eine Stunde nach Abreise des Papstes vom Zionsberg ein Brandanschlag in der Dormitio-Abtei verübt wurde. Nachdem Franziskus in der Wagenkolonne vom Zion zum Skopusberg gefahren war, um von dort mit dem Hubschrauber zum Flughafen nach Tel Aviv zu fliegen, waren die Polizeisperren auf dem Zion zwar aufgehoben, aber die Ordnungskräfte und Polizisten noch vor Ort. Trotzdem gelang es einer bisher nicht identifizierten Person, in die Abteikirche zu gehen, das Fürbittenbuch in Brand zu setzen und hinter die Chororgel zu schleudern, sodass Orgel und Kirchenbänke in Mitleidenschaft gezogen wurden. Nur das beherzte und schnelle Eingreifen der Benediktiner verhinderte größere Schäden. Dennoch zeigt dieser Angriff – von wem auch immer er ausgeübt wurde –, wie brüchig der Friede in der Heiligen Stadt ist. Befremdlich mutet an, dass die israelische Polizei, die für eine mehr als hundertprozentige und oft übertriebene Sicherheit bei der Reise von Franziskus sorgte, diesen Schmelztiegel so rasch nach dem Aufenthalt des Papstes aus dem Blickfeld entließ – und das, obwohl die Behörden bereits vor einem

Jahr zugesichert hatten, die Beleuchtung auf den Wegen zur Abtei zu verbessern und Überwachungskameras zu installieren. Nichts dergleichen ist bisher geschehen, und so war das Entsetzen über den Brandanschlag groß. Die Botschaft der Bundesrepublik Deutschland forderte bereits am Tag darauf die Regierung auf, die Versprechen der Behörden einzuhalten und den Zion besser zu sichern. Der Vorgang offenbarte am Ende der Reise eine erhebliche Schwachstelle in einem System, bei dem über 8500 Polizisten und Grenzschützer im Einsatz waren.

Abschied in Tel Aviv – Das Ende einer erfüllten Reise

Das Abschiedszeremoniell am Flughafen in Tel Aviv war - wie schon bei der Abreise aus Jordanien und Palästina - auf ein Minimum beschränkt worden. Reden wurden keine gehalten, und man wird nachdenklich die Frage stellen müssen, ob hier nicht eine Chance verpasst worden ist. Gerade in den Abschiedsreden auf den Flughäfen hatten die Vorgänger von Franziskus noch einmal die Reise, ihre wichtigsten Stationen und vor allem die bedeutendsten Erkenntnisse - für die Kirche vor Ort, politisch, gesellschaftlich - zusammengefasst. Insbesondere die Rede im Jahr 2009 von Papst Benedikt XVI., die noch in der Nacht vor der Rückreise umgeschrieben und aktualisiert worden war, weil der Papst damals die Gelegenheit nutzen wollte, um einen eindringlichen Friedensappell auszusprechen, war vielen in Erinnerung geblieben.

Mit Präsident Shimon Peres schritt Franziskus die Ehrenformation ab. Der Abschied und lang anhaltende Umarmungen fielen herzlich aus, wussten doch beide Staatsmänner, dass sie sich bald wiedersehen würden. Zuletzt ging Franziskus in das Flugzeug der israelischen Fluggesellschaft El Al, das um 20.15 Uhr Richtung Rom startete. Die zweite Auslandsreise von Papst Franziskus ging damit nach zwei Tagen, 14 Stunden und 45 Minuten bei 4615 zurückgelegten Kilometern und 13 Ansprachen zu Ende. Die Tageszeitung „Haaretz" bezeichnete den Besuch zu Recht als „historisch", vor allem weil sich Franziskus im Unterschied zu seinen Vorgängern klar auf die politische Ebene begeben und mit der Einladung in den Vatikan einen konkreten Schritt unternommen habe. „Der Ball liegt jetzt bei der Führung Israels und der Palästinenser", so „Haaretz".

Auf dem Rückflug sorgte das Kirchenoberhaupt aber noch für eine Überraschung und gab – wie schon auf dem Rückweg 2013 von Rio de Janeiro nach Rom – eine ausführliche Pressekonferenz für die mitreisenden Journalisten. Verschiedene Aspekte betrafen auch die Reise ins Heilige Land, die hier benannt werden sollen. Eine Journalistin fragte Franziskus, ob die vielen Gesten während der Reise spontan gewesen seien. Der Papst antwortete: „Nun, die Gesten, die am echtesten sind, sind jene, die man nicht plant, die spontan kommen, nicht wahr?" Franziskus bemerkte dabei, dass die Einladung an die Präsidenten Israels und Palästinas zum Friedensgebet in den Vatikan „ein wenig geplant" gewesen sei. Oft gehe es ihm so, dass er überlege, etwas zu tun, dann keine Idee habe, und plötzlich komme doch ein Gedanke, den er dann spontan verwirkliche. Im Pressegespräch bekräftigte Franziskus die Haltung des Heiligen Stuhls zur Jerusalemfrage. Er fügte mit Blick auf den Friedensprozess hinzu: „Ich glaube, dass man mit Ehrlichkeit, Brüderlichkeit und gegenseitigem Vertrauen den Verhandlungsweg einschlagen muss [...] Es braucht Mut, um das zu tun, und ich bete so sehr zum Herrn, dass diese beiden Leader, diese beiden Regierungen den Mut aufbringen, voranzugehen." Der Papst ging auch noch einmal auf seine drei Begegnungen mit Patriarch Bartholomaios ein, wo vor allem die Frage der Einheit der Christen im Mittelpunkt der Gespräche gestanden habe: „Die Einheit schafft man unterwegs, die Einheit ist ein Weg. Wir können die Einheit niemals auf einem Theologie-Kongress herstellen. [...] Gemeinsam gehen, gemeinsam beten, gemeinsam arbeiten in so vielen Dingen, die wir gemeinsam tun können, einander helfen." Dabei sagte Franziskus auch, dass er mit Bartholomaios über ein einheitliches weltweites Osterdatum als erstes sichtbares Zeichen der Einheit nachgedacht habe.

Franziskus im Heiligen Land: ein Besuch, der länger wirkt, als er dauert

Papst Franziskus im Heiligen Land wird für beide unvergessen bleiben: für den Papst und für das Heilige Land, das sich wenige Wochen nach der Reise einem neuen Krieg zwischen Israel und der Hamas ausgesetzt sah. Der Besuch des Papstes war eine – auch für den Vatikan – ungewöhnliche Reise: ein dichtgedrängtes Programm ohne Pausen und doch der – gelungene – Versuch, jeder und jedem in den drei Staaten gerecht zu werden. So war die Choreografie der Reise an den Besuchen der Vorgängerpäpste orientiert, mit denen Franziskus in den religiösen und politischen Brennpunkt des Nahen Ostens geführt wurde. Seit Pontifikatsbeginn weiß jeder, der den Papst hört: Er spricht kurz und knapp mit eindrucksvollen Zeichen und leisen Gesten – entsprechend waren die Predigten und Ansprachen von Franziskus im Heiligen Land auf diese Vorgabe ausgerichtet. Dabei haben die Worte des Papstes ihre Wirkung nicht verfehlt, denn dieser Papst hat eine Vision für das Heilige Land, auch wenn er selbst weiß, wie weit ein echter und dauerhafter Friede trotz einer Papstreise entfernt bleibt. Franziskus ist dem Markenzeichen seines bisherigen Pontifikats treu geblieben: Er ist unberechenbar. Seine Spontaneität und Herzlichkeit schafften es, die Herzen der Menschen in Nahost zu erobern; seine Gesten und Worte werden länger wirken, als sie gedauert haben. Und Franziskus hat deutlich gemacht: Wenn er die Politik ruft, dann ist sie bereit zu kommen. Das heikle diplomatische Kunststück ist ihm gelungen.

Papst Franziskus war im Heiligen Land vor allem Pilger, denn als solcher wollte er reisen, um an jene historische Begegnung vor fünfzig Jahren zu erinnern, als sich der Patriarch von Konstantinopel und der römische Papst in Jerusalem aussöhnten. Damals begann ein ökumenisches Gespräch – das auf einem langen Weg bis heute vieles erreicht hat. Deshalb war der ökumenische Teil des Papstbesuchs im Heiligen Land der einfache. Freundschaftlich vertraut begegneten sich Franziskus und Bartholomaios I. Stark waren die Zeichen, als sie gemeinsam in die Grabeskirche gingen, um zu beten. Im Herzen des Christentums hatten sie sich getroffen, um Mauern der Vergangenheit einzureißen. Während der griechisch-orthodoxe Patriarch von Jerusalem, Theophilos III., noch kurz vor der Reise in einem Interview die Amtsfrage als das größte Hindernis der Einheit charakterisierte, war es Franziskus, der genau diese Frage während des Besuchs in Jerusalem stellte und darum bat, über den Petrusdienst offen zu diskutieren. Zu diesem ökumenischen Aspekt des Pilgers Papst gehören auch die geistlichen Momente der Reise: In den Eucharistiefeiern erinnerte Franziskus an das

Geheimnis der Heilsgeschichte, das sich im Heiligen Land in besonders dichter Weise zeige. Der betende Papst an den heiligen Orten wird eines der bleibenden Bilder dieser Reise auf viele Jahre sein.

Im Heiligen Land zeigte sich Franziskus ebenso als Brückenbauer für die Weltreligionen. Mit seinen islamischen Gesprächspartnern in Amman, Betlehem und Jerusalem setzte er den langen, von seinen Vorgängern begonnenen Weg der Verständigung fort. Das gilt auch für die Begegnungen mit dem Judentum in Israel. Dabei wusste Franziskus, wie gut es um den katholisch-islamischen und den katholisch-jüdischen Dialog bestellt ist, wie schwierig, wenn nicht sogar oft unmöglich der jüdisch-islamische Dialog ist. Einmal mehr warb der Papst daher um den Einsatz der katholischen Kirche, im Dialog unter den drei Religionen zu sprechen, wenn der Dialog zwischen Juden und Muslimen versagt. Franziskus hat erneut das Konzilsdekret *Nostra aetate* mit Leben erfüllt und ist den anderen Religionen im Minenfeld des Nahen Ostens mit demütigem Respekt und der offenen Hand begegnet. Gerade die ihn aus Buenos Aires begleitenden Freunde des Judentums und des Islam waren ein lebendiges Zeichen dafür, dass sich Weltreligionen umarmen können, auch vor der Klagemauer.

Der Pilger Franziskus war im Heiligen Land an beiden Ufern des Jordans aber auch Politiker – daran kommt kein Papst im Nahen Osten vorbei. Erstmals musste er in dem noch jungen Pontifikat politisches Profil zeigen. Entsprechend deutlich sind die Äußerungen zum Nahostkonflikt ausgefallen, den er als „unerträglich“ bezeichnete. Seine Worte für eine Zweistaatenlösung, einen Frieden in der Region und vor allem eine Bewältigung des Flüchtlingselends waren weit über den Jordan zu hören. Die verschiedenen Begegnungen mit syrischen und palästinensischen Flüchtlingen sollten der Welt das Drama vor Augen führen. Aber die geht allzu schnell zur Tagesordnung über, wenn die Objektive der Kameras abgezogen sind und trostloser Alltag für die Flüchtlinge einkehrt. Ein Zeichen der Hoffnung hat Franziskus für diese Ärmsten der Armen mit seinem Besuch dennoch gesetzt. Die Einladung zum Friedensgebet in den Vatikan, die Würdigung der Staatsoberhäupter aller besuchten Länder als „Männer des Friedens und Friedensstifter“ waren Wegmarken, die einerseits den Respekt des Papstes gegenüber den Staaten zeigten und andererseits deutlich machten, dass sich der Heilige Stuhl in diesem Pontifikat aus politischen Debatten der Zukunft nicht heraushalten wird.

Vor allem war die dreitägige Reise mit dem Mammutprogramm eine Ermutigung für die Christen vor Ort. Dazu dienten auch die politischen Gespräche und offiziellen Ansprachen bei den drei Willkommenszeremonien: Franziskus schärfte den Staaten ein, welchen „Wert" die Christen im Leben der Zivilgesellschaft haben, dass ihr Beitrag unverzichtbar für das Wohlergehen der Nationen sei. Die Christen spürten den Willen des Papstes, öffentlich Solidarität zu bekunden, als er sie loyale und engagierte Mitbürger nannte, die Anspruch auf vollkommene Gleichberechtigung hätten. Am Aufbau der Gesellschaft sollten sie mitwirken, rief der Papst ihnen zu – und sprach aus, was viele fürchten: Der Christenexodus aus der Region geht weiter. Und doch mahnte Franziskus, wie schon Paul VI., die heiligen Stätten der Christenheit nicht zu Museen werden zu lassen, sondern das reiche christliche Erbe der Region lebendig zu halten. Dabei weiß auch der Papst, wie fragil die Situation für die christliche Minderheit in Nahost ist und wie wenig Hoffnung es auf Frieden im Angesicht von Mauern gibt. Als er an der Sperrmauer in Betlehem den Wagen anhalten ließ und seine Stirn an die Mauer legte, wurde es still im sonst so geschäftigen Heiligen Land. Die Geste sprach für sich. Ebenso die Geste, als Franziskus an die Klagemauer in Jerusalem ging und dort im Gebet verweilte. Beide Mauern sind nicht miteinander vergleichbar. Und doch geht von ihnen eine Botschaft aus: Im Heiligen Land wollen Menschen im Frieden ihrer Religion und in Sicherheit leben, aber eben ohne jene Mauern, die Familien trennen und Völker entzweien.

Deshalb stellte der Papst auf der Reise häufig die Frage, wozu Menschen fähig seien. Und auch das war ein Aspekt des Besuchs im Heiligen Land: Franziskus kam als Versöhner in einer schwierigen Geschichte, denn vor allem stellte er die Frage in Yad Vashem und zuvor schon am Flughafen in Tel Aviv. Der Papst weiß um die Geschichte und die Leistung seiner Vorgänger, die Aussöhnung mit dem Judentum vollendet zu haben, auf der er nun aufbauen kann. Deshalb waren seine Appelle gegen jede Form des Antisemitismus ebenso unmissverständlich wie die konkrete Nennung der sechs Millionen Opfer der

Shoah. In Yad Vashem fasste der Papst mit seiner Botschaft letztlich zusammen, was für den Ort, das Gedenken dort und gleichzeitig für den ganzen Nahen Osten gilt: „Gib uns die Gnade, uns zu schämen für das, was zu tun wir als Menschen fähig gewesen sind.“ Der Friedenspilger fügte hinzu, was man dem Heiligen Land nur wünschen kann, nämlich das Ende von Zerstörung und Tod: „Niemals mehr, o Herr, niemals mehr!“

VII. Vision für Nahost: Das Friedensgebet im Vatikan und die Perspektive danach, oder: Hoffen wider alle Hoffnungslosigkeit

Aufbau Nahost: Fünf Jahre Papstreisen

Fünf Jahrzehnte Papstreisen ins Heilige Land sind das Spiegelbild für fünfzig Jahre minutiöser vatikanischer Nahostdiplomatie. Sechzig Jahre vor der ersten Papstreise nach Jordanien und Israel wäre ein solcher Schritt der Kirche auf die Welt zu kaum denkbar gewesen, als Papst Pius X. in einer Audienz für Theodor Herzl 1904 die Schaffung einer Heimstatt für das jüdische Volk ablehnte. Dem Heiligen Stuhl ging und geht es immer zuerst um die christliche Minderheit vor Ort. Davon zeugt beispielsweise die Gründung der diplomatischen Vertretung in Ostjerusalem noch wenige Monate vor der Ausrufung des Staates Israel. Und doch hatte bereits Paul VI. ein Mehrfaches im Sinn, als er sich als Pilger ins Heilige Land aufmachte: Es ging um die Solidarität mit den Christen in der Region und um einen ökumenischen Meilenstein. Aus diesen beiden Aspekten ist dank der beharrlichen Diplomatie des Heiligen Stuhls noch während des Pontifikats Pauls VI. viel gewachsen: Immer häufiger nahmen Papst und Kurie auch zu politischen Vorgängen im Nahen Osten Stellung. So hat der Heilige Stuhl eine bis heute differenzierte und in der internationalen Gemeinschaft hoch anerkannte Position zur Frage zweier Staaten und dem Status von Jerusalem sowie der Sorge für die Palästinaflüchtlinge entwickelt.

Auf diesen Grundlagen konnte Papst Johannes Paul II. seine vatikanische Nahostpolitik aufbauen. Er sah vor allem die religiöse Annäherung an das Judentum und den Islam im Vordergrund und wollte mit seinen verschiedenen Initiativen das Konzilsdokument *Nostra aetate* weiter mit Leben ausfüllen. Insbesondere der erste Besuch in der römischen Synagoge 1986 war ein wesentlicher Durchbruch, um auch den Juden in Israel zu signalisieren, dass es um eine theologische Annäherung geht und nicht um vermeintliche Besitzansprüche der Kirche. Der historische erste Besuch in Yad Vashem und die Bitte um Vergebung dort wie kurz zuvor in Rom bildeten Wegmarken, hinter die die Kirche nicht mehr zurück konnte und wollte. Die weltweiten politischen Veränderungen Ende der Achtzigerjahre nutzte der Papst, um auch den Wandel in Nahost positiv für die Kirche zu begleiten. Die Aufnahme voller diplomatischer Beziehungen mit Jordanien und Israel ist dafür ein gutes Beispiel. Weil der Heilige Stuhl Verträge mit dem Staat Israel und Palästina geschlossen hatte, konnte er anders agieren als noch zuvor unter dem Pontifikat Pauls VI. Die Solidarität mit den Christen vor Ort, das ökumenische Miteinander, das politische Wirken durch diplomatische Missionen und der interreligiöse Dialog prägten die Zeit Johannes' Pauls II. Vor allem bot der Papst den Heiligen Stuhl als international akzeptierten und geschätzten Gesprächspartner im Nahen Osten an. Das politische Pontifikat Johannes' Pauls II. hat es ermöglicht, dass der Heilige Stuhl in den jüngeren Kriegen des Nahen Ostens ebenso Position bezog wie zu den Flüchtlingsströmen aus dem Irak nach dem Sturz Saddam Husseins oder der Besetzung der Geburtskirche in Betlehem durch Palästinenser.

Diese Chance nutzte auch Papst Benedikt XVI. Ihm ging es um die politischen Optionen für den Nahen Osten, um die Flüchtlinge aus Syrien sowie um politische Interventionen wie beispielsweise seine wegweisende Rede für den Frieden in der Welt vor den Vereinten Nationen 2008, aber ebenso um eine Ermutigung für die Christen im Heiligen Land. Dazu dienten insbesondere die Sondersynode über die Kirche im Nahen Osten und das beherzte Argumentieren des Papstes gegen den schleichenden Christenexodus in allen Staaten der Region. Benedikt XVI. hat wie sein Vorgänger vor allem gesellschaftliche Werte für die christliche Minderheit vertreten, indem er die

Vertreter der Regierungen aufforderte, den Christen Chancen einzuräumen, am Aufbau der Zivilgesellschaft mitwirken zu können. Christen würden sich nicht als „Bürger zweiter Klasse fühlen wollen", sondern sich am Wohlergehen des Staates aktiv beteiligen. Was Paul VI. grundgelegt und Johannes Paul II. aufgebaut hat, führte Benedikt XVI. in seiner Versöhnungsarbeit mit dem jüdischen Volk gleichsam zur Vollendung: Sein Besuch in Yad Vashem wirkte gerade aufgrund der Tatsache, dass es sich um einen deutschen Papst handelte, noch lange nach. Tatsächlich wird man das Engagement Benedikts XVI. im Kontext der Reden von Auschwitz (2006) bis Yad Vashem sehen müssen, in denen der Papst unmissverständlich Versöhnung und Verzeihung ebenso angemahnt hat wie die Pflicht, jeder Form des Antisemitismus entgegenzutreten. Was Paul VI. mit Blick auf den Islam noch nicht konnte, bewirkten seine Nachfolger umso intensiver: einen Dialog, hinter den die katholische Kirche nicht mehr zurück will, aber auch einen Dialog, der immer mehr aufgrund radikaler Kräfte in der islamischen Welt gefährdet ist. Zu diesem Dialog und der Überwindung von Missverständnissen, wie zum Beispiel der „Regensburger Rede", hat Benedikt XVI. wegweisend beigetragen.

Auf dieser Arbeit vermochte Papst Franziskus seine Reise aufzubauen. Während er den Umfang des Aufenthaltes im Heiligen Land massiv reduzierte, konzentrierte er sich auf eine Bestätigung dessen, was seine Vorgänger bereits geleistet hatten. Dabei gelang es ihm, mit Gesten und Worten auch neue Akzente zu setzen. Franziskus ist mit großem diplomatischen Geschick und der ihm eigenen Spontaneität auf die Völker im Nahen Osten zugegangen. Dabei hat er weder mit klaren politischen Forderungen gespart noch den Dialog der Religionen zurückversetzt, im Gegenteil: Er hat den bisherigen Weg in Kontinuität zu seinen Vorgängern bestätigt und ist einen großen Schritt weiter gegangen, indem er die Vertreter der Religionen zum Friedensgebet in den Vatikan einlud. Diese überraschende und für manche unerhörte Geste zeigt, mit welchem Mut Franziskus sein Pontifikat gestaltet. Dabei ging es ihm mit dem Besuch im Heiligen Land als Pilger ebenso wie seinen Vorgängern um die Stärkung der christlichen Minderheit vor Ort und weitere Schritte im ökumenischen Dialog, insbesondere mit der orthodoxen Kirche.

Der Weg: Hoffnung wider alle Hoffnungslosigkeit?

Fünfzig Jahre Papstreisen ins Heilige Land haben auch gezeigt: Gesellschaftliches Leben ist ohne christliches Engagement in Israel und den Palästinensischen Autonomiegebieten sowie Jordanien nicht zu denken. Insbesondere das Engagement der katholischen Kirchen in der Region, aber auch im Einsatz internationaler Solidarität machen deutlich: Die Kirche spielt eine tragende Rolle im Heiligen Land. Diese Verantwortung wird durch den Heiligen Stuhl unterstützt, der für die katholische Kirche im Heiligen Land die wichtigen Rahmenabkommen 1993, 1997 und 2000 abgeschlossen hat. Heute steht die Ortskirche mehr denn je in der Verpflichtung, auf diese juristisch bindenden Verträge in Israel und Palästina aufmerksam zu machen, um die eigenen Rechte zu sichern. Neben dem Staat Israel gilt das insbesondere für Palästina, das der Heilige Stuhl als Staat expressis verbis anerkannt hat. Eine entsprechend positive Begleitung der kirchlichen Arbeit wäre nun für alle palästinensischen Autoritäten und politischen Schattierungen angemessen. Nur mit eigenem Engagement – gerade auch in ihrem Bildungs- und Ausbildungsbereich – wird die Ortskirche verhindern können, dass noch mehr Christen das Heilige Land verlassen. Der schleichende Christenexodus muss ein Ende finden, und daher dürfen die Christen nicht nur zu bloßen Hilfsempfängern werden, sondern müssen – wie es Johannes Paul II. einmal gesagt hat – „aktive Akteure im gesellschaftlichen Leben des Heiligen Landes“ sein. Die Kirche selbst hat die Verpflichtung, Perspektiven zu bieten, um die Abwanderung zu verhindern.

Das pastorale Leben im Heiligen Land droht dennoch – und da lässt sich ein realistischer Blick im Sommer 2014, wenige Wochen nach der Papstreise und massiven kriegerischen Auseinandersetzungen zwischen Israel und der radikalislamischen Hamas im Gazastreifen, nicht vermeiden – zu erlahmen, wenn politische Einseitigkeiten und gewaltsame Konflikte auf Kosten der Schwächsten in beiden Gesellschaften gehen. Deshalb kann die katholische Kirche derzeit nur eingeschränkt handeln; sie lebt – wie alle Menschen in Nahost – aus dem Augenblick des Jetzt. Keiner weiß, was morgen geschieht; deshalb liegt die Konzentration darauf, die Not des Alltags zu lindern. Gleichzeitig bleibt es der Auftrag von Kirchenführern und Gemeindeleitern, auch die spirituelle beziehungsweise pastorale Grundversorgung in den Pfarreien neben der karitativen Hilfe zu sichern.

Mit den Reisen aller vier Päpste ist deutlich geworden, dass der Einsatz der katholischen Kirche im Heiligen Land kein Dialog zwischen zwei, sondern zwischen drei Partnern ist, bei dem Eigeninteressen mit anderen Interessen harmonisch kombiniert werden. Ob die Äußerung des *L'Osservatore Romano* einen Tag vor dem Ende des Dramas um die Geburtskirche im Jahr 2002 die Chiffre für künftige Hoffnungslosigkeit ist, bleibt offen: „Mit dramatischer Regelmäßigkeit folgt im Nahen Osten auf jeden Schritt vorwärts in Richtung Dialog eine Verschärfung der Gewalt." Im Heiligen Land bedarf es deshalb des entscheidenden Schritts nach vorne von Israelis und Palästinensern. Die Palästinenser sind auf dem mühsamen und von vielerlei Rückschritten geprägten Weg, ihre eigene, von allen Kräften akzeptierte Gesellschaft und politische Führung zu finden. Beim Ostersegen „Urbi et orbi" am 23. März 2008 sagte Papst Benedikt XVI.: „Wie oft sind die Beziehungen zwischen Mensch und Mensch, zwischen Gruppe und Gruppe, zwischen Volk und Volk nicht von Liebe, sondern von Egoismus gekennzeichnet, von Ungerechtigkeit, von Hass, von Gewalt! Es sind die Wunden der Menschheit, offen und schmerzend in jedem Winkel des Planeten, wenn auch oft unbeachtet oder zuweilen absichtlich verborgen [...]. Sie warten darauf, [...] verbunden und geheilt zu werden."[114]

Ein Moment Hoffnung: Das Friedensgebet im Vatikan

Papst Franziskus hatte während seiner Heilig-Land-Reise diese Heilung im Sinn, als er mit einem Paukenschlag in Betlehem und wenige Stunden später auf dem Flughafen in Tel Aviv die konkreteste Initiative für den Frieden in Nahost seit Langem startete und Staatspräsident Mahmoud Abbas sowie Staatspräsident Shimon Peres zu einem Friedensgebet in den Vatikan einlud. Aufgrund des guten Verlaufs der Begegnung mit dem Ökumenischen Patriarchen von Konstantinopel hatte der Papst Bartholomaios I. während der Reise in Jerusalem ebenfalls zum Gebet nach Rom gebeten. Noch am Tag der Ankündigung folgten die Zusagen, wenige Tage später wurde das konkrete Datum für das Friedenstreffen veröffentlicht. Ursprünglich war es der Plan des Papstes gewesen, das Friedensgebet in Jerusalem während seines Aufenthaltes dort durchzuführen. Die zwischen der vatikanischen Diplomatie und den Regierungen Israels und Palästinas dezent und unter strengster, aber erfolgreicher Diskretion vorgenommenen Sondierungen im Vorfeld der Reise zeigten jedoch bald, dass dies – nicht nur aus logistischen, sondern vor allem aus politischen Gründen – nicht realisierbar war. Daher kam der Entschluss des Papstes, die Einladung in den Vatikan auszusprechen. Bezeichnend war, dass das Friedensgebet zwanzig Jahre nach dem historischen Gaza-Jericho-Abkommen stattfinden sollte: Damals unterzeichneten Israels Premierminister Yitzhak Rabin und PLO-Chef Yassir Arafat jenen Vertrag, der den Palästinensern die so lange erhoffte Teilautonomie zugestand. Was über zwei Jahrzehnte nur schleppend anlief und oft unterbrochen wurde, führte später zu einem Stillstand der Verhandlungen. Jetzt, für einen Moment der Weltgeschichte, standen die Rivalen von einst – diesmal in den Personen von Peres und Abbas – wieder zusammen, auf Einladung des Papstes.

Es ist bezeichnend und von Franziskus wohl durchdacht, dass er das Gebet auf den frühen Abend des Pfingstsonntags legte: Der Geist des Friedens sollte auch hier wehen. Mit der Vorbereitung hatte der Papst neben seinen engsten Mitarbeitern den Kustos der Franziskaner im Heiligen Land, P. Pierbattista Pizzaballa, beauftragt. Als Ort kam – gerade wegen des geistlichen Charakters – der Petersdom nicht infrage. So wählte man die Vatikanischen Gärten mit einem eindrucksvollen Blick auf die Kuppel von St. Peter aus. Minutiös war vom Vatikan mit der israelischen und der palästinensischen Seite das Protokoll und Procedere des Treffens vereinbart worden.

Zum Auftakt empfing Franziskus die im Abstand von fünfzehn Minuten am vatikanischen Gästehaus Santa Martha vorfahrenden Staatsoberhäupter. Mit beiden führte er zunächst ein jeweils separates Vier-Augen-Gespräch, bevor sich der Papst, Peres und Abbas gemeinsam in der Vorhalle des Gästehauses versammelten, um Patriarch Bartholomaios zu empfangen. Von hier brachen Politiker, Papst und Patriarch gemeinsam in einem Wagen auf, um durch die Vatikanischen Gärten zu fahren. An einem bestimmten Punkt hielt das Fahrzeug, und die vier Persönlichkeiten stiegen gemeinsam aus, um die letzten Meter nebeneinander zu gehen. Das um die Welt eilende Bild wird – über alle kriegerischen Auseinandersetzungen hinweg, die später passierten – den Völkern des Nahen Ostens in Erinnerung bleiben. Wann war es möglich, dass der israelische Staatspräsident und der Präsident der Palästinenser gemeinsam auftraten und ein Stück des Weges gingen, in diesem Falle geführt und geleitet von Papst und Patriarch? Bewusst hatte Franziskus darum gebeten, dass nur wenige geladene Gäste in den Gärten anwesend sein sollten, damit sich die kleine Gemeinschaft ganz auf den Moment des Gebets und der Meditation konzentrieren könnte. Im Ablauf hatte der Vatikan mit der politischen Seite festgelegt, dass die Religionen in chronologischer Reihenfolge ihre Gebete sprechen: das Judentum, das Christentum, der Islam.

Eine kurze Ankündigung machte noch einmal deutlich, worum es bei diesem Friedenstreffen gehen würde: „Wir sind zusammengekommen, Israelis und Palästinenser, Juden, Christen und Muslime, damit jeder seinen Wunsch nach Frieden für das Heilige Land und für alle, die diesen Frieden ersehnen, ausdrücken kann." Denn fraglos war diese von Franziskus vorgesehene Form des Friedensgebets eine weitergehende und zugleich gänzlich andere Art und Weise als die Friedensgebete von Assisi 1986, 1993 und 2002, ging hier doch noch jede Religion zum eigentlichen Gebet in einen separaten, von den anderen Religionen getrennten Raum.[115] Nun also stand man zusammen, hörte den Gebeten der anderen Religionsvertreter zu und war sich weit näher – wenn auch nicht eins – als vielleicht in früheren Jahren. Das Friedensgebet im Vatikan war ein Gebet der Religionen, bei dem jede Religion für sich betete, die anderen Religionen aber anwesend waren. Franziskus selbst hatte im Vorfeld mehrfach betont, dass es sich bei der Begegnung um ein rein geistlich-religiöses und nicht um ein politisches Geschehen handle. Dass die Politik aus den zu erwartenden Reden nicht ganz auszuklammern war, versteht sich von selbst.

Die drei geistlichen Meditations- und Gebetselemente waren für jede Religion ähnlich aufgebaut: Im ersten Teil sollte Gott als Schöpfer der Menschheit und allen Lebens auf der Erde gepriesen werden. Der folgende Teil wurde als eine Art Schuldbekenntnis der jeweiligen Religionen vorbereitet, bei dem des Versagens der Menschen gegen den Willen Gottes gedacht und um Vergebung gebeten werden sollte. Den dritten Teil bildete für jede Religion ein eindringliches Friedensgebet für das Heilige Land, das alle Anwesenden ermutigen sollte, selbst zu Friedenstiftern zu werden. Bewusst hatte man darauf geachtet, dass die offiziellen Ansprachen von Papst und Präsidenten erst nach dem eigentlichen religiösen Akt stattfinden würden.

Der erste Teil des Friedensgebets lag in der Hand des Judentums. Vorgetragen wurden Psalmen: Psalm 8 besingt die Herrlichkeit des Schöpfers und die Würde des Menschen, Psalm 147 ist das eindringliche Bekenntnis des Betenden zu Gott, der den Menschen rettet. Psalm 25 ist die Bitte um Vergebung durch Gott („Um deines Namens willen, Herr, verzeih mir; denn meine Schuld ist groß"), Psalm 130 ist die Bitte aus tiefer Not, in der der Mensch Gott um Erlösung bittet („Meine Seele wartet auf den Herrn, mehr als die Wächter auf den Morgen"). Es folgte ein Teil des Gebetes vom Kippurfest, in dem es unter anderem heißt: „Befreie mich von meinen Fehlern. Erlöse uns, Gott, von unseren Sünden. Mache uns rein von unserem Verderben und schenke uns reines Wasser." Als Friedensgebet hatte man einen Text von Rabbi Nachman von Bratslav aus dem 18. Jahrhundert ausgewählt, der Gott als „Herrn des Friedens, Erschaffer des Friedens" würdigt.

Der christliche Teil wurde mit einer Rezitation aus dem Propheten Jesaja begonnen (Jesaja 65,17–25), in dem das endzeitliche Heil beschrieben wird („Man tut nichts Böses mehr und begeht kein Verbrechen auf meinem heiligen Berg"). Das nachfolgende Gebet schloss ausdrücklich die „hier versammelten Juden, Christen und Muslime und alle, die dich als den einen Schöpfer ansehen" mit ein. Im Teil der Bitte um Vergebung war es wohl der christlichen Seite gelungen, den stärksten und aktuellsten Text auszuwählen, in dem ein Auszug aus dem großen Schuldbekenntnis des Jahres 2000 von Papst Johannes Paul II. vorgetragen wurde: „Lass die Christen auf Jesus blicken, der unser Herr ist und unser Friede. Gib, dass sie bereuen können, was sie in Worten und Taten gefehlt haben. Manchmal haben sie sich leiten lassen von Stolz und Hass, vom Willen, andere zu beherrschen, von der Feindschaft gegenüber den Anhängern anderer Religionen und den gesellschaftlichen Gruppen, die schwächer waren als sie, wie etwa den Einwanderern und Zigeunern. Lasst uns für alle beten, die in ihrer menschlichen Würde verletzt und deren Rechte unterdrückt wurden." Und auch das konkrete Gebet für den Frieden war eine sichtbare Geste. Hier hatte man jenes Wort genommen, das dem heiligen Franz von Assisi zugeschrieben wird: „Herr, mache mich zu einem Werkzeug deines Friedens."

Der muslimische Gebetsteil begann mit einem Lob auf den allmächtigen Gott, dem sich der Mensch unterstellt und bei dem er seine Zuflucht sucht. Im Schuldbekenntnis wurde Gott um Vergebung für die Sünden der Menschheit gebeten. Dabei verpflichte sich der Mensch, für das Wohl der anderen einzustehen und „jeden von Ungerechtigkeit und Unterdrückung zu befreien". Gott möge helfen, allem ein Ende zu setzen, was verboten ist: dem Schlechten, der Ungerechtigkeit und Aggression. Ausdrücklich erwähnte das Gebet den Menschen, der von Gott bewahrt werden solle, „Aggressionen gegen andere zu begehen oder selbst Aggression von anderen zu erleiden". Im dritten Teil, der dem eigentlichen Friedensgebet gewidmet war, wurde Gott als Zufluchtsort gegen „illegale Aggression" und als Spender von Sicherheit, Frieden und Glauben gewürdigt. Diese Voraussetzungen des Zusammenlebens sollen ausdrücklich „für alle, unsere Völker und Familien, Väter und Mütter, Söhne und Töchter und für die ganze Menschheit und alle Nationen" gelten.

Dem in Teilen politisch geprägten letzten Gebet der muslimischen Religion folgten die offiziellen Ansprachen von Papst und Präsidenten. Bereits in der Anrede blieb sich Papst Franziskus gemessen an der Heilig-Land-Reise treu und sagte: „Meine Herren Präsidenten!" Damit war unmissverständlich für jeden, dass der Heilige Stuhl den Staat Palästina als solchen anerkannt hatte, was während der Reise ebenso zum Ausdruck kam wie bei dieser Begegnung in den Gärten. Dankbar zeigte sich der Papst darüber, dass man seiner Einladung gefolgt sei, um „gemeinsam von Gott das Geschenk des Friedens zu erflehen. Ich hoffe, dass diese Begegnung ein Weg auf der Suche nach dem sei, was eint, um das zu überwinden, was trennt." Die Anwesenheit der Präsidenten Israels und Palästinas sei, so der Papst, ein Zeichen der Brüderlichkeit, das „Sie als Söhne Abrahams vollziehen". Ausdrücklich erinnerte Franziskus daran, dass das Friedensgebet im Vatikan von Gläubigen aller drei Religionen in der ganzen Welt begleitet werde: „Es ist eine Begegnung, die dem brennenden Wunsch all derer entspricht, die sich nach dem Frieden sehnen und von einer Welt träumen, in der Männer und Frauen als Geschwister leben können und nicht als Gegner oder als Feinde", so Franziskus. Eindringlich erinnerte er die beiden Staatsoberhäupter an die Verantwortung für die Welt als Erbe, „das wir von unseren Vorfahren empfangen haben, aber sie ist auch eine Leihgabe unserer Kinder – Kinder, die müde und erschöpft sind von den Konflikten und danach verlangen, den Anbruch des Friedens zu erreichen; Kinder, die uns bitten, die Mauern der Feindschaft niederzureißen und den Weg des Dialogs und des Friedens zu beschreiten, damit Liebe und Freundschaft triumphieren. Viele, allzu viele dieser Kinder sind unschuldige Opfer von Krieg und Gewalt geworden – Pflanzen, die in voller Blüte ausgerissen wurden. Es ist unsere Pflicht, dafür zu sorgen, dass ihr Opfer nicht vergeblich sei." Wer den Papst bei seiner Ansprache beobachtete, sah, wie sehr ihn die eigenen Worte innerlich bewegten. Mit aller Kraft drückte er aus, worauf die Welt des Nahen Ostens so lange wartet. Die Erinnerung gerade an die Kinder möge „uns den Mut zum Frieden einflößen, die Kraft, um jeden Preis beharrlich den Dialog fortzusetzen, die Geduld, Tag für Tag das immer festere Netz eines respekt- und friedvollen Zusammenlebens zu knüpfen, zur Ehre Gottes und zum Wohl aller". Franziskus hatte seine Rede klug komponiert und versuchte gerade durch einfache, aber tief wirkende Gegenüberstellungen die Dramatik der Situation zu zeigen und für den Frieden zu werben: „Um Frieden zu schaffen, braucht es Mut, sehr viel mehr, als um Krieg zu führen. Es braucht Mut, um Ja zu sagen zur Begegnung und Nein zur Auseinandersetzung; Ja zum Dialog und Nein zur Gewalt; Ja zur Verhandlung und Nein zu Feindseligkeiten; Ja zur Einhaltung der Abmachungen und Nein zu Provokationen; Ja zur Aufrichtigkeit und Nein zur Doppelzüngigkeit. Für all das braucht es Mut, eine große Seelenstärke."

Der Papst betonte, dass jeder Mensch der Hilfe Gottes bedürfe, denn die Geschichte lehre, dass die eigenen Kräfte nicht ausreichten. „Mehr als einmal waren wir dem Frieden nahe, doch dem Bösen ist es mit verschiedenen Mitteln gelungen, ihn zu verhindern." Die Bitte um Frieden ist für den Papst immer ein Anruf an Gott selbst, weshalb dem Menschen eine besondere Verantwortung zukomme, von der er nicht ablassen dürfe: „Wir rufen Gott an als Akt höchster Verantwortung unserem Gewissen und unseren Völkern gegenüber. Wir haben einen Ruf vernommen, und wir müssen antworten – den Ruf, die Spirale des Hasses und der Gewalt zu durchbrechen, sie zu durchbrechen mit einem einzigen Wort: ‚Bruder'. Doch um dieses Wort zu sagen, müssen wir alle den Blick zum Himmel erheben und uns als Söhne des einen Vaters erkennen." Seine Ansprache beendete der Papst mit einem eindringlichen, eigens für den Anlass formulierten Gebet an den „Gott des Friedens". Interessant ist dabei, dass er bewusst von „wir" sprach und damit die ganze Menschheit in die Suche nach dem Frieden und dem häufigen Scheitern des Friedens mit einbezog: „Viele Male und über viele Jahre hin haben wir versucht, unsere Konflikte mit unseren Kräften und auch mit unseren Waffen zu lösen; so viele Momente der Feindseligkeit und der Dunkelheit; so viel vergossenes Blut; so viele zerbrochene Leben; so viele begrabene Hoffnungen. Doch unsere Anstrengungen waren vergeblich." Nun möge Gott allen Menschen helfen und den Frieden lehren. „Öffne unsere Augen und unsere Herzen, und gib uns den Mut zu sagen: ‚Nie wieder Krieg!'" Der Gott Abrahams möge helfen, dass die Menschen als Brüder zusammenleben und jeder Mensch zum „Baumeister des Friedens" werde: „Schenke uns die Fähigkeit, alle Mitmenschen, denen wir auf unserem Weg begegnen, mit wohlwollenden Augen zu sehen. Mach uns bereit, auf den Notschrei unserer Bürger zu hören, die uns bitten, unsere Waffen in Werkzeuge des Friedens zu verwandeln, unsere Ängste in Vertrauen und unsere Spannungen in Vergebung. Halte in uns die Flamme der Hoffnung am Brennen, damit wir mit geduldiger Ausdauer Entscheidungen für den Dialog und die Versöhnung treffen, damit endlich der Friede siege." Worte wie Spaltung, Hass und Krieg mögen, so der Papst in seinem Gebet, aus dem Herzen der Menschen verbannt werden. Eindrucksvoll und überzeugend endete er mit den Worten: „Herr, entwaffne die Zunge und die Hände, erneuere Herzen und Geist, damit das Wort, das uns einander begegnen lässt, immer ‚Bruder' laute und unser Leben seinen Ausdruck finde in Shalom, Frieden, Salam!"

Präsident Peres dankte Papst Franziskus für dessen Initiative. Bemerkenswert war, dass er Mahmoud Abbas in seiner Anrede als „Herr Präsident“ ansprach, was als besondere Wertschätzung zu interpretieren ist. Dabei erinnerte Peres an den „historischen Besuch“ von Franziskus im Heiligen Land: „Sie haben die Herzen der Menschen berührt, unabhängig von ihrem Glauben oder ihrer Nation. Sie sind als Brückenbauer der Brüderlichkeit und des Friedens zu uns gekommen.“ Zwei Völker – das israelische und das palästinensische – wünschten sich Frieden: „Die Tränen der Mütter, die um ihre Kinder weinen, mahnen unsere Herzen. Wir müssen den Schmerzensschreien, der Gewalt und dem Konflikt ein Ende setzen. Wir alle brauchen Frieden. Frieden unter Gleichen!“ Bei dieser Gelegenheit, die „von Hoffnung bebt und voller Vertrauen ist“, wolle man gemeinsam mit dem Papst zu einem eindringlichen Aufruf für den Frieden die Stimme erheben: „Ein Aufruf zwischen Religionen, Nationen, Gemeinschaften, Männern und Frauen: Möge wahrer Friede bald und schnell unser gemeinsames Erbe werden.“ In seiner Rede erinnerte Peres an einen Ausspruch von Rabbi Akiba, der mit Blick auf den Frieden – damals so aktuell wie heute – gesagt hat: „Ich war jung, jetzt bin ich alt. Ich habe den Krieg erlebt und den Frieden. Niemals werde ich die Familien, Eltern und Kinder vergessen, die für den Krieg bitter bezahlen mussten. Mein ganzes Leben werde ich nicht mehr aufhören, für den Frieden zu arbeiten.“ Bemerkenswert war in der Ansprache des israelischen Staatspräsidenten der dann folgende Satz, der weltweit – mit Ausnahme der arabischen Länder – positiv aufgegriffen wurde: „Der Friede kommt nicht einfach. Wir müssen uns mit allen Kräften bemühen, ihn zu erreichen, auch wenn dies Opfer oder Kompromisse erfordert.“ Die Heilige Schrift gebe jene Hinweise, wie der Frieden erreicht werden könne. Wenn man sich mit dem Friedensgruß „Shalom“ oder „Salam“ – und Peres erwähnte ausdrücklich den arabischen Begriff „Salam“ – begrüße, müsse man sich neu bewusst werden, was diese tiefe Bedeutung des Segens heute wert sei: „Auch wenn der Friede weit entfernt scheint, müssen wir ihm nachgehen, um ihn zu erreichen. Wenn wir dem Frieden mit Beharrlichkeit nachgehen, wird Vertrauen wachsen“, so Peres. Dieser Friede werde fortdauern, betonte der Staatspräsident, bei allen Menschen, Gläubigen und Nationen, so wie es die Bibel schreibe. An dieser Stelle zitierte Peres aus dem Propheten Micha jene Bibelstelle, in der es heißt, dass Schwerter zu Pflugscharen verwandelt werden. Eindringlich appellierte er an alle Menschen, die Gunst der Stunde zu nutzen: „Wir können gemeinsam – Israelis und Palästinenser – unsere Vision in eine Wirklichkeit von Frieden und Wohlstand verwandeln. Es liegt in unserer Kraft, unseren Kindern den Frieden zu bringen. Das ist unsere Pflicht, der heilige Auftrag der Eltern."

Man wird sich vergegenwärtigen müssen, dass dies eine der letzten großen Reden von Staatspräsident Peres vor dem Auslauf seines Mandats war. In der Diktion ist er sich anlässlich der Reden bei der Begegnung mit Papst Franziskus in Tel Aviv und Jerusalem treu geblieben; einmal mehr hat Peres gezeigt, wie sehr ihm am Frieden in der Region und einem nationen- und religionsübergreifenden Einsatz für einen solchen Frieden gelegen ist. Darauf nahm auch Palästinenserpräsident Mahmoud Abbas Bezug, der Peres ebenfalls mit „Herr Präsident" anredete. Abbas dankte dem Papst für die Initiative zum Friedenstreffen im Vatikan und den Besuch im „Heiligen Land Palästina". Der Besuch sei Ausdruck einer tiefen Überzeugung des Papstes gewesen für ein friedvolles und ehrliches Miteinander, um Frieden zwischen Palästinensern und Israelis zu erreichen. Dann zitierte Abbas den Koran: „Gott, wir preisen dich, weil du Jerusalem für uns zum Tor des Himmels machst." Anders als Peres, der immer wieder Zitate der Bibel in seine Rede einfügte, hatte Abbas den größten Teil der Rede als Gebet angelegt, in dem er sagte: „Gott des Himmels und der Erde, nimm an mein Gebet für eine Realisierung der Wahrheit, des Friedens und der Gerechtigkeit in meinem Land Palästina, in der Region und auf dem ganzen Globus. Ich flehe dich an, Gott, im Namen meines Volkes, des Volkes Palästinas – Muslime, Christen und Samaritaner –, das nach dem gerechten Frieden begehrt, einem Leben in Würde und Freiheit, dich, Gott, flehe ich an, schenke uns eine wohlhabende und viel versprechende Zukunft für unser Volk, Freiheit in unserem unabhängigen und souveränen Staat!" Gott möge „unserer Region" und ihren Völkern Sicherheit und Stabilität schenken und „unsere gesegnete Stadt Jerusalem schützen". Abbas führte dann die wichtigsten Heiligtümer Jerusalems innerhalb der islamischen Tradition auf. Versöhnung und Frieden seien das Ziel aller, so der Palästinenserpräsident: „Hier sind wir, Gott, für den Frieden bereit!" Gott möge die Schritte zu diesem Frieden stärken, er, der vorbeuge gegen das Laster, das Böse, die Aggression. Ausdrücklich zitierte Abbas aus dem Lukasevangelium das Wort: „Wenn doch auch du an diesem Tag erkannt hättest, was dir Frieden bringt." (Lukas 19,42) Dann fügte er, Papst Johannes Paul II. zitierend, hinzu: „Wenn in Jerusalem einmal Friede herrscht, dann wird dieser Friede ausstrahlen auf die ganze Welt." Erneut wurde Abbas in seiner Rede beziehungsweise seinem Gebet politisch, als er nur von Palästina und vor allem von Jerusalem sprach: „Deswegen bitten wir dich, Herr, um Frieden im Heiligen Land, in Palästina und Jerusalem zusammen mit seinen Völkern! Wir bitten dich, Palästina und vor allem Jerusalem in einen sicheren Ort für alle Gläubigen, einen Ort des Gebets und der Anbetung für alle monotheistischen Religionen, das Judentum, das Christentum und den Islam und alle, die es zu besuchen wünschen, wie es im heiligen Koran heißt, zu verwandeln." Gott, der der Friede sei und von dem der Friede ausgehe, möge „meinem Volk in der Heimat und in der Diaspora" ein Ende des Leidens bescheren, so Abbas. Gott möge den Frieden für das eigene Land, die Region schenken, sodass „mein Volk und alle Völker des Mittleren Ostens und die ganze Welt die Frucht von Frieden, Stabilität und Koexistenz erleben können". Ausdrücklich fügte Abbas gerade am Ende seiner Ausführungen an: „Wir wollen Frieden für uns und unsere Nachbarn." Dieses Wort war wichtig, denn während Abbas die Ansprache hielt, konnte der Eindruck einer besonderen Einseitigkeit nicht übersehen werden, die es weder in den Ansprachen des Papstes noch des israelischen Staatspräsidenten in der Form gegeben hatte.

Man wird alle drei Reden als ehrliche Bekenntnisse für einen Frieden im Nahen Osten werten dürfen, die jeweils, mit den heiligen Schriften der Religionen untermauert, je eigene Schwerpunkte setzten. Kommentieren konnte die Reden während des Friedenstreffens vor Ort niemand; dazu war auch nicht der Anlass gegeben. So forderte Papst Franziskus am Ende der bewegenden Gebete und Ansprachen die Anwesenden auf, ein Zeichen des Friedens zu geben: Jeder reichte sich die Hand zum Friedensgruß, Präsidenten, Papst und Patriarch umarmten sich lange und herzlich. Danach pflanzten Abbas und Peres in den Vatikanischen Gärten gemeinsam einen Olivenbaum; begleitet wurden sie dabei von Papst Franziskus und Patriarch Bartholomaios.

Die jeweiligen Delegationen wurden einander noch kurz vorgestellt, dann begaben sich der Papst, Patriarch Bartholomaios und die beiden Staatsoberhäupter zu Fuß in das in unmittelbarer Nähe gelegene Casino Pius IV., wo sie sich zum Gespräch und Gedankenaustausch zurückzogen. Aus diesem Teil des Friedenstreffens drang nichts nach außen. Es blieben die eindrucksvollen Bilder, wie sich Papst, Patriarch, Shimon Peres und Mahmoud Abbas an diesem Ort in den Gärten mit großer Herzlichkeit voneinander verabschiedeten und beide Staatsoberhäupter in getrennten Autos den Vatikan verließen. Franziskus und Bartholomaios kehrten in das Gästehaus Santa Martha zurück.

Mit dem Friedenstreffen und -gebet ist Papst Franziskus erneut gelungen, was er schon im Heiligen Land schaffte: Durch Worte und Gesten konnte er die Weltöffentlichkeit auf einen dramatischen Konfliktherd aufmerksam machen und da, wo Verhandlungen scheitern und Gespräche ergebnislos abgebrochen werden, die letzte Hoffnung auf das Gebet setzen. Fast wie selbstverständlich gab es die Skeptiker im Vorfeld, die einem solchen Treffen kritisch gegenüberstanden und kaum einen sichtbaren Ertrag erkennen wollten. Am Ende wird man aber nicht aufrechnen können, wie viel Frieden durch das Gebet möglich geworden ist, sondern dass eine solche Initiative – erstmals und jenseits aller politischen Implikationen – stattgefunden hat. Es ist daher dem Mut von Papst Franziskus und seiner visionären Sicht auf das Heilige Land zu verdanken, dass einstige Erzfeinde zum aufeinander hörenden Gebet im Vatikan zusammenkamen. Dass dieses Gebetstreffen mit dem Ökumenischen Patriarchen von Konstantinopel realisiert wurde, zeigt, welch gutes Verhältnis Franziskus und Bartholomaios innerhalb kürzester Zeit aufgebaut haben und dass das Gebet um den Frieden immer auch ein ökumenisches Anliegen sein muss.

Am Ende: „Suche Frieden, und jage ihm nach"

Die Menschen im Heiligen Land – Juden, Christen und Muslime vereint – setzen ihre Hoffnung vielleicht doch mit neu wachsendem Vertrauen in das Psalmwort „Gerechtigkeit und

Friede küssen sich.“ (Psalm 85,11) Allen Parteien und Völkern in Nahost bleibt zu wünschen, die Ermutigung des Psalmisten nicht nur zu hören, sondern zu beherzigen: „Suche Frieden, und jage ihm nach.“ (Psalm 34,15) Am Ende sei noch einmal die zentrale Passage aus der Papstansprache in den Vatikanischen Gärten wiederholt, die alles für den Nahen Osten zusammenfasst: die Suche nach dem Frieden und die Arbeit des Heiligen Stuhls im Heiligen Land sowie die vier Reisen von vier Päpsten nach Israel, Palästina und Jordanien: „Um Frieden zu schaffen, braucht es Mut, sehr viel mehr, als um Krieg zu führen. Es braucht Mut, um Ja zu sagen zur Begegnung und Nein zur Auseinandersetzung; Ja zum Dialog und Nein zur Gewalt; Ja zur Verhandlung und Nein zu Feindseligkeiten; Ja zur Einhaltung der Abmachungen und Nein zu Provokationen; Ja zur Aufrichtigkeit und Nein zur Doppelzüngigkeit. Für all das braucht es Mut, eine große Seelenstärke.“

Anhang

Programme der Papstreisen[116]

Papst Paul VI. im Heiligen Land: 4.–6. Januar 1964

Samstag, 4. Januar 1964

8.00 Uhr: Abflug vom Internationalen Flughafen Rom-Fiumicino nach Amman (Jordanien)

13.15 Uhr: Begrüßungszeremonie auf dem Internationalen Flughafen von Amman, anschließend Autofahrt durch das Jordantal nach Jerusalem

16.45 Uhr: Ankunft am Damaskustor in Jerusalem, Gang über die Via Dolorosa und Heilige Messe in der Grabeskirche

18.30 Uhr: Gang zum Jaffator, Fahrt in die Apostolische Delegatur am Ölberg; Empfang des griechisch-orthodoxen Patriarchen und des armenisch-apostolischen Patriarchen von Jerusalem; anschließend Gegenbesuch in der Residenz des Griechisch-orthodoxen Patriarchen am Ölberg

21.00 Uhr: Empfang für das Konsularische Korps in der Apostolischen Delegatur

22.00 Uhr: Begegnung mit den Patriarchen der unierten Ostkirchen in der St.-Anna-Kirche

23.00 Uhr: Teilnahme an einer nächtlichen Anbetung in der Todesangst-Christi-Kirche beim Garten Getsemani („Church of the nations")

Sonntag, 5. Januar 1964

7.00 Uhr: Fahrt von Jerusalem über Nablus und Jenin. Grenzübertritt von Jordanien nach Israel bei Meggido

10.00 Uhr: Empfang durch den Staatspräsidenten Israels, Vertreter der israelischen Regierung und des Diplomatischen Korps

10.45 Uhr: Besuch der im Bau befindlichen Verkündigungskirche in Nazaret und Heilige Messe in der Verkündigungsgrotte

11.45 Uhr: Fahrt über Kana und Tiberias nach Tabgha (13.00 Uhr), Kapernaum (13.30 Uhr) und zum Berg der Seligpreisungen (14.00 Uhr)

15.30 Uhr: Besuch auf dem Berg Tabor

16.00 Uhr: Fahrt über Hadera und Lot nach Westjerusalem und Begegnung mit dem Bürgermeister von Jerusalem

20.00 Uhr: Besuch des Abendmahlssaals und der Dormitio-Abtei

21.00 Uhr: Ankunft am Mandelbaumtor, Verabschiedung durch den israelischen Staatspräsidenten und Fahrt nach Ostjerusalem (Jordanien)

21.30 Uhr: Begegnung mit dem Ökumenischen Patriarchen von Konstantinopel in der Apostolischen Delegatur

22.00 Uhr: Begegnung mit Robert Sargent Shriver, Präsident der US-Aktion „Peace-Corps"

Montag, 6. Januar 1964

6.20 Uhr: Fahrt von Jerusalem nach Betlehem, Heilige Messe in der Geburtskirche

9.15 Uhr: Rückfahrt nach Jerusalem

10.00 Uhr: Gegenbesuch beim Ökumenischen Patriarchen von Konstantinopel in der Residenz des griechisch-orthodoxen Patriarchen von Jerusalem

11.00 Uhr: Gegenbesuch beim armenisch-apostolischen Patriarchen von Jerusalem

11.20 Uhr: Besuch des Lateinischen Patriarchats von Jerusalem

12.00 Uhr: Empfang des Bürgermeisters von Ostjerusalem und weiterer christlicher Vertreter in der Apostolischen Delegatur

13.15 Uhr: Abfahrt von der Apostolischen Delegatur nach Amman

16.00 Uhr: Abschiedszeremonie auf dem Internationalen Flughafen in Amman

16.30 Uhr: Abflug von Amman nach Rom

18.30 Uhr: Ankunft auf dem Flughafen Rom-Ciampino

Papst Johannes Paul II. im Heiligen Land: 20.–26. März 2000

Montag, 20. März 2000

9.00 Uhr: Abflug vom Internationalen Flughafen Rom-Fiumicino nach Amman (Jordanien)

14.00 Uhr: Begrüßungszeremonie auf dem Internationalen Flughafen „Queen Alia" in Amman

15.15 Uhr: Privatbesuch am Moses-Memorial auf dem Berg Nebo bei Madaba

16.45 Uhr: Ankunft in der Apostolischen Nuntiatur in Amman

18.15 Uhr: Höflichkeitsbesuch beim König von Jordanien im Königspalast von Amman

19.15 Uhr: Rückfahrt in die Apostolische Nuntiatur

Dienstag, 21. März 2000

9.00 Uhr: Heilige Messe im Stadion von Amman

12.00 Uhr: Mittagessen mit den Patriarchen und Bischöfen im Lateinischen Vikariat von Amman

15.30 Uhr: Abflug mit dem Hubschrauber von Amman ins Wadi al-Kharrar

15.45 Uhr: Besuch im Wadi al-Kharrar („Betanien jenseits des Jordan") im Jordantal

16.15 Uhr: Abflug mit dem Hubschrauber vom Wadi al-Kharrar zum Internationalen Flughafen Amman

16.30 Uhr: Abschiedszeremonie auf dem Internationalen Flughafen „Queen Alia" in Amman

17.00 Uhr: Abflug von Amman nach Tel Aviv (Israel)

17.30 Uhr: Begrüßungszeremonie auf dem Internationalen Flughafen „Ben Gurion" in Tel Aviv

18.20 Uhr: Weiterflug mit dem Hubschrauber von Tel Aviv nach Jerusalem

18.45 Uhr: Ankunft auf dem Hubschrauberlandeplatz von Jerusalem auf dem Skopusberg, Weiterfahrt in die Apostolische Delegatur

Mittwoch, 22. März 2000

8.15 Uhr: Abflug mit dem Hubschrauber von Jerusalem nach al-Maghtas bei Jericho (Taufstelle)

8.30 Uhr: Gebet an der Taufstelle al-Maghtas

8.45 Uhr: Abflug mit dem Hubschrauber von al-Maghtas nach Betlehem (Palästinensische Autonomiegebiete)

9.00 Uhr: Ankunft auf dem Helioport von Betlehem und Begrüßungszeremonie

10.00 Uhr: Heilige Messe auf dem Krippenplatz in Betlehem

15.45 Uhr: Privater Besuch der Geburtsgrotte in Betlehem

16.15 Uhr: Besuch im Flüchtlingslager Dheisheh in Betlehem

17.30 Uhr: Höflichkeitsbesuch beim Präsidenten der nationalen Palästinensischen Autonomie im Präsidentenpalast von Betlehem

18.30 Uhr: Abschiedszeremonie auf dem Helioport von Betlehem

19.00 Uhr: Abflug mit dem Hubschrauber von Betlehem nach Jerusalem

19.20 Uhr: Ankunft auf dem Hubschrauberlandeplatz von Jerusalem auf dem Skopusberg, Weiterfahrt in die Apostolische Delegatur

Donnerstag, 23. März 2000

8.30 Uhr: Privatmesse in der Kapelle des Abendmahlssaals von Jerusalem

11.00 Uhr: Höflichkeitsbesuch im Oberrabbinat von Jerusalem im Hechal-Shlomo-Center

11.30 Uhr: Höflichkeitsbesuch beim Staatspräsidenten von Israel im Präsidentenpalast von Jerusalem

12.30 Uhr: Besuch der Gedenkstätte Yad Vashem in Jerusalem

17.45 Uhr: Interreligiöses Treffen im „Notre Dame of Jerusalem Center" in Jerusalem

19.30 Uhr: Rückfahrt in die Apostolische Delegatur

Freitag, 24. März 2000

8.15 Uhr: Abflug mit dem Hubschrauber von Jerusalem nach Korazim

9.15 Uhr: Ankunft in Korazim

10.00 Uhr: Heilige Messe mit Jugendlichen vor dem Zentrum „Domus Galilaeae" am Berg der Seligpreisungen

16.00 Uhr: Treffen mit dem Ministerpräsidenten Israels im Kloster auf dem Berg der Seligpreisungen

16.45 Uhr: Privatbesuch in der Brotvermehrungskirche von Tabgha

17.10 Uhr: Privatbesuch in der Primatskirche am See Genesaret

17.40 Uhr: Privatbesuch in Kapernaum

18.15 Uhr: Abflug mit dem Hubschrauber von Kapernaum nach Jerusalem

19.15 Uhr: Ankunft auf dem Hubschrauberlandeplatz von Jerusalem auf dem Skopusberg, Weiterfahrt in die Apostolische Delegatur

Samstag, 25. März 2000

8.15 Uhr: Abflug mit dem Hubschrauber von Jerusalem nach Nazaret

9.00 Uhr: Ankunft auf dem Helioport von Nazaret

9.30 Uhr: Gebet in der Verkündigungsgrotte in Nazaret

10.00 Uhr: Heilige Messe in der Verkündigungsbasilika in Nazaret

12.50 Uhr: Abflug mit dem Hubschrauber von Nazaret nach Jerusalem

14.00 Uhr: Ankunft auf dem Hubschrauberlandeplatz von Jerusalem auf dem Skopusberg, Weiterfahrt in die Apostolische Delegatur

18.00 Uhr: Begrüßung der Generalkonsuln in der Apostolischen Delegatur

18.30 Uhr: Privatbesuch in der Basilika von Getsemani („Church of the nations“)

19.00 Uhr: Ökumenisches Treffen im Thronsaal des griechisch-orthodoxen Patriarchats von Jerusalem

20.30 Uhr: Rückfahrt in die Apostolische Delegatur

Sonntag, 26. März 2000

10.00 Uhr: Höflichkeitsbesuch beim Großmufti von Jerusalem auf dem Moscheenplatz (Harem al-Sharif)

10.30 Uhr: Besuch an der Klagemauer

11.30 Uhr: Heilige Messe in der Grabeskirche und Angelusgebet

14.30 Uhr: Mittagessen mit den Patriarchen und Bischöfen im Lateinischen Patriarchat von Jerusalem

18.00 Uhr: Abflug mit dem Hubschrauber von Jerusalem nach Tel Aviv

18.20 Uhr: Ankunft auf dem Internationalen Flughafen „Ben Gurion“ in Tel Aviv

18.30 Uhr: Abschiedszeremonie auf dem Internationalen Flughafen „Ben Gurion“ in Tel Aviv

19.00 Uhr: Abflug von Tel Aviv nach Rom

22.45 Uhr: Ankunft auf dem Flughafen Rom-Ciampino

Papst Benedikt XVI. im Heiligen Land: 8.–15. Mai 2009

Freitag, 8. Mai 2009

9.30 Uhr: Abflug vom Internationalen Flughafen Rom-Fiumicino nach Amman (Jordanien)

14.30 Uhr: Begrüßungszeremonie auf dem Internationalen Flughafen „Queen Alia“ in Amman

15.30 Uhr: Besuch des Regina-Pacis-Zentrums in Amman

16.00 Uhr: Fahrt in die Apostolische Nuntiatur in Amman

17.40 Uhr: Höflichkeitsbesuch beim jordanischen Königspaar im Königspalast von Amman

18.15 Uhr: Rückfahrt in die Apostolische Nuntiatur

Samstag, 9. Mai 2009

7.15 Uhr: Privatmesse in der Kapelle der Apostolischen Nuntiatur

9.15 Uhr: Besuch der byzantinischen Basilika der Moses-Gedenkstätte auf dem Berg Nebo bei Madaba

10.30 Uhr: Segnung des Grundsteins für die Universität des Lateinischen Patriarchats in Madaba

11.30 Uhr: Besuch des Haschemitischen Museums und der al-Hussein bin-Talal-Moschee in Amman

11.45 Uhr: Begegnung mit muslimischen Religionsführern, dem Diplomatischen Korps und den Rektoren der jordanischen Universitäten vor der al-Hussein bin-Talal-Moschee in Amman

12.30 Uhr: Fahrt in die Apostolische Nuntiatur

17.30 Uhr: Vesper mit den Priestern, Ordensleuten, Seminaristen und Vertretern der kirchlichen Bewegungen in der griechisch-melkitischen Kathedrale in Amman

18.45 Uhr: Rückfahrt in die Apostolische Nuntiatur

Sonntag, 10. Mai 2009

10.00 Uhr: Heilige Messe im Internationalen Stadion von Amman und Gebet des Regina Caeli

12.45 Uhr: Mittagessen mit den Patriarchen, Bischöfen und dem päpstlichen Gefolge im Lateinischen Vikariat von Amman

16.30 Uhr: Fahrt von Amman in das Jordantal

17.30 Uhr: Besuch der Taufstelle Jesu am Jordan („Betanien jenseits des Jordan“)

18.00 Uhr: Segnung der Grundsteine der lateinischen Kirche und der griechisch-melkitischen Kirche in „Betanien jenseits des Jordan“

18.30 Uhr: Rückfahrt in die Apostolische Nuntiatur

Montag, 11. Mai 2009

7.30 Uhr: Privatmesse in der Kapelle der Apostolischen Nuntiatur

10.00 Uhr: Abschiedszeremonie auf dem Internationalen Flughafen „Queen Alia“ in Amman

10.30 Uhr: Abflug von Amman nach Tel Aviv (Israel)

11.00 Uhr: Begrüßungszeremonie auf dem Internationalen Flughafen „Ben Gurion“ in Tel Aviv

12.00 Uhr: Abflug mit dem Hubschrauber von Tel Aviv nach Jerusalem

12.30 Uhr: Ankunft auf dem Hubschrauberlandeplatz von Jerusalem auf dem Skopusberg, Weiterfahrt in die Apostolische Delegatur

16.15 Uhr: Höflichkeitsbesuch beim Staatspräsidenten von Israel im Präsidentenpalast von Jerusalem

17.45 Uhr: Besuch der Gedenkstätte Yad Vashem in Jerusalem

18.45 Uhr: Begegnung mit Organisationen für den interreligiösen Dialog im Auditorium des „Notre Dame of Jerusalem Center" in Jerusalem

19.45 Uhr: Rückfahrt in die Apostolische Delegatur

Dienstag, 12. Mai 2009

9.00 Uhr: Besuch des Felsendoms und Höflichkeitsbesuch beim Großmufti von Jerusalem auf dem Moscheenplatz (Harem al-Sharif)

10.00 Uhr: Besuch an der Klagemauer

10.45 Uhr: Höflichkeitsbesuch im Oberrabbinat von Jerusalem im Hechal-Shlomo-Center

11.50 Uhr: Gebet des Regina Caeli mit den Ordinarien des Heiligen Landes im Abendmahlssaal in Jerusalem

12.30 Uhr: Besuch der Lateinischen Konkathedrale von Jerusalem

13.00 Uhr: Mittagessen mit den Ordinarien des Heiligen Landes, den Äbten und dem päpstlichen Gefolge im Lateinischen Patriarchat von Jerusalem

14.00 Uhr: Fahrt in die Apostolische Delegatur

16.30 Uhr: Heilige Messe im Joschafat-Tal in Jerusalem

18.45 Uhr: Rückfahrt in die Apostolische Delegatur

Mittwoch, 13. Mai 2009

8.45 Uhr: Fahrt von Jerusalem nach Betlehem (Palästinensische Autonomiebehörde)

9.00 Uhr: Begrüßungszeremonie im Innenhof des Präsidentenpalastes von Betlehem

10.00 Uhr: Heilige Messe auf dem Krippenplatz in Betlehem

12.30 Uhr: Mittagessen mit den Ordinarien des Heiligen Landes, der Franziskaner-Kommunität und dem päpstlichen Gefolge im Kloster Casa Nova von Betlehem

15.30 Uhr: Besuch der Geburtsgrotte in Betlehem

16.10 Uhr: Besuch des Caritas-Babyhospitals in Betlehem

16.45 Uhr: Besuch im Flüchtlingslager Aida in Betlehem

18.00 Uhr: Höflichkeitsbesuch beim Präsidenten der Palästinensischen Autonomiebehörde im Präsidentenpalast von Betlehem

18.40 Uhr: Abschiedszeremonie im Innenhof des Präsidentenpalastes von Betlehem

19.00 Uhr: Rückfahrt von Betlehem in die Apostolische Delegatur

Donnerstag, 14. Mai 2009

8.30 Uhr: Abflug mit dem Hubschrauber von Jerusalem nach Nazaret

9.15 Uhr: Ankunft auf dem Helioport von Nazaret

10.00 Uhr: Heilige Messe am Mount of Precipice in Nazaret

12.30 Uhr: Mittagessen mit den örtlichen Ordinarien, der Kommunität der Franziskaner und dem päpstlichen Gefolge im Franziskaner-Konvent von Nazaret

15.50 Uhr: Begegnung mit dem Ministerpräsidenten Israels im Franziskaner-Konvent von Nazaret

16.30 Uhr: Grußwort an die Religionsführer Galiläas im Auditorium der Verkündigungskirche in Nazaret

17.00 Uhr: Besuch der Verkündigungsgrotte von Nazaret

17.30 Uhr: Vesper mit den Bischöfen, Priestern, Ordensleuten, Vertretern der kirchlichen Bewegungen und den pastoralen Mitarbeitern von Galiläa in der Oberkirche der Verkündigungskirche von Nazaret

19.00 Uhr: Abflug mit dem Hubschrauber von Nazaret nach Jerusalem

19.45 Uhr: Ankunft auf dem Hubschrauberlandeplatz von Jerusalem auf dem Skopusberg, Weiterfahrt in die Apostolische Delegatur

Freitag, 15. Mai 2009

7.30 Uhr: Privatmesse in der Kapelle der Apostolischen Delegatur

9.15 Uhr: Ökumenisches Treffen im griechisch-orthodoxen Patriarchat von Jerusalem

10.15 Uhr: Besuch der Grabeskirche von Jerusalem

11.10 Uhr: Besuch der Armenisch-apostolischen Patriarchalkirche von Jerusalem, anschließend Rückfahrt zur Apostolischen Delegatur

13.00 Uhr: Abflug mit dem Hubschrauber von Jerusalem nach Tel Aviv

13.20 Uhr: Ankunft auf dem Internationalen Flughafen „Ben Gurion" in Tel Aviv

13.30 Uhr: Abschiedszeremonie auf dem Internationalen Flughafen „Ben Gurion" in Tel Aviv

14.00 Uhr: Abflug von Tel Aviv nach Rom

16.50 Uhr: Ankunft auf dem Flughafen Rom-Ciampino

Papst Franziskus im Heiligen Land: 24.–26. Mai 2014

Samstag, 24. Mai 2014

8.15 Uhr: Abflug vom Internationalen Flughafen Rom-Fiumicino nach Amman (Jordanien)

13.00 Uhr: Ankunft am Internationalen Flughafen „Queen Alia" in Amman, Transfer in die Innenstadt

13.45 Uhr: Begrüßungszeremonie im Königspalast von Amman und Höflichkeitsbesuch beim jordanischen Königspaar

14.20 Uhr: Begegnung mit den Autoritäten des Königreichs Jordanien

16.00 Uhr: Heilige Messe im Stadion von Amman

18.15 Uhr: Fahrt von Amman in das Jordantal

19.00 Uhr: Besuch der Taufstelle Jesu in „Betanien jenseits des Jordan"

19.15 Uhr: Begegnung mit Flüchtlingen und jungen Menschen mit Behinderung in der lateinischen Kirche von „Betanien jenseits des Jordan“

20.10 Uhr: Rückfahrt in die Apostolische Nuntiatur in Amman

Sonntag, 25. Mai 2014

8.15 Uhr: Abschied von Jordanien am Internationalen Flughafen „Queen Alia“ in Amman

8.30 Uhr: Abflug mit dem Hubschrauber von Amman nach Betlehem (Staat Palästina)

9.20 Uhr: Ankunft auf dem Hubschrauberlandeplatz von Betlehem

9.30 Uhr: Begrüßungszeremonie im Präsidentenpalast von Betlehem und Höflichkeitsbesuch beim Präsidenten des Staates Palästina

10.00 Uhr: Begegnung mit den palästinensischen Autoritäten im Präsidentenpalast von Betlehem

10.40 Uhr: Halt an der Sperrmauer zwischen Israel und Palästina

11.00 Uhr: Heilige Messe auf dem Krippenplatz in Betlehem und Gebet des Regina Caeli

13.30 Uhr: Mittagessen mit palästinensischen Familien im Franziskaner-Konvent in Betlehem

15.00 Uhr: Privater Besuch der Geburtsgrotte in Betlehem

15.20 Uhr: Begegnung mit Kindern aus den Flüchtlingslagern Dheisheh, Aida und Beit Jibrin im Phoenix Center von Betlehem

15.45 Uhr: Abschied vom Staat Palästina am Hubschrauberlandeplatz von Betlehem

16.00 Uhr: Abflug mit dem Hubschrauber von Betlehem nach Tel Aviv (Israel)

16.30 Uhr: Begrüßungszeremonie am Internationalen Flughafen „Ben Gurion“ in Tel Aviv

17.15 Uhr: Abflug mit dem Hubschrauber von Tel Aviv nach Jerusalem

17.45 Uhr: Ankunft auf dem Hubschrauberlandeplatz von Jerusalem auf dem Skopusberg, Weiterfahrt in die Apostolische Delegatur

18.15 Uhr: Private Begegnung mit dem Ökumenischen Patriarchen von Konstantinopel in der Apostolischen Delegatur in Jerusalem, Unterzeichnung einer gemeinsamen Erklärung

19.00 Uhr: Ökumenische Feier aus Anlass des 50. Jahrestags der Begegnung zwischen Papst Paul VI. und Patriarch Athenagoras in der Grabeskirche in Jerusalem *(Beginn wegen Verspätung: 20.00 Uhr)*

20.15 Uhr: Abendessen mit Patriarchen, Bischöfen und dem päpstlichen Gefolge im Lateinischen Patriarchat von Jerusalem *(Beginn wegen Verspätung: 21.30 Uhr)*

22.30 Uhr: Rückfahrt in die Apostolische Delegatur

Montag, 26. Mai 2014

8.15 Uhr: Besuch beim Großmufti von Jerusalem am Sitz des Großen Rates auf dem Moscheenplatz (Harem al-Sharif) und Besuch des Felsendoms

9.10 Uhr: Besuch an der Klagemauer

9.45 Uhr: Niederlegung von Blumen am Grab von Theodor Herzl auf dem Herzlberg in Jerusalem

10.00 Uhr: Besuch der Gedenkstätte für die Opfer des Terrors auf dem Herzlberg in Jerusalem

10.00 Uhr: Besuch der Gedenkstätte Yad Vashem in Jerusalem *(Beginn wegen Verspätung: 10.20 Uhr)*

10.45 Uhr: Höflichkeitsbesuch im Oberrabbinat von Jerusalem im Hechal-Shlomo-Center *(Beginn wegen Verspätung: 11.20 Uhr)*

11.45 Uhr: Höflichkeitsbesuch beim Staatspräsidenten Israels im Präsidentenpalast in Jerusalem *(Beginn wegen Verspätung: 12.20 Uhr)*

13.00 Uhr: Privataudienz für den Ministerpräsidenten Israels im „Notre Dame of Jerusalem Center“ *(Beginn wegen Verspätung: 13.20 Uhr)*

13.30 Uhr: Mittagessen mit dem päpstlichen Gefolge im „Notre Dame of Jerusalem Center“ *(der Papst legte als neuen Ort für das Mittagessen den Konvent der Franziskaner in Jerusalem fest; Beginn wegen Verspätung: 14.00 Uhr)*

15.30 Uhr: Privater Besuch beim Ökumenischen Patriarchen von Konstantinopel bei der griechisch-orthodoxen Kirche „Viri Galileai“ auf dem Ölberg

16.00 Uhr: Begegnung mit Priestern, Ordensleuten und Seminaristen in der Getsemani-Kirche („Church of the nations“) und Besuch des Garten Getsemani

17.20 Uhr: Heilige Messe mit den Bischöfen des Heiligen Landes und dem päpstlichen Gefolge im Abendmahlssaal in Jerusalem

19.30 Uhr: Abflug mit dem Hubschrauber von Jerusalem nach Tel Aviv

20.00 Uhr: Abschied vom Staat Israel am Internationalen Flughafen „Ben Gurion“ in Tel Aviv

20.15 Uhr: Abflug von Tel Aviv nach Rom

23.00 Uhr: Ankunft auf dem Flughafen Rom-Ciampino

Anmerkungen

[1] Die Zahlen stammen vom Palestine Government (Department of Statistics) (Hg.), Vital Statistics Tables 1922–1945 (Jerusalem 1947).

[2] Die nachfolgenden Zahlen beziehen sich auf Michael Prior / William Taylor, Christians in the Holy Land, in: The World of Islam Festival Trust (Hg.) (London 1994) 34f. Wertvolle Hinweise verdanke ich einem von Bernard Sabella zur Verfügung gestellten Manuskript seiner Vorlesung vom 22. September 2004, Palestinian and Arab Christians: The Challenges Ahead – Sami Hadawi Memorial Lecture al Multaqa al Fikri al' Arabi (Amman). Außerdem sind die Zahlen mit der Statistik des Lateinischen Patriarchats abgestimmt worden; dazu vgl. William Shomaly, Wie viele Christen gibt es im Heiligen Land? Der Versuch einer Statistik, in: Deus Lo Vult Jahrbuch 2003, Neue Folge 69 (2003) 9ff. Weitere Versuche einer Statistik: Markus Röhling, Die christlichen Kirchen des Heiligen Landes und ihre Rolle in Israel und Palästina (Jerusalem 1999). Lateinisches Patriarchat von Jerusalem (Hg.), The religious situation in the Holy Land and the specific task of Catholics (Jerusalem 1977). Richard Mathes, Art. Palästina. V. Gegenwärtige kirchliche Situation, in: LThK[1] Bd. 7 (Freiburg-Basel-Wien 1998) Sp. 1287; Christoph Strack, Vielgestaltige Minderheit. Die Christen im Heiligen Land, in: HerKorr 54 (2000) 120–124; Jörg Bremer, Christen im Heiligen Land. Eine Bestandsaufnahme, in: Deus Lo Vult Jahrbuch 2006, Neue Folge 72 (2006) 17–22. Lars Hänsel, Christen in Israel. Komplexe Identität zwischen Religion und Nation, in: KAS-Auslandsinformationen Nr. 12/2010 (34–55). Jüngere Daten des israelischen Statistikamtes geben am 20. Dezember 2005 den christlichen Bevölkerungsanteil in Israel inkl. Jerusalem mit 2,1 Prozent der Bevölkerung an (146.000 Menschen). Die Zunahme im Vergleich zur Gesamtbevölkerung erklärt das Statistikamt mit der Zuwanderung von 27.000 Christen aus Russland, Äthiopien, Polen und Rumänien, vgl. KNA-Meldung vom 24. Dezember 2005: „Israel: 2,1 Prozent der Israelis sind Christen".

[3] Vgl. die Studie bei Daphne Tsimhoni, Christian Communities in Jerusalem and the West Bank since 1948: A Historical, Social and Political Study (Westport 1993) bes. 19. Die in diesem Abschnitt genannten aktuellen Zahlen finden sich in Michael Prior / William Taylor, Christians in the Holy Land, aaO. 36f. Außerdem sei verwiesen auf die sehr kritische Studie von Jean Paul Valogne, Vie et mort

des chrétiens d'Orient. Des origines à nos jours (Paris 1994). Ein Rechenbeispiel zeigt die Dramatik der Bevölkerungsentwicklung auf: Geht man von einem steten zweiprozentigen Bevölkerungszuwachs in Jerusalem aus, so müsste die christliche Bevölkerung heute bei mehr als 60.000 Einwohnern liegen!

[4] Bernard Sabella, Manuskript vom 22. September 2004, aaO. 10.

[5] Vgl. dazu ebd. Bernard Sabella spricht von der „inclusivisity", einem Begriff, der erst in den vergangenen Jahren an Bedeutung gewonnen hat. Das soziokulturelle, religiöse und politische Umfeld der Palästinenser haben Bernard Sabella und Theodor Hanf 1995 in einer umfangreichen Studie analysiert. Die palästinensischen Christen in den Autonomiegebieten und Israel war das Thema einer weiteren Studie von beiden in Zusammenarbeit mit Petra Bauerle im Jahr 2000. Diese Studie ist bisher nicht veröffentlicht worden; dem Autor liegt sie in Auszügen vor: Christen im Heiligen Land: Einstellungen und Meinungen. Eine empirische Studie (Freiburg 2000).

[6] Zur Pontifical Mission vgl. eine frühe Darstellung bei Jules Creten, La Mission Pontificale pour la Palestine, in: POC 1 (1951) 119–124. Pontifical Mission for Palestine (Hg.), Pontifical Mission for Palestine. A Papal Agency for humanitarian and charitable Assistance (New York-Rom 1990). Joseph Hazboun, 50 years of papal concern. Pontifical Mission for Palestine (Jerusalem 1999). Außerdem sehr detailliert mit guten Hintergründen Ulrike Koltermann, Päpste und Palästina. Die Nahostpolitik des Vatikans von 1947 bis 1997 (Münster 2001) 59ff.

[7] Statistisches Material vom Kanzler des Lateinischen Patriarchats, Fr. George Ayoub, vom 7. Juli 2014. In Jordanien sind es 25 Patriarchatsschulen mit 10.100 Schülern und 840 Lehrern.

[8] Zu den Zahlen 2013/14: Von den Studierenden sind 76 Prozent Frauen und 24 Prozent Männer bzw. 71 Prozent Muslime und 29 Prozent Christen. Als weitere Ausbildungsstätte ist ferner das Priesterseminar der lateinischen Kirche zu erwähnen: 2014 bereiteten sich dort 168 Seminaristen auf den Priesterberuf vor.

[9] Zur CNEWA vgl.: Catholic Near East Welfare Association (Hg.), CNEWA. A Papal Agency for Humanitarian and Pastoral Support (New York 1990).

[10] Zum Ritterorden vom Heiligen Grab zu Jerusalem vgl.: Heinrich Dickmann / Paul Theodor Oldenkott (Hg.), Erbe und Auftrag. Der Ritterorden vom Heiligen Grab zu Jerusalem (Paderborn 2009). Für Informationen zum Deutschen Verein vom Heiligen Lande vgl. Stephan Mock / Michael Schäbitz, Das Heilige Land als Auftrag. 1855–2005 (Köln 2005).

[11] Die aktuellste Analyse bei Hubert Kaufhold, Die Rechtslage der Heiligen Stätten in Jerusalem, in: Jahres- und Tagungsbericht der Görres-Gesellschaft (Köln 2000) 75–88. Ferner: Enrico Molinario, La Libertà religiosa nei Luoghi Santi di Gerusalemme, in: I diritti dell' uomo 6 (1995) 58–64. Der Franziskanerkustos im Heiligen Land,

P. Pierbattista Pizzaballa, hat kurz nach seinem Amtsantritt eine Änderung des Status quo angeregt. Die Idee wurde bisher jedoch nicht aufgegriffen. Vgl. Interview P. Pierbattista Pizzaballa, Weniger politisch, mehr prophetisch, in: KNA vom 27. Mai 2004. Einen aktuellen Gesamtüberblick gibt der posthum erschienene Beitrag von Richard Mathes, Krieg und Frieden im Nahen Osten. Ende oder Neubeginn?, in: Deus Lo Vult Jahrbuch 2005, Neue Folge 71 (2005) 15-19 (hier werden auch wichtige kulturstrategische Überlegungen angestellt).

[12] Zur Nahostdiplomatie des Heiligen Stuhls vgl. die erste Gesamtschau vatikanischer Nahostbemühungen für das 20. Jahrhundert bei Matthias Kopp, Der Vatikan, Israel und die Palästinenser, in: StZ 217 (1999) 255-269 sowie die Analyse der Papstreise in das Heilige Land im Jahr 2000: Ders., Pilgerspagat. Der Papst im Heiligen Land (Münster 2001). Ferner: Ders., Friedensappelle und Diplomatie. Die Vatikanische Position im Nahostkonflikt, in: HerKorr 56 (2002) 281-285. Ders., Die Nahostpolitik des Heiligen Stuhls, in: Wolfgang Isenberg (Hg.), Vatikan - Politik und Diplomatie (= Bensberger Protokolle Nr. 107) (Bensberg 2004) 87-145. Ders., Jerusalem - Schritte zum Frieden für die Menschen im Heiligen Land. Zur Geschichte der katholischen Kirche in Israel und den palästinensischen Autonomiegebieten, in: Heinrich Dickmann / Paul Theodor Oldenkott (Hg.), Erbe und Auftrag. Der Ritterorden vom Heiligen Grab zu Jerusalem (Paderborn 2009) 37-120. Empfehlenswert für die Mandatszeit Palästinas und die Staatsgründung Israels ist die Erkenntnis von Reiner Nieswandt, Abrahams umkämpftes Erbe. Eine kontextuelle Studie zum modernen Konflikt von Juden, Christen und Muslimen um Israel/Palästina (Stuttgart 1998) 194-198. Ulrike Koltermann, Päpste und Palästina. Die Nahostpolitik des Vatikans von 1947 bis 1997 (Münster 2001). Adrej Kreutz, Vatican Policy on the Palestinian-Israeli Conflict. The struggle for the Holy Land (New York 1990). Sergio Minerbi, Vatican and Zionism. Conflict in the Holy Land 1895-1925 (New York 1990). Silvio Ferrari, The Holy See and the postwar Palestine issue. The internationalization of Jerusalem and the protection of the holy places, in: International Afairs 60 (1984) 261-283. Ders., Vaticano e Israele. Dal secondo conflitto mondiale alla guerra delGolfo (Florenz 1991).

[13] Zit. nach Andrej Kreutz, Vatican Policy, aaO. 33.

[14] Papst Benedikt XV., Ansprache am 29. Juni 1921, in: AAS 13 (1921) 283. Vgl. dazu auch Heribert Franz Köck, Der Vatikan und Palästina. Ein Beitrag zur Völkerrechts- und Kirchengeschichte der neuesten Zeit (Wien-München 1973) 32-47.

[15] Papst Pius XII., Ansprache an die Vertreter des Hohen Arabischen Rates am 1. August 1946, in AAS 38 (1946) 322f.

[16] Vgl. Ulrike Koltermann, Päpste und Palästina, aaO. 37.

[17] Der Papst zögerte in der Phase des Übergangs im Heiligen Land gut zwei Jahre, bis er 1949 P. Alberto Gori OFM zum neuen Patriarchen

ernannte. Vgl. dazu auch das Kapitel „Lateinisches Patriarchat und Franziskanerkustodie".

18 Die Quellenlage zur Gründung der Delegatur ist nicht klar. Immerhin erwähnt AAS 41 (1949) 322f. die Ernennung des ersten Delegaten, Msgr. Gustavo Testa. Ihm folgen 1953 Silvio Oddi, 1956 Giuseppe Sensi, 1962 Lino Zanini, 1965 Agostino Sepinski, 1969 Pio Laghi, 1974 William Carew, 1984 Carlo Curis, 1990 Andrea Cordero di Montezemolo, 1998 Pietro Sambi, 2006 Antonio Franco und seit 2012 Giuseppe Lazzarotto.

19 Vgl. Papst Pius XII., Enzyklika „Auspicia quaedam" vom 1. Mai 1948, in: AAS 40 (1948) 169-172.

20 Vgl. Papst Pius XII., Enzyklika „In multiplicibus curis" vom 24. Oktober 1948, in: AAS 40 (1948) 433-436. Zuvor hatte der Papst bereits in einer Ansprache an das Kardinalskollegium scharfe Kritik an den Kriegshandlungen und den Folgen für die Christen im Land geübt, vgl. ebd. 252f.

21 Vgl. Papst Pius XII., Enzylika „Redemptoris nostri" vom 15. April 1949, in: AAS 41 (1949) 161-164. Der diplomatische Gedanke hat nachher bekanntermaßen nichts genützt, als Israel am 11. Mai 1949 Mitglied der UNO wurde. Zur Reaktion im Vatikan vgl. Silvio Ferrari, Vaticano e Israele, aaO. 84f.

22 Ulrike Koltermann, Päpste und Palästina, aaO. 73. Zu den unterschiedlichen Flüchtlingszahlen vgl. von israelischer Seite Chaim Wardi (Hg.), Christians in Israel. A Survey (Jerusalem 1950), kritischer bei Jean Paul Valogne, Vie et mort des chrétiens d'Orient, aaO. 571ff.

23 Ulrike Koltermann, Päpste und Palästina, aaO. 73. Zur Statistik vgl. auch Anmerkung 2.

24 Vgl. Papst Pius XII., Enzyklika „Laetemur admodum" vom 1. November 1956, in: AAS 48 (1956) 745-748.

25 Die komplexe Frage kann hier nur angedeutet werden. Vgl. dazu die umfassende Analyse bei Matthias Kopp, „Jerusalem, geistiges Erbe aller Glaubenden" (Papst Johannes Paul II.) - Der Zion, der Heilige Stuhl und Jerusalem als „Gegenstand lebendiger Liebe", in: Nikodemus Schnabel (Hg.), Laetare Jerusalem. Festschrift zum 100-jährigen Ankommen der Benediktinermönche auf dem Jerusalemer Zionsberg (= Jerusalemer Theologisches Forum Bd. 10) (Münster 2006) 538-565, hier auch umfassende Literaturhinweise. Vgl. ferner: Angelo Macchi / Giovanni Rulli, Il futuro di Gerusalemme, in: CivCatt 147 (1996) 547-561. Die nach wie vor beste Dokumentensammlung bei Edmond Farhat, Gerusalemme nei documenti Pontifici (= Studi Giuridici XIII, Città del Vaticano 1987); Ruth Lapidoth, / Michele Hirsch, The Jerusalem-Question and its Resolution. Selected Documents (Dordrecht-Boston-London 1994). Uri Avnery / Azmi Bishara (Hg.), Die Jerusalemfrage. Israelis und Palästinenser im Gespräch (Heidelberg 1996). Nach wie vor aktuell Bernd Wasserstein, Jerusalem. Der Kampf um die heilige Stadt (München 2002). Michael

Konkel, Oliver Schuegraf (Hg.), Provokation Jerusalem. Eine Stadt im Schnittpunkt von Religion und Politik (Münster 2000).

26 Vgl. Papst Paul VI., Ansprache während der Generalaudienz am 7. Juni 1967, in: AAS 59 (1967) 542.

27 OR vom 10. Juni 1967. Das Schreiben von Papst Paul VI. an die Krieg führenden Länder vom 8. Juni 1967 vgl. in: AAS 59 (1967) 540.

28 Papst Paul VI., Ansprache zum Kardinalskonsistorium vom 26. Juni 1967, in: AAS 59 (1967) 712.

29 Ders., Weihnachtsansprache an die Römische Kurie vom 22. Dezember 1967, in: AAS 60 (1968) 25.

30 Ders., Weihnachtsansprache an die Römische Kurie vom 23. Dezember 1971, in: Attività della S. Sede 64 (1971) 517. Ein weiterer Paradigmenwechsel vollzog sich unter Johannes Paul II., auf den an späterer Stelle eingegangen wird.

31 Die Erklärung „Nostra aetate" über das Verhältnis der Kirche zu den nichtchristlichen Religionen findet sich in: Karl Rahner / Herbert Vorgrimler, Kleines Konzilskompendium (Freiburg 1987) 355–359. Die spannende und teils dramatische Geschichte um die Entstehung von Nostra aetate bei: Hardy Ostry, Die Judenfrage auf dem Konzil – der Kampf um Nostra aetate, in: Thomas Brechenmacher / Hardy Ostry (Hg.), Paul VI. – Rom und Jerusalem (Trier 2000) 115–234. Zum katholisch-jüdischen Verhältnis durch und nach Nostra aetate vgl. Matthias Kopp (Hg.), Johannes Paul II. Versöhnung zwischen den Welten (München 2004) 35–49. Die kritischen katholischen Reaktionen der katholischen Ortsbevölkerung kennt Emilios Inglessis, Maximos IV. L'Orient conteste l'Occident (Paris 1969) 206ff.

32 Die UNWRA schätzt zunächst unmittelbar aufgrund des Krieges rund 150.000 Flüchtlinge aus der Westbank nach Jordanien, 6000 Flüchtlinge aus dem Gazastreifen in den Sinai und 97.000 Flüchtlinge vom Golan nach Syrien. Zur Arbeit von Caritas Internationalis vgl. Matthias Kopp, Internationale Zusammenarbeit. Caritas Internationalis, in: Erwin Gatz (Hg.), Geschichte des Kirchlichen Lebens. Bd. 5: Caritas und soziale Dienste (Freiburg-Basel-Wien 1997) 410–420. Auffallend ist, dass den Vorsitz des lokalen Caritas-Komitees der griechisch-katholische Patriarchalvikar von Jerusalem, Erzbischof Hilarion Capucci, übernahm und nicht ein Vertreter des Lateinischen Patriarchats, das den Stellvertreter berief.

33 Es ist bemerkenswert, dass im terroristischen Umfeld selbst ein Priester des Lateinischen Patriarchats aktiv war. Ibrahim Ayyad soll bereits am tödlichen Attentat auf den jordanischen König Abdallah am 20. Juli 1951 beteiligt gewesen sein. Auf jeden Fall gehörte er bereits Ende der Sechzigerjahre dem Palästinensischen Nationalrat an und griff in einem Brief 1979 Johannes Paul II. scharf an, indem er ihm Einseitigkeit und Ignoranz in der palästinensischen Frage vorwarf.

34 Diplomaten aus Meirs Umfeld berichten, die Premierministerin habe Paul VI. später für die Audienz gedankt. Außerdem sei es

Fügung gewesen, dem Anschlag der PLO bei ihrem Landeanflug in Rom entkommen zu sein. Bemerkenswert ist sicherlich auch, dass Paul VI. Golda Meir nahezu wortlos nach der Audienz verabschiedete. Grund war seine tiefe innere Betroffenheit über die Schilderungen des Schicksals der Familie Meirs in Auschwitz. Zu den offiziellen Erklärungen nach dem Besuch Golda Meirs vgl. OR vom 15./16. Januar 1973.

[35] Das Apostolische Schreiben „Nobis in animo“ vom 25. März 1974 vgl. in: AAS 66 (1974) 177-188. Dt.: Das Heilige Land 106 (1974) 19-25. Der Brief von Paul VI. an den Präsidenten der Pontifical Mission for Palestine, Msgr. John Nolan vom 29. Juli 1974 vgl. in: AAS 66 (1974) 441f.

[36] Im jordanischen Teil wirkte seit Anfang der Fünfziger Jahre Msgr. Neman Simaan, für den israelischen Teil arbeitete zunächst Msgr. Antonio Vergani, der im September 1959 durch Msgr. Pier Giorgio Chiappero abgelöst wurde. Chiappero wurde von Johannes XXIII. in den Rang eines Bischofs erhoben, was von israelischer Seite als „Aufwertung der vatikanisch-israelischen Beziehungen gedeutet wurde“, schreibt die Jerusalem Post vom 21. September 1959. Als Patriarchen waren im 20. Jahrhundert tätig: 1906-1919 Filippo Camassei; 1920-1947 Luigi Barlassina; 1947-1948 Administrator Vincent Gelat; 1948-1949 Administrator Gustavo Testa; 1949-1970: Alberto Gori; 1970-1987: Giacomo Beltritti; 1987-2008: Michel Sabbah; seit 2008: Fouad Twal.

[37] Die Statistik ist dem Ufficio Centrale di Statistica della Chiesa cattolica in Rom entnommen (Stand: 31. Dezember 2012). In Jordanien sind es 69 Pfarreien, 143 Priester, 210 Ordensleute und 15 Caritaszentren. Zur Kustodie vgl. die gute Darstellung bis 1967 von Andrea Giovannelli, La Santa Sede e la Palestina. La Custodia di Terra Santa tra la fine dell' imperio ottomano e la guerra dei sei giorni (Rom 2000).

[38] Zit. nach Ulrike Koltermann, Päpste und Palästina, aaO. 198. Bei ihr ist die gesamte Episode zu Hilarion Capucci detailliert aufgeführt (ebd. 196-199, 206ff.). Die Ansprache im Original in POC 24 (1974) 338.

[39] Der universale Charakter wurde deutlich, als Patriarch Gregoir III. Laham die Totengebete am Sarg Johannes' Pauls II. auf Arabisch vor der Weltöffentlichkeit sprach.

[40] Papst Johannes Paul II., Ansprache vor der Vollversammlung der Vereinten Nationen in New York am 2. Oktober 1979, in: AAS 71 (1979) 1150. Dt.: Sekretariat der Deutschen Bischofskonferenz (Hg.), Verlautbarungen des Apostolischen Stuhls Nr. 13. Bonn 1979, 74. Die ersten Pontifikatsjahre von Johannes Paul II. mit Blick auf den Nahen Osten bei Matthias Kopp, Der Vatikan, Israel und die Palästinenser , aaO. 257ff. Ders., Pilgerspagat. Der Papst im Heiligen Land (Münster 2001), 29-35. Ulrike Koltermann, Päpste und Palästina, aaO. 217-243.

[41] Die Erklärung Chelis vor den Vereinten Nationen findet sich in United Nations Security Council Nr. S/13679 vom 4. Dezember 1979, sowie bei Edmond Farhat, Gerusalemme, aaO. 214-216. Der Beitrag im L'Osservatore Romano findet sich in OR vom 30. Juni/1. Juli 1980. Dt.: OR dt. vom 1. August 1980.

[42] Das Schreiben in: AAS 76 (1984) 625-629. Dt.: DAS 3 (1984) 1173-1177. Die vor allem spirituelle Dimension Jerusalems ist Jahre später verstärkt aufgenommen worden, so z. B. bei Israel Lippell, Jerusalem - City of religions: The Universality of Jerusalem, in: Christian-Jewish Relations 21 (1988) 6-16. Hans Ugko, The Spiritual Significance of Jerusalem for Jews, Christians and Muslims (Genf 1994). Zur Jerusalemfrage unter Johannes Paul II. vgl. auch Matthias Kopp, „Jerusalem, geistiges Erbe aller Glaubenden", aaO. 546-565.

[43] Zu beiden Ereignissen vgl. Matthias Kopp (Hg.), Johannes Paul II. Versöhnung zwischen den Welten, aaO. 39f., 201-230.

[44] Der Hirtenbrief findet sich in: POC 38 (1988) 390f. Im Juni 1988 erschien eine Dokumentation über das erste Halbjahr der Intifada aus dem Jerusalemer Büro der Kommission Justitia et Pax, die den Aufstand gesellschaftspolitisch analysiert, wobei ein besonderes Augenmerk auf die Auswirkungen der langen Schließungen von Schul- und Universitätsgebäuden sowie Menschenrechtsverletzungen gelegt wird. Vgl. POC 38 (1988) 392-395. Ferner: Sylvia Ortlieb, Palästinensische Identität und Ethnizität. Genese und Entwicklung des Selbstverständnisses der Palästinenser (Köln 1995) 102-149. Außerdem stellt ausführlich die Lage der Kirchen zur Intifada dar: Frans Bouwen, L'Eglise de Jérusalem en 1988. L'Eglise et l'Intifada, in: La Terre Sainte (1989) 1-6

[45] Michel Sabbah, Brief an die Deutsche Statthalterei des Ritterordens vom Heiligen Grab zu Jerusalem, in: Deus Lo Vult, Neue Folge Nr. 41 (1988) 2.

[46] Der Hirtenbrief von 1988 findet sich in POC 38 (1988) 395f. Der Hirtenbrief „Erbittet für Jerusalem Frieden", in: Weltk 10 (1990) 271-284. Zur Person Sabbahs und seinem theologisch-politischen Denken vgl. die hervorragende Analyse bei Reiner Nieswandt, Abrahams umkämpftes Erbe, aaO. 250-265. Außerdem: Michel Sabbah, Palästina, die Christen und der Friede, in: Harald Suermann (Hg.), Zwischen Halbmond und Davidstern. Christliche Theologie in Palästina heute (Freiburg-Basel-Wien 2001) 196-205. Ders., Die Situation der Christen im Heiligen Land heute, in: Deus Lo Vult aktuell, Nr. 2 (Köln 2004) 16ff.

[47] Harald Suermann, Einleitung und Hinführung zur palästinensischen Theologie, in: Ders. (Hg.) Zwischen Halbmond und Davidstern, aaO. 9-36. Die dortige Darstellung der palästinensischen Theologie ist nach wie vor wegweisend. Ebenfalls Al-Liqa'-Zentrum, Theologie und Ortskirche im Heiligen Land, ebd. 38-51 sowie Rafiq Khoury, Palästinensische kontextuelle Theologie: Entwicklung und Sendung, in: Ebd. 52-100. Ferner Ulrike Bechmann / Mitri Raheb

(Hg.), Verwurzelt im Heiligen Land. Einführung in das palästinensische Christentum (Frankfurt 1995).

[48] Harald Suermann, Einleitung und Hinführung, aaO. 26.

[49] Die Rede vor den Diplomaten findet sich in DAS 10 (1991) 865f. Die erwähnte Generalaudienz vgl. ebd. 28. Die Erklärung des Vatikansprechers vom 25. Januar 1991 findet sich im Archiv Pressesaal des Heiligen Stuhls, die ausführliche Stellungnahme vom 9. Februar 1991 mit einer historischen Aufarbeitung aller Bemühungen des Heiligen Stuhls im Heiligen Land in DAS 10 (1991) 1527–1530.

[50] Die Ansprache von Johannes Paul II. an die Patriarchen und Bischöfe der in den Golfkrieg verwickelten Länder zum Beginn der Beratungen im Vatikan vom 4. März 1991 findet sich in: DAS 10 (1991) 944–947. Die Abschlussbetrachtung des Papstes im Rahmen der Generalaudienz vom 6. März 1991 findet sich in ebd. 58ff. Das Kommuniqué der Patriarchen zum Abschluss der Versammlung vom 5. März 1991 findet sich in ebd. 1530ff.

[51] Zu den Verhandlungen vgl. Matthias Kopp, Pilgerspagat, aaO. 33–43. Ders., Der Vatikan, Israel und die Palästinenser , aaO. 261f. Ders., „Jerusalem, geistiges Erbe aller Glaubenden“, aaO. 549ff. Der Grundlagenvertrag vgl. in AAS 86 (1994) 716–729 sowie AKathKR 163 (1994) 215–220. José Martin de Agar, Raccolta di Concordati 1950–1999 (Città del Vaticano 2000) 516–525. Die erste wissenschaftliche Auseinandersetzung vgl. bei Reiner Nieswandt, Abrahams umkämpftes Erbe, aaO. 205–208. Silvio Ferrari, L'accordo fondamentale tra S. Sede e Israele e le convenzioni post-conciliari tra Chiesa ed Stati, in: Winfried Schulz in Memoriam: Schriften aus Kanonistik und Staatskirchenrecht Bd. 1 (Frankfurt am Main 1999) 249–268.

[52] Vgl. Matthias Kopp, Pilgerspagat, aaO. 41f. Der Originaltext des Memorandums „La Signification de Jérusalem pour les Chrétiens“ findet sich im Archiv des Lateinischen Patriarchats sowie auch in DC 92 (1995) 85ff. Patriarch Michel Sabbah positionierte sich zur Jerusalemfrage im Frühjahr 1995: The status of Jerusalem, in: Jerusalem between religious freedom and political sovereignty: A day of reflection, 20th april 1995 (Jerusalem 1995) 22f.

[53] Originaltext des Kommuniqués im Archiv der Apostolischen Delegatur Prot. Nr. 2571/M23 vom 25. Oktober 1994.

[54] Zur Libanon-Reise des Papstes vgl. Matthias Kopp, Land im Aufbruch? Der Libanon nach dem Papstbesuch, in: HerKorr 51 (1997) 363–367. Der Brief des Papstes an Netanjahu und Arafat findet sich in OR dt. vom 25. Juli 1997. Zwischenzeitlich hatte die Behandlung der Jerusalemfrage erhebliche Bedeutung in den weiteren Verhandlungen zwischen Israelis und Palästinensern gewonnen, allerdings ohne größeren Einfluss des Heiligen Stuhls. Insbesondere an das sogenannte „Abu Mazen-Beilin“-Papier wäre hier ebenso zu erinnern wie an die schärfer formulierten religiösen Begründungen in der Jerusalemfrage, vgl. bei Bernard Wasserstein, Jerusalem 303–312.

[55] Das „Folgeabkommen zwischen dem Heiligen Stuhl und dem Staat Israel zum Art. 3 § 3 des Grundlagenabkommens von 1993“ (auch genannt: „Agreement on the Legal Personality of the Church“) vom 10. November 1997 findet sich in: AAS 91 (1999) 491–567. Bereits früher in DC 95 (1998) 8–11. Ausführungen dazu bei Matthias Kopp, Pilgerspagat, aaO. 45ff. sowie ders., Die Nahostpolitik des Heiligen Stuhls, aaO. 101ff.

[56] Antonio Maria Veglio, Interview „Alles gesagt“ vom 17. Dezember 2007, in: Radio Vaticana Newsletter vom 17. Dezember 2007. Zur weiteren Entwicklung der Vertragsverhandlungen vgl. die Zusammenfassung mit der aktuellen inhaltlichen Problemlage bei Matthias Kopp, Zähes Ringen. Zwischen dem Heiligen Stuhl und dem Staat Israel stocken die Verhandlungen, in: Deus Lo Vult Jahrbuch 2007, Neue Folge 73 (2007) 22–26. Das Interview von Erzbischof Sambi vom 16. Novembre 2007, Israele non rispetta i patti, in: http://www.terrasanta.net.

[57] Vgl. OR dt. vom 12. März 1998. Mit dieser Äußerung Sodanos wird deutlich: Jeder Ausschließlichkeitsanspruch gegenüber Jerusalem wird abgelehnt, gleichzeitig aber die legitime Betrachtungsweise der doppelten Hauptstadt bestätigt und damit in der Jerusalemfrage ein weiterer Paradigmenwechsel nach 1967 eingeleitet.

[58] Vgl. Jean-Louis Tauran, Der Heilige Stuhl und Jerusalem, in: OR dt. vom 13. November 1998. Eine Einordnung bei Matthias Kopp, „Ost-Jerusalem ist illegal besetzt“, in: Nordostdeutsche Kirchenzeitung vom 15. November 1998, 8. Ders., „Jerusalem, geistiges Erbe aller Glaubenden“, aaO. 553ff.

[59] Giacinto Boulos Marcuzzo, Skandal in Nazareth, in: Rheinischer Merkur vom 3. Februar 1999.

[60] Der Aufruf vom 4. November 1999 findet sich im Archiv des Lateinischen Patriarchats.

[61] Der Hirtenbrief findet sich in OR dt. vom 9. Juli 1999.

[62] Zur Einordnung der Ägyptenreise vgl. Matthias Kopp, Pilgerspagat.aaO. 63ff. Ders., Der Nahe Osten nach den Papstreisen. Ein politischer Spagat zwischen Diplomatie und Pilgerschaft, in: StZ 218 (2000) 446f. Zu den Vorbereitungen, Erwartungen und dem Scheitern der Irakreise sowie den entsprechenden Auswirkungen vgl. Matthias Kopp, Pilgerspagat, aaO. 61f. Ders. Zwischen Toleranz und Terror. Christen im Irak Saddam Husseins, in: HerKorr 54 (2000) 408–412. Ders., Die Nahostpolitik des Heiligen Stuhls 107ff. Ders., Irak ohne Christen? Das Zweistromland nach dem Krieg, in: HerKorr 57 (2003) 346–350. Ders., Christen im Irak. Zwischen Nationalstolz und Exodus, in: Deus Lo Vult Jahrbuch 2003, Neue Folge 69 (2003) 48–51. Ders., Zwischen Chaos und Verfolgung. Das christliche Erbe im Irak geht verloren, in: HerKorr 61 (2007) 418–423.

[63] Das Vertragswerk findet sich in OR vom 16. Februar 2000 sowie OR dt. vom 3. März 2000, ferner AAS 92 (2000) 853–861 sowie AKathKR 169 (2000) 263–266. Eine Einordnung des Abkommens

bei Matthias Kopp, Die Nahostpolitik des Heiligen Stuhls, aaO. 109–112. Ders., Meilenstein der Diplomatie, in: Rheinischer Merkur vom 25. Februar 2000, 23. Zu den Verhandlungen zwischen dem Vatikan und der PLO seit 1994 vgl. ders., Der Vatikan, Israel und die Palästinenser, aaO. 264f.

64 Papst Johannes Paul II., Verzeihen ist Voraussetzung zur Versöhnung (Schuldbekenntnis vom 12. März 2000), in: OR dt. vom 17. März 2000.

65 Michel Sabbah, „Was bleibt, ist Hoffnung!", in: Deus Lo Vult, Neue Folge 64 (2000) 36f.

66 Zum gesamten Komplex um Camp David 2000 vgl. Kenneth M. Lewan, Jerusalem – Hauptstadt zweier Staaten, in: FAZ vom 22. Mai 2000. Joseph Algazy, Partition of sovereignty: The major Christian churches propose a solution to the Jerusalem question, in: Haarez vom 25. Juli 2000. Heiko Flottau, Das Jerusalem-Syndrom, in: Süddeutsche Zeitung vom 27. Juli 2000. Matthias Kopp, Jerusalem – Wem gehört die Stadt? Symbol der beiden Völker, in: Rheinischer Merkur vom 4. August 2000. Ders., „Jerusalem, geistiges Erbe aller Glaubenden", aaO. 560ff. Der Brief der Patriarchen von Jerusalem an die Konferenzteilnehmer von Camp David vom 17. Juli 2000 findet sich im Archiv Lateinisches Patriarchat.

67 Die Ansprache findet sich in OR dt. vom 6. Oktober 2000.

68 Zur Syrienreise des Papstes vgl. Matthias Kopp, Der Papst zwischen Athen und Damaskus, in: Die Politische Meinung 46 (2001) 81–84. Ders., Wohin steuert Syrien? Der Papstbesuch und seine Bedeutung für die Menschen im Nahen Osten, in: Weltk 21 (2001) 9–13.

69 Vgl. Presseerklärung des Heiligen Stuhls vom 13. Dezember 2001, in: Archiv Pressesaal des Heiligen Stuhls. Zum Verhältnis von Papst und Islam vgl. Matthias Kopp, Dialog und Religionsfreiheit. Johannes Paul II. und der Islam, in: HerKorr 55 (2001) 551–555. Ders., „Der Dialog ist heute nötiger denn je". Der Vatikan und sein Verhältnis zum Islam, in: AnzSS 117 (2008) 29–35

70 Der sogenannte Alexandria-Prozess ist nach diesem ersten Treffen bei verschiedenen Begegnungen fortgeführt worden. Ein wichtiges, hochkarätiges Treffen der Religionsvertreter fand während des Ökumenischen Kirchentags in Berlin am 30. Mai 2003 statt. Die „Erklärung von Alexandria vom 21. Januar 2002" vgl. in: Deus Lo Vult Jahrbuch 2002, Neue Folge 68 (2002) 5.

71 Das Schreiben Katzavs findet sich in: Dokumentation KNA Nr. 19 vom 11. April 2002. Das Schreiben des Papstes wird in Agenturen und Zeitungen zitiert. Es wurde im Wortlaut nicht durch den Pressesaal des Heiligen Stuhls veröffentlicht. Zur Situation nach Ausbruch der al-Aksa-Intifada vgl. in diesem Zusammenhang auch Hermann Vogt, Spirale der Gewalt. Der Konflikt zwischen Israel und den Palästinensern, in: HerKorr 56 (2002) 254–258. Matthias Kopp, Friedensappelle und Diplomatie. Die vatikanische Position im Nahostkonflikt, in: HerKorr 56 (2002) 281–285.

[72] Jean-Louis Tauran, Interview in „Le Figaro" vom 11. April 2002. Die zuvor genannten Äußerungen von Johannes Paul II. finden sich in: OR dt. vom 19. Mai 2002.

[73] KNA-Meldung „Etchegaray verurteilt Mauer" vom 14. November 2003.

[74] Vgl. KNA-Meldung „Streit um Staatsreligion in palästinensischer Verfassung" vom 25. Januar 2003. Eine Auseinandersetzung bei Matthias Kopp, An der Wirklichkeit vorbei, in: Rheinischer Merkur vom 6. Februar 2003.

[75] Die Erklärung der christlichen Patriarchen und Kirchenführer von Jerusalem vom 31. Januar 2006 findet sich im Archiv des Lateinischen Patriarchats. Das Interview von Pater Pierbattista Pizzaballa findet sich in „La Repubblica" vom 26. Februar 2006. Anzumerken ist ferner, dass der Papst am 8. September 2005 den Erzbischof von Tunis, Fouad Twal, als Koadjutor des Lateinischen Patriarchen einsetzte. Am 21. Januar 2006 erfolgte die Berufung von Erzbischof Antonio Franco zum neuen Nuntius in Israel und Delegat für Palästina in Nachfolge von Nuntius Pietro Sambi, der nach Washington versetzt wurde.

[76] Vgl. Ulrich Sahm, „Ich habe die Hamas nicht gewählt". Tanas Abu Aita ist der einzige Christ im neuen Hamas-Kabinett, in: KNA-Portrait vom 22. März 2006, sowie die Meldung der KNA, „Christ Aita verzichtet auf Ministeramt in Hamas-Regierung" vom 28. März 2006. Papst Benedikt XVI., Osterbotschaft Urbi et orbi vom 16. April 2006, in: OR dt. vom 23. April 2006.

[77] Die Forderung des Papstes beim Angelusgebet am 20. Mai 2007 findet sich in: OR dt. vom 27. Mai 2007. Zur Umfrage vgl. Thomas Birringer, Länderbericht Konrad-Adenauer-Stiftung Palästinensische Autonomiegebiete, Meinungsumfrage Dezember 2007 (Pressetext der Stiftung).

[78] Michel Sabbah, Hirtenbrief „Die Zeit meines Aufbruchs ist nahe" vom 1. März 2008, in: Archiv des Lateinischen Patriarchats. Eines der zahlreichen Portraits über Sabbah ist zu finden bei Paul Oldenkott / Matthias Kopp, Eindringlicher Mahner, in: Deus Lo Vult Jahrbuch 2003, Neue Folge 69 (2003) 7ff.

[79] Fouad Twal, Interview in „Il Messagero" vom 14. August 2007.

[80] Ders., Die Situation im Heiligen Land ist eine politische. Hoffnungen und Herausforderungen der Christen in Nahost, in: Deus Lo Vult Jahrbuch 2007, Neue Folge 73 (2007) 7, 9. Aufschlussreich ist auch das Interview von Fouad Twal, „Wir lassen uns nicht in die Ecke drängen", in: Publik-Forum 36 (2008) 43f.

[81] Zum Konflikt vgl. die Analysen bei Thomas Birringer, Die Palästinenser nach dem Gazakrieg, in: Länderbericht Konrad-Adenauer-Stiftung Januar 2009, 1ff. Wolfgang Günter Lerch, Der Nahost-Konflikt nach dem Gaza-Krieg, in: Die Politische Meinung 54 (2009) 5–9.

[82] Sekretariat der Deutschen Bischofskonferenz (Hg.), Papst Benedikt XVI., Nachsynodales Apostolisches Schreiben „Ecclesia in medio oriente" (Bonn 2012).

[83] Zur Papstreise in den Libanon vgl. Matthias Kopp, „Mission possible“ - Der Papst im Libanon, in: Die Politische Meinung 57 (2012) 58-61. Zu den Auswirkungen des Flüchtlingsdramas in Syrien vgl. Matthias Kopp, Al-Zaatari - Endstation Hoffnung. Ein Tag in einem jordanischen Flüchtlingslager, in: OR (dt.) vom 18. Oktober 2013.

[84] Der zeitgeschichtliche Überblick endet mit diesem Datum. Es sei allerdings daran erinnert, dass zwei Tage nach dem Friedensgebet, am 10. Juni 2014, Rivlin Reuven als Nachfolger von Staatspräsident Shimon Peres in das Amt gewählt wurde, der Premierminister Benjamin Netanjahu nahesteht und von dem abzuwarten sein wird, ob er die friedenspolitische Perspektive von Shimon Peres fortzusetzen bereit ist.

[85] Papst Paul VI., Viaggio in Terra Santa, in: OR (it.) vom 5. Dezember 1963. Im Folgenden sind die Texte des Papstes - auch während der Reise ins Heilige Land - der Homepage des Vatikans entnommen, wo jedoch nur die Fassungen auf Französisch, Englisch, Italienisch oder Lateinisch zu finden sind. Außerdem vgl. AAS 56 (1964) 158-182. Einige Texte sind ins Deutsche übersetzt, hier sei vor allem auf den Freiburger Rundbrief Nr. 57/60 (1963/64) 1-19 verwiesen, der bei den folgenden Papstzitaten als Grundlage dient.

[86] Vgl. die nach wie vor wegweisende Analyse dieser Reise bei Thomas Brechenmacher, Pellegrino orante. Papst Paul VI. im Heiligen Land, in: Ders. / Hardy Ostry, Paul VI. - Rom und Jerusalem. Konzil, Pilgerfahrt, Dialog der Religionen (Trier 2001) 11-113. Ferner: Matthias Kopp, Pilgerspagat 19-23. Ulrike Koltermann, Päpste und Palästina, aaO. 111-133. Außerdem zeitgenössisch und äußerst kenntnisreich: Michele Maccarrone (Hg.), Il pellegrinaggio di Paolo VI in Terra Santa (Città del Vaticano 1964), sowie eine persönliche Erinnerung von Luitpold Dorn zur Ankündigung der Reise: Wie Paul VI. in Jerusalem seinen eigenen Kreuzweg erlebte, in: Die Tagespost Nr. 149 vom 10. Dezember 1998. Ferner: Reinhard Raffalt, Der Papst in Jerusalem (München 1964). Helmut Holzapfel, Sonderflug AZ1820. Das Bildbuch von der Pilgerreise des Papstes (Würzburg 1964). Oscar Saile u. a., Papst Paul VI. im Heiligen Land. Sonderdruck der Bunten Illustrierten (Offenburg 1964).

[87] Die Aufzeichnung wurde bewusst vom Vatikan veröffentlicht und Medien übermittelt. Der Text ist in mehreren italienischen Tageszeitungen abgedruckt worden. Auszüge ebenfalls bei: Oscar Saile, Papst Paul VI., 40.

[88] Eine Begegnung des Papstes mit den katholischen Kirchenführern wurde erst kurzfristig während der Reise arrangiert. Zum Hirtenbrief vgl. Alberto Gori, Lettre Pastorale au Vénérable Clergé et aux chers Fidèles du Patriarchat Latin, vom 12. Dezember 1963, in: Archiv Lateinisches Patriarchat.

[89] Oscar Saile, Papst Paul VI., aaO. 33.

[90] Anwesend waren weitere Regierungsmitglieder, der Parlamentspräsident sowie der Präsident des Obersten Gerichtshofes. Außenministe-

rin Golda Meir konnte den Papst nicht begrüßen: Sie wurde wegen eines verstauchten Fußes im Krankenhaus behandelt, wie die israelischen Zeitungen berichteten.

91 Vgl. dazu die bemerkenswerte Analyse bei Thomas Brechenmacher, Pellegrino orante, aaO. 72f.

92 Das Kommuniqué bei Oscar Saile, Papst Paul VI., aaO. 88. Die Begegnungen von Paul VI. und Athenagoras in Jerusalem waren die Voraussetzung dafür, dass am 7. Dezember 1965 der gegenseitige Bann aufgehoben wurde. Am 25. Juli 1967 besuchte der Papst Athenagoras in Istanbul, der Gegenbesuch im Vatikan erfolgte am 26. Oktober 1967.

93 Zum Grundlagenvertrag vgl. Kapitel: Perspektivischer Schritt: Grundlagenvertrag mit der PLO und Schuldbekenntnis im Vatikan. Eine Analyse der Papstreise mit der Dokumentation aller Reden bei Matthias Kopp, Pilgerspagat. Der Papst im Heiligen Land, aaO. Ders. Neuaufbruch an alten Ufern. Der Nahe Osten nach dem Papstbesuch, in: Die Politische Meinung 45 (2000) 69–73. Ders., Der Nahe Osten nach den Papstreisen. Ein politischer Spagat zwischen Diplomatie und Pilgerschaft, in: StZ 218 (2000) 443–454. Ferner: Sekretariat der Deutschen Bischofskonferenz (Hg.), Jubiläumspilgerreise zu den Heiligen Stätten. Predigten und Ansprachen von Papst Johannes Paul II. bei der Feier zum Gedenken an Abraham und bei seinen Pilgerfahrten zum Berg Sinai in Ägypten und ins Heilige Land im Jubiläumsjahr 2000 (= VAS 145) (Bonn 2000).

94 Zur Kirche in Jordanien vgl. Matthias Kopp, Eingespieltes Miteinander. Jordanien und seine christliche Minderheit, in: HerKorr 53 (1999) 425–429. Harald Suermann, Jordanien, in: Ders., Kirche und Katholizismus seit 1945. Bd. 7: Naher Osten und Nordafrika (Paderborn-München-Wien-Zürich 2010) 137–145.

95 Die weißrussische Kirche (d. h. die russische Exilkirche, die sich 1917 vom Moskauer Patriarchat getrennt hatte) erhielt nach der Staatsgründung Israels von jordanischer Seite sämtlichen Kirchenbesitz der Westbank und Ostjerusalems. Israel hingegen übereignete den auf seinem Gelände liegenden Kirchenbesitz der rotrussischen Kirche und damit dem Moskauer Patriarchat. Bereits 1997 hatte die palästinensische Autonomiebehörde ein weißrussisches Kloster in Hebron gewaltsam dem Moskauer Patriarchat übergeben.

96 Die Erklärung vom 24. August 1998 findet sich im Archiv des Lateinischen Patriarchats von Jerusalem.

97 Der Text lautete für dieses Treffen bezeichnenderweise: „Gesegnet sei er, der kommt im Namen des Herrn. Wir segnen euch, vom Haus des Herrn her. Gott, der Herr, erleuchte uns. Mit Zweigen in den Händen schließt euch zusammen zum Reigen, bis zu den Hörnern des Altars! Du bist mein Gott, dir will ich danken; mein Gott, dich will ich rühmen. Danket dem Herrn, denn er ist gütig, denn seine Huld währt ewig." (Psalm 118,26–29).

98 Weder im Redemanuskript, das an die Journalisten verteilt wurde, noch in der von den israelischen Botschaften zur Verfügung ge-

stellten Version taucht der Vers auf. Das gesamte Zitat wird jedoch aufgeführt in: Diocesan Bulletin of the Latin Patriarchate 6 (2000) 51.

99 Michel Sabbah, „Man darf religiöse Gefühle nicht berühren", in: Die Tagespost vom 5. Oktober 2000.

100 Vgl. Matthias Kopp, Vorkämpfer des Trialogs, in: Rheinischer Merkur vom 31. März 2000.

101 Zur sogenannten „Nazaret-Krise" vgl. das Kapitel II, Abschnitt: Gefahr und Hoffnung für den Frieden: Nazaret und die Pastoralsynode, S. 67.

102 Zur detaillierten Einordnung der Ägypten- und Heilig-Land-Reise im ökumenischen Kontext vgl. Matthias Kopp, Ökumenische Impulse für Nahost. Pilgerreisen mit Breitenwirkung, in: Der Christliche Osten 55 (2000) 246–253.

103 Vgl. KNA-Aktueller Dienst Ausland Nr. 65 vom 1. April 2000. So erreichte der Papst 41 Prozent Zustimmung gegenüber Yossef mit 33 Prozent. Wenige Tage nach der Reise hatten verschiedene Zeitungen und Universitätsinstitute Erhebungen veröffentlicht.

104 Hans Hermann Henrix, Die katholische Kirche und das jüdische Volk, in: StZ 218 (2000) 385 f.

105 Papst Johannes Paul II., Brief über die Pilgerfahrt, in: OR dt. vom 9. Juli 1999, 8.

106 Papst Johannes Paul II., Verkündigungsbulle „Incarnationis mysterium", in: Sekretariat der Deutschen Bischofskonferenz (Hg.), Incarnationis mysterium – Verkündigungsbulle des Großen Jubiläums des Jahres 2000 (= VAS 136) (Bonn 2000) 10.

107 Im Folgenden sind alle Papstzitate entnommen aus: Sekretariat der Deutschen Bischofskonferenz (Hg.), Apostolische Reise Seiner Heiligkeit Papst Benedikt XVI. ins Heilige Land. Predigten, Ansprachen und Grußworte (Bonn 2009). Zitate der Ansprachen von Gastgebern des Papstes sind den Homepages der Institutionen entnommen. Zum Papstbesuch vgl. ferner: Matthias Kopp, Benedikt XVI. im Heiligen Land, in: Die Politische Meinung 54 (2009) 43–46.

108 Der Brief von Kardinal Tarcisio Bertone vom 19. November 2007 findet sich auf der Homepage des Vatikan, www.vatican.va/roman_curia/secretariat_state/card-bertone/2007.

109 Joseph Ratzinger, L'eredità di Abramo dono di Natale, in: OR (it.) vom 29. Dezember 2000.

110 Die Daten sind den Presseunterlagen entnommen, die am 16. Mai 2014 bei einer Pressekonferenz im palästinensischen Beit Jala bereitgestellt wurden.

111 Papst Franziskus, Angelusgebet am 5. Januar 2014, in: www.vatican.va/Angelus.

112 Im Folgenden sind alle Zitate von Papst Franziskus der Dokumentation entnommen: Sekretariat der Deutschen Bischofskonferenz (Hg.), Apostolische Reise Seiner Heiligkeit Papst Franziskus ins Heilige Land. Predigten, Ansprachen und Grußworte (Bonn 2014).

Zitate der Ansprachen von Gastgebern des Papstes sind den Homepages der Institutionen entnommen.

[113] Bernd Mussinghoff, Christliche Schule in Bedrängnis, in: Deus Lo Vult aktuell 1/2014, 11. Ihm verdanke ich die wertvollen Hinweise zur aktuellen Lage der Schulen in diesem Abschnitt.

[114] Papst Benedikt XVI., Osterbotschaft Urbi et orbi vom 23. März 2008, in: OR dt. vom 30. März 2008. Der zuvor genannte Kommentar findet sich in: OR vom 9. Mai 2002.

[115] Zu den Friedensgebeten von Assisi vgl. Matthias Kopp (Hg.), Johannes Paul II. Versöhnung zwischen den Welten, aaO. 201–230. Die Ansprache von Papst Franziskus beim Friedenstreffen vgl. VAS 197, 92–95. Die Reden von Shimon Peres und Mahmoud Abbas finden sich auf der Homepage des Vatikans unter www.vatican.va.

[116] Die Programme werden hier in der vom Heiligen Stuhl veröffentlichten Fassung dokumentiert. Es kann daher zu geringfügigen Unterschieden in den Ortsbezeichnungen zwischen den einzelnen Reisen kommen. Kursiv markiert sind Programmänderungen vor Ort.